9時－5時労働からおさらばして、世界中の
好きな場所に住み、ニューリッチになろう。

「週4時間」だけ働く。

The 4-Hour Workweek

ESCAPE 9-5, LIVE ANYWHERE, AND JOIN THE NEW RICH

ティモシー・フェリス

田中じゅん　訳

青志社

『「週4時間」だけ働く。』への賛辞

この本に書かれた時代がようやく来た。これは、長い間引き延ばされてきた、移動可能なライフスタイルのためのマニフェストなのだ。ティム・フェリスはうってつけの大使だ。これは、でかくなる。

——ジャック・キャンフィールド
100万ドル以上を売り上げた『こころのチキンスープ』共著者

度肝を抜かれた。ミニリタイアメントから人生のアウトソーシングまで、すべてここに書かれている。あなたが賃金の奴隷であっても、フォーチュン500企業のCEOであっても、この本で人生が変わることだろう。

——フィル・タウン
『週15分の株式投資で大金持ちになる！ ールールNo・1投資法』著者

『「週4時間」だけ働く。』は、「生活するためにはどう働けばいいのか？ 人生が仕事一色になってしまうのを防ぐにはどうすればいいのか？」という、昔からの問題を解決する新しい手段だ。無限の選択肢がある世界へ、この本の読者は招かれている。そしてインスパイアされる！

——マイケル・E・ガーバー

スモールビジネス向けの経営コンサルティング会社 E-myth Worldwide の創始者

この本はまったく新しい状況を生んでしまった。強く推薦する。

――スチュワート・D・フリードマン博士
ペンシルバニア大学ウォートン・スクールのワーク・ライフ・バランスの統合プログラム監督

スティーブ・ジョブズが51年かけて手にした人生経験以上のものを、ティモシーはたった29年に詰め込んでしまった。

――トム・フォレムスキー
SiliconValleyWatcher.com のジャーナリスト兼発行人

自分の思うがままの人生を送りたかったら、この本がその青写真になるだろう。

――マイク・メイプルズ
Motive Communications（ＩＰＯ〔新規株式公開〕で時価総額２６００万ドル）共同創始者、
Tivoli（ＩＢＭに７５００万ドルで売却）役員

ティム・フェリスのおかげで旅行する時間も家族と過ごす時間もできたし、そして本の推薦文を書く仕事もするようになった。この本はまばゆいほどにすばらしく、極めて有益な作品だ。

――Ａ・Ｊ・ジェイコブズ

雑誌『エスクァイア』総合監修、『The Know-It-All』著者

ティムはデジタル時代のインディ・ジョーンズだ。すでに私は、彼のアドバイスをもとに、遠く離れた島で釣りを楽しんだり、アルゼンチンの隠れた絶好の斜面でスキーをしたりしている。端的に言えば、彼が言っていることを実践すれば億万長者のような生活ができる。

——アルバート・ポープ

UBS〔スイスの投資銀行・証券会社〕世界本社所属のデリバティブズ専門家

この本を読んだら、あなたの収入に0が何個か加わったように感じるだろう。ティムはライフスタイルを新しいレベルまで引き上げた。彼の言葉を聞くといい！

——マイケル・D・カーリン

マッキンゼー・アンド・カンパニーのブッシュ・クリントン・カトリーナ基金とJ・ウイリアム・フルブライト奨学金へのマッキンゼー・アンド・カンパニーコンサルタント

あるときは科学者で、あるときは冒険家。ティム・フェリスは新世界への新しいロードマップをつくり上げた。私はこの本を一気に読み終えた。こんな本は見たことがない。

——チャールズ・L・ブロック

Brock Capital Group 会長兼CEO、Scholastic,Inc. 前CFO、COO、相談役。ハーバード・ロー・スクール前理事長

アウトソーシングは、もはやフォーチュン５００企業だけのものではない。中小企業も、忙しい専門家でも、自分の仕事をアウトソーシングできる。生産力がアップして自由時間が生まれ、より重要な仕事に献身できる。世界中がこの革命の利益を手にするときが来たのだ。

――ヴィヴェック・クルカーニ

Brickwork India CEO、バンガロールの前IT大臣。「テクノ外交官」として知られ、バンガロールをインドのIT終着地にするのを助けた。

ティムは師匠だ！　私がそれを知っているわけさ。彼が無一文の状態から金持ちになる過程を追ってきた。競争心の強いファイターから起業家へと変身していったのも見てきた。彼はより優れたやり方を発見するまで、保守的な前提を打ち破り続ける。

――ダン・パートランド

テレビ番組『American High』と『Welcome to the Dollhouse』でエミー賞を受賞したプロデューサー

『「週4時間」だけ働く。』は人生を精一杯満喫したいという冒険心を持っている人には必須のものだ。これ以上何かを犠牲にする前に、この本を買って読むといい！

――ジョン・ラスク

マイクロソフトワールド世界本社グループ・プロダクト・マネージャー

20～30年後ではなく、今、夢を実現したいなら、この本を買いなさい！

――ローラ・ローデン

シリコンバレーの起業家協会会長、サン・ホセ州立大学企業金融学講師

このような時間管理術を使って生活上重要なことにフォーカスすれば、通常1週間かかる仕事が15倍もの早さでできてしまうだろう。

――ティム・ドレーパー

Draper Fisher Jurveston 創始者、Hotmail、Skype、Overture.com といった革新者への出資者

ティムはほとんどの人が夢だと思っていたことを実現してしまった。彼がその秘密を公開したことが驚きである。この本は必読だ！

――スティーブン・キー

『Teddy Ruxpin』『Lazer Tag』のトップ・インベンター兼チーム・デザイナー、テレビ番組『American Inventor』コンサルタント

本文中の〔　〕は訳注

●**免責**：本書に記載されているURLのリンク先の情報は、特に明記のない限り英語での情報となっております。また2010年12月時点のものを掲載しておりますので、ご利用時には変更されている場合があります。ソフトウェアに関する記述は特に断りがない限り2010年12月時点のバージョンをもとにしています。ソフトウェアはバージョンアップされる場合があり、本書での説明とは機能の内容が異なる場合もあります。本書ご購入の前にご確認ください。

●**商標、登録商標について**：本書に登場する製品名などは、一般に各社の登録商標または商標です。なお、本文中にTM、Rなどのマークは省略しています。

●**本書のレート換算に関して**：本書中の金額はドル表記のあとに2010年12月当時の為替レート（1ドル83円前後）で換算した円の金額を掲載しております。また、変動を勘案して円に換算した金額にはすべて「約」を記しています。

●**本書の「ボーナス・トラック」に関して**：2009年に原書が米国で発売された際に紹介されていたコンテンツと、現在www.fourhourwork.com上で紹介されているコンテンツに一部変更があります。本翻訳では、2010年12月時点に紹介されていたコンテンツから選び、掲載しています。

The 4-Hour Workweek

Escape 9-5, Live Anywhere, and Join the New Rich

by Timothy Ferriss

私の両親
ドナルドとフランシス・フェリスに。

ちいさないたずらっ子の私に、
「人とは違う道を進むのはいいことだ」
と教えてくれた。

今の私があるのは、すべてあなたたちのおかげです。
愛しています。

地域の教員を支援しよう——
著者印税の10％は、米国の「Donorschoose.org」など、
非営利の教育団体に寄付されます。

目次

おわりに

完全版によせて

『週4時間』〈The 4-Hour Workweek/4HWW〉は、アメリカの27の出版社に企画を持ち込んだが、26社に断られた。

かろうじて残り1社と契約できたとき、有力な販売パートナーである大手書店の社長が、Eメールで歴代のベストセラー本の売上数を教えてくれた。彼は私にはっきりと伝えたかったのだ。「これが大きな成功を収めることはないだろう」と。

それなら、私自身の手で思いつく限りの方法を駆使してベストセラーにするまでだと思った。この本は2人の親友とともに書き上げた。彼らと率直に意見交換し、問題点（それは私自身が長年抱えていた問題でもあった）を洗い出した。そして、普通とは違う選択肢にフォーカスした。これらは私が世界中を旅する間に試し、役に立ったものである。

期待されていない作品をヒットさせようとしても、そうそううまくはいかない。それは私も承知のことだった。最善の結果を望み、最悪の事態にも備えた。

２００７年5月2日、担当編集者から携帯電話がかかってきた。

「ティム、ベストセラーになったわ」

午後5時すぎのことだった。場所はニューヨーク。私は精根尽き果てていた。『週4時間』は5日前に発売されたばかりだ。その日は朝6時から連続して20以上のラジオ局でインタビューを受け終えたところだった。私は販促キャンペーンのために書店めぐりすることはまったく考えておらず、ラジオ局でのパブリシティを48時間でひとまとめにやったほうがいいと思ったからだ。

「ヘザー、僕は君が大好きなんだ。でも、冗談はたいがいにしてくれ」

「違うってば。本当にベストセラーになったのよ。おめでとう、ニューヨーク・タイムズ・ベストセラー作家殿！」

私は壁にもたれ、そのままズルズル落ちて床に座りこんでしまった。目を閉じてにんまりと笑った。そして深く息を吸い込んだ。何かが変わろうとしていた。そう、すべてが変わろうとしていた。

ライフスタイルデザイン
――ドバイからベルリンまで浸透した世界的ムーブメント

『週4時間』は35か国語に訳されて出版された。そして発売から3年以上経過した今もベストセラーリストに載っている。そしてこの本の読者たちによって、毎月のように新しいストーリー、新しい発見が生まれている。

活字では『エコノミスト』から『ニューヨーク・タイムズ』文化面のトップ記事まで、そして世間ではドバイの街からベルリンのカフェまで、私が提唱した「ライフスタイルデザイン〈Lifestyle Design〉」（LD）は各国のカルチャーを股にかけ、世界的なムーブメントになっている。この本の元々のアイデアは一人歩きし始め、その土地土地で改良を重ね、私が予想もしなかった方法で試されている。

こんなにうまくいっているのなら、なぜわざわざ改訂するのかって？　もっとうまくいくはずだからだ。そのためには前回の本には欠けていた、『週4時間』を実践した読者の体験談をプラスする必要があった。

この本には、前回日本語に訳されなかった部分も含め、新しいコンテンツが３００ページ以上追加されている。たとえば、最新テクノロジーの利用法や、さまざまな分野での実践報告。そして、読者から私のブログに寄せられた４００ページ以上のケーススタディから厳選した、現実世界でのサクセスストーリー。これが一番重要だ。

家庭円満の秘訣、学生にとって本当に必要な人生の勉強法、ＣＥＯの経営術、プロフェッショナルな放浪術。何でも好きなトピックを選んでほしい。あなたが実践できるケースがあるはずだ。アルゼンチンで1年間、有給でリモートワーク〈remote work〉〔在宅勤務〕する許可を得るための交渉術を知りたい？　すべてこの本にある。

「The Experiments in Lifestyle Design」ブログ（www.fourhourblog.com）はこの本とともに始まった。そして6か月も経たないうちに、世界中に1億２０００万以上もあるブログのなかでトップ１０００に入るようになった。そして、無数の閲覧者がそれぞれすばらしいツールや裏技を共有するようになり、予想もしなかった結果を生み出している。このブログは私がつねづね望んでいた実験場になったのだ。あなたにもぜひ参加してもらいたい。

新しく追加された「ベスト・オブ・ブログ」編は、「The Experiments in Lifestyle Design」ブログのなかでもっとも人気が高い投稿記事から選んだものだ。このブログにも、いろんな業界の人物から推薦の言葉をもらった。ウォーレン・バフェット（まじめな話、私はバフェット氏と直接コンタクトできるところまでたどり着いた。その方法は後ほど紹介しよう）からリンキン・パークのボーカリスト、マイク・シノダやチェスの天才ジョシュ・ウェイツキンまでさまざまだ。このブログは、少ない時間でよりよい成果を求める人々が集う「遊び場」になっている。

これは「改訂版」ではない

この本は、初版がもう役に立たなくなったから「改訂版」をつくった、という安易なものではない。誤植などの小さなミスはアメリカで40刷以上しているあいだに訂正されている。今回が最初の大きな見直しになるが、それは、次のような理由で必要に迫られていたからだ。

前回『週4時間』が発売された２００７年4月以降、事態は激変した。デフレスパイラルに陥り、雇用は大幅に失われた。読者も、「週4時間」を疑ってかかる人も、みんな私に尋ねる。

「この本に書かれている考え方やテクニックは今でも有効なのか？　この不景気、大不況の最中でも」

イエス、もちろんイエスだ。

「絶対に仕事を辞める（リタイアする）ことができないなら、自分の優先順位と決断はどう変わるだろうか？」――リーマン・ショックをきっかけとした経済危機以前に行われた講義のなかで、私が投げかけた問いだ。もはやその問いは仮定ではなくなった。たくさんの人々が、自分の貯蓄額が40％かそれ以上目減りするにつれ、新たな生き方を模索している。通常の定年退職後の生活をこれからの全人生に再配分して、もっと価値のあるものにすることができるだろうか？　コスタリカやタイのような国で年に数か月暮らし、目減りした貯金でも豊かなライフスタイルを送ることができるだろうか？　強い通貨で給料をもらうためにイギリスの会社に勤めることはできるだろうか？　答えはすべて、今まで以上に「イエス」だ。

「ライフスタイルデザイン（LD）」というコンセプトは、キャリアをいくつも積み重ねる人生プランに取って代わる有力な考え方だ。LDはとても柔軟性が高く、今とは違ったライフスタイルを試すことができる。自分ではコントロールできない経済変動によって10年後、20年後の退職プランが水の泡になってしまうことだってあるのだから、キャリア設計にすべてを捧げなくてもいいのだ。今、誰しもが新たな生き方を受け入れられるようになっている。そして、周囲の人が人と違うことをしていても、それを許容できるようになっている。なぜなら、これまでの選択肢の多くが（かつては「安全な」選択肢と思われていたものが）もう使うことができなくなったからだ。

何もかも、そしてあらゆる人が挫折したとき、常識から外れた手法をちょっと試してみようとしたとして、犠牲になるものはあるだろうか？　ほとんどゼロだ。試しにここで２０１３年の未来の一場面に飛んでみよう。ちょうど就職面接担当者があなたに、人とは違った1年間の「空白期間」について質問しているとしよう。そこでこう答えるのだ。

「みんなレイオフ（一時解雇）されました。でも、私は世界一周旅行をする一生に一度のチャンスをつかんだのです。すばらしい体験でした」

面接担当者は疑問に思うよりも、自分もどうやったら同じように旅行ができるのか、その方法を尋ねてくるだろう。この本に書かれているこういったトピックは、今もなお有効だ。

フェイスブック（facebook）やリンクトイン（LinkedIn）といったSNSは２０００年以降の「ドットコム不況」のなかでスタートした。ほかにも、モノポリー、アップル、クリフ・バー〔アメリカの栄養補助食品〕、スクラブル〔英単語を組み合わせるボードゲーム〕、ケンタッキーフライドチキン、ドミノ・ピザ、フェデックス、マイクロソフトなど、景気後退時に生まれた企業は実は多い。これは偶然ではない。なぜかと言うと、経済停滞時には電気などのインフラ料金が割引になるし、一流のフリーランサーが格安のギャラで雇えるし、広告料金も最低価格になるからだ。あらゆる人が楽観的なときには、これらはすべて不可能なことなのだ。

1年間の長期有給休暇をとるか、新しいビジネスのアイデアを練るか、ブラック企業のなかで自分の人生を再設計するか。あるいは、「いつか」実現するために夢を先送りしてしまうのか。非常識なことにトライするには、今が絶好の時だ。

「起こるかもしれない最悪の事態とは何のことだろう?」

たいがい無視されてしまうような問いかけだと思う。しかし、あなたが今いるコンフォート・ゾーン〈Comfort Zone〉(自分にとっての安全地帯)の外にある、無限に続く可能性に目を向け始めたときに、もう一度この問いかけを思い出してほしいのだ。現在の集団パニックは、一歩を踏み出す大きなチャンスでもある。

世界中のすばらしい読者とこの2年間を共有できたのは、とても光栄なことだった。私はこの「完全版」を楽しみながら書いた。同じように、みんなも楽しみながら読んでもらいたい。

私は今も、そしてこれからも、あなた達から謙虚に学んでいきたい。

ウン・アブラソ・フエルテ(胸いっぱいの抱擁を)

2009年4月21日

カルフォルニア、サンフランシスコにて

ティム・フェリス

はじめに

知っておいて
ほしいこと

◆ＦＡＱ〔よくある質問とその答え〕――『週4時間』を疑う人は、これを読んでほしい

「ライフスタイルデザイン」（ＬＤ）はあなたのためにあるのか？　その可能性は大いにある。『週４時間』に対して共通する疑問や懸念をまとめた。現状を飛び出してニューリッチ（ＮＲ）の仲間入りを果たす前に、読んでおこう。

今の仕事は辞めなきゃならないんですか？　リスクをとる人にならなければいけないのでしょうか？

あらゆる意味で「ノー」だ。オフィスで仕事をしなくてもすむようにジェダイ・マインド・トリックを使う〔映画『スター・ウォーズ』シリーズで、ジェダイの騎士が駆使できる能力（フォース）のひとつ。「他人の心を操作する」比喩として用いられる〕ことから、あなたのライフスタイルそのものに投資するビジネスを構築することまで、安心感を得る方法はいろいろある。どうすればフォーチュン５００〔雑誌『フォーチュン』が年に１回発表する、全米の企業売上高トップ５００社のランキング〕企業の社員が１か月間、会社にばれないように中国の秘宝を探しに行けるのか。どうすれば会社経営することなく完全放任でひと月に１０００万円稼ぐビジネスを構築することができるか。すべてこの本に書いてある。

独身で20代じゃないとダメですか？

まったくそんなことはない。この本は、先送り型人生プランにうんざりしていて、楽しみをあとに取っておくよりも、今まさに充実した人生を送りたいと考えているすべての人のために書かれている。そのケーススタディとして、ランボルギーニを操る21歳の男性から、シングルマザーでありながら２人の子ども

と共に5か月間世界1周旅行した女性まで、幅広く取り扱っている。決まりきった人生プランはもういやだ、人生の選択肢が無限にある世界に飛び込みたいと願っている人のために、この本はある。

旅行すればいいのでしょうか？　私はただ時間が欲しいだけなのです。

ノー。旅はオプションのひとつでしかない。目的は、自由な時間と場所をつくり出し、その両方をあなたの思うがままにすることにある。

そんな夢物語は、金持ちの家に生まれた人だけの話では？

ノー。私の両親は2人合わせても年に5万ドル〔約415万円〕以上稼いだことがなかったし、私は14歳のころから働いていた。私はロックフェラー家〔米国の資産家〕の出身ではないし、あなたもそうである必要がない。

アイビーリーグ〔ハーバードやプリンストンなど、アメリカの一流大学リーグ〕出身じゃないとだめじゃないんですか？

ノーだってば。一流大学出身である必要もないんだ。この本に登場するお手本の多くは、世界に名だたるハーバードなんて出ていない。ドロップアウト〔中退〕組だっている。トップアカデミーの世界は、確かにすばらしい。でも、大学出身でなくても享受できる、目に見えないメリットはいくらでもある。一流校の卒業生は高収入ではあるが週80時間労働の世界に放り込まれ、15年から30年もの間、身も心もクタクタになるような仕事を既定路線として受け入れなければならない。なんでそうと分かるのかって？　私もそういう現場にいたし、破滅も経験した。この本はその逆をいくのだ。

◆私自身の物語、そしてこの本が必要な理由

自分が多数派の側にいると気づいたときこそ、立ち止まって自分と向き合う時である。

——マーク・トウェイン

身分相応の生活をしている人は、きまって想像力不足に悩まされる。

——オスカー・ワイルド

〔アイルランド人劇作家、小説家〕

私は再び手に汗を握っていた。

４大陸29か国から１０００組が参加し、10組が最終選考に残ったタンゴ世界選手権準決勝の最終日。目がくらむような天井のスポットライトから目をそらそうと視線を床に落としながら、私はすでに世界一になった気分だった。しかしまだその時点ではエントリーされただけだ。ほかの９組のペアと一緒に並んでいる間、私のパートナーのアリシアはそわそわしていた。これから居並ぶ審査員、テレビカメラ、大観衆を前にして最終演技が始まる。ライバルたちは平均して15年のキャリアがある。対して私たちは５か月間毎日６時間ぶっ通しで練習し、この日にピークを持ってきた。いよいよショーの始まりだ。

「調子はどう？」

アリシアがアルゼンチンなまりのスペイン語で尋ねてきた。彼女はベテランのプロダンサーだ。

「最高の気分だ。身震いするね。ただ音楽を楽しもう。観客のことなんか忘れてさ。ここには誰もいないんだ」

本音はそうではなかった。ブエノスアイレスで最大のホール『La Rural』は5万人の観衆で埋め尽くされ、大会スタッフを識別するのも一苦労だった。場内はタバコの煙が立ち込め、スタンドの観客の波が大きなうねりを起こし、フロアも人で埋め尽くされてところどころ床面が辛うじて見えるくらいだった。それでも場内中央にある30フィート×40フィート〔約9メートル×12メートル〕ほどの舞踏スペースだけはポッカリと空いていた。私はピンストライプのスーツの襟を正したり、ブルーシルクのハンカチをいじったりして、誰が見てもそわそわしているのが分かるくらいだった。

「緊張してる？」

「緊張なんかしてないけど、興奮してる。思いっきり楽しむつもりだよ。みんなを興奮させてやるさ」

「１５２番、どうぞ」。スタッフの案内係が合図した。さあ、ついに出番だ。私は、堅木でつくられたダンスフロアに一歩踏み出しとき、アリシアにいつもの合言葉をささやいた。「トランキロ（気楽にやろう）」。

アリシアが笑った。その時、私は心のなかで思った。「１年前に仕事を辞めてアメリカを離れなかったら、今ごろ、いったい私は何をしていただろう？」

その思いはすぐにかき消された。アナウンサーの声がスピーカーから流れ、観衆が一斉にどよめいた。

「１５２番、ブエノスアイレスのティモシー・フェリスとアリシア・モンティのペア!!!」

私たちは舞台に進み出て、ライトを浴びた。

「では、あなたの職業は何ですか？」

アメリカ人が必ずといっていいほどする質問だ。しかし、今の私にとっては、答えるのがかなり難しい。でも、そうじゃなければ、あなたがこの本を手にすることはなかったかもしれない。

仮にあなたが私を見つけて（難しいことだが）、こうした質問をしたとすると（できるだけしてほしくないが）、私は「ヨーロッパでモーターレースをやっている」とか「パナマの島でスキューバダイビングをしてる」と答えるだろう。「タイでキックボクシングの練習をして、それ以外はヤシの木の下でゆったりとしている」「ブエノスアイレスでタンゴを踊っている」という答えも嘘じゃない。しかし、私は億万長者ではないし、どうしてもそうなりたいと思ってるわけでもない。そこが重要なポイントだ。

社交の場でこうした質問をされると、いつも私は返答に困っていた。それまで長い間自己紹介するときに仕事の経歴をこと細かに説明していたが、社交上そうしなきゃいけないという思い込みがあった。しかし今は、それほど真剣な場面でなければ、他人から見たらミステリアスな私のライフスタイルは一言で言い切れる。

「ドラッグの売人だよ」

だいたいここで会話は途切れる。でも、半分本当だ。全部説明すると話は長くなってしまうが、自分の時間を費やしてやっていることと、金を得るためにやっていることがまったく違う。私は1週間のうち、働く時間は4時間未満だ。でも、1か月で昔の1年分は稼ぐ。こんな話は、やっぱりなかなか信じてもらえないのだろうか。

はじめに、私が実際に体験したことをお話ししよう。その話のなかには、一部の人達の間でひそかに「ニューリッチ」〈New Rich〉（NR）と呼ばれるライフスタイルも含まれる。

それはドーム型の大邸宅に住んでいる大金持ちだから可能なのであって、ウサギ小屋のような小さい家に暮らしている人間にはできないんじゃないかって？　そんなことはない。常識を打ち破った「セオリー」に従えばよい。

一流企業の社員が、上司に悟られないで、1か月間の世界旅行に行く方法もご紹介しよう。実際、巧妙なかくし技を使って、実現している人がいるのだ。

富だけ持っている金持ちはもう古い。ニューリッチ（NR）は、先送り型人生プランを捨て去り、「ニューリッチ通貨」を使ってぜいたくなライフスタイルを創り出す人々のことだ。「ニューリッチ通貨」は2種類ある。時間と移動だ。これらは芸術的、科学的な概念であり、私たちがライフスタイルデザイン（LD）と呼ぶものだ。

私はこの3年間、世界中を旅して今もなお想像を超えた生活を送っている人たちに出会った。私は現実から目を背けるよりも、あなたの意志を『週4時間』へと向ける方法を紹介する道を選んだ。思ったよりかんたんなことだ。限界を超えたオーバーワークとありえない低賃金のオフィス勤めからNRを目指す私の旅は、まさに「小説よりも奇なり」だった。そして私はNRになるための暗号コードを解読した。しかもそのコードは読者のみなさんへも複製しやすい。そのためのレシピもちゃんとある。

人生をそんなにつまらなくて辛いものにする必要はない。そうなってはいけない。たいていの人は（昔の私もそうだったが）、こう言い聞かせて多くの時間を無駄遣いしている――人生は辛いもので、（たまには）リラックスできる週末や（ときには）「短くとるか、あるいはクビになるか」という二者択一の休暇をとるくらいしかできない。その引き換えに9時から5時までの単調でつまらない仕事をやめるしかないと。でも真実は、少なくとも私が今生きている真実は、断じて違う。そしてこの本でその真実を読者のみなさんと共有したいのだ。為替レートの差を活用することから、あなたの人生そのものをアウトソーシングして最終的には自分自身がいなくてもビジネスが回るようにするまで、不可能だと思われていたことを実現するとても役に立つカラクリを教えよう。

あなたがこの本を手に取ったのは、62歳になるまでただデスクに座り続ける人生を送りたくないと思っているからだろう〔日本と違いアメリカでは「雇用における年齢差別禁止法」により定年制が廃止されている〕。競争社会から脱出する、実生活で気まぐれな旅に出る、長期間放浪する、世界記録を目指す、華麗なる転身を遂げる……あなたの夢がどんなものであっても、この本で実現させてあげたい。あいまいな「リタイアメント」について考えるよりも、すべての人に今、この場で夢を現実にするための手段を余すことなく提供するのがこの本だ。定年まで待たなくてもハードワークの生活に対する報酬を得る方法は必ずある。

どうやるのかって？　ほとんどの人は見過ごしてしまうが、ちょっとした違いに気づくことから始められる。何を隠そう、私だって25年間気づかなかった。

みんなただ億万長者になることを望んでいるわけではない。億万長者のみが手に入れられると思い込んでいることを経験したいだけなのだ。たとえば、シャレー様式〔アルプス地方の伝統木造家屋の様式〕の別荘を持ち、執事を抱え、豪華な海外旅行をすることなどが思い浮かんでくるだろう。ハンモックに揺られながら自分のお腹にココアバターのエッセンシャルオイルを塗って藁葺き屋根のバンガローのデッキにもたれて打ち寄せる波の音に耳に傾ける、なんていうのもいいじゃないか。

銀行に100万ドル貯めこむなんて、ちっともファンタジーにならない。お金を使って得られる完全に自由なライフスタイルこそファンタジーだ。そこで疑問が湧いてくる。100万ドルがなくても億万長者のような完全に自由なライフスタイルをとりあえず手にするにはどうしたらいいか？

この5年間で、私はこの疑問に自力で答えを出した。そしてこの本があなたたちへの答えになる。私があなたたちに伝えたいこと、それは収入と労働時間を切り離して、その過程のなかで理想のライフスタイルを構築していった方法だ。そして世界中を旅してこの地球がもたらす最上のものを堪能することだ。いったいどうやって1日14時間働いて年収4万ドル〔約330万円〕だった生活から、週4時間働いて月収4万ドル以上の生活になったのか？

参考のためにこの話の出発点を話しておこう。それは意外にも、大学の投資銀行家志望者のための講義だった。

2002年、私はプリンストン大学のエド・チャウ教授に招かれた。エドは私がプリンストン大学在学時にハイテク起業家論を習った教授で、最高のメンター〔精神的指導者〕だ。私が受けた同じ講義で、今度は私が学生たちに私が現実の世界で経験したビジネスアドベンチャーを話してほしいという。私は迷った。すでに同じ講義で超億万長者が招かれていたし、高収益のスポーツサプリメントの会社を起業したとはいっても、私がやったことは一般的にみて邪道だったからだ。

しかし何日か考えた後、私は思った。誰だって、儲かる会社をつくって、売上を立てて、優雅な生活を送る方法を知りたがっているはずだと。それはそうだ。さらに、誰も質問しようとも答えようともしない疑問がある。なぜ何よりもそんな生活を求めるのか？ 人生がハッピーエンドになるように願って、最良の日々を過ごす証となる「黄金の壺」〔「夢を実現すること」の象徴〕は何か？

そして「趣味と実益を兼ねたドラッグ販売」と題した講義が実現した。講義はシンプルな問題提起からスタートした。それは「仕事と生活を両立させる大前提を検証すること」だ。

・リタイアすることが選択肢になかったら、どのように自分の決断を変更する？
・40年間働き続けるのではなく、ミニリタイアメント〈Mini-Retirement〉を利用して『先送り型人生プラン』で積み立てた楽しみを小出しにして試してみたらどうなるだろう？
・億万長者のような暮らしをするために奴隷のように働くのは、本当に必要なことなのか？

こうした質問によって何が導き出されるのか、私にはよく分からなかった。

結論を知りたい？　「現実の世界」で一般常識と考えられているルールは、しょせん社会的に都合よく築き上げられた幻想の寄せ集めにすぎない。この本を読んで、ぜひほかでは得られない選択肢を発見し、つかみ取る方法を自分のものにしてほしい。

この本は何が違うのか？

まず言っておくが、あまりこの問題について時間をかけるつもりはない。この本の想定読者は、いつも「時間がない」と思って苦しんでいる人や忍び寄る不安に悩んでいる人、あるいは（これは最悪のケースだが）何も達成しないまま現状に耐え、とりあえず満足している人だ。

第2に、この本は節約術の本ではない。今から50年後に１００万ドル貯めこむために赤ワインを毎日飲まないようにしよう、なんてことは推奨しない。むしろ私は毎日飲んでいる。今日の楽しみをとるか、それとも後々のためのお金をとるか、どちらかを選べなんてことも言うつもりはない。

今すぐ、その両方が手に入ると私は信じてやまない。人生の楽しみを味わい、そして利益も得る。それが目標だ。

第3に、この本は「夢のような仕事」を見つけるためのものではない。当たり前のことだが、大部分の人間にとって、ほとんど時間をかけないのが完璧な仕事だと言える。一方で大多数の人が、尽きることのない達成感を得られる仕事にめぐり合うことはまったくない。よって、この本の目標はそこに置かない。目標は時間を自由にすること、そして自動的に収入を得ることだ。

私は、どの講義でも唯一重要なことを包み隠さず伝えるようにしている。それは「交渉人」(dealmaker)になることだ。私の講義は、「交渉人」にとって唯一大切なことの説明から始める。交渉人のマニフェストはかんたんだ——現実には、交渉の余地がある。科学と法の外側ではすべてのルールがねじ曲がり、破壊される。しかしあくどい手段は必要ない。

交渉(deal making)の「DEAL」は、ニューリッチの仲間入りを果たすための4つのプロセスの頭文字でもある。

あなたが会社勤めのビジネスマンであろうと起業家であろうと、この4つのステップと戦術を使えば、驚くような成果が得られる。私が私の上司との間でやったことをすべてあなたでもできるかといえば、それは難しいだろう。でも、同じ法則を使って収入を2倍にすることや、労働時間を半分にすること、最低でも休暇を今の2倍取得することはできるだろうか。

それは絶対にできる。

それでは、あなたを着実に、そして確実に再生させる「4つのプロセス」を紹介しよう。

「D」=定義(Definition)は、間違った常識を覆し、新しい競争に備えてルールと目標を導入すること。定義づけすれば自虐的な思い込みに陥らず、「相対収入」〈relative income〉や「いいストレス」〈eustress〉

といった考え方を取り入れることができる。[注1]「ニューリッチ」（**NR**）とはどんな人なのか？ そしてどんなことをしているのか？ このセクションでは、「ライフスタイルデザイン」（**LD**）全般のレシピを説明する。そして以下の3つのキーワードを加えよう。

「E」＝捨てる（Elimination）は、タイムマネージメント（時間管理）なんていう時代遅れの考え方をきっぱりと捨てること。これはよく忘れられがちなのだが、イタリア人経済学者〔『パレートの法則』を生み出したヴィルフレド・パレートのこと〕の言葉から引用している。1日12時間労働を1日2時間、いや2日で2時間の日々に変えるのだ。1時間当たりの成果を10倍以上にしよう。そのためには、直感では受け入れにくい**NR**のテクニックを使おう。「あえて無知でいること」〈selective ignorance〉、低情報ダイエット〈Low-information Diet〉を実践する、そして大事ではないことは無視する、といったものだ。このセクションでは贅沢な**LD**の3大ポイントの1番目、「時間」を取り上げる。

「A」＝自動化（Automation）は、キャッシュフローをオートパイロット〈Autopilot〉〔航空機の自動操縦システム。あるいはインターネットの自動巡回ソフト。ここでは「自動操縦」を表す〕化することだ。地理的条件を生かした裁定取引〔金利差や価格差を利用して売買して利ざやを稼ぐ取引。さや取り〕、アウトソーシング、そして「決断しない」ルールなどを使う。何でもひとくくりにしてしまう方法からすべてがうまくいく**NR**の習慣まで、すべてここにある。

このセクションでは贅沢な**LD**の第2のポイント、「収入」について述べる。

「L」＝解放（Liberation）は、全世界を舞台に夢を実現するための行動宣言だ。ここではミニリタイアメントの概念が登場する。遠隔操作で完璧に仕事をコントロールし、上司の監視から逃れることができる。解放とは、単に長期休暇をとって格安旅行をすることではなく、一つの場所に人を縛りつけているようなしがらみを永遠に断ち切ることを指す。このセクションでは、贅沢なLDの最後のポイント「可動性」について述べる。

ここで注意しておくべきは、あなたがオフィスに毎日１時間しかいないとすれば、たいていの上司はいい顔をしないだろう。だから、一般のサラリーマンは起業家になったような気持ちで「DEAL」の順に読み、「DELA」の順で実行するといい。あなたが今の仕事を続けたいのなら、労働時間を80%削減する前に、働く場所の自由をつくり出すことが必要だろう。あなたが現代的な意味で起業家になることをまったく考えていないとしても、「DEAL」のプロセスによってより純粋な意味での起業家へと変貌していくはずだ。ちなみに、純粋な意味での起業家とは、フランスの経済学者Ｊ・Ｂ・セーが１８００年につくった概念で、ヒト・モノ・カネなどの経営資源を生産量の低い分野から高い分野にシフトさせる人物のことである。

最後に、大事なことを伝えよう。あなたにすすめたことの大半は不可能に見えるだろうし、一般常識を侮辱していると思われるだろう——そう、それは私が予期していることだ。常識を疑おう。そして今、決心してほしい。水平思考〔ある問題に対し、今まで行われてきた理論や枠にとらわれずに、まったく異なった角度から新しいアイデアを生もうとする考え方〕の訓練として試してみよう。ウサギの穴がどこまで深く続いているかが分かる〔奥深さを表す比喩として『不思議の国のアリス』の一場面を引用している〕。そうすれば、あなたはもう二度と現状に戻ってくることはないだろう。

さあ、深呼吸をして。これからあなたに私の世界をお見せしよう。そしてこの言葉を思い出してほしい

――「トランキロ（気楽に行こう）」。時は来た。めいっぱい楽しもう。そしてほかのみんなもこの世界に引き入れよう。

2006年9月29日
東京にて
ティモシー・フェリス

1　珍しい単語はこの本を通じて紹介されたコンセプトとして定義されている。意味が不明なものやクイック・リファレンス〔必須事項だけを記した簡易マニュアル〕を必要とするものは、www.forhourblog.com にある膨大な用語集や資料にあたってほしい。

◆病状経過の年表――「著者のプロフィール」

専門家とはきわめて限定された分野において、あらゆる失敗を重ねてきた人間のことである。

――ニールス・ボーア〔物理学者、ノーベル賞受賞者〔デンマーク〕〕

正気を失った彼にも、単なる能なしに過ぎなかった正気の瞬間はあった。

――ハインリヒ・ハイネ〔評論家、詩人〔ドイツ〕〕

この本では、私が次のような肩書を得るために実践した法則を具体的に紹介する。

・プリンストン大学「ハイテク起業論」客員講師
・アメリカ人で史上初、タンゴのギネス世界記録保持者
・30人以上のプロスポーツ・オリンピック世界記録保持者のアスレチックアドバイザー
・雑誌『ワイヤード』の「２００８年の偉大なセルフプロモーター」
・散打〔中国式キックボクシング〕世界選手権王者
・日本の日光での乗馬アーチェリー〔流鏑馬〕実演者
・台湾ＭＴＶ出演のブレイクダンサー

・ハーリング〔アイルランドで行われる球技〕競技の選手
・中国本土と香港の人気テレビシリーズ『Human Cargo』出演

ここにたどりつくまでの道のりは、それほど華々しいものではなかった。

1977年

予定日より6週間早く産まれ、生存率は10%と診断される。命はとりとめたものの、どんどん太っていったせいで腹這いできない。おまけに目の筋肉のバランスが悪いせいで、両目はそれぞれ逆方向を見ていて、そんな私を母は親しみを込めて「マグロ」と形容する。まあ、まずまずといったところだ。

1983年

アルファベットを教わることを拒絶し、危うく幼稚園を退学処分に。先生は、学ばなければならない理由を説明せずに「先生の私が言っているからよ」と言う。そんなのバカげていると言い放ち、サメの絵を描くのに集中したいから放っておいてと頼む。「反省机」へ移されて石鹸を食べさせられた〔欧米では悪い言葉遣いをした子どもをしかるときの表現に「口を石鹸で洗うぞ!」(Wash your mouth with soap!)というものがあり、これはその表現を誇張したもの〕。権力への抵抗の始まりだ。

1991年

最初の仕事。懐かしいな。最低賃金でアイスクリーム店の清掃員として雇われるが、すぐに上司がつくったマニュアルでは二度手間になることに気づく。自分のやりたいようにやって、8時間かかるところを

1時間で終わらせ、残りの時間はカンフー雑誌を読み、店の外で空手の練習をした。3日という記録的な速さでクビになり、「いつかお前にも一生懸命働くことの意味が分かるだろう」というお別れの言葉をいただく。いまだに私は分かっていないようだ。

1993年

1年間の交換留学プログラムに応募し、日本へ。日本では死ぬまで働く「過労死」と呼ばれる現象があり、日本人は生まれたときは神道で、結婚するときはキリスト教徒、他界するときは仏教徒になるくらい、宗教観はあいまいだ。私は日本人の大半が深刻なほど生き方に混乱をきたしていると思った。ある夜、ホームステイ先のホストマザーに翌朝〈おこして〉ほしいと言うつもりが、〈おかして〉ほしいと頼んでしまった（これだと日本では「レイプしてほしい」という意味になってしまう）。彼女はとても困惑していた。

1996年

疑われることなく、なんとかプリンストン大学に合格。ＳＡＴ〔米国の大学進学適性試験〕のスコアは平均点より40％も低く、高校の進路指導員からは、もっと「現実」を見るよう言われ続けていたにもかかわらず、だ。やはり私は現実的な人間ではないらしい。神経科学を専攻したが、東アジア研究に転籍。プリンターのジャックを猫の頭に差し込みたくなかったからだ。

1997年

目指すは百万長者！　３年分の夏のアルバイト代を全部つぎ込んでオーディオブック『アイビーリーグを打ち負かす方法』を５００本制作するが、いまだ１本も売れていない。９年間は我慢して、２００６年になったら母にテープを捨ててもらおう。まさに根拠のない、自信過剰の自己満足。

１９９８年

友人が４人の砲丸投げ選手たちに襲われて頭を蹴られるという事件が起きた後、私は学内でも高収入だった用心棒のアルバイトをやめ、速読セミナーを開催する。「３時間であなたの読書スピードが３倍になる！」と書いた、派手なネオングリーン色のチラシを構内に何百枚もベタベタ貼りつけたら、いかにもプリンストンらしい学生たちから、そのすべてに「でたらめ言うな！」と落書きされる。３時間の講座を32人に、ひとり50ドルで売る。時給にして５３３ドル〔約４万４２００円〕。これで市場開拓を行ってから商品企画をしたほうが、その逆よりもうまくいくことが分かった。その２か月後、速読にうんざりして店じまいする。サービス業は性に合わないので、モノづくりと流通ができる仕事を目指す。

１９９８年秋

卒業論文に激しい抵抗感を覚え、このまま投資銀行家になることへ猛烈な不安を感じたため、学業を放棄する。教務課に行って、別途通知があるまで休学すると伝える。父は、私が二度と大学に戻らないと確信し、私は人生の終わりを確信する。母は、大した問題じゃない、悲劇の主人公になる必要はないと思っていたようだ。

1999年春

３か月の間に転職を繰り返す。世界最大手の語学学校ベルリッツではカリキュラム編成を担当し、従業員３名ほどの政治亡命研究団体ではアナリストとして働く。成り行きで、ゼロからスポーツジムの建設と事業展開を行おうと台湾へ旅立つが、中国系マフィアの三合会に睨まれ計画は中止。敗北感を胸に帰国。散打〔中国式キックボクシング〕を習おうと決心し、その４週間後には、なりふり構わない型破りな方法で国内選手権優勝を果たす。

2000年秋

自信は回復するが、論文は手つかずのまま、プリンストンに復学。人生は終わっていないし、むしろ１年の遅れは自分のためになった。弱冠20歳で、カルト教団ブランチ・ダビディアンの教祖デビッド・コレシュのような超能力を身につける。友人は４億５０００万ドル〔約３７５億円〕で会社を売ったことを知り、私も億万長者を目指して西へ、日がさんさんと降り注ぐカリフォルニアに向かう。史上もっとも活気のある雇用マーケットに身を置きながら、私は卒業後も職に就かずに３か月間なんとか食いつなぎ、ついに切り札を出す。起業して間もないＣＥＯへ立て続けに32通もメールを送る。最終的に彼は降参し、私は営業部に配属される。

2001年春

TrueSAN Networks は、、従業員15名ほどしかいない無名の会社から「データ記憶システム非上場企業Ｎｏ・１」（どうやってそんな評価をされたのか?）へと成長し、従業員数は１５０名に（社員はみんな何をやっているんだ?)。新任の営業部担当役員は、電話帳の「Aからかけまくれ」とテレホンセールスを指示してきた。慎重に言葉を選びながら、なぜそんな頭の悪いやり方をするのかと尋ねると、彼は「私がそう指示しているからだ」と答える。出だしから暗雲が立ち込めてきた。

２００１年秋

12時間労働を1年間続けたある時、自分の給料が社内で受付係を除いて下から2番目に低いことを知る。抗議の意味を込めて、1日じゅうネットサーフィンを行うことにする。ある日の午後、わいせつな動画ファイルをダウンロードしまくってこれ以上見るものがなくなったところで、スポーツ栄養補助食品会社の立ち上げに必要なものを調べる。すると、製造から広告デザインまでアウトソーシングできることが分かった。その2週間後、クレジットカードで５０００ドルを借り受け、初回の商品を一括仕入れし、稼働中のウェブサイトを立ち上げる。その1週間後にクビになったから好都合だった。

２００２年―２００３年

有限会社 BrainQUICKEN の営業開始。私は年収4万ドルだったのが月収4万ドル以上も稼ぐようになった。唯一の問題は、週7日間、1日12時間以上働いていて人生が嫌になったことだ。なんとなく自分が追い詰められていることは分かっていた。思いきって家族を連れて1週間の「休暇」を取ってイタリアのフィレンツェに行くが、1日のうち10時間はインターネットカフェで過ごし、パニック状態に陥る。チクショウ!　この頃から、プリンストンの学生に「成功する」(ここでは「稼ぐ」という意味だ)会社のつくり方に関する講義を始める。

2004年冬

予想もしなかったことが起きた。インフォマーシャル〔「インフォメーション」と「コマーシャル」を合わせた造語。テレビショッピングなど情報連動型広告〕制作会社とイスラエルの巨大複合企業（何だそりゃ？）から我がBrainQUICKENの買収に興味があるといって接近してきた。会社を整理縮小し（といっても自宅の部屋を掃除しただけだが）買収にそなえた。奇跡的にBrainQUICKENは破綻しなかったものの、その2社も同じ商売を開始した。また、グラウンドホッグ・デイまで逆戻りだ〔2月2日の米国ペンシルバニア州の祝日。冬眠していたウッドチャック（Groundhog）が2月2日に穴から出てきて、自分の影が見えるかどうかで春の訪れを調べるという伝説。影が見えると春はまだ遠くあと6週間ほど冬が続くといわれる。ここでは「振り出しに戻る」という意味〕。ほどなくして、その2社が私の商品を再現しようとして、何百万ドルもの損失を抱える。

2004年6月

ハワード・ヒューズのような大富豪になる前に今の状況から逃げ出そうと決断。会社が破綻したってかまわない。すべてを引っくり返した私は、バックパックを片手にニューヨークのJFK空港へと向かう。最初に目にしたヨーロッパ行きの片道チケットを購入し、ロンドンに降り立った。スペインまで足を伸ばし、過酷な日々に戻る前に4週間の充電期間をもうける。休養しようと思ったとたん、1日目の朝にノイローゼになってしまう。

2004年—2005年7月

4週間の滞在は8週間となり、そのうち無期限で海外に留まろうと思う。毎週月曜日に1時間だけメールチェックを行うという生活の自動化を試験的に行っていたが、その最終段階まで到達した。会社は、障害になっていた自分自身が外れたことで利益が40％も増加した。忙しく飛び回って大きな問題から逃げている人間がこれ以上仕事を言い訳にできないとすれば、一体どうすればいいんだ？　どうやら、怯えながらじっと耐えるしかないようだ。

2006年9月

これまで体験したことのない、禅を極めたような境地でアメリカに戻る。自分には何ができて、何ができないのかといった思い込みをすべて整然と打ち砕いた。『趣味と実益を兼ねた薬品販売取引』の講義はライフスタイルデザイン（LD）の授業へと進化を遂げた。新しいメッセージはシンプルだ――私は約束の地を見た。そこには福音がある。すべてが望み通りになる。

ステップ1

定義（Definition）の「D」

現実とは幻想にすぎない。
非常にしつこいものではあるが。
——アルベルト・アインシュタイン

1章

警告と比較

一晩で100万ドル使い果たす方法

富める者に対して「熱にうなされている」と言った途端、
我々もその熱に冒されることになる。

――セネカ（紀元前4―紀元後65年）

私だってガラクタばかり持っている最貧困層にいたくないし、
金持ちになりたいという気持ちはある。
でも富の使い方を知らず、富と縁を切ることもできずにいれば、
金と銀の足かせにはめられているようなものだ。

――ヘンリー・デヴィッド・ソロー（1817―1862）

標準時午前1時、ラスベガス上空3万フィートにて

彼の友人は、ろれつが回らなくなるほど酒に酔い、眠ってしまった。ファーストクラスで起きていたのは私と彼の2人だけになった。彼が手を差し出して自己紹介をし始めた。読書灯に照らされて彼の指にはめられている巨大なダイヤモンドリングが輝いている。

マークは正真正銘の大物だった。サウスカロライナでガソリンスタンド、コンビニ、ギャンブルビジネ

スを展開している。「まあ、ベガスじゃいつも、仲間と一晩で100万ドルくらいは使うかなあ」

私の旅行の話題になった途端、マークは自分の席に座りなおした。でも私の方は、彼のとんでもない金の使い方に興味があった。

「あなたが手がけているビジネスのなかで、一番のお気に入りは？」

彼は答えにそれほど時間をかけなかった。

「何もないなあ」

彼が言うところによると、欲しくもないモノを買うために、そして好きでもない人間を相手に仕事をして、30年以上も過ごしてきてしまったということになる。彼が勝ち取った成功とは、美人妻（3番目の妻を捕まえたところらしい）、外車、そのほか虚しい自慢を並べ立てることにすぎない。

マークの人生は、とてもじゃないが生きているとは言えない。生ける屍だ。

こんな終着点は誰も求めていない。そうだろう？

◆人生先送り派とニューリッチの比較

では、マークと私とでは何が違うのか？　自由な選択肢があるニューリッチ（NR）と、終着点のためにすべてを節約し、人生をただやり過ごしているだけだと気づいている人生先送り派〈Deferrer〉（D）を分け隔てているのは何か？

それは、それぞれの出発点を見れば分かる。（NR）は自分の目標に基づいて集団から抜け出し、明確な優先順位と人生哲学を持って自分と向き合っている。

次のことに注意しよう。一見すると同じ目標であっても、言葉の上での微妙な違いが、それを実現するための行動を変えてしまうことがある。これは何もビジネスオーナーに限ったことではない。後で示すように、何よりも一般の従業員に当てはまることなのだ。

人生先送り派─自分自身のために働く
ニューリッチ─自分のために他人に働いてもらう

人生先送り派─働きたいときに働く
ニューリッチ─働くのが目的で働くことはしない。最大効果が得られる最小必要量だけ働く（これを「最小有効仕事量」〈minimum effective load〉という）

人生先送り派─早く、若くして引退する
ニューリッチ─人生を通して定期的にリフレッシュ期間やアドベンチャー（ミニリタイアメント）期間を設ける。何もしなくていい身分になることを目標としない。何かワクワクするようなことをやっている

人生先送り派─手に入れたいと思うものをすべて買う
ニューリッチ─やりたいと思うことをすべてやり、なりたいと思うものすべてになろうとする。そのために必要なツールは手に入れるが、そのこと自体が目的や成果にはならない。そこは重視しない

人生先送り派―従業員ではなく、上司になる。つまり、管理職になる

ニューリッチ―管理職でも従業員でもなく、経営者になる。つまり、自分専用の列車を所有し、他の人間に時刻通りに運転させる

人生先送り派―大金を稼ぐ

ニューリッチ―行程表や手順を守りながら、特別な理由や明確な夢を持って大金を稼ぐ

人生先送り派―もっといろんなものが欲しくなる

ニューリッチ―クオリティの高いものを求め、価値のないものは捨てる。資産を築いたとしても、物欲のほとんどは、不必要なことに時間を費やすことの言い訳にしかならないのをよく分かっている。モノを買うだけでなく、モノを買う準備をすることすら無駄だと悟っている。新車のインフィニティを買うとき、1万ドルを値引きするためにディーラーと2週間交渉していないか？　ご苦労さま。あなたの人生に目的はあるのか？　この世界をより便利にするための貢献をしないか？　それともメモ用紙をめくったり、キーボードを叩いたり、週末に酔っ払って家に帰るのか？

人生先送り派―株式公開、買収、退職金、あるいはほかの何でもいいが一攫千金を狙う

ニューリッチ―野心を抱きつつも、毎日の収入をしっかり確保する。キャッシュフローを優先し、一攫千金は二の次

人生先送り派—嫌なことから解放されて自由が欲しい

ニューリッチ—嫌なことから解放されて自由を求めるが、働くために働く〈work for work's sake＝W4W〉生活には戻りたくないし、夢を追い続ける自由と意志を持ちたい。何年もの間同じような仕事をしていると、自分が何に情熱を抱いていたか、夢が何だったか、趣味が何だったかも忘れてしまいがちになる。目標は嫌なことを排除するだけではなく、自分を空虚にさせるようなことはせず、この世のベストを追求し、経験することにある

◆列車を乗り換えよう

第一の原則は、自分自身をバカにしてはいけないということ。人は実にそうしやすいんだけどね。

——リチャード・P・ファインマン〔ノーベル物理学賞受賞者〕

「たくさんある」なんてもううんざりだ。現金に執着するのは骨折り損でしかない。

自家用飛行機をチャーターしてアンデス山脈を越え、最高級のワインを楽しみながら世界でも有数のリゾートスキー場でシュプールを描き、王様のような暮らしをして、別荘の広々としたプールサイドでくつろぐ生活。実は、今までほとんど人に言ったことがない小さな秘密なのだが、これらすべてにかかるお金はアメリカで暮らすときの家賃より安い。つまり、時間と場所が自由に使えれば、持っているお金の価値

は自動的に3倍にも10倍にもなる。

この話は、為替レートとは関係ない。資産的に金持ちであるということと、億万長者のように暮らす知恵を持っていることとは、まったく別なのだ。

お金の実用的価値は、自分でコントロールできる「W」の数に応じて何倍にもなる。**「何を」(what)**、**「いつ」(when)**、**「どこで」(where)**、**「誰と」(whom)** するか、である。これを「自由のかけ算」〈freedom multiplier〉と呼ぶ。

これを私たちの基準で考えてみよう。週80時間働いている年収50万ドル〈約４１５０万円〉の投資銀行家がいるとする。一方、年収は４万ドル〈約３３２万円〉でも、投資銀行家の１／４しか働かず、いつ、どこで、どうやって暮らすかを自由に選べる従業員**NR**がいるとする。この２人を比べると、投資銀行家のほうが「パワーが劣る」ことになる。つまり、投資銀行家の年収50万ドルよりも、従業員**NR**の４万ドルの方が価値は大きいのだ。

選択肢、言い換えれば選び取れる能力こそが本物の力になる。この本では、最小の労力とコストで選択肢を見出し、そしてつくり出す方法を紹介している。逆説的ではあるが、今の半分の労力で、もっと多くの金、いやむしろ莫大な金を稼ぐことだって可能なのだ。

◆NRとはどんな人なのか？

・仕事のスケジュールを調整し、１／10の時間で90％の成果を出すためにリモートワークの合意を交わしたいという交渉を上司と行い、ひと月に２週間の休みを取って家族とスキーや長距離ドライブ旅行に出かける平社員。
・利益にほとんど関係ない顧客やプロジェクトを捨て、すべての業務をアウトソーシングするビジネスオーナー。そうして彼は、珍しい古文書を求めて世界中を旅する。その間、自分のイラストレーションの作品を展示するためのウェブサイトを旅先で運営する。
・ブルーレイ〔次世代DVD〕のニッチ〔隠れたニーズがあっても小さな市場のため大企業がターゲットにしない顧客層〕な愛好者相手に月に5000ドルを稼ぐオンラインビデオレンタルサービスを立ち上げようと、あえてリスクを取った学生。彼は、週に2時間のサイドビジネスで、動物の権利擁護活動家としてフルタイムの活動をすることができる。

選択肢は無限である。しかし、最初のステップは同じだ。前提をくつがえせ、ということだ。そのムーブメントに加わるためには新しい用語を理解し、常識が通用しない世界へのコンパスを使って軌道修正する必要があるだろう。責任や義務をひっくり返すことから、「成功」という概念を捨てることまで、ルールを変えていく必要がある。

新しいゲームには新しいプレーヤーを――グローバルに、無制限に

イタリア、トリノにて

文明にはルールが多すぎる。だから私はそいつを書き直すことに全力を尽くしている。

――ビル・コスビー

空中で360度回転すると、音が消えた。デール・ベッグ・スミスは、スキー板を頭の上でX字型にクロスさせ、バック転を完璧に決めた。フィニッシュまで滑り終えたとき、彼は記録を塗り替えていた。

2006年2月16日、デールはトリノ冬季オリンピックでモーグルの金メダリストになった。ただ彼がほかの選手とは違っていたことがある。彼は勝利の後で将来性のない仕事に戻ることはない。そして、この日を競技人生のクライマックスとして後で振り返ることもない。彼は21歳の若さで黒のランボルギーニに乗っていた。

デールはカナダ生まれで最近注目の人物である。彼は13歳のとき、自分の天職はインターネット関連のIT企業だと気づいた。彼にとってラッキーだったのは、15歳の兄、ジェイソンがデールを指導してくれるパートナーだったことだ。2人の会社は、オリンピックの表彰台の上に立つという夢をかなえるための資金をつくる目的で設立された。わずか2年後には、関連業界の中で世界3番目の規模まで拡大した。

チームメートが居残り特訓をしている間、デールは何度も東京の顧客のために買い付けをしていた。「頭を使っている暇があったら練習しろ」というスポーツ界の常識からすると、コーチにとってデールは、自分のビジネスのほうに時間を使いすぎていて練習が足りなかった。デールがそれでも成績を残しているにもかかわらず、だ。

デールは、夢かそれともビジネスかという選択ではなくて、水平思考で考えることにした。どちらかひとつだけ、ではなく両方とも選択してしまおうとしたのだ。２人は決してビジネスに時間を使いすぎているわけではなかった。むしろ、常識に囚われているカナダ人に時間を使いすぎていたのである。

２００２年、２人はスキー新興地域であるオーストラリアに移住した。チームの陣容はコンパクトで柔軟性が高く、伝説的な人物がコーチをしてくれた。デールはわずか３年で市民権を獲得した。

そして冬季オリンピックでは、以前所属していたカナダのチームメートたちとつばぜり合いを演じ、ついに「オーストラリア人」として３人目となる金メダリストとなった。

デールは、ワラビーとサーフィンの国で、切手になるほどの有名人になった。エルヴィス・プレスリーの記念切手の隣に、デールの顔が写っている切手が売られている。

名声には特典が伴うということだ。そしてそのためには、あなたに提示された選択肢の外に目を向けることだ。水平思考が可能な選択肢は、いつでも存在している。

南太平洋、ニューカレドニアにて

一度、次善の策でいいと言ったならば、それがあなたの人生になる。

——ジョン・F・ケネディ

もうちょっと金があれば物事はうまくいくのに、と思っている人たちがいる。彼らの目標は気ままに揺れ動く。「銀行に30万ドルあれば」「１００万ドルのポートフォリオ〔安全性や収益性を考えた分散投資の組み合わせ〕を組めれば」「年に5万ドルじゃなくて10万ドル稼げれば……」などだ。ジュリーの目標はもっと内面的なものだった。自分が出発したときに連れていった子どもたちも含めた、家族全員が無事に家に帰り着くことである。

シートにもたれて、夫、マークの向こう側に目をやり、数を数える。もう何千回もそうしていた。1、2、3。眠くなるまで。12時間後には一家は無事にパリへと戻るだろう。それには、ニューカレドニアから帰りの飛行機が無事到着することも含まれている。

ニューカレドニア？

ニューカレドニアは熱帯のサンゴ礁の海に包まれたフランスの領土である。そしてそこでジュリーとマークは、世界中1万５０００キロマイルを航海してきたヨットを売り払った。もちろん、最初の投資分を取り戻すことは想定内だった。すべては予定通り。ヴェニスのゴンドラが浮かぶ水路からポリネシアの海岸までの15か月間の地球探険旅行は、1万８０００ドルそこそこの費用でまかなえた。パリでの家賃と食費より安くあがったのだ。

たいていの人はそんなことは不可能だと考えるだろう。でも、毎年フランスから同じようなことをしようと出航していく家族が３００以上もいることを、みんな知らないのだ。

世界一周は20年来の夢だったが、増えてくる仕事の山に埋もれてずっと放ったらかしになっていた。時間が経つごとに新しい理由が生まれて、夢の実現は遅れていった。ある日、ジュリーは、今やらなければ永遠にできないだろうと気づいた。「それが本当に理にかなっているかどうか」という、合理的思考にとらわれているかぎり、ひたすらつじつま合わせの生活を続けることになるだろう。そこから脱出できると考えるのはより難しくなっていたはずだ。

1年の準備期間を経て、夫と2人で30日の試験航海を行い、そして、家族は大航海に乗り出した。錨を上げた瞬間、ジュリーはあることに気が付いた。この航海の最大の難関だったはずの子どもたちは、本当は航海へ乗り出す最大の理由だったのだ。

航海に出る前は、3人の男の子はしょっちゅう喧嘩ばかりしていた。だが、揺れる寝室で一緒に暮らすことを学んでいくうちに、3人は、お互いに対しても、親に対しても辛抱強くなった。航海前は、「規則」は砂をかむように味気ない存在だったが、大海原で、それがいかに大切なものであるかを知った。子どもたちを学校から1年間引き離し、新しい環境に放り込むことで、彼らの教育に対して最高の投資ができたのだと、はっきりと分かった。

今飛行機のシートに座って、翼が雲を切っていくのを見ながら、ジュリーは、もう次のプランを考えていた。適当な山小屋を探して、1年中スキーをする。スキーやほかの旅行の費用をまかなうため、ヨット用品ショップを経営して収入を得るのだ。

1度経験してしまうと、次のチャンスが待ち遠しくてたまらなかった。

●ライフスタイルデザインの実行例

育児所に子どもを迎えに行くため、街から高速道路へと車を飛ばし、今度は子どもを連れ、凍りついた道路に車をすべらせながら仕事場に戻り、残りの仕事を終わらせる。それが私の生活でした。

私はミニリタイアメントを実行しました。豊かな湧き水と、さんさんとした日差しを思い切り浴びることができるフロリダの森に移りました。そこで、子どもを寄宿制のオルタナティブ・スクール〔従来のカリキュラムとは異なるアメリカの学校〕に入れ、彼らの人生をクリエイティブなものにしようと思ったのです。

オルタナティブ・スクール、あるいはミニリタイアメントで滞在中の場合でも喜んで子どもを受け入れてくれるトラディショナル・スクール〔従来のカリキュラムの学校〕は、すぐに見つけられるはずです。

ひょっとしたら、子供が通う学校で働くことだってできるはずです。子どもと一緒に、新しい環境ですばらしい体験ができるかもしれませんよ。

――デビー

ティムへ

私は、あなたの本やブログに影響を受けて仕事をやめ、電子書籍を2冊執筆し、スカイダイビングや南米へのバックパック旅行をして、これまでに買い集めた「がらくた」を売り、世界最高峰の結婚紹介インストラクター大会の司会を務めています（私にとって一番重要なビジネスベンチャーで、もう3年続いています）。一番いいことは、お酒を1杯も買わずにすむことかな。

ありがとう、ブラザー！

――アンソニー

2章

ルールを変えるという「ルール」

大衆受けするものは、たいてい間違っている

私は絶対うまく行く成功法則を伝えることはできない。
しかし、失敗の法則を教えることはできる。
いつでもみんなを喜ばせるようにすればいいんだ。

――ハーバート・ベイヤード・スウォープ
〔ピュリッツァー賞を受賞したアメリカの編集者・ジャーナリスト〕

大衆受けするものは、たいてい間違っている。

――オスカー・ワイルド

◆ゲームは楽しむものではない、勝たなければならない

1999年、私は2つ目の仕事があまりにつまらなくなったので辞め、その後はピーナッツバターサンドを食べたりしてブラブラしていたが、そんなときに、散打〔中国式キックボクシング〕選手権大会に出場した。別に私がパンチやキックが得意だったから大会に参加したわけではない。とんでもない話だ。つい人から煽られて、4週間しか準備期間がなかったのに実行したことを考えると、相当危険だったと思う。その

上、私はスイカ並みに頭がでかい。格好の標的になってしまう。

私はルールブックを徹底的に読み、ルールの抜け道を探すことで勝ったのだ。抜け道は2つあった。

1　計量は試合前日に行なわれる

脱水のテクニック（今私がパワーリフティングの選手に教えている方法だ）を使って18時間で28ポンド〔約13ｋｇ〕減量して１６５ポンド〔約75ｋｇ〕で計量し、その後水分を摂って１９３ポンド〔約88ｋｇ〕に戻した。[注2]　３階級上の相手と試合をするのは相当きついはずだ。

2　ルール細則に例外規定があった

片方の競技者が1ラウンド中に擂台《レイタイ》と呼ばれる試合の舞台から3回落ちたら、試合放棄で相手の勝ちになるというものだ。私はこのルールを唯一のテクニックとして使って相手を押しまくった。想像がつくと思うが、審判員の印象は決して良くなかった。

結果はどうなったかって？　私は全試合にＴＫＯ勝ちしてチャンピオンになった。キックボクシングを5年も10年もやっている選手の99％ができなかったことをやってしまったのだ。

リングから相手を押し出すなんてスポーツマンシップにもとるのではないかって？　そんなことはない。ルールの範囲内で非常識なことをしただけだ。オフィシャルルールと、自らに課したルールの中間を狙うことが、大きな違いを生む。次のような事例を読んで考えてほしい。これはオリンピック委員会のオフィシャルウェブサイトから引用したものだ。

１９６８年のメキシコオリンピックで、ディック・フォスベリーは男子走り高跳びで国際大会デビューを果たし、彼の「フォスベリー・フロップ〈日本では「背面飛び」と呼ばれる〉」は賞賛を受けた。この跳躍方法は走り高跳びに革命をもたらした。その当時、選手たちは外側の足を振りあげてバーを超える〈いわゆる「はさみ跳び」、ハードルジャンプのような形〉跳び方をするのが主流だった。フォスベリーの手法は、バーに対して速いスピードで走りこみ、右足（外側の足）から地面を離れるものだった。そこから体をねじり、頭から先にバーを越え、背中を通過させていた。世界各国のコーチは信じられないといった表情で頭を振ったが、メキシコシティの観衆は完全にフォスベリーに目が釘付けになり、彼がバーをクリアしたとき、「オーレ！」と叫んだ。フォスベリーはノーミスで2メートル22の高さをクリアし、個人最高記録の2メートル24で金メダルを獲得した。

１９８０年には、16人のオリンピックファイナリストのうち13人がこのフォスベリー・フロップを採用した。

私が採用した減量法やリングから押し出す戦術は、いまでは散打の大会でもスタンダードになっている。そうしようという意図はなかったし、ほかに選択肢がなかっただけだ。しかしほかの選手もこの究極のアプローチを試しているのだ。今では当然のこととなっている。

同じことは、実生活やライフスタイルにも言える。

◆現状維持か、それとも愚かなことにチャレンジするか

人は足で立って歩いている。私が手で歩くといったらどういうことになる？　人と違うことをするといっても、ズボンの上に下着をはいたりするだろうか？　普通はしない。足で歩いたり、下着をズボンの内側に着けるのは今のところ問題ない。問題を感じなかったら、変える必要はない。

人と違っていることが、より効率的で楽しく思えるようになったら、ますます優位になる。

みんながひとつのやり方で問題を解こうとして、その解答が見えてこないとすれば、そこで疑問を投げかける。逆を行ってみればどうか？　うまくいかないパターンに従う必要はない。いくら料理の腕前がよくても、レシピがお粗末だったらどうしようもない。

私は、コンピュータのデータ保存システムの販売をしていたとき、売り込みの電話がたいてい目的の人物につながらないのは、原因があると気づいた。そう、電話窓口係だ。そこで、私は、朝8時から8時半までと、夕方6時から6時半まで、1日に1時間だけ電話をかけることにした。そうすると、秘書が電話口に出るのを避けることができたので、ベテランの営業が9時から5時までかけまくるよりも倍のアポイントメントを取りつけることができた。言い換えれば、私は8分の1の時間で2倍の成果を上げたわけだ。

日本からモナコへ、世界中を飛び回るシングルマザーから億万長者のレースカードライバーまで、成功を収めたニューリッチ（NR）の基本的ルールは驚くほど共通しており、NRになれない人との大きな分岐点がそこにある。

以下のルールは、NRとそうでない人との根本的な違いをまとめたものである。この本を通じて記憶に

とどめておいてほしい。

1　定年退職は最悪のシナリオに備えた生命保険のようなもの

定年退職は生命保険のようなもので、「最悪のケースシナリオ」を回避するためでしかないと考えるべきだ。この場合での「最悪のケースシナリオ」とは、働けない身体になり、生き延びるために十分な貯蓄が必要になることだ。

定年退職はひとつの目標であり、最後の救済策ではあるが、少なくとも３つの理由から欠陥がある。

a　人生でもっとも肉体的に元気な時期、つまり若いころに嫌なことをしなければいけないという前提で話をしている。これではとてもじゃないが成功の見込みはないではないか。そんな犠牲を正当化するわけにはいかない。

b　実際には大半の人が定年退職できずに、「夕食はホットドッグ」という生活をずっと続けなければいけなくなる。仮に90歳まで長生きしたとすれば、退職した後もなお30年もの期間を過ごさなければならない。さらに、物価上昇であなたの購買力が2～４％弱まることも考えると、退職金を１００万ドル〔約８３００万円〕もらったところで、はした金にしかならない。この「数式」はもはや役に立たないということだ。[注3] これでは老後になって下流社会に逆戻りしてしまう。ほろ苦い結末だ。

c　この「数式」が成立するとすれば、あなたは野心に燃えた働き蜂なのだろう。もしそうなら、その後何が起こると思う？　退職して1週間もすれば、自転車の部品を試しに眼のなかに入れてみようかと無茶なことを思うくらい退屈してしまうだろう。そしておそらくは新しい仕事を探すか、別の会社を始めたくなる。定年まで待った結果がそれでは、ちょっとみじめじゃないか？

私は「最悪のケースに備えなくていい」と言っているわけではない。私も４０１Ｋ〔米国の確定拠出型年金制度。企業や個人が拠出した掛金額とその運用収益との合計額によって給付額が決定される〕や個人退職年金〔ＩＲＡ〕など限度いっぱいまで運用し、おもに税金対策で使っている。でも、定年退職を目標にするような間違いは犯していない。

2　「関心」や「活力」は景気のごとく循環する

1日に24時間働いて、15年間続けたら退職するという条件で１０００万ドル〔約8億３０００万円〕支払うと言われたら、その仕事を引き受けるだろうか？　もちろん無理だ。できるわけがない。続けるのは不可能だ。それと同じように、大抵の人が定義する「キャリア」とやらも続くわけがない。体を壊すまで、もしくは、もう永遠に働かずに済むくらいのお金を稼ぐまで、１日８時間以上同じ仕事をし続けるなんてことは無理なんだ。

そうでなければ、どうして私の30代の友だちはみんなドナルド・トランプ〔70歳近い米国の実業家〕やジョアン・リバーズ〔80歳近い米国の現役コメディアン〕を混ぜたように老けて見えるんだ。ゾッとする。フラペチーノをがぶ飲みしながら、信じられない仕事量をこなして燃え尽きてしまった若年寄りたちではないか。

生きるためには活動と休息の期間が交互に必要だ。もちろん成功するためにもだ。能力、関心、精神的忍耐はすべて月の満ち欠けのように強くなったり弱くなったりする。プランはこれに従って立てる。

NRは自分の人生のところどころに「ミニリタイアメント」をはさもうとする。ほかの連中は、退職後にやってくる「黄金期」のために回復と癒しの時間を取っておこうとする。もっとも成果が上がるときだけ働いていれば、人生はより生産的に、より楽しくなるのだ。生産性も楽しみも一度に手に入れられるということだ。

私はというと、今2か月の仕事の合間に1か月の海外保養と集中トレーニング（タンゴ、格闘技など何でもありだ）を計画している。

3 仕事を少なくしてもそれは「怠け」ではない

意味のない仕事は少なくしよう。それは決して怠けることではない。そうすればもっと自分自身の重要なことに集中できるからだ。これはほとんどの人に受け入れられない考え方だろう。なぜなら、我々の仕事文化では、個々の生産力に対してではなく、個人の献身的な犠牲に対して報酬を支払うからだ。

一部の人は、自分の仕事の成果やその貢献度を時間で測ることを選ぶ（選べる）だろう。労働時間が多ければ多いほど自分の評価が高まるし、上司や同僚から任せられるものも多くなるからだ。一方、NRは、オフィスにいる時間は短いが、ノンNR（ニューリッチではない）連中が束になってもかなわないくらい大きな仕事をする。

では、怠惰を新たに定義し直そう。「怠惰」とは、理想とはほど遠い現状に耐え、成り行きや他人に自分の人生を決めさせること。あるいは、オフィスの窓から傍観者のように時が過ぎ行くのを見ながら、小金を貯め込むこと。銀行口座にいくらお金があろうと、こうした状態が変わるわけではないのだ。もちろん、たいして重要でもないEメールや雑用を処理するいつもの仕事にかかる時間が減るわけでもない。
忙しくなろうとするのではなく、生産性を高めることにフォーカスしよう。

4 ピッタリのタイミングなんてない

昔、私は母親に、最初の子ども、つまり私をいつ産むかをどうやって決めたのか、尋ねたことがあった。答えはかんたんだった。「子どもはほしかったから、お父さんも私も遅らせる理由がなかったわ。子どもを産むのにピッタリのタイミングなんてないのよ」。そう、そうなんだ。

重大なことを決めるときは、タイミングなどどうでもよくなる。仕事を辞めるのにふさわしい時期を待つ？　夜空の星々が1列に並ぶのを待っているのと同じくらいありえない。人生の道の交通信号が一斉に青信号になることだって絶対にない。宇宙の意志があなたに対して陰謀を企てることもないし、あなたのためにわざわざお膳立てしてくれることもない。完璧な条件などありえない。「いつかやろう」は一種の病であり、あなたの夢は墓場まで持って行かれて実現することはなくなる。賛否両論を並べ立てても、双方に大した差はない。あなたにとって大事なことなら、そして「いつかは」やりたいと思っているならば、今、それをやろう。途中でコースを修正するのだ。

5 「許可をもらう」ではなく、「許しを請う」つもりで

周囲の人を悲惨なことに巻き込まない限りは、まず実行してみて、既成事実化してしまうことだ。両親も、パートナーも、上司も、まずは感情的になり、否定してくるだろう。何かが実際に起きてしまえば、彼らもそれを受け入れられるだろうが。もし、彼らが受けるであろうダメージがそれほどでもなく、どん

な形になっても回復可能なようであれば、「ノー」と言うチャンスを与えてはいけない。スタートする前ならみんなすぐにストップをかけるが、動き出した後なら横槍を入れづらくなる。いい意味でトラブルメーカーになるんだ。大失敗したら、謝ればいいじゃないか。

6　弱点を直すよりも、長所を伸ばそう

人間はたいてい、得意なものはごくわずかで、ほとんどのことは救いようがないほどみじめなものだ。私は、商品開発やマーケティングは得意だが、それらに続く仕事になるとまったく使えない。

　私の体は重いものを持ち上げたり、放り投げたりするのに向いている。そうなんだ。私はずっとそのことを見ないふりしていた。水泳にもトライしたが、おぼれかけたサルみたいだった。バスケットボールにチャレンジしても、まるで原始人のようだった。ところが、格闘技をやってみると、ようやくうまくいき始めた。

　すべての自分の弱点を直そうとするよりも、自分の強みを補強する方がずっと有利だし面白い。長所を増強させる「掛け算効果」と、どんなに頑張っても二流にしかなれない弱点修正の「足し算効果」の二者択一ということだ。修理ばかりしていないで、あなたの最強の武器をうまく利用することに集中しよう。

7　やり過ぎは反対の結果を生む

　いいものを必要以上に多く手に入れることは可能である。あまりに根を詰めて努力をしたり、所有欲を持ちすぎると、「いいもの」もまったく正反対の性質へと変わってしまう。

平和主義者は闘士になる。
自由擁護の闘争者は暴君になる。
祝福の言葉は呪いの言葉になる。
助けは邪魔になる。
「もっと多く」は「物足りない」になる。[注4]

あなたが「量」、「数」、「回数」を求めすぎると、それらはいずれも望んでいないものになってしまう。それは、財産や時間についてもあてはまる。ライフスタイルデザインは、何もしない時間を余分につくり出すことを目的としていない。それはかえって有害だ。そうではなく、時間を有効活用することが目的だ。だから「義務感でやることとは反対の、自分がやりたいことをやる」と、シンプルに考えよう。

8　お金だけでは解決しない

通貨としてのお金にはさまざまな力があると言われているが（私もファンだ）、お金に対して過剰に期待しても、思ったような解決を得られるわけではない。ある意味、それは怠けているだけだ。「もっとお金があったら」と考えるのは、喜びのある人生を送るために必要な自己分析や意思決定を後回しにする一番かんたんな方法だ。今やるのだ。後では遅すぎる。お金のことや日々の仕事で身動きが取れないことを理由に、私たちは何かほかのことにチャレンジしようとしない。「ジョン、ねえ聞いて。今の生活って虚しくなってくるの。朝、パソコンを起動するたびに絶望感が襲ってくる。でも、私にはしなければならない仕事が山ほどあるの。最低3時間はロクでもないEメールに返信しなくちゃいけない。昨日は断られたけど有力なお客さんだから電話しなきゃいけないのに、後回しになってるのよ。やってられないわ！」

お金のために、「多忙」という名の車輪に自らを巻き込み、それがすべての解決策だとあたかも装う。それがどんなにムダなことかを直視したくないから、巧妙に、気晴らしになるようなものを定期的にはさむ。心の奥底では、それが現実逃避であることを知っている。しかし、ほかの人たちも同様に「困ったふりをする」「楽しいふりをする」ゲームに参加しているから、つい忘れてしまう。

お金では解決できない問題もあるのだ。

9　絶対収入より相対収入の方が重要

栄養士や栄養学者の間で、カロリーの持つ意味が議論の的になることがある。「カロリーはカロリーなのか？」というのは「バラはバラなのか？」という疑問によく似ている〔アメリカの詩人ガートルード・スタインの言葉"A rose is a rose is a rose."（本来は「物事はあるがままに」の意味で用いられる）にちなんだもの〕。脂肪を減らすためには食べた以上のカロリーを消費すればいいのか、それともカロリー摂取量をどうにかした方がいいのか。トップアスリートと仕事をした経験で言えば、答えは後者にあるようだ。

では、収入についてはどうだろうか？　ドルはドルなのか？　**NR**の考え方は違う。

ここで、小学校5年生の算数で習うような問題を解いてみよう。2人の働き蜂社員が競い合っているとしよう。社員Aは週に80時間働き、社員Bは週に10時間働く。2人とも年に5万ドルを稼ぐ。さて、真夜中をリッチに過ごしているのはどちらだろうか？　Bと答えたなら正解。これが**絶対収入**〈absolute income〉と**相対収入**〈relative income〉の違いだ。

絶対収入は神聖かつ不変の変数〔数学においてx、y、zなど、未知あるいは不定の数・対象を表す文字記号のこと〕、すなわち「ドル」そのものを使って測られる。

ジェーン・ドウは年に10万ドル〔約830万円〕稼ぐから、年に5万ドル〔約415万円〕稼ぐジョン・

ドウより2倍豊かである、というわけだ〔「ジェーン・ドウ」「ジョン・ドウ」はそれぞれ女性・男性の「氏名不詳」人物を指す。ここでは一般的な人物の名前として挙げている〕。

一方、相対収入は「ドル」と「時間」（通常は1時間単位）、２つの変数を使う。「1年当たり」という概念はかなりあいまいなので、人はかんたんにだまされてしまう。実例を見よう。ジェーン・ドウが年収10万ドル〔約８３０万円〕とすると、1年は50週なので、週給２０００ドル〔約16万６０００円〕ということになり、週に80時間働いていることになる。したがって時給25ドル〔約２０８０円〕ということになる。ジョン・ドウは年収5万ドル〔約４１５万円〕で週給１０００ドル〔約8万３０００円〕であるが、週に10時間しか働いていないため、時給は１００ドル〔約８３００円〕ということになる。相対収入で測ると、ジョンは4倍も豊かなのだ。

もちろん、相対収入でも、合計では目的を実現するのに必要な最小金額にならなければならない。仮に時給１００ドルでも週に1時間しか働かなかったら、スーパースターのような派手な振る舞いをするには厳しいだろう。絶対収入の合計が自分の夢をかなえるために必要なものとすれば（ジョーンズ家との無意味な比較ではなくて〔米国の漫画家アーサー・R・モーマンドの漫画「Keeping Up with the Joneses」にちなんで、ジョーンズという名の隣人と見栄を張り合うという意味で使う〕）、相対収入はニューリッチの豊かさを測る絶対的な尺度になる。

トップクラスのニューリッチは少なくとも時給５０００ドル〔約41万５０００円〕は稼いでいる。私が学校を出たてのころは時給５ドル〔約４１５円〕だった。あなたを時給５０００ドルに近づかせてあげよう。

10　悪いストレスといいストレス

楽しいことが大好きな人間にはあまり知られていないが、すべてのストレスが悪いわけではない。実際、ニューリッチはすべてのストレスを排除しようとは思っていない。ストレスには2つのタイプがある。それは、「幸福感（*euphoria*）」と「不快感（*dysphoria*）」のように対比される。

「悪いストレス〈*distress*〉」は、あなたを弱気にさせ、自信を失わせる有害な要因だ。悪意に満ちた誹謗中傷、上司からのパワハラ、そして歩道で転んで縁石に顔をぶつけることなどがこの例に当たる。こういう事態は避けたいものだ。

一方、「いいストレス〈*eustress*〉」という言葉はあまり聞いたことがないだろう。「*eu-*」は、ギリシャ語の接頭辞で「健康」を表す。前述のeuphoriaと同じような意味で使われる。お手本となる人物を見て自分の限界を打ち破るよう励まされる、ぜい肉を取るためにハードトレーニングを課す、行動範囲を広げるために冒険する、これらは「いいストレス」の例だ。非常に健康的なものであり、自身を成長させるためには必要な刺激だ。

すべての批判からまぬがれようとすると失敗する。避ける必要があるのは悪意に満ちた誹謗中傷だけだ。同様に、「いいストレス」を抱えなければ進歩はない。多くの「いいストレス」を生み出し、生活に取り入れることができればできるほど、求めるものも早く手に入る。「悪いストレス」と「いいストレス」を区別することがコツなのだ。

NRは積極的に悪いストレスを取り除き、同時にアグレッシブにストレスを取り入れようとする。

Q&A クエスチョン&アクション

1　「現実を見る」とか「責任がある」人間になってしまって、自分の望む人生から遠ざかっていないか？

2　「義務」でやっていることが平均以下の結果にしかならないのが分かっているのに、ほかの可能性を試さないで後悔していないか？

3　今やっていることを取り上げて、自問してみよう。周囲の人間がやっていることの反対をやってみたらどうだろうか？　自分は5年、10年、いや20年この同じ道を歩き続けて、何を犠牲にしてしまうだろうか？

（注釈）

2　ほとんどの人はこうした体重操作は不可能だと決め付けるだろう。そこで私は www.fourhourblog.com に証拠写真を提示しておいた。絶対に真似してはいけない。私も医療管理を万全にして実行したからだ。

3　〝Living Well〟（*Barron's* March 20, 2006, Suzzanne McGee）

4　Goldian VandenBroeck, ed. *From Less is More: An Anthology of Ancient and Modern Voices Raised in Praise of Simplicity*（Inner Traditions, 1996）

3章

悲惨な結果をまぬがれる

恐怖を想定する、停滞を避ける

現状にとどまっている人ほど、つまづきも多い。

――フォーチューン・クッキー

「恐怖」と呼んでおかにゃならんのじゃ。そいつが姿を消す前にな。

――ヨーダ〔スターウォーズ『帝国の逆襲』〕

ブラジル、リオデジャネイロにて

「ラン、ラ――――ン！」ハンズはポルトガル語を話せなかったが、意味は十分通じた。「走れ」。彼のスニーカーはギザギザの岩肌をしっかりとらえていた。そして、何にもない３０００フィート〔約９１５メートル〕上空へ胸をそらせた。

最後に息を吸い込むと、恐怖でほとんど意識が薄れてきた。目は閉じかけ、視界はかすんできた。そして跳んだ。すべてを飲み尽くす青い地平線の絶景が眼に飛び込んできた。すぐに自分が、そしてパラグライダーの翼が上昇気流に包まれたのが分かった。恐怖は山の頂上に置いてきた。何千フィートかの上空から、きらきら輝く熱帯雨林やコパカバーナの純白なビーチを望む。ハンズ・キーリングはその光を見た。

それが日曜日のことだった。

月曜日、ハンズはロサンゼルスはセンチュリー・シティの法律事務所に戻るとすぐに、３週間前予告というルールに従い、退職届を提出した。ほぼ5年間というもの、同じ思いをしながら目覚まし時計を見ていた。こんなことをあと40年も50年もやらなきゃならないのか？　かつて彼は、厳しいプロジェクトを担当したとき、オフィスの机の下で寝たことがあった。翌朝も、起きて仕事を続けた。彼が自分に誓ったのは、その朝だった。こんなことがあと2回あったら、もうここを去る。そしてその時は訪れ、彼はブラジルへの休暇旅行に旅立ったのだ。

　私たちはみんなこういったことを自分に誓うものだ。ハンズも同じようにそうしたわけだ。でも、何かが変わった。今の彼は違う。地表に向かってゆっくり円弧を描いて飛んでいる間、あることを感じとっていたのだ。一度飛び込んでしまえば、リスクはそんなに恐いものじゃない。彼の同僚の言葉は予期していたものだった。「君はすべてを棒に振るつもりかい？」。ハンズは、かつて頂点を目指していた弁護士だった。今、いったい何を望んでいるのだろうか？

　ハンズは自分が何を望んでいるのかはっきり分かっていなかったが、何か感じるものはあった。一方、死ぬほど退屈なことは分かっていた。そして、そういうこととは手を切った。そんな生き地獄のような日々はもう来ない。同僚たちが自分のＢＭＷやメルセデスを自慢しあうような退屈なディナーにはもう参加しなくていい。もうおしまいだ。

　すぐに、不思議な変化が現れた。人生で初めて、ハンズは自分にも、自分がしていることにも平穏を感じていた。それまでの彼はいつも飛行機の揺れを恐がっていた。まるで身体のなかからバラバラになって死んでしまうかのように。しかし、今の彼は、赤ん坊のように眠りながら嵐のなかを飛ぶことができる。いや、まったく奇妙なことだ。

それから1年以上たったころ、ハンズは法律事務所から頼まれて仕事を引き受けたりもしていたが、そのころまでに、NexusSurf[注5]という会社を始めていた。それは、南国のパラダイス、ブラジルのフロリアノポリスで最初のサーフィン関連のベンチャー企業だった。キャラメル色の肌をしたカリオカ娘〔リオデジャネイロの住民を指す言葉〕のタチアーナとも知り合った。まさにハンズの理想の女性だった。そうして、彼は、ほとんどの時間をヤシの木の下でのんびりと過ごしたり、クライアントを心ゆくまでもてなしたりしていた。

これが、ハンズの恐れていたリスクだろうか？

ハンズがクライアントをサーフィンに連れ出すこともあるが、そうしたとき、趣味を持たない働きバチの専門家たちのなかに、かつての自分を見出すことがよくある。いい波を待ちながら、思わず本音が口をついて出る。「オーマイゴッド。俺にもできたらなぁ」。彼の答えはいつも同じだ。「あなたにもできますよ」

夕陽が水面に反射している。彼の心にあるメッセージには、禅を思わせる情景がふさわしい。今の歩みを無限に小休止させることは決してあきらめではない。彼は、望みさえすれば以前の弁護士キャリアに戻るのも可能だったが、そんなことはこれっぽっちも思っていない。

最高に楽しんだ後、彼らはボードに腹ばいになって水をかきながら海辺に戻ってきた。クライアントは自分を取り戻して冷静になっていた。2人が砂浜に立ち上がると、現実という怪物が牙を剥いた。「俺もしてみたい。でも、すべてを捨ててしまうなんて、実際にはできないよ」

ハンズは笑うほかなかった。

◆悲観主義の威力――悪夢を明確にとらえる

行動がいつも幸せを運んでくるとは限らないが、行動なしの幸せはありえない。

――ベンジャミン・ディズレイリ

するべきか、せざるべきか？〔To do, or not to do.〕やるべきか、やらざるべきか？〔To try, or not to try.〕〔『ハムレット』の「To be, or not to be」にちなんだもの〕たいていの人間は、自分に勇気があると思っているかどうかに関係なく、「ノー」に票を入れるだろう。不確実で、失敗の可能性が高いほど得体の知れない恐ろしさが襲ってくる。人は不確実性の向こうに不運を見るのだろう。私は長い間何度も目標を定め、方向転換しようと決意してきた。しかし、両方とも実現することはなかった。私もほかの人々と同じように不安でいっぱいだったのだ。

4年前に、ふとしたことから、かんたんな解決法がひらめいた。その当時、私は自分でも使い道が分からないほどの収入があった。月に7万ドル〔約580万円〕も稼いでいたのだが、これ以上ないほど悲惨な状態だった。仕事が忙しくて、死ぬほど働いていた。私は自分の会社をつくって経営していたが、挙句の果てには営業がほとんどできなくなるほど忙しかった。[注6]やばい。私は、囚われたような、バカになってしまったような、そんな気持ちだった。だが、こんなことは解決できると思った。なんで私はこんなに使えないんだろう？　なんでこんなことができないんだろう⁉　気合を入れて、こんな○○な〔罵る言葉を何でも入れてくれ〕状態に終止符を打たなければ。何が間違っているんだ？　正直、私は何も悪くない。まだ自分の限界まで行っていないではないか。ビジネスモデルに限界が来ているんだ。悪いのはドライバーではない。乗り物が悪いんだ。

私は、創業以来抱えていた致命的な問題が原因で、会社を売るに売れなかった。魔法を使う小人の力を借りて自分の頭をスーパーコンピュータにしてしまいたいくらいだった。もう何でも良かった。私が育てた会社は深刻な欠陥があったのだ。このフランケンシュタインみたいな会社からどうやって自由になれるか？　そして、それがひとりでに動くようにするにはどうしたらいいか？　ワーカホリックの魔の手から逃れるにはどうしたらいいか？　1日15時間働くこの私がいなければ会社はつぶれてしまうのではないかという恐怖から自由になるにはどうしたらいいか？　どうやって自分でつくった檻から逃げるか？　旅だ。それに決めた。世界中を巡るリフレッシュ休暇をとろう。

それで私は旅に出たのだ。分かっただろう？　よし、そのときの話をしよう。最初は、半年ほど自分の心残り、戸惑い、怒りをごまかすのもいいだろうと思った。しかし実際には、旅行している間ずっと、この現実逃避の旅がなぜうまくいかないのか、それだけを延々と考え続けた。それだけでも、ちょっとした収穫だった。

それから、先行き不安な自分の将来を想像していたある日、ひとつの考えが浮かんだ。それがまさに私がつくったことわざである「ハッピーになるな、心配しろよ〈Don't happy, be worry.〉」〔「Don't worry, be happy〔心配するなよ、ハッピーでいこう〕」を逆にしたもの〕が訪れたクライマックスシーンだった。これから襲ってくる悪夢——私が旅をした結果起こりうる最悪の事態に真正面から立ち向かって解決するんだ。

私が海外にいる間に、私のビジネスはダメになる。きっとそうなるだろう。それを法的に警告する書類がたまたま転送されていないだけで、いずれ私は訴えられるだろう。アイルランドの人気のない海岸でひとりとぼとぼ歩いている間に、私の会社は閉鎖され、在庫はみんなダメになるだろう。冷たい雨の中で泣いている、そんな姿が浮かんだ。銀行口座の中身は8割がた持っていかれ、ガレージにおいてある車やバイクも盗まれているだろう。こんなことも想像した。野良犬に残飯をやっている私に、どこかのバルコニーから誰かが私の頭に唾を吐きかける。犬はびっくりして私の顔に正面から噛みついてくる。

おお、神よ。人生はなんて残酷なんだ。

◆不安の克服＝不安をはっきりさせる

ある程度の日数を用意する。その間、もっとも不足しているが、安価なものですべて事足りるようにし、粗末な服を着て歩き、心のなかでつぶやきなさい。「私はこんなことを恐れていたのか？」

——セネカ

その後、奇妙なことが起こった。自分自身を不幸のどん底に陥れるストーリーを描いている間に、私はたまたまペダルを逆に踏んでみた。私の悪夢、つまり最悪のケースのシナリオを明確にして漠然とした不安をはねのけると、とたんに旅をすることに何のためらいもなくなった。すべての悪いことが一斉に襲い掛かってきても、残っている資産を救い出して元に戻れるように、私が取れる手段を考え始めた。私は、必要ならばいつでもバーテンダーのアルバイトをやって家賃を払うことができるだろう。家具を売ることもできるだろうし、食事を切り詰めることもできるだろう。毎朝アパートの前を通る幼稚園児から、昼飯代をくすねることもできるだろう。やり方はいくらでもあった。ただ、前にいた場所に戻って、ひとりでうまくやっていくのは難しいと分かっていた。でも、それは致命的なことではないし、それでおしまいというわけでもなかった。人生にはよくあることだ。

人生を変える出来事には、1から10までのスケールがある。1は何でもないようなこと、10は人生が長期的に変わるようなこと。私が「最悪のケース」と呼んだシナリオは、せいぜい3か4のレベルの一時的な衝撃だろう。これは、たいていの人間が考える「ああ、ちくしょう、俺の人生はもう終わりだ」式の不幸に当てはまる。それは万にひとつの不運な悪夢でしかないことを忘れないでほしい。一方で、最高のケースや有望なケースのシナリオもあると知っておけば、長期的な9か10のスケールを使って前向きに人生を変えていけるだろう。言い換えると、私は、成功の可能性を秘めた長期的な9か10のスケールの代わりに、起こりえない一時的な3か4のスケールをあえて想像していた。もう少し努力すれば、私の人生の基本になっていたワーカーホリック地獄から生還できるだろう。私がそう望めば、だが。現実的に見ると、そこにはリスクなんてものはなかった。むしろ、そこにあったのは、人生がいい方に激変する可能性――「値上がり期待〔金融用語〕」だったのだ。そう分かったのは、有意義な「気づき」となった。それで、私は思っていたほど苦労することもなく、以前の道に戻ることができた。

これが、私が旅に出ると決心して、ヨーロッパ行きの片道切符を買ったときの話だ。冒険旅行を計画し、精神的・肉体的な負担を取り除くことに成功した。結果的に、最悪の事態にはならなかった。それ以来、私の人生はほとんどおとぎ話のようになった。仕事は以前よりうまくいくようになり、ビジネスのこと忘れかけてしまうくらいである。実際にはその収入で、15か月間にも及んだ世界一周旅行の費用をまかなっている。

◆楽観主義をよそおう恐怖を暴く

悲観主義者は言う、「ああ、なんの希望もない、だから邪魔をしないでくれ」。
楽観主義者は言う。「邪魔をしないでくれ、いずれきっと良くなるんだから」。
両者に違いはない。どっちにしても、何も起こらない。

――イヴォン・シュイナード[注7]〔『パタゴニア』創業者〕

恐怖はさまざまな形でやってくる。ふつうは、そういったものを「恐怖」と呼ぶことを避ける。恐怖という言葉そのものが恐怖を呼び起こすからである。かしこい人々は、別のやり方をする。そう、「楽観視の否定」で立ち向かうのだ。

仕事を辞めようとしない人間は、自分の人生が時とともによくなっていくか、あるいは収入が増えていくという期待を抱いている。仕事をするのが地獄のように辛いわけでなくても、退屈でやる気が出ないのであれば、そんな考えや幻想にとりつかれるだろう。完全に地獄だったら行動する以外道はないが、そうでなければ、なんだかんだ理由をつけて耐えることができる。

本当に良くなると思っているのか？　ただの願望にすぎないのではないか？　何もしないことの言い訳にしてないか？　良くなるという自信があると言うなら、そうなるように物事を追求しているのか？　そうではないだろう。楽天家を装っても、それは未知への恐怖に怯えているだけにすぎない。

1年前よりあなたの状況は良くなっていただろうか？　1か月前とは？　1週間前とは？

もし答えが「ノー」なら、自然と良くなっていくことなど起こらない。もしあなたが自分に嘘をついているのなら、今すぐそんなことはやめ、抜け出す準備をするべきだ。ジェームス・ディーン〔映画「エデンの東」「理由なき反抗」などに主演したアメリカの俳優。24歳のときに交通事故で急逝した〕のような結末でなければ、あなたの人生は**長く**続くのだ。もし、救いの手が差し伸べられなかったら、9時-5時労働が40年も50年も続くのだ。アホみたいに長い時間じゃないか。５００か月のギュウギュウ詰め労働だ。

一体どこまで進まなければならないんだ？　「損切り」〔金融用語。「見切りをつけて売りに出す」こと。損害が広がる前に手を打っておくという意味〕をする時は来たのだ。

ジーンマーク・ハッキーの場合

あなたには安らぎがある。贅沢さはない。お金が一端を握っているなんて言わないでくれ。私が提案している贅沢には、金はまったく関係ない。

――ジャン・コクトー

時にはタイミングが完璧なこともある。満車状態の駐車場で多くの車が空きスペースを見つけようとグルグル回っているときに、入口から3メートルの所で自分の目の前に停めてあった車が出て行く。クリスマスが2回来るような奇跡だ！

またある時には、タイミングがもっと良かったらということもある。セックスの最中に電話がかかってきて、30分間鳴りっ放し。10分後にドアの向こうにUPS〔アメリカの宅配便会社〕の配達人が立っていた。バッドタイミングでお楽しみがぶち壊しだ。

ジーンマーク・ハッキーは、ボランティアとして西アフリカに赴いた。援助の手を差し伸べたいという崇高な意志があった。その意味では、絶好のタイミングだ。彼がガーナに向かったのは1980年代初頭だ。クーデターの真っ只中で、ハイパーインフレーションは頂点に達し、ちょうど10年に一度の最悪の干ばつに襲われていた。自分さえ良ければいいという自己中心的な観点からは、ジーンマークはタイミングを誤ったと思った人もいただろう。

そのうえ、彼は連絡書類もなくしていた。食事のメニューも変えられていた。パンや清潔な水も不足していた。4か月の間彼は、コーンとホウレンソウの混じった薄がゆでしのいだ。我々が映画館で買うような食べ物はなかった。

「ワオ！　これでも生きられる」

ジーンマークはもう後戻りできなくなっていたが、それは問題でなかった。2週間かけてガーナ式の朝食、昼食、夕食に慣れたあとは、逃げたいという気持ちはなくなっていた。本当に必要なものは最低限の食事と親友だけだと分かったのだ。外野から見ると災難と思えることも、彼がこれまで経験したなかでもっとも前向きな人生だと実感できた。「最悪」は実際、そんなに悪いことではなかった。

人生を楽しむためには、飾り立てていても中身がないものは必要ない。必要なのは、自分で自分の時間をコントロールし、たいていのことは人が思うほど深刻ではない、と理解することだったのだ。ジーンマークは現在48歳。オンタリオの素敵な家に住んでいるが、そんな家などなくても生きていけるだろう。蓄えはあるが、明日貧乏になっても問題はない。今もなお、彼にとって大切な思い出は、あの当時の友人と薄がゆなのだ。彼は自分と家族が特別な時間を持つことに専念し、リタイアメントにはまったく関心がない。彼はこの20年間、健康なうちに、リタイアメント後と同じような生活を送っている。

もう分かっていると思うが、最後の楽しみのためにすべてをとっておくなんてやめよう。

Q&A

クエスチョン&アクション

俺は爺さんだ。困ったことなんていくらでも知っている。
だが、そのほとんどは実際には起こりゃしないのさ。

——マーク・トウェイン

行動を起こすか、それとも、未知の世界が恐くて先送りするかで悩んでいるなら、ここにその悩みを解消する方法がある。答えを書いて考え込むのはあまり効果的ではない。書いたらそのままにすること。量は問題じゃない。ひとつの答えにせいぜい2、3分くらいかければOKだ。

1　考えていることを行動に移したときに起きるであろう最悪の事態＝悪夢を明確にしよう

あなたが起こすことができる（起こすことが必要な）大きな行動を考えるとき、いったい、どんな疑問、恐れ、「もしもの話」が心に浮かぶだろうか？　それを念入りに想像してみよう。それは人生の終わりなのか？　長く続く衝撃か？　1から10のスケールで言ったらどのくらいか？　本当に長く続くのか？　実際に起きる確率をどう考えているのか？

2　ダメージを元に戻す手立て、あるいは、たとえ一時的であっても、上向きにする手立てはあるか？

チャンスはある。思っているよりもかんたんだ。どうやって元に戻すようにコントロールしたらいいか？

3　うまくいきそうな結果や利益はどんなものか？　一時的、長期的の両方について考える

悪夢の姿を明確にした後は、あり得そうな、明るい結果を考える。それが内から来るもの（自信や自尊心など）であろうと、外から来るものであろうと関係ない。このようなあり得る結果のインパクトは、1から10のスケールで言ったらどのくらいだろうか？　少なくともほどほどによい結果が得られる確率はどうだろうか？　頭の良し悪しが関係するだろうか？

4　今日にも仕事をクビになったとしたら、お金のことで困らないようにどんなことをするだろうか？

この質問と今までの3つの質問を一緒に考えてみよう。仕事を辞めた後で、どうやったら同じ仕事に復帰することができるだろうか？

5　恐さから、何を先送りしているのだろうか？

一般的に言うと、もっとも恐れていることこそ、もっともする必要がある。電話することでも、会話することでも、その行動が何であれ、必要なことを遠ざけているものは、結果が分からないという不安だ。最悪のケースを明確にして、運命を受け入れ、あとはやるだけ。もう一度言うから座右の銘にしてほしい。**もっとも恐れていることこそ、もっともする必要がある**のだ。「人生における成功の程度は、人があえて持とうとした不快な会話の数によって計ることができる」と聞いたことがある。恐れていることを毎日ひとつはやってみよう。私は、著名人や財界の有名人にアドバイスを求めるために連絡を取ろうとするうちに、この習慣を身につけた。

6　行動を先延ばししたために、金銭的に、気持ち的に、肉体的にどのくらい損害をこうむっているだろうか？

行動することのマイナス面にばかり目を向けるのはやめよう。ただし、何もしないことの大きな損失を見積もるのは重要だ。自分がワクワクすることを追求しないなら、あなたは1年後、5年後、10年後に何をやっているだろうか？　周囲の状況に流されて、どう思っているだろう？　不満だらけのまま限りある人生を10年も無駄に使ってしまって、どう思うだろう？　この先10年を見通して、それが失望と後悔の道であることを100%確実に分かっていて、また、リスクを「後戻りできないネガティブな結果の可能性」と定義するなら、行動のリスクは何もしないことのリスクよりずっと小さい。

7　あなたは何を待っているのか？

例の「いいタイミング」とやらを待っているのがあなたの答え？　本当の答えはもっとかんたんじゃないか。「あなたはただ恐れている。ほかのみんなと同じように」。何もしないことの損失を計算しよう。行動の結果、見込み違いはそんなにないだろうし、たとえあっても「元に戻れる」と冷静に判断するんだ。そして、人に先んじて楽しむニューリッチとしての大切な習慣をつくり出そう。それは、行動だ。

（注釈）

5　www.nexussurf.com

6　これは自らに課した限界や曲解に基づいたものだと分かった。BrainQUICKEN は2009年にプライベート・エクイティに買収された。その経緯は www.fourhourblog.com に書かれている。

7　http://www.tpl.org/tier3_cd.cfm?content_item_id=5307&folder_id=1545

4章

システムをリセットする

分別を持たない、曖昧にしない

「ここからどの道に進めばいいのか、どうか教えてください」

「それは君がどこに辿り着きたいかによるな」と猫が言った。

「……どこでもいいわ」とアリスが答えると、猫は言った。

「なら、どの道を行こうがおんなじさ」


――ルイス・キャロル〔『不思議の国のアリス』より〕

分別のある人間は、世界に自分を合わせる。分別のない人間は、世界が自分に合わせろと言い張る。それゆえ、すべての進歩は分別のない人間によって左右されるのだ。

――ジョージ・バーナード・ショー〔『Maxims for Revolutionists』より〕

2005年春、ニュージャージー州プリンストンにて

私は奥の手を使わなければならなかった。ほかにどんな選択肢があっただろうか？

私の周りをみんなが取り囲んだ。当然ひとりひとりの名前は違ったが、質問はひとつだった。「チャレンジって何なんですか？」みんな私の答えに注目していた。

プリンストン大学での私の講義は興奮と熱狂のうちに終わった。同時に私は、ほとんどの学生は卒業すれば私が話したこととは対極の人生を歩み始めるだろうと考えていた。その講義で与えられた原理原則が実際に適用できるということを分からせなければいけない。そうでなければ、彼らの大部分はコーヒー好きな高給取りとして、週80時間労働の生活に飛び込んでしまうだろう。

だからこそ、チャレンジなんだ。

私は、これから説明する「チャレンジ」を、もっともインパクトのある方法でやり遂げた者に、世界中のどこへでも好きな所に行ける往復チケットをプレゼントする約束をした。チャレンジの結果だけではなく、そのやり方が問題だった。興味がある者は講義の後に私のところに来るように話すと、60人中20人の学生が残った。

課題は、学生たちの「コンフォート・ゾーン〔自分にとっての「安全地帯」〕」を試すことだった。それには、私が教えた戦略を使わざるを得ない。課題そのものは単純だった。会うのが困難と思われる3人の人物（J・Lo〔ジェニファー・ロペス〕、ビル・クリントン、J・D・サリンジャー、誰でも構わない）に会うこと。そして、少なくともそのうちのひとりから3つの質問に回答してもらうこと。

20人の学生の全員が世界一周旅行のチケットを手に入れたくて、狂喜乱舞している状態だった。では、何人の生徒がやり遂げただろうか?

なんと、ひとりもいなかったのだ。

言い訳はたくさん出てきた。「あの人にあんなことをさせるのは難しい」「締め切りが近い課題があって」「やってみたいのですが、できる方法がないんです」……。本当の理由はひとつしかないはずなのに、いろいろな言い回しでできない理由を何回も繰り返すのだ。つまり「そのチャレンジは困難で、おそらく不可能だ。自分より、ほかの優秀な生徒がどうせ勝ってしまうだろう」ということなのだ。その結果、全員が、想像を絶する競争に違いないという過剰反応を起こして、誰も姿を現さなかった。

私は、このチャレンジは不戦勝にしようというルールを決めていたから、たとえ誰かが一行きりの判読不能な解答を提出したとしても、賞品を渡していたと思う。だから、この結果には助けられたのだが、やはりがっかりした。

次の年、結果はかなり違っていた。

私が前回のいきさつを話すと、17人中の6人が48時間以内にチャレンジをやり遂げた。2番目のクラスの方が出来が良かったのか？　いや、1番目のクラスの方が「優秀な」学生は多かった。でも彼らは何もできなかった。武器は山ほどあったのに、誰も引き金を引けなかったのだ。

一方、2番目のグループは、私が話したことをちゃんと受け入れていた。どういうことかというと……。

◆現実的なことよりも、非現実的なことの方がやりやすい

2番目のグループは、億万長者に接触することから有名人と知り合いになることまで、その両方を実現してしまった。できると信じることがかんたんなのと同じだ。

頂点に立つ者はひとりだ。世界中の99％の人々は、自分はでっかいことができないと思い込まされている。だから、可もなく不可もないところを目指そうとする。「現実的」な目標の競争レベルは高くなり、皮肉なことに、時間もエネルギーも消耗してしまう。本当は、10万ドルを稼ぐよりも１００万ドルを得る方がやさしい。そして、8のものを5回狙うよりもパーフェクトな10を1回狙う方がやさしいのだ。

もしあなたが自信を持っていないとしたら、どうなると思う？　世界全体も不確かになってしまう。競争を過大評価しないこと、そして自分自身を過小評価しないこと。あなたは自分で思っているよりもできる人間なんだ。

非合理的で、非現実的な目標は、もうひとつの理由を考えても、達成が容易である。

とてつもなく大きな目標には、どんな目標にも付いて回る苦境や困難を乗り越える忍耐力が必要になり、そのためにアドレナリンが出てくるものだ。だが、現実的な目標は、平均的な野心の域を出ず、それほどやる気が出るものではない。そしてひとつふたつ問題が出てきたところでタオルが投入〔ボクシングや格闘技でセコンドが試合放棄の意志を示す行為〕されるだけだ。見込まれる見返りが今ひとつ平均的なものだとしたら、あなたの努力もそれなりのものになる。私ならギリシャ半島をカタマラン・ヨット〔双胴船〕で旅をするという目標を持ってこの壁を突き抜けようとするだろう。オハイオ州コロンバスへの週末旅行のためになら、自分の仕事を変えようとはしない。なぜなら「現実的」だからだ。もし、コロンバスの方を選んだら、小さな障害でさえ乗り越えようとする情熱を持てないだろう。むしろ私なら水晶のように澄んだギリシャの水やおいしいワインを思い浮かべながら、夢見る価値がある夢のために戦う準備をする。たとえ達成への難易度が1から10までのスケールのうち、10だろうが2だろうが、コロンブスならこんな航海を選ぶことはない。

釣りは人の行かない所でやるのに限る。多くの人々は確信を持てないでいるが、これは、ホームランを打つには好都合だ。ほかのみんなはシングルヒットしか狙っていないのだから。ビッグな目標には競合が少ない。

大きなことを始めるには、ちょうどいい質問がある。

◆あなたは何を望んでいるのか？　まず最初にすべき質問

たいていの人間は、自分が何を望んでいるのか分かっていない。私も、自分が何を欲しているのか分からない。だが、「これから5か月の間に言語学習のために何をしたいか」ということなら分かる。それは、対象が特定されているからだ。「あなたは何を望んでいるのか？」という問いはあいまいすぎるから、明確ですぐ行動に移せる答えを出せない。それは忘れよう。

「あなたの目標は何か？」という問いも同じく、当てずっぽうであいまいな答えになってしまう。この問いを言い直すためには、後戻りする必要がある。

私たちに10の目標があり、それを達成すると仮定しよう。で、全精力をつぎ込むのに見合った望ましい結果とは何だろうか？　もっとも一般的な答えは「幸福」だ。私も5年前ならそう答えたかもしれない。でも、今ではいい答えとは思えない。幸福という言葉は、使い古されてあいまいになってしまった。それは、ワインを一本買うときでさえ使われるではないか。もっと正確な別の表現がある。それは、私が実際に目標にしていることを反映している。

私の言うことをよく聞いてほしい。幸福の反対は何だろうか？　悲しみ？　違う。愛と憎しみが同じコインの表と裏であるように、幸せと悲しみも同じなのだ。幸せのあまり泣いてしまうのは、このことを説明している。愛の反対は無関心、そして、幸せの反対は、これしかない、「退屈」だ。

わくわくすることは、幸せの実質的な同義語であり、まさにあなたが追い求めるべきものだ。興奮こそ万能薬である。人はよく自らの「情熱」や「喜び」に従えと言うが、私なら、同じような意味でも「刺激」に注目するようすすめる。

さて、問題は振り出しに戻る。あなたが問わなければならないのは、「自分は何を望んでいるのか？」や「目標は何か？」でなくて、「自分をわくわくさせてくれるのは何だろうか？」である。

◆成人病――アドベンチャー欠乏症（ＡＤＤ）

大学卒業から2つ目の職を見つけるまでのどこかで、あなたの心のなかに忍び込む声がある。現実的になれ。気付かないふりをするな。人生は映画とは違うんだ……。

あなたが5歳の子どもで、「宇宙飛行士になりたい」と言ったら、両親は「お前はなりたいものに何でもなれるんだよ」と言うだろう。「サンタクロースが本当にいる」と言うのと同じで罪がないものだ。あなたが25歳で「サーカスを始めたい」と言ったら、周囲の反応は違うだろう。「現実をよく見ろ」「弁護士か会計士か医者になれ」「人と同じように子供をつくって、育てろ」。

そう言われるのを無視して自分の道を進んでも、アドベンチャー欠乏症〔ADD＝Adventure Deficit Disorder〕は消えない。それは別の形で現れる。

２００１年にBrainQUICKEN LLCを始めたときには、私の頭にはある明確な目標があった。私がラップトップのパソコンに頭を強打する事故が起きても、あるいはビーチでのんびりと足の指の爪を切っていても、１日に１０００ドル〔約8万３０００円〕を稼ぐことだった。それこそがキャッシュフローの自動化装置だ。ところが、私のプロフィールからも分かるように、精神的メルトダウンによって半ば強引に自動化するまで、そんなことは自然には起こらなかった。なぜだろう？　それは、目標が具体的でなかったからだ。つまり、私は、当初の労働負荷をなくしたものの、ほかにやるべき行動を明確にしていなかったのだ。だから、それほどお金を必要としていないのに、私は働き続けていた。ただ働いているという実感が欲しくて、ほかのことは考えられなかった。

大部分の人が死ぬまで働くということはこういうわけなんだ。「〇〇ドルを稼ぐまでオレは働くんだ。稼いだらやりたいことをするんだ」。あなたが「やりたいこと」を明確にしなければ、このそら恐ろしい感覚を避けるために、〇〇ドルの数字は無限に膨らんでいくだろう。

そのとき、従業員も起業家も赤のＢＭＷに乗ったメタボ中年になるのだ。

◆赤のＢＭＷコンバーチブルに乗ったメタボ中年

私の人生のなかで、私もまたＢＭＷに乗るメタボ中年になるのではないかと思ったときが何度かあった。例えば、TrueSAN 社をクビになる直前や、Ｕｚｉ〔イスラエル製の短機関銃〕を片手にマクドナルドに向かわずに済むよう、アメリカから脱出する直前などだ。同じ業界の営業部長であろうと起業家であろうと、同じレール上の15～20年後の自分の姿を見て、心底ぞっとしたものだ。

ＢＭＷに乗るメタボ中年のイメージは急性の恐怖症であり、「恐怖の総和」〔トム・クランシーの小説の題名〕を完璧に象徴したものだったので、このイメージは私と友人のダグラス・プライス（ライフスタイル・デザイナーで、起業家でもある）の間にもちょくちょく割り込んでくることになった。ダグと私は5年近く同じ方向を目指して歩み、同じようなチャレンジをし、同じように自信喪失していた。そして、心理的な観点はお互いによく似ていた。我々は交互に休止期間をとり、いいコンビになっていった。

2人のうちどちらか一方が志を低くし、約束を破り、「現実を受け入れた」ときにはいつでも、もう一方がＡＡスポンサー〔アルコホーリクス・アノニマス（Alcoholics Anonymous）。アルコール依存症回復のための自助グループ。スポンサーとは依存症克服へのアドバイスを行う人のこと〕のように電話やＥメールで意見をした。「なあ、お前、赤のＢＭＷコンバーチブルに乗っている禿げたメタボ中年になっちゃうのか？」そうした結末は身の毛もよだつほど恐ろしいので、私たちはすぐに気を引き締めて元に戻るのが常だった。起こりうる最悪の事態とは、衝突炎上するようなものではなかった。絶望的なほど退屈な状態を、ほどほどに我慢できる現状として受け入れることだった。

覚えておいてほしい。退屈は「敵」だ。「失敗」なんていう抽象的なものではない。

◆コースを修正する――非現実的でいこう

心のなかにＢＭＷに乗ったメタボ中年の醜い頭が浮かんできたとき、弱気な心に喝を入れるために、あるいは誤った人生コースを修正するために、私が使ってきた、また今でも使っている方法がある。形はいろいろあるが、私が世界中で出会った偉大なるニューリッチ（ＮＲ）たちが使っていたものと同じだ。それは「ドリームライン」〈Dreamline〉である。ドリームラインは、大部分の人が夢と考えていることに時刻表を適用したものだから、この名がついている。

目標設定表と似ているが、いくつかの点で違いがある。

1　目標はあいまいな欲求から明確な工程に移る

2　目標は効果的であるために非現実的でなければならない

3　仕事が消えた後に生まれる空虚さを満たしてくれる解放後の活動に注目する。「億万長者のように生

きる」とは、興味のあることをするということだ。ただ人にうらやましがられるものを所有することではない

さあ、今度はあなたがビッグに考える番だ。

◆ジョージ・ブッシュ・シニアやグーグルのCEOと電話で話す方法

ここに、アダム・ゴッテスフェルドによって書かれた『上手に失敗すること』という記事がある。「著名なビジネスコンサルタントやいろいろなタイプの有名人とコンタクトを取る方法」。これを私が、プリンストン大学の学生相手にどうやって教えたのか。それがまとめられている。私が何か所か適度な長さに編集しておいた。

よく人々は、「何を知っているかではなくて、誰を知っているかだ」と言う。だが、それは知識よりも人脈が重要だという格言を、何も実行しない言い訳に使っているにすぎない。まるで、成功者は全員強力な友人によって生み出されているとでも言いたいようだ。

そんなのはナンセンスだ。

一般人でも超一流のネットワークを築くことができる方法が、ここにある。

『上手に失敗すること』アダム・ゴッテスフェルド作

プリンストン大学の学生の大半は、学部長に提出する論文の提出期限をズルズル先延ばしにしてしまう。07年卒業のロサンゼルス出身ライアン・マリナンも例外ではなかった。ほかの学生たちはフェイスブックのプロフィールをアップデートしたりYouTubeで動画を見たりすることに時間を費やす。マリナンはというと、彼は曹洞宗の禅について、ランディ・コミサーという人物と話し合っていた。そのランディはKleiner Perkins CaufieldとByersというベンチャーキャピタル会社のパートナーだ。さらに、グーグルのCEOエリック・シュミットに、Eメールで、「人生でもっとも幸せなときはいつか」という質問をしていた（彼はこう答えたという。「明日だ」）。

　Eメールを送るよりも前、マリナンはコミサーとコンタクトを取ったことがなかった。シュミットにはプリンストン大学の理事をしていたので面会したことはあったが、秋の学部理事会の際にほんのちょっと挨拶したくらいだ。自身を「生まれつきのシャイ」と評するマリナンにとって、シリコンバレーの両巨頭にEメールを送るような真似は、めったにすることではなかった。そう、ティモシー・フェリス（著者）に会うまでは。フェリスは、エド・チャウ教授の講義「ハイテク起業」のゲストとして来校した。そこで、彼は、マリナンやほかの上級フェローたちに、社会的地位のあるセレブリティやCEOにコンタクトを取る方法、そしてどんなときも彼らが答えたくなるような質問の仕方を教えてくれたのだ。

　さらにフェリスは、「もっとも手の届かない著名人にコンタクトを取り、もっとも興味深い質問をした人物には、世界中どこにでも行ける往復航空券をプレゼントする」と約束した。

「私は、成功とは、自分が望んでいない、または、決して心地良くはない会話をこなしたかどうかで測れるものだと思う。あなたたちが、『冷たい返事や返信をもらって断られるかも』という恐怖心を克服できたら、今後ずっと役に立つと思うんだ」

　フェリスは続けた。

「自分自身を見くびるのはたやすいことだ。だけど、クラスメートがジョージ・ブッシュ元大統領やディズニー、コムキャスト、グーグル、ヒューレット・パッカードのCEOといった人たちなど、コンタクトなんか不可能だと思われるような人たちから返事をもらうのを見たら、自分の限界を考え直すしかなくなると思う」

フェリスは、各学期の「ハイテク起業」の講義で、生徒たちに何か新しいことを創造し、理想のライフスタイルを設計することの大切さを説いた。

「私はこうしたコンテストに毎日参加している」フェリスは語った。「私はいつもやるべきことを実践している。可能なかぎり個人的なEメールアドレスを見つけるようにしている。ちなみにそれはほとんど知られていない個人的なブログで見つけることが多い。そして2、3のパラグラフにまとめたEメールを送る。そこでは、自分が相手の仕事をよく知っていることを伝えた上で、シンプルな答えを求める。ただし、彼らの仕事や人生哲学に関連した挑発的な質問をしないようにすること。ゴールは、対話を始めることにある。答えをもらうまで時間をかける。何か手助けしてほしいというようなお願いをしないこと。それは、最低でも3、4回Eメールでのやりとりをして初めてできることだ」

こうした「ティム・フェリス・テクニック実践の教科書」を使い、マリナンは、コミサーとの接点を築くことに成功した。最初のEメールでは、コミサーの『ハーバード・ビジネス・レビュー』の記事を読んだ感想を述べ、それに触発された質問をコミサーに尋ねた。「あなたの人生のなかでもっとも幸せな瞬間はいつでしたか?」。これに対しコミサーは、チベット仏教をひもときながら答えた。そこで、マリナンはさらに返信した。「本当の幸福を言葉で説明するには不十分だ。感謝の気持ちを言葉で述べるのも不十分だ」彼のEメールには、弟子丸泰仙〔曹洞宗の僧侶。ヨーロッパに禅を普及させた〕のフランス語詩を自分で訳したものも含まれていた。Eメールでのやりとりは続き、数日後にはコミサーは、幸福に関する『ニューヨーク・タイムズ』の記事のリンクを貼って返信することさえした。

さらなるチャレンジは、シュミットとコンタクトをとることだ。マリナンにとって、シュミットの個人メールアドレスを手に入れるのはもっとも困難に思われた。彼はプリンストン大学の学部長に問い合わせたが、何の返事もなかった。2週間後、同じ内容のEメールをもう一度学部長に送ったが、マリナンがシュミットに会ったことがないという理由で断られた。学部長の返事が「No」だったにもかかわらず、マリナンはあきらめなかった。彼は3たびEメールを学部長に送った。「特別扱いということでもダメですか?」彼は尋ねた。学部長はついに降参し、シュミットのメールアドレスを教えてくれたのだ。

「クラスメートのなかには、有名人にかたっぱしから当たってうまくいった人もいたようですが、僕はそういうのは得意じゃないんです」マリナンは自身の粘り強さをそう説明した。「僕は拒絶に対しては粘り強さで対抗しました。何かほかの方法に逃げることはしませんでした。僕の人生の恩師でもあるサミュエル・ベケット〔アイルランド出身のフランスの劇作家、詩人。1969年にノーベル文学賞を受賞〕の格言を大切にしています。『やってみた。失敗した。そんなことは問題じゃない。もう一度やってみよう。また失敗してもいい。今度は上手に失敗できる』。人は信じないかもしれないですね。でも、不可能なことでも、前よりも上手に失敗するよう、勇気を出してくり返しチャレンジすれば、きっとうまくいくのです」

このコンテストのもうひとりの参加者であるナザン・キャプランは、自分のやり方に自信を持っていた。彼は、当時のニューアーク市長シャープ・ジェームスとコンタクトをとることができた。というのも、ジェームス市長は、以前アル・シャープトン牧師〔黒人運動指導者〕に運動資金を寄付しており、シャープトン牧師のサイト www.fundrace.org にジェームス市長の自宅の住所が掲載されていたのだ。そこでキャプランは、ジェームス市長の住所をオンラインの電話番号検索ディレクトリに入力し、市長の電話番号を手に入れることができた。その結果、ジェームスの留守番電話にメッセージを残すことができ、数日後には子どもの教育に関する質問を直接ぶつけることができた。

フェリスは、こうした学生たちの努力を賞賛した。「誰でもこのような偉業を達成することはできる」フェリスは言った。「たまには有名人たちをちょっと突っつくことも必要なんだ」。

Q&A クエスチョン&アクション

虚しさは、だいたい退屈のなかに姿を見せる。

——ヴィクトール・E・フランクル

〔アウシュビッツ収容所からの生還者でありロゴセラピーの創始者

『「生きる意味」を求めて』より〕

人生は小さく生きるには短すぎる。

——ベンジャミン・ディズレイリ

ドリームラインは楽しくもあり、難しくもある。難しければ難しいほど、必要なものとなるだろう。5つのステップのためにモデルワークシートを参照してほしい。

1　決して失敗することがなく、世界のほかの人々よりも10倍も賢いとしたら何をするか？

6か月と12か月の2つのスケジュール表をつくり、それぞれ5つのほしいもの（家、車、洋服など物質的なものでも、そうでないものでも）、なりたいもの（料理上手とか、中国語ペラペラになっているとか）、やりたいこと（タイを訪れてみるとか、自分のルーツを尋ねて海外に行くとか、ダチョウレースに参加するとか）を順番に書き出していく。ほとんどの人がそうだろうが、望むことを特定のカテゴリに入れるのが難しければ、それぞれについていやなことや恐れていることを反対側に書き出す。できるとかできないとかで制限したり、どうやってやるんだろうと懸念したりしてはいけない。今はそんなことは重要じゃない。これは抑圧を解くエクササイズなのだから。

断定したり自分をごまかしたりしないよう気をつけよう。本当はフェラーリが欲しいのに、何か後ろめたくて、世界の飢餓の解決なんて書いちゃだめだ。有名になることを夢見る人もいれば、富や名声を求める人もいる。どんな人でも悪いところがあるし、自信なんかないだろう。何か気持ちを楽にしてくれるものがあれば書く。私はレース用のバイクを持っている。実際スピード狂だという事実はさておき、バイクは自分がクールな奴にでもなったような気にさせてくれる。何も間違ったことなんてないから全部書き出そう。

2　何も思いつかない？

抑えていた不平不満を吐き出すことと違って、ずっと夢見ていたことを明確に思い描くことは難しいことがよくある。これは特に「やりたいこと」カテゴリーにも当てはまることだ。もしそうなら、次の問いについて考えてみよう。

a　銀行に1億ドル〔約83億円〕あったら、毎日どんなことがしたいだろう？

b　朝起きてどんなことがあったらわくわくするだろう？

あせらずに、じっくり考えてみよう。まだ思いつかなかったら、次のようにして「やりたいこと」の欄に書きこんでみよう。

訪れてみたい場所をひとつ
死ぬ前にしたいことをひとつ〔生涯の思い出に〕
毎日したいことをひとつ
毎週したいことをひとつ
ずっと学んでみたかったことをひとつ

3　「なりたいもの」になるには、必然的にどんな「やるべきこと」を必要とするか？

行動を起こすために、それぞれ「なりたいもの」を「やるべきこと」に置き換えてみよう。そのなりたいものを特徴付ける行動がどんなものか、そうなるためにしなくてはならないことを考えてみよう。思いつくのは「なりたいもの」の方がかんたんなのだが、この項では「やるべきこと」にあたる行動を考えてみることにしよう。次の例を見てみよう。

料理上手 ⬇ ひとりでクリスマスのディナーをつくる。

中国語ペラペラ ⬇ 中国人の同僚と５分、中国語で話してみる。

４　すべてを変えてしまう４つの夢とは？

まずは６か月の表を使って、一番わくわくする、もしくは重要な夢をすべての欄から４つ、○印でも蛍光ペンでもいいからマークする。12か月の表でも同じことをやってみる。

５　２つのスケジュール表の夢にかかる費用を決め、ひと月あたりの目標収入（ＴＭＩ〈Target Monthly Income〉）を計算する

財政的に、４つの夢それぞれにひと月にどんな費用（家賃、ローン、月賦の支払計画等）がかかるか？　総計ではなく毎月のキャッシュフロー、入ってくるお金と出るお金、収入と支出から考えよう。物事は思っているよりもずっとずっと少ないお金しか、かからないものだ。例えばショールームにやってきたばかりのピカピカのランボルギーニ・ガヤルド・スパイダーは26万ドル〔約２１６０万円〕するが、月々２８９７・80ドル〔約24万円〕で買える。私のお気に入りのオースチンマーチンＤ89は、走行距離１０００マイルでeBay〔アメリカ最大のオークションサイト〕で13万６０００ドル〔約１１３０万円〕、月々２００３・10ドル〔約17万円〕だった。世界一周旅行（ロサンゼルス—東京—シンガポール—バンコク—デリーまたはムンバイ—ロンドン—フランクフルト—ロサンゼルス）で１３９９ドル

〈約12万円〉っていうのはどうだろう?

　こうした費用については、14章「ミニリタイアメント――移動式ライフスタイルを謳歌する」の「お役立ちツールと使うコツ」も参考になるだろう。

　最後に、ドリームラインを実感するために、2つのスケジュール表のそれぞれのひと月あたりの目標収入（ＴＭＩ）を計算しよう。やり方はこうだ。まず、Ａ、Ｂ、Ｃ欄から4つの夢それぞれにかかわる費用を足す。0になる欄もあるかもしれない。それはすばらしい。次に月々の支出に1・3（1・3というのは支出に、安全や貯金のための余裕の30%分を考えてのもの）を掛ける。この総計があなたのひと月あたりの目標収入（ＴＭＩ）であり、この本の最後まで覚えておいてほしい目安だ。さらにこのひと月あたりの目標収入（ＴＭＩ）を30で割り、ＴＤＩ〈Target Dialy Income〉つまり1日あたりの目標収入額を算出する。日々の目標に取り組む方がかんたんだと思えるからだ。

　金額は思っていたより低いだろう。「ほしいもの」を生涯一度の「やりたいこと」に交換すればするほどその金額は少なくなる。行動を起こせば、この傾向に拍車がかかる。総額を見てたじろぐことがあっても、不安を感じる必要はまったくない。私は学生が3か月以内に月に1万ドル以上の余分な収入を手に入れるよう手助けした。参照サイトにあるオンラインの計算機はすべて役に立つし、このステップを容易にクリアできるようになる。

ドリームライン　サンプル

6か月で達成したい夢

ステップ❶ ほしいもの	ステップ❺ コスト
* 1. オースチン マーチン DB9	1. 月 166,000 円
2. 1800 年代の go board	2.
* 3. パーソナルアシスタント	3. 600 円 / 時間×80＝ 33,000 円
4. 剣道具一式	4.
5.	5.
	A＝ 199,000 円

ステップ❷ なりたいもの	ステップ❹ やるべきこと	ステップ❺ コスト
1. 柔軟な体 →	1. ストレッチ	1.
* 2. ベストセラー作家 →	2. 週 2 万部売る	2. 0 円 （自分と無償インターンの3人でメディアに電話する）
3. 中国語ペラペラ →	3. 中国人の同僚と 5 分会話する	3.
4. 料理上手 →	4. ひとりでクリスマスディナーをつくる	4.
5. →	5.	5.
		B＝ 0 円

ステップ❸ やりたいこと	ステップ❺ コスト
1. テレビ番組への売り込み	1.
* 2. クロアチア沿岸へ旅行	2. 往復航空運賃 43,000 円 レンタカー 35,000 円
3. 素敵なガールフレンドを見つける	3.
4.	4.
5.	5.
	C＝ 78,000 円

ひと月あたりの目標収入

A+B+C+(1.3×月の支出)

＝

ひと月あたりの目標収入(TMI)：277,000 円 +(216,000 円)=493,000 円

÷30

＝

1 日あたりの目標収入：16,500 円

今すぐすること

1. ショールームをみつけて、試乗を申し込む
2. 3 つのメジャーなサイトに箇条書きの職務経歴書を載せる
3. 2、3 年前のベストセラー作家 5 人に 3 つの質問を送る
4. ネットで旅行会社を調べ、ベストシーズンとやりたいこと 5 つを決める。

明日すること

1. 試乗する
2. トップ 3 に 1、2 時間分の仕事を割り当てる
3. 回答を見た上で計画を練る（マーケティング /PR）
4. チケットと 3 週間の滞在先を調べ、友人を誘う

あさってすること

1. 細かい点とオプションを決める
2. 週あたり 20 時間分の仕事についてベストな方法を選ぶ
3. インターンを採用するため、近くの大学の英文科にメールする
4. チケットを取る（友人に断られても自分ひとりで）

ドリームライン（www.fourhourblog.com で、大きいサイズの印刷バージョンと、オンラインの計算機を入手できる）

（　　）か月で達成したい夢

ステップ❶ ほしいもの

1.
2.
3.
4.
5.

ステップ❺ コスト

1.
2.
3.
4.
5.

A=

ステップ❷ なりたいもの

1.
2.
3.
4.
5.

ステップ❹ やるべきこと

1.
2.
3.
4.
5.

ステップ❺ コスト

1.
2.
3.
4.
5.

B=

ステップ❸ やりたいこと

1.
2.
3.
4.
5.

ステップ❺ コスト

1.
2.
3.
4.
5.

C=

ひと月あたりの目標収入

A+B+C+(1.3×月の支出)

=

ひと月あたりの目標収入(TMI):

÷30

=

1日あたりの目標収入(TDI):

今すぐすること

1.
2.
3.
4.

明日すること

1.
2.
3.
4.

あさってすること

1.
2.
3.
4.

ドリームラインの算数――もうひとつの有効な選択肢

月ごと、そして1度きりの目標に取り組むための方法がもうひとつあります。あなたが本に載せている例で説明しましょう。オースチン・マーチンの毎月の支払い、パーソナルアシスタントへの毎月の支払い、そしてクロアチア沿岸への旅行です。最初の2つは、月あたりの目標収入に含むのが当然でしょう。でも、旅行のような一度きりの目標については、ドリームライン全体の月数で割って計算すべきです。

以下のように6か月のドリームラインを設定するとしましょう。

オースチン・マーチン＝月に16万6000円
パーソナルアシスタント＝月に3万3000円
クロアチア沿岸へ旅行＝トータルで7万8000円、そして7万8000円÷6したものが、1か月あたりの支出

この本のスプレッドシートのサンプルでは、以下のように計算していますね。

（16万6000円＋3万3000円＋7万8000円）＋1・3×月の支出＝ひと月あたりの目標収入（TMI）

でも、私は次のように計算すべきだと思います。

（16万6000円＋3万3000円＋7万8000円÷6）＋1・3×月の支出＝ひと月あたりの目標収入（TMI）

一般的な計算式にすると、

（月の目標＋1度きりの目標÷全ての月数）＋1・3×月の支出＝ひと月あたりの目標収入（TMI）

――ジャレッド（会社社長、SETコンサルティング）

6　6か月に行う4つの夢、それぞれのための3つのステップを決定し、今すぐ、最初のひとつを実行する

6か月と12か月の表をおすすめするのは、長期にわたる計画や、はるかかなたのゴールなんて当てにならないと思うからだ。実際、私はたいてい3か月と6か月にドリームラインを設定している。変わりやすいものは変わり過ぎるくらいだし、遠い未来のことでは行動を起こすのを先延ばしする言い訳になる。しかし、このエクササイズの目的は最初から最後までの手順をはっきりさせることではなく、最終目標をはっきりさせ、それを実行するための乗り物（ＴＭＩ、ＴＤＩ）を獲得することであり、最初の一歩を踏み出すためのはずみをつけるものなのだ。この点から、時間を自由にすることとＴＭＩを生み出すことが重要なのだ。くわしくは次の章で取り上げる。

まず、最初の一歩に焦点をあてる。それぞれの夢についてやりやすそうな3つのステップを決める。そして行動を起こす。かんたんではっきりした行動を、まずは明日午前11時までにやり、明後日

の午前11時までもう一度やる。

4つのゴールそれぞれの3つのステップの次に、「今すぐやること」の3つの行動を書く。そして今すぐやる。それは5分かそこらでできるようなかんたんなことでなくてはならない。そうでなかったら徐々にかんたんなことにする。真夜中でだれにも電話できなかったり、何もできることがないなら、たとえばメールを送るとか翌日、最初の電話をセットしてみる。

もし、それがリサーチを必要とするものだったら、本やネットに長い時間をかけるよりも、初めからその答えを知っている人に聞いてみるといい。本やネットの答えでは結局、いろいろ分析してしまってやる気をなくす。私がおすすめする一番いい最初の一歩は、誰かそれをやった人を見つけ、同じようにやるにはどうすればいいかアドバイスを受けること。そんなに難しいことじゃない。

もうひとつの選択肢として、背中を押してくれるトレーナーや信頼できる相談者やセールスマンと会ったり、電話したりするというのもある。キャンセルするのが面倒な個人レッスンや約束をスケジュールに入れることができるだろうか？　しなくてはならないように仕向けるのだ。

明日では何にもならない。どんなに小さいことでもいいから、今すぐ、最初の一歩を踏み出すんだ！

コンフォート・チャレンジ～自分の安全地帯から出てみよう

もっとも重要な行動というものは、決して心地良いものではない。

幸いにも、自分をコントロールすれば、不快感を克服することができる。私は解消法を人に尋ねるよりも自分自身でトレーニングして身につけてきた。そして自分でリアクションするよりも相手のレスポンスを引き出す、関係を断絶しないように自己主張する方法も身につけた。常識破りのライフスタイルを手に入れるためには、自分自身のためにも、そしてほかの人達のためにも非常識な決断の習慣を身につける必要がある。

この章では、より不快なエクササイズをシンプルに、小さなものから次第に紹介していく。なかには、一見かんたんで実際にやってみるまでは全然関係ないじゃないかと思われるような（例えば次のようなものだ）ものもある。まずはゲーム感覚で、不安と冷や汗をかきながら見てみてほしい。そこがポイントなんだ。このエクササイズは、２日間続ける必要がある。エクササイズした日をカレンダーにつけて忘れないようにしてほしい。そして一回にひとつのコンフォート・チャレンジをすると決めておくこと。一度にいくつもやらないようにしよう。

覚えておいてほしい。心地良くなれる範囲を広げることと、あなたの欲しいものには相互関係があるということを。

では、やってみよう。

凝視トレーニング（2日間）

友人のマイケル・エルスバーグが発明した、名付けて「凝視トレーニング」。ナンパと似ているが、根本的に違う点がある――「話しかけるのは禁止」だ。相手を3分間じっと見つめる、というものだ。このイベントに参加して多くの人がこれをやっている光景を見れば、その異様さを実感できるだろう。これから2日間、ほかの人の目をじっと見つめるトレーニングをしてみよう。相手は道路を歩いているときの通りすがりの人、会話をする相手、誰でもいい。相手が目をそらすまで、じっと見つめ続ける。やり方は以下の通り。

1　凝視していても、ときどきは忘れずにまばたきをしよう（変質者に思われないようにするためと、相手にぶん殴られないようにするため）

2　会話中は、話をしている相手とのアイコンタクトを保ち続けよう。相手の話を聞いているあいだは、わりとやりやすいはずだ。

3　あなたよりも体が大きい自信家を相手にするといい。通りすがりの人を凝視して、「何ジロジロ見ているんだ」と言われたら、にっこり笑ってこう言い返そう。「あ、すいません。知り合いだと思ったんですよ」

ステップ2

捨てる（Elimination）の

「E」

日々、増加するものではなく、日々、減少するものだ。
修練の極みとは、結局、
簡素なものに向かうことである。
——ブルース・リー

5章

時間管理の終焉
幻想、そしてイタリア人経済学者

「完璧」とは、それ以上加えるものが何もなく、取り除くものも何もない状態のことだ。

——アントワーヌ・サンテグジュペリ

減らせるものを増やそうとするのは、無駄なことだ。

——ウイリアム・オッカム〔オッカムの剃刀〕

時間管理に関する言葉はいくつかあるが、すべて忘れてほしい。もっとも厳密な言い方をすると、毎日毎日いろんなことをやってやろうと思うべきではないし、1分1秒を何かいじくり回している仕事で埋め尽くすようなことはすべきでない。このことが分かるまでずいぶん時間がかかった。以前の私は結果を量で測る方法に熱心だった。

「忙しい」は、避けられないほど重要だがやっかいな行動を避けるための言い訳としてよく使われる。この選択肢はほぼ無制限に「忙しそうな状態〈busyness〉」をつくり出す。むやみやたらにセールス勧誘の電話をかけまくる、アウトルックのアドレス帳を整理する、必要もない資料を請求するためにオフィスをうろつき回る、仕事に優先順位をつけなければいけないときに何時間もブラックベリー〔カナダのリサーチ・イン・モーション社が開発したスマートフォン〕をいじる。そういうことがいくらでもできる。

実際、アメリカの企業で出世したいと思うなら、そしてあなたがやっていることを誰もチェックしていないと仮定すれば（ここは正直になろう）、携帯電話を耳に当てながら書類を抱えてオフィス中を飛び回ればいい。「おお、忙しそうに働いているヤツがいるじゃないか！　あいつを昇進させよう」となるはずだ。不運なことに、ニューリッチ（NR）にとっては、こうした行動をとっても、オフィスからの脱出もブラジル行き飛行機への搭乗もかなわないだろう。それじゃバッド・ドッグだ〔テレビアニメ『Bad Dog』の主人公バーキーはせわしなく動いてイタズラをする犬〕。自分の頭を新聞紙で叩いて止めさせよう。

やはり、はるかにいい選択肢は存在するし、その選択肢はあなたの成果を大きくしてくれるどころか、それ以上、何倍にもしてくれるのだ。信じようと信じまいと、やることを減らしてより大きな成果を上げられる。もはやこれは必須事項だろう。

さあ、「捨てる（E）」世界へ行ってみよう。

◆生産性をどう使うか

さて、自分の時間でやりたいことが明確になったところで、今度は時間を自由に使えるようにしなくてはならない。もちろん、収入を維持、あるいはアップさせながらそれを実現できるコツがある。

この章の目的は、そして、ここにある指示に従ってあなたが経験することは何か？　それは、個人の生産性を100％から500％にまで増やすことである。この原理は従業員にも起業家にも通じるが、生産性を増大させる目的はまったく違っている。

まず従業員について。従業員は、交渉力強化のために生産性を増加させようとする。彼らには同時に達成したい目的が2つある。昇給とリモートワーク〔在宅勤務。オフィス以外の場所で仕事をすること〕の取り決めだ。

31ページで述べたことを思い出してほしい。ニューリッチの仲間入りを果たすための通常のプロセスは、「D—E—A—L」の順番だが、今のところは従業員のまま実行したい場合は、「D—E—L—A」の順番で行う必要がある。その理由はオフィス事情にある。従業員は、週10時間勤務を実現する前に、今のオフィス環境から自分を**解放する**必要がある。なぜなら、今のオフィス環境が期待するものは、あなたが9時から5時までコンスタントに働き続けることだからだ。たとえあなたが以前より2倍の成果を上げたとしても、時間で言うと同僚の1／4しか勤務していなかったら、解雇通知を受け取る可能性は大いにあるだろう。あなたが週10時間勤務で、週40時間勤務の人の2倍の成果を上げたとしても、企業側は「週40時間働いて8倍の成果を出してくれ」と要求してくるだろう。こんなエンドレスゲームは避けたいものだ。だから、**解放**（L）が真っ先に必要となる。

あなたが従業員の場合、この章を読んで実行すればあなたの価値は上がり、会社はあなたをクビにできなくなり、給料を上げてリモートワークを認めるようになる。それがあなたの目標だ。いったんリモートワークが実現すれば、あなたは小うるさい干渉もなく勤務時間を減らすことができ、結果として得られた自由な時間を使ってドリームラインを実行に移すことができる。

起業家の目標はそんなに複雑ではない。通常、起業家は収益が増えればそれを直に受け取る人間だからだ。目標はあなたの仕事量を減らして同時に収益を増やすことだ。それには、あなたが自分でしていることと**自動化**（A）が可能なものに置き換えてしまえばいい。そうすれば、**解放**（L）がしやすくなる。

自動化にも、解放にも、いつくかの**定義**（D）がある。

◆有効的であるということと効率的であるということ

「有効性」とは自分の目標に近づくように何かをすることを言う。「効率性」とは、自分に与えられた課題（それが重要であろうとなかろうと）を可能な限り無駄のない方法でやり遂げることを言う。有効性を無視して効率性を求めているのが、世の中のデフォルトモード〔コンピュータの利用者が何も操作や設定を行わなかった際に使用される、あらかじめ組み込まれた設定値〕である。

優秀な訪問セールスマンは効率的だと考えられる。つまり、無駄なくドアからドアへ売り歩く術には優れている。しかし有効性はまったくない。Eメールやダイレクトメールのようなツールを使えばもっと売ることができるだろう。

これは、1日に30回Eメールをチェックし、手の込んだフォルダ整理法を編み出し、度忘れしてしまった30の用件を毎回可能なかぎり速く処理するといった見事なテクニックを持つ人物にも当てはまる。私はプロの「時間の無駄遣い」専門家だった。これが効率的だと言い張ることもできるが、有効性からはほど遠いものだ。

ここに、心に刻んでおきたい2つの真理がある。

1　どうでもいいことをうまくやっても、それが重要になるわけではない

2　多くの時間を必要としても、その仕事が重要になるわけではない

今この瞬間から、覚えておいてほしいことがある。何をやるかは、どうやってやるかより、はるかに重要である。効率性は重要だが、それを正しい対象に対して行わない限り役に立たない。正しい対象を見つけるためには、パレートの庭に行く必要があるだろう。

◆パレートの庭――「80／20の原理」と、無益なものからの解放

測定されたものは管理されるようになる。

――ピーター・ドラッカー

4年前に、ある経済学者が私の人生を変えてしまった。彼と知り合いになれなかったのは残念だ。私が敬愛するヴィルフレド・パレートは100年近く前に死んでいる。

ヴィルフレド・パレート（1848―1923年）は策略に富み、何かと議論になったイタリア人経済学者・社会学者だった。教育を受けて技術者となり、炭鉱経営からキャリアをスタートさせたが、後に、レオン・ワルラスの後継者としてスイスのローザンヌ大学の政治経済学講座の教授になった。後世に大きな影響を与えたパレートの著作『経済学講義』には、所得分布の「法則」が含まれている。数年後、これが「パレートの法則」あるいは「パレートの分布」と呼ばれるようになった。最近では一般的に「80／20の原理」と呼ばれてもいる。

この法則は、「社会の富の分布はとても不均衡だが、予測は可能である。富と所得の80％は人口の20％によってつくり出され、所有されている」というものだ。これは経済学以外にも、ほとんどあらゆる分野で応用された。たとえば、パレートの庭のエンドウ豆の80％は、彼が植えた豆のさやの20％からできてい

る。

パレートの法則は次のようにまとめられる。「アウトプットの80％はインプットの20％に起因する」。この一節は、さまざまな文脈のなかで、別の表現で使われている。

結果の80％は原因の20％から出てくる。

成果の80％は労力と時間の20％からもたらされる。

企業利益の80％は製品と顧客の20％からもたらされる。

全株式市場利益の80％は機関投資家の20％と個人のポートフォリオの20％によって実現される。

このタイプのリストは無限に続き、さまざまなパターンが存在する。また、比率はさらに高くなることが多く、90／10、95／5、99／1も珍しくない。しかし、追求すべき最小比率は80／20である。

私がパレートの著作を知ったのは、ある深夜のことだった。私は週に7日、毎日15時間を働きづめの状態だった。もう、いっぱいいっぱいでどうしようもなかった。夜明け前に起きてイギリスに電話し、通常の9時―5時の間はアメリカの仕事をし、深夜まで日本とニュージーランドに電話をかけまくる、という具合だった。ほかにいい選択肢がないために、ブレーキが付いていない貨物列車に張り付いて、火室にシャベルで石炭を放り込んでいる。まるでそんなふうだった。燃え尽き症候群にぶち当たるか、それともパレートの考え方を試してみるか、私は後者を選んだ。次の日の朝、私は2つの質問を使って自分の仕事と生活の詳細な分析を始めた。

1　何の20%が、自分の不幸と問題の80%を引き起こしているのだろうか？
2　何の20%が、自分が望んでいる結果や幸せをもたらすのだろうか？

丸一日、私は緊急の要件をすべて無視した。そのかわり、この真実を明らかにする分析を一心不乱に行うことにし、２つの質問を友人から顧客まで、そして広告に関することから娯楽でやっている活動まですべてに当てはめてみた。自分がしていることはすべて正しいと期待してはいけない。真実を暴くことは時に痛みを伴う。目的は、自分の非効率なところを見つけてそれをなくすこと、また、自分の強みを見つけてそれを倍増させることである。24時間これを続けた後、私はいくつか決断を下した。その決断は単純ではあるが心情的には難しいものだった。文字通り私の生活を根底から変え、こうして今楽しむことができているライフスタイルを可能にしてくれたのだ。

私が下した第一の決断は、ムダ削減の分析によるＲＯＩ〔投資収益率〕がどれだけ劇的で迅速に上昇するかといういい例になっている。私は取引先の95%との連絡をとりやめ、２％とは完全に取引を停止した。そして、そこには利益があってかつ繰り返し取引がある業者のトップ３％が残った。

１２０以上ある顧客の卸売業者うち、わずか5社が売り上げの95%をもたらしている。私はそれ以外の顧客を追いかけることに自分の時間の98%を費やしていた。ところが前述の5社は、フォローアップの電話も口説きもおだてる必要もなく、定期的に発注してくれていた。言い換えれば、私は9時から5時までは何かしていなければならないと思い込んで働いていた。9時から5時までのすべての時間働くことが目的ではないと理解していなかった。これは必要のあるないにかかわらず、ほとんどの人間が持つ単純な思考法だ。私は、とりわけ仕事のために仕事をする（Ｗ４Ｗ）〈work-for-work〉重症のケースだった。それは**NR**用語のなかではもっとも嫌われている頭文字だ。

　私の不平や問題は１００％、生産性のない大多数の取引先から来ていた。ただ、２人の大口顧客の例外があった。２人は「この火は俺が点けた。さあ、お前が消せ」といったクレーマー型ビジネスに関して世界レベルの専門家だった。私は生産性のない取引先全部をパッシブモード〔データ転送の際に用いるＩＴ用語。ここでは「受け身の状態」の意味〕に切り替えた。彼らが注文したら、よし、注文書のファックスを入れさせよう。注文をくれなかったら、もう追いかけない。電話も、Ｅメールも、何もしない。結果、取引先として２人の大口顧客が残った。彼らは筋金入りのクレーマーだったが、私の収益の10％に貢献してくれていた。

　こうした板ばさみの状況はさまざまな問題を引き起こすが、けっして自己嫌悪に陥らせたり憂うつになったりさせない。私も、それまでは顧客から脅しや暴言、延々と続く口論、非難を受けてもビジネスを行なう上でのコストとして受け入れていた。しかし、80／20の分析で、この２人の人物がその日１日すべての不幸や怒りの原因だと気がついた。そして、それが自分の時間にも入り込んできて、「あのクソッタレにはああ言えばよかったな」といったお決まりの自責の念で夜も眠れない状態を呼んでいた。だがついに、私は自明の理にたどり着いた。自尊心や心理状態への悪影響は、財政上の利益にもならない。私は嫌な思いをしてまでお金を必要とはしていなかった。しかし、それまでは必要と思っていた。「お客様は常に正しい」――そうですよね？　「すべてはビジネスの一部である」――そうですよね？　あり得ない。いずれにしても**NR**にはふさわしくない。私はそんな悪質な顧客とかかりっきりになるのはきっぱりとやめた。それまでの彼らとの会話は次のようなものだった。

顧客　何だよこれ？　こっちは2ケース注文したのに、着いたのは昨日じゃないか（注／その客は間違った方法で間違った人物に注文書を送ってきたのだ。何度も繰り返し念を押したのに）。お前らはデタラメもいいとこの大バカ野郎だな。こんなの今まで見たことねえぞ。俺は20年この業界にいるけど、今回のが一番最悪だな。

NR（この場合は私） 殺すぞ。気をつけろよ。マジで気をつけな。

そう言いたかった。心のなかで何万回もリハーサルした。でも、実際にはこんな調子だった。

「いやいや、お気の毒です。いいでしょう、お客様のおっしゃりたいことは伺いました。もうお取引はできないものと思い、残念です。今回のご不運とお怒りの原因が本当はどこにあるのか、よーく、お考えになるようおすすめします。とにもかくにも、私どもは、お客様がよろしいようにと願っております。製品のご注文をいただけるようでしたら、喜んでご提供いたします。ただしかし、お客様がののしられたり、不必要に侮辱なさらないように振る舞われた場合のみです。私どものファックス番号はお分かりと思います。ご多幸をお祈りいたします。よい一日を」。〈送信ボタンをクリック〉

これを1回は電話で、1回はEメールでやった。そして、何が起こったか？　ひとりの顧客は消えた。だが、もうひとりはやり方を変えてファックスで発注してきた。何度も何度も何度も。問題は解決した。売上の損失は最小で済んだ。私は以前の10倍もハッピーになった。

それから私は次の週に、トップ5人の顧客と比較的安心できる3人ほどの顧客に共通する特徴を確かめてみた。覚えておいてほしい。顧客が多ければ収益が自動的に増えるというものではない。顧客を増やすのは目標にはならない。それは雑用を増やすだけであり、収益の伸びは1～3％で、微々たるものだ。間違えないでほしい。最小の労力（それには最小の顧客数ということも含む）から最大の収益を得るのが第一の目標である。私は自分の強み（今回の場合はトップ顧客）をさらに強化しようとして、トップ顧客のオーダーの数量と頻度を増やすよう注力した。

最終結果はどうだったか？　私は、120人の顧客を追いかけてなだめすかすのはやめて、8人の顧客からの大口注文を受けるだけにした。哀願の電話や長文のお願いごとを書き連ねたEメールの類は一切なくした。4週間で月間の収入は3万ドル〔約250万円〕から6万ドル〔約500万円〕に増え、1週間当たりの労働時間はすぐに80時間超から約15時間に減った。もっとも大きかったのは、私自身が幸せになり、楽天的になったことだ。この2年間で初めて解放された感じを持てたのだった。

次に、80／20の原理をさまざまな分野に適用してみた。

1　広告

売上の80％以上を生み出している広告を洗い出し、それらの共通点を特定して、もっと増えるように手を打った。同時に、残りの広告はすべて取りやめた。広告費用は70％減り、直販の売上は8週間で、月に1万5000ドル〔約125万円〕から2万5000ドル〔約210万円〕へほぼ倍増した。もし、広告が浸透するまで長い時間がかかる雑誌でなくて、ラジオや新聞、テレビを使っていたら、きっとすぐに倍増したことだろう。

2　オンラインのアフィリエイトとパートナー

利益が少ない２５０のアフィリエイト〔ウェブサイトやメールマガジンで企業サイトのリンクを貼り、閲覧者がそのリンク経由で商品を購入したり会員登録すれば、リンク元サイトの制作者（アフィリエイトパートナー）に報酬が支払われるシステム〕は切り捨てるか待機状態にして、売上の90％を生み出す2つに集中した。これを管理する時間は、週に5～10時間から月に1時間まで激減した。アフィリエイトの売上は月当たり50％以上増えた。

ここで落ち着いて思い出してみよう。たいていのことは間違いではない。多忙とは怠惰（いい加減な思考とでたらめな行動）の一形態である。

何かで手一杯という状態は何もしていないのと同じように非生産的であり、それ以上に不愉快なことである。仕事を少なくして選択すれば、生産的な道が開ける。少数の大切なものに集中し、残りは無視するべきだ。

もちろん、小麦の粒ともみ殻を分けて、新しい環境（それが新しい仕事だろうと、ベンチャー企業の経営だろうと）のなかで特定の業務活動をやめてしまう前に、何がもっとも役に立っているか十分確かめることが必要になる。ボールを全部壁にぶつけてみて、どれが壁に貼り付くか見てみるのだ。だが、これはプロセスの一部である。あまり時間をかけるべきではない。せいぜい1～2か月くらいだ。

時間の渦に巻き込まれるのはかんたんだ。だが、忙しいと感じないでいるコツがある。覚えておこう。時間の不足は本当は優先順位づけの不足である。足を止めてバラの香りをかいでみよう。いや、この場合は、パレートの庭でエンドウ豆のさやの数を数えてみよう、と言うべきだろうか。

◆9時―5時幻想とパーキンソンの法則

「24時間営業」って謳《うた》っている銀行を見たんだけどさ、
俺、そんなにたくさん時間がないよ。

――スティーブン・ライト〔コメディアン〕

あなたが従業員ならば、無意味なことに時間をつぶしてもある程度まではあなたの過失にはならない。歩合制で給料をもらっているのでなければ、時間を有効に使うのを後押しするものはないだろう。この世界では、9時から5時までの間、書類をパラパラめくっていることが了解事項になっている。そしてあなたは奴隷状態でいる間、オフィスに拘束されているのでその時間を満たす振る舞いを創作しなければいけない。空いている時間が山ほどあるから、時間がムダ遣いされるわけだ。分かりやすい理屈だ。今やあなたは、給与明細を集めるかわりにリモートワークの合意を得るという新しい目標を持ったのだから、現実に立ち戻って効果的に働く時だ。最高の従業員は最高の力を持っている。

起業家にとっては、時間のムダ遣いは悪しき慣習をそのまま踏襲したものだといえる。私もその例外ではない。起業家の多くはかつて一従業員だったので、9時―5時カルチャーの出身であり、それゆえ同じスケジュールを採用しているにすぎない。彼らが朝9時から始める活動が機能するのかどうか、また目標とする収入を得るために1日8時間が必要かどうかにかかわらず、である。このスケジュールは社会全体の合意事項であり、量で結果を測るという、まさに恐竜時代の遺物のようなアプローチだ。すべての人間が仕事を達成するためにはきっちり8時間必要である、なんてことがありうるだろうか？　いや、ありえない。9時―5時労働はたまたまそうなっているだけだ。

本物の億万長者になるために1日8時間が必要ということはない。ましてや、億万長者のように生活する手段を得るために、そんなことをする必要はさらさらない。週に8時間だって多すぎるくらいだ。でも、今のところはあなたが私の言うことを信じるとは思わない。たぶんあなたも、私が長い間思っていたのと同じようなことを思っているだろう。「1日の時間は十分ではない」と。

では、私たちがおそらく同意できることについて考えてみよう。

満たすための8時間があるから、私たちは8時間を満たしている。もし15時間あったら、15時間を満たすだろう。もし、緊急事態が発生して、2時間以内に仕事を離れる必要があり、しかも締切が差し迫っている場合、私たちは驚異的なペースで2時間以内にその仕事を片付けてしまうだろう。

これは、２０００年の春にエド・チャウ教授が私に紹介してくれた法則に関係している。

私は授業に出席したが、そわそわしていて集中できなかった。その学期の成績の25%に相当する最終論文の提出期限まであと24時間だった。私は選択問題のひとつを選んだが、それは、創業したばかりのベンチャー企業のトップにインタビューして、その企業のビジネスモデルの分析結果を出すことだった。ところが、会社側が最後になって、企業秘密もあるしＩＰＯ〔新規株式公開〕前なので自重するという理由で、２人のキーパーソンへの面会を拒否し、情報も開示できないと言ってきた。ゲームオーバーだ。

授業の後で、私はエド先生のところに行き、このことを話した。

「先生、論文のことですが、延長が必要になると思います」と、状況を説明した。するとエド先生はにっこり笑って答えてくれたが、問題のヒントのようなものはなかった。

「君は大丈夫だと思うよ。起業家はものごとを起こす人物のことさ。いいね?」

24時間後、締切の1分前、先生の助手がオフィスをロックする寸前に30ページの最終論文を手渡すことができた。それは、私が見つけた別の会社に関するもので、インタビューもしたし、分析もやった。徹夜で徹底的に集中し、オリンピックの全陸上選手が資格を剥奪されるほどの量のカフェインを飲んで頑張ったのだ。結局、それは私が4年間で書いた論文のなかで最高の出来栄えに仕上がった。私はAをもらうことができた。

エド先生の講座から離れるその前の日に、先生は別れの言葉としてアドバイスをくれた。それが「パーキンソンの法則」だった。

「パーキンソン」の法則とは、「仕事は、完了するために割り当てられた時間に応じて（見た目が）重要で複雑なものへと膨れ上がっていく」というものだ。それは差し迫った納期が持つ魔法だ。あるプロジェクトを完成させるため与えられた制限時間が24時間だったら、時間のプレッシャーによって業務遂行に集中せざるを得なくなる。そして、必要最低限のことのみを実行するよりほかに選択肢がなくなる。同じ仕事を完成させるのに1週間を与えると、ささいなことを大げさに考えてしまい、6日間使いきってしまうだろう。おぉ、神よ、2か月を与えたらどうなるか、それはもう手に負えない怪物だ。短納期で生まれる成果はより集中度が高いので、必然的に納期が長い場合と同程度かそれ以上の品質を持っている。

とても興味深い現象が見えてくる。生産性の向上に相乗効果をもたらすアプローチは2つある。そして、それらは互いに反転する。

1　仕事を重要なことに制限すると、仕事時間が短くなる（80／20の原理）

2　仕事時間を短くすると、仕事が重要なことに制限される（パーキンソンの法則）

一番いい解決法は両方を一緒に使うことである。まず、売上に貢献している、量は少ないが絶対に必要な仕事を確認する。それをとても短く、明確な納期のスケジュールで行うのだ。

もし、必要不可欠な仕事を確認せず、完成させるための意欲的な「開始／終了時期」を設定しなければ、重要でないことが重要になってしまう。

たとえ、決定的に重要なことが何か分かっていても、集中を生む締切を設定しなければ、あなたに課せられているあまり重要でない仕事（起業家の場合は自分でつくった仕事）は増えていき、時間を食いつぶし、やがては、ほかのささいな仕事が代わって割り込んでくるだろう。そして、何も完成しないままその1日は終わってしまう。ほかに何か外してもいいものはないだろうか？　ＵＰＳの荷物を発送したり、アポを取ったり、Ｅメールのチェックで9時―5時の時間を費やしてはいないだろうか？　でも気にすることはない。私の場合は、ある割り込み仕事を片付けて次の仕事に取りかかれるようになるまで数か月かかった。ビジネスに追いかけられている感じで、逆の視点から見ることができなかった。

80／20の原理とパーキンソンの法則は2つの基本的な概念であり、この章全体を通じてさまざまな形で取り上げることになる。入ってくるものの多くは役に立たず、時間は使える時間の長さに比例してムダ遣いされる。

減量の実行と時間の自由化は取りすぎを制限することから始まる。次章「低情報ダイエット」では、**NR**のチャンピオンがとっている「本物の朝食」を紹介しよう。

たっぷりのカップケーキと、たったひとつの質問

せわしない愛は勤勉とは言えない。

——セネカ

カリフォルニア州、マウンテンビューにて

「日曜はダイエットも休みにしてるんだ」周りにいる知らない人たち（友だちの友だちだが）に向かって、私はそう言ってみた。あなたは、オールブランとチキンの食事を週7日続けられるだろうか？　私だって無理だ。何の話かって？　まあ、そう急がないで。

12個目のカップケーキにかぶりつく前に、私はカウチにどすんと腰を下ろした。時計が12時を指して、日曜から金曜までのダイエットの日々に突入するまでは、砂糖漬けになろうと決めていたのだ。となりの椅子には、12杯目とまではいかないが、どう見ても1杯以上はワインを飲んでいる人がいた。私はその人と話し始めた。ほどなくして、いつも答えに困るあの質問をぶつけられた。「仕事は何をしてるの？」正直に答えると、相手は必ずといっていいほど、私のことを病的な嘘つきか犯罪者かのように思って困惑してしまうのだ。でも、その日のチャーニーはこんな質問を投げかけてきた。「そんなにちょっとしか働かないで稼ぐことなんてできるのか？」いい質問だ。それこそが、ポイ

ントなんだ。

チャーニーは、欲しいものはほとんど手に入れているという人物だった。2歳になる息子がいて、3か月後には2人目が生まれる。結婚生活は順調だった。技術系のセールスマンとしての仕事も特に問題はなかった。年収があと50万ドル増えたらなあと思うことはあっても、とりあえずのところ財政状況は堅調だった。

私はちょうど海外旅行から帰ってきたばかりだったが、またすぐに日本での冒険旅行に旅立とうとしているところだった。それから2時間、チャーニーは何度も同じ質問を繰り返し、私を離してくれなかった。「そんなにちょっとしか働かないで稼ぐことなんてできるのか？」さらにもっと重要な質問もあった。「誰かに雇われている立場の人間が、君みたいな起業家としてのライフスタイルを真似ることができるのか？」

「興味があるなら、ケーススタディとしてやってみればいい。やり方は教えてあげるから」と私は言った。もちろんチャーニーは興味津々だった。それまで彼が唯一足りないと感じていたのは、時間だったからだ。

1回Eメールをやりとりしてチャーニーは5週間の実践を行い、いい知らせを送ってくれた。最初の4週間よりも、最後の1週間でより多くの成果を上げることができたというのだ。彼は月曜日から金曜日はオフにし、家族と過ごす時間をそれまでよりも1日あたり2時間プラスするやり方をした。週40時間労働から18時間労働に減らし、成果を4倍にすることができたのだ。

山ごもりか何かして、カンフーの特訓でもやったのかって？　違う。日本式マネージメントの秘策か優秀なソフトウエアのおかげ？　それも違う。私がチャーニーに、絶対に欠かさずやるよう伝えたのは、次のことだけだ。

1日に最低3回、自分自身にこう質問してみよう。

「生産性のある働き方をしているか？　それともただ動いているだけか？」

チャーニーは、この質問から以下のような具体的な質問を導き出した。

「次から次へと無駄なことをして、それを大事なことができない言い訳にしてないか？」

彼は、忙しく働いているというアピールをする代わりに、これまでずっと自分が言い訳にしてきたあらゆる行動をやめ、結果を出すことに集中した。「献身的に働く」というのは、意味のない仕事をしているのを隠しているにすぎない。「脂肪」は容赦なく切り取ろう。

もちろん、カップケーキを食べたっていいのさ。

Q&A クエスチョン&アクション

私たちは自分でストレスをためてしまう。なぜなら何事も「しなければいけない」と思ってしまうから。「しなければ」とね。でも私、もうそんな風には思わないわ。

——オプラ・ウィンフリー〔女優／トーク番組『オプラ・ウィンフリー・ショー』司会者〕

時間を多く手に入れるには、やることを減らす、これに尽きる。そこに到達するための道筋は2つあり、両方とも活用すべきだ。(1) To-do リスト〔やることリスト〕をつくる。(2) Not-to-do リスト〔やらないことリスト〕をつくる。一般論として、疑問点は2つに絞られる。

20%のどんなことが原因で、80%の困ったことや不幸が生み出されるのか？
20%のどんなことが原因で、80%の満足いく結果や幸せが生み出されるのか？

こんな仮定をしてみよう。

1　心臓発作を起こして1日に2時間しか働けないとしたら、何をするか？

5時間でもなく、4時間でもなく、3時間でもなく、2時間。最終的に2時間になったのではなく、いきなり2時間しか働けない状態からスタートするのだ。あなたの脳みそから泡が出る音が聞こえてくるようだ。「冗談じゃない、そんなの不可能だ！」分かってる、分かってるさ。毎日4時間睡眠でもモリモリ元気で何か月も生活できると言ったら信じるだろうか？ たぶん信じないだろう。しかし赤ちゃんを生んだばかりの母親はそれこそ何百万人といるが、みんな4時間睡眠でやり遂げている。この課題は自由選択じゃない。医者があなたに警告しているんだ。「3種類のバイパス手術を受けたら、3か月間は1日2時間しか働いてはいけない。そうでなければ死んでしまう」。さあ、どうする？

2　2度目の心臓発作が起こって1週間に2時間しか働けないとしたら、何をするか？

3　もしも頭に銃を突きつけられて、時間がかかる活動の4／5をやめなくてはいけないとしたら、リストから何を外すか？

簡素さを突き詰めれば、やがて非情な決断を要求される。例えばメール、電話、会話、事務処理、ミーティング、宣伝、顧客への対応、仕入れ、製品、サービス等など、時間がかかる活動の4／5をやめなくてはならないとしたら、収入への影響を最小限に抑えて何を削るか？ この問いかけを月に一度だけ考えるだけでも、あなたを健全に、順調に進ませる効果がある。

4　自分は生産性が高いと思い込んで、時間を費やしている活動の上位3つは何か？

その3つの活動を優先させているから、もっと重要なこと（それはだいたい居心地が悪いものだ。失敗したり断られたりする可能性があるから）を後回しにしてしまう。自分に正直になろう。私たちはみんな時にはこんなことをしてしまうものだ。あなたはどんな活動に執着しているのか？

5　あなたを楽しませ、前進させる原因の80％をつくる20％の人は誰か、あなたの落ち込み、怒り、後悔の80％をつくる20％の人は誰か？

確認してみよう。

・ポジティブな友人　VS　時間を食う友人、あるいは、あなたを助ける人　VS　あなたを傷つける人は誰か？　後者と一緒にいるとあなたの時間が減ったりなくなったりするなら、どうやったら前者と一緒に過ごす時間を増やせるだろうか？

・一緒に過ごした時間と反比例して、ストレスを感じさせるのは誰か？　もし、こうした人々との交流を遮断したらどうなるのか？　先に恐怖を想定してしまうといい。

・無性に時間が欲しいと思うのはいつか？　こうした問題を解消するために、どういった義務、考え、人々を捨てることができるだろうか？

悲観的で怠けてばかり。自分自身に対しても世の中に対しても、あきらめている。そんな悪影響のある人たちと一緒に過ごしすぎてはいないか。正確な人数を数えなくても分かることだ。そうなるとたいていの場合、特定の友人を切るか、自分が特定の社交の場から身を引くことが必要になってくる。あなたが自分の望む人生を手にするためだ。これは何も、嫌な奴になれと言っているのではない。現実的になるのだ。有害な人々は、あなたが時間を使うに値しないではないか。そう思えないならば、それはマゾヒズム（自虐的）だ。

やがて訪れる崩壊をまぬがれるための一番の方法は、シンプルだ。その人たちに正直に、だが当たりさわりのない言い方であなたのこの心配を打ち明け、説明すること。もし彼らがかみついて来たら、結論は下されたも同然だ。悪い習慣をやめるのと同じように、その人たちとの付き合いを断つのだ。もし彼らが「変わる」と約束したとする。それなら、まず最低2週間は離れて過ごそう。その間は、人生にポジティブな影響を与える何か別のことを進めるようにして、彼らへの精神的な依存を減少させること。次のお試し期間はある程度の長さをとり、「合格」か「不合格」、どちらか一方の判断しか用いない。

ただし、あなたはこのアプローチが、あまりにも乱暴だと感じるかもしれない。それなら、その人たちとの交流をやんわりと断ればいいだけだ。電話を受けるのは何かをしている最中にする。遊びの誘いを受ける前に、優先したい約束をあらかじめつくっておく。こういった人たちと過ごす時間を減らすメリットを感じれば、彼らとのコミュニケーションをすべて断つのもよりかんたんになる。

私はウソをつくつもりはないから言っておく。こうした付き合いを断つことは最悪な気分になる。トゲを抜いたような痛みを伴う。だが、あなたという人間は、自分がもっともかかわりをもつ5人の人物の平均なのだ〔米国の経営コンサルタント、ジム・ローンの名言「You're the average of the five people you spend the most time with」（あなたともっとも多くの時間を過ごしている5人の平均が、あなた自身になる）にちなんだもの〕。だから、悲観的で野心も計画性もない友人たちの存在を甘く見るのはやめよう。あなたの力にならない人は、あなたを弱らせるだけだ。トゲを取り除こう。そうすれば、やがて自分自身に感謝することになるだろう。

6　「これが今日、成し遂げるたったひとつのことなら、それで今日という日に満足できるかどう

か？」と自問することを学ぼう

明確な優先順位のあるリストがないのに、オフィスに行ってパソコンの前に座ってはいけない。そうでなければ、ただなんの関連もないメールを読んで、ただ頭を混乱させているだけになる。明日のTo-do リストは、遅くとも今日の夕方までにつくる。アウトルックやパソコンでリストをつくるのはおすすめしない。そういったものを使うと際限なく項目を付け加えることができるからだ。私は普通の紙切れを3回くらい折り、2、3のことしか書けないようにしてポケットに入れて使っていたものだ。

その日のうちに終わらせるべき重要な用件は2つ以上にしない。これは絶対にそうすべきだ。実際、その用件が影響力が大きいものであれば、それ以上の用件は必要としないのだ。もしも全部が重要に思えて、複数のことで決めかねてお手上げ状態になったら、そういうことは誰でもあるだろうが、順番によく考えて自問してみる。これが今日できた唯一のことだとしたら、自分は今日に満足できるだろうか？

一見、緊急そうなことに出くわしても、自問自答してみる。これをしなかったらどうなるだろう？ これは重要なことを後回しするのに値するだろうか？ もしも今日何も重要な仕事をしていなかったら、5ドル〔約420円〕の延滞料金がもったいないからDVDを返しに行くなんてことに貴重な最後の業務時間を使ってはいけない。重要なことをやって、明日5ドルを払えばいい。

7 パソコンに付せんを貼るか、Outlook reminderのお知らせ機能を使って、毎日、少なくとも3回はこう自問してみる。「本当に重要なことをするのを避けるためにどうでもいい仕事をつくりだしていないか？」

私は自由時間を追跡するためのソフトとして、RescueTime（www.rescuetime.com）を使用している。これを使えば、あるウェブサイトやプログラムに割り当てられた時間以上過ごしていたらアラートを発信してくれる。ウェブ上の重要なもの（Gメール、フェイスブック、アウトルックなど）から離れるために使うのだ。また、このソフトではあなたの時間の費やした時間を週ごとにまとめ、あなたの仕事効率が他人と比べてどのようになっているかを比較することができる。

8　マルチタスクはしない

もうすでにあなたが知っていることを言おう。歯を磨きながら、電話に出て、メールの返信を打つなんてうまくできっこない。物を食べながら、ネット検索をし、インスタントメッセージの返信を打つのも同じことだ。

正しく優先順位を決めたなら、マルチタスク〔同時に複数の処理を並行して行うこと〕は必要ない。「仕事にとりつかれた人」の症状だ。生産的なことをしているように感じるためにたくさん仕事をこなしていても、実際の仕事量は少ないなんてことはよくある。前に述べたように、せいぜい1日に2つの目標か、仕事をこなせばいいのだ。最初から最後までそれだけに集中して取り組む。注意の分散はますます割り込みの仕事を増やす結果になり、集中力を欠き、最終結果は貧弱なものになり、満足できるものではないだろう。

9　パーキンソンの法則をマクロでもミクロのレベルにも応用する

パーキンソンの法則を使って、より少ない時間でより多くのことを達成する。スケジュールと最終期限を短くすると、検討と先延ばしではなく行動が必要になる。

1週間単位、1日単位のマクロのレベルでは、月曜日と金曜日または月曜日か金曜日は休み、他の日も4時には帰るようにする。こうすることで、もっと効果的に優先順位に注意を向け、社会的な生活を構築できる。もし上司のタカの目のような監視のもとにあるなら、今後の章で、それから逃れる仕組みについて話し合うことにしよう。

ミクロのレベルでは、やらなくてはいけないリストの項目数を制限し、不可能なくらい短い最終期限を設定し、ささいなことは無視して、すばやく行動しなくてはいけないようにする。

オンラインで仕事をする場合、あるいはオンラインコンピューターの近くで仕事をする場合、htt://e.ggtimer.com/ はカウントダウンタイマーとして便利だ。希望する制限時間を直接URLフィールドに打ち込んでエンターキーを押せばいい。http:// の部分は省略されることもある。例を挙げよう。

http://e.ggtimer.com/5minutes〔5分間〕

あるいはブラウザによっては

e.ggtimer.com/5min〔5分間〕

でもよい。

http://e.ggtimer.com/1hour30minutes30seconds〔1時間30分30秒間〕

http://e.ggtimer.com/30〔30秒間〕

数字だけ入れれば、秒数として認識される。

コンフォート・チャレンジ～自分の安全地帯から出てみよう

提案力をつけるトレーニング（2日間）

どういう選択肢があるかを人に尋ねるのはやめて、自分から解決策を提案するようにしよう。まずは、ちょっとしたことから始めてみよう。例えば、誰かと出かけて、「何を食べる？」とか「何の映画にしようか？」「今晩どうする？」と言われたときに、「君は何がいい？」などと質問返しするのを、まずはやめてみること。必ず、答えを提案しよう。あれこれ迷いながら、相談しながら、答えにたどりつくようなやり方はダメだ。プライベートと仕事、両方で試してみるといい。提案するときに便利な言い方をいくつか紹介しておこう（私のお気に入りは、一番目と最後だ）。

「ちょっと提案があるんだけど、いいかな？」

「私がいいと思うのはね……」

「もしよければ、こういうのはどうかな……」

「……したいと思うんだけど、どう思う？」

「まずは……してみませんか。それでうまくいかなかったら、ほかを試してみましょう」

● ライフスタイルデザインの実行例

私はCD Baby〔インディーズの音楽を配信するオンラインストア〕の創立者デレク・シヴァーズが推薦していたので『週4時間』を手に入れました。パレートの法則にしたがってチェックしてみると、ダウンロードされた私の作品のうち78％は、私がつくった1枚のCDからで、私のダウンロード収入の55％は、そのうちたった5曲からでした。私のファンは、私の曲をウェブサイトで探して購入しているということが分かりました。ダウンロードのほうが断然いい、ということですね。iTunesは曲を販売しますし、CD Babyは私の口座に直接振り込んでくれます。レコーディングは完全自動化しました。ダウンロード収入で数か月の生活保障ができるようになりました。保険も支払いが完了しましたし、アーティストとしてツアーすることに何の問題もなく、世界中でファンを獲得できるのですから、オンラインでの収入のシステムを持つべきです。

――ヴィクター・ジョンソン

銀行取引を「アウトソーシング」してみました。通常の銀行取引では、どの企業でも小切手が必要になるし、小切手を管理する貸し金庫のことも考えなければいけません。どの銀行もそうした取引を生業にしているわけです。しかし私は小切手すべてを銀行の私書箱に送り、銀行は小切手や貯金を取り扱い、こちらの指示に従って取引されたすべての請求書のファイルを送ってきます。普通は均等に取引されるものですが、エクセルやほかのファイルであればほかのどの会計システムともエクセルからQuiken〔会計ソフト〕、SAP〔ドイツのビジネスアプリケーション会社の管理ソフト〕まで連動できます。このやり方のほうが効果的なコスト削減になります。

――匿名希望

6章

低情報ダイエット

あえて無知でいる方法

情報が何を消費してしまうかは、とても明白だ。受け手の関心を消費するのだ。それゆえ、豊富な情報は関心の欠落を生む。また、溢れる情報が、「関心」を消費しようとしているとき、その「関心」を効果的に配置する必要性が生まれる。

――ハーバード・サイモン

〔ノーベル経済学賞受賞者。[注8]「コンピュータ・サイエンスのノーベル賞」と言われるチューリング賞を受賞〕

ある程度の年齢を過ぎると、読書は、クリエイティブな要求からあまりに心を遠ざけてしまう。どんな人でも、本を読み過ぎ、自分の脳みそを少ししか使わなければ、思考する習慣がおろそかになるのだ。

――アルベルト・アインシュタイン

まず座ってほしい。のどに詰まらせないようにサンドイッチを口から出しておくように。あなたが大きな声を出して赤ん坊が驚いて泣き出さないように耳はふさいでおこう。今からみんなが混乱するようなことを話そう。

私はテレビニュースをまったく見ない。新聞はこの5年間で1回だけ、ロンドンのスタンステッド空港で買った。買った理由はダイエットペプシを割引してくれると言うから。

私はアーミッシュ〔アメリカやカナダに住むドイツ系移民。移民当時のスタイルを今も続け、禁欲的な生活で知られる〕を自称している。でもこの前確認したらペプシはそのメニューにはなかった。

常識外れもいいとこだ！　私は自分を「教養と責任のある市民」〔英国シチズンシップ（市民性）教育のフレーズ〕と呼んでいたじゃないか？　どうやって今の状況に通じているんだ？　そんなすべての疑問に答えよう。だが、待ってほしい。状況はよくなっている。私は毎週月曜日に1時間、仕事のEメールをチェックしている。ただし海外にいるときは、ボイスメール〔音声メッセージを一斉に転送したり、自分あての伝言をいつでも電話で聞いたりできるサービス〕のチェックはまったくしない。何があってもしない。

しかし、もし誰かが緊急事態に陥ったらどうする？　そういうことは起こらない。私が連絡する相手は、今では私が緊急事態にも返事をよこさないと分かっている。だから、私には緊急事態はないも同然で、私に連絡が来ることもない。一般的に、情報収集の障害になっている自分自身がいなくなってほかの人に決定権を持たせれば、問題は自然と解決するか消えてしまうだろう。

◆「あえて無知でいる」状態をつくり出そう

賢い人間であれば知りたがらないことが、世の中にはたくさんある。

——ラルフ・ワルドー・エマーソン

今から私は、「あえて無知でいる」という優れた能力を育成することを提案する。「知らぬが仏」ということわざもある。だが、それが実用的でもあるのだ。真っ先に学んでほしいのは「関係ない」「重要じゃない」「緊急じゃない」すべての情報や割り込みを、無視するかかわしてしまうことだ。ほとんどのことはこの3つに入る。

最初のステップでは、低情報ダイエットを身に付けて持続させる。現代人がカロリー過剰で、そのカロリーも栄養学的に価値のないものから摂っているのと同じように、情報産業で働く人間はデータ過剰で、それも正しくない情報源から得ている。

ライフスタイルデザインはアウトプットというマッシブアクション（大規模行動）に基づいている。アウトプットを増やすためにはインプットを減らすことが必要である。ほとんどの情報は時間を食ったり、ネガティブだったり、目標とは無関係だったり、あなたの影響力の及ばないことだったりする。今日あなたが読んだり見たりしたものを何でもいいから調べてほしい。それがこの4つのうち2つ以上に該当しなかったら教えてほしい。

私は毎日ランチを食べに行きがてら、新聞の自動販売機から見える一面の見出しを読んでいる。5年間、この「あえて無知でいる」やり方で問題が起こったことはひとつもなかった。世間話の代わりに周りの人間に聞いてみれば、新しいことは耳に入ってくるものだ。「教えてくれよ、何か新しいことはあったかい？」。それが重要なら、みんながそのことについて話すのを聞けばいい。私はこのカンニングペーパー的アプローチを使って世界情勢を把握している。非本質的な情報の海のなかで、木を見て森を見ない人よりも多くのことを知っている。

私は、すぐに役に立つ情報という観点から、毎月ある業界雑誌（『Response Magazine』）とビジネス雑誌（『Inc.』）を最大1／3くらい、総計およそ4時間読む。これは、結果重視の読書である。ほかに、休息のためにベッドに入る前に1時間、小説を読む。

では、一体どうやって責任ある行動がとれるのか？　「責任感」というあいまいな言葉にとらわれずに、私やほかのニューリッチ（NR）[注9]が情報についてどう考え、どうやって情報を得ているかを例で示してみよう。私は前回の大統領選挙のときベルリンにいたが、投票した。誰に投票するのか決めるのに大して時間はかからなかった。最初に、アメリカにいる学識のある友人にEメールを出した。彼は私と価値観を共有できていたから、誰に入れようとしているか、それはなぜかを尋ねた。次に、私は人を言葉ではなく行動で判断した。そこで、アメリカメディアの宣伝合戦の外にいて大局的に判断できるベルリンの友人に、候補者の過去の行動にもとづいて彼らがどう判断するかを聞いた。最後に、候補者のテレビ討論を見た。それだけだ。そのほかの信頼できる人たちが、メディアが流す何百時間の放送と数千ページの記事を私のためにまとめてくれた。まるで個人で情報収集のアシスタントを何十人も抱えているみたいだった。でも、私はみんなに1セントも払う必要がなかった。

それは極端な例じゃないか、とあなたは言うかもしれない。では、もし、友人がやったことのないものを知る必要があった場合はどうするのか？　たとえば、著者として第1作目を世界最大の出版社に本を売り込むとしたら、どうしたらいい？　面白いことを聞くじゃないか。それには、私が使った2つの方法がある。

1　数ある本のなかから1冊だけ本を選ぶ。これは読者レビューを参考にしたり、私がやりたいと思っていることを実際に何度か行なっている著者から選んだりしている。テーマが自然に関するハウツーものならば、「私はどうやったか」という説明部分や、自叙伝的な部分しか読まない。空論家や成功者になりたがっている人のものは時間のムダだ。

2　知的で具体的な質問をしたくなる本を使って、Eメールや電話で世界中のトップテンの著者や代理店と連絡を取る。80％は回答がある。

私は読書するとき、2時間以内に行動に移せることに関する章しか読まない。Eメールのテンプレート〔ひな型〕や電話応対のスクリプト〔ある一定の処理を簡潔に行うためのプログラム〕をつくるのには4時間くらいかかったが、実際のEメールや電話応対は1時間もかからなかった。この個人的にコンタクトをとるアプローチ法は、食べ放題の情報ビュッフェよりも効果的かつ効率的であるだけでなく、本を売るために必要なメジャー級の協力者も提供してくれた。忘れられていた「会話」というスキルの力を再発見しようじゃないか。本当に役立つものだ。

ここでもやはり、「レス・イズ・モア」〈Less is more〉〈より少ないものはより多くのものをもたらしてくれる〉なのだ。

10分間で200%速く読む方法

本を読まなくてはいけないときもあるのも真実だ。10分間でできる、ダメージは小さく、読解力はそのままに少なくとも200%読むスピードを上げる、かんたんな4つのコツがある。

1　2分間　ペンか指で、読んでいるところをできるだけ速くなぞる。

読むことは一連のスナップショットのつながり（いわゆるサッカード〔無意識の高速な眼球運動の一種〕）であり、視覚的なガイドで後戻りするのを防ぐことができる。

2　3分間　それぞれの行の最初と最後から3番目の単語に集中する。

そうすることによって、周辺の無駄な余白を見ずに済む。たとえば、次の行の太字表記されている部分が行の初めと終わりに集中する部分である。文章全体をより少ない目の動きで読む。

Once upon **a** time, an information addict **decided** to detox.

「むかしむかし、情報依存者は、情報をデトックスすることを決意しました」

〔訳注／原文通りの英文例を掲載した〕

両側からどんどん動かしていくうちに、容易になるだろう。

3　2分間　一度、両端から3つか4つめあたりに注目することになじんできたら、今度は各行の最初と最後の行の2か所だけを素早くキャッチしてみよう。

4　3分間　慣れたスピードで読む前に、右記3つのテクニックを使って、細かくは理解できないくらい速く5ページ読む練習する。

これは理解力を高め、あなたの読むスピードの限界をリセットするだろう。ふつう、時速50マイル〔約80キロ〕は速く感じるが、70マイル〔約113キロ〕で走っていたハイウェイから降りたら遅く感じるのと同じような感覚だ。

このようにして進歩してきたら、読む速度（wpm/works per minutes）を1分当たりの単語数で計算する。10行の単語数を数え、10で割り、1行の単語数の平均を出す。これに1ページの行数を掛けると1ページの平均単語数がでる。あとはかんたんだ。もしも初めは1分間に、1ページ平均330語のものを1・25ページ読んでいたとしたら、1分に412・5単語ということになる。そしてトレーニングの後、3・5ページ読めるようになっていたら、1分間に1155単語読める。あなたは世界でもっとも速い読み手の1%の仲間入りだ。

Q&A

クエスチョン&アクション

物事を無視することを学ぶのは、心の平穏のための、偉大な道しるべになる。

――ロバート・J・ソイヤー〔『Caluculating God』より〕

1　すぐに1週間のメディア絶ちを始めよう

あなたが情報源を絶ったとしても、世界は驚きもしなければ、ましてや終わったりはしない。これを理解するためには、バンドエイドをはがすときのように素早く行うのが良い。すなわち、1週間のメディア絶ちである。情報はアイスクリームみたいなものだ。「スプーンに半分だけ欲しい」というのは、「ちょっと1分だけネットを見たい」と同じことだ。悪習はすっぱりやめてしまおう。もしもあとで1万5000カロリー分のポテトチップ分の情報ダイエットに取りかかりたいなら、いいだろう。しかし明日から始めて、少なくとも5日間終日続ける。ルールはこうだ。

・新聞、雑誌、オーディオブック、音楽番組以外のラジオ[注10]は**ダメ**。音楽はいつでもOK。
・ニュースサイト（cnn.com、drudgereort.com、msn.com など）は、いかなるものも**ダメ**。
・テレビは絶対**ダメ**。毎日、夕方に一時間楽しみのために見るのはいい。
・本を読むのも**ダメ**。この本と、ベッドで1時間楽しみのためのフィクション[注11]を読むのはいい。
・デスクでのネットサーフィンは**ダメ**。ただし、その日のうちに仕事を仕上げるために必要なら別だ。必要なものを得るための必要な手段であり、あれば良い、というものではない。

1週間のメディア絶ちの間、一番の天敵は「不必要な読書」だ。

余分にできた時間で何をするか？　朝食で新聞を読む代わりにパートナーに話しかける。子どもたちと接する。この本の原則を学ぶ。5時から9時の間は最後の章にあるように最優先事項を終わらせる。それが終わって、時間があったらこの本にあることを実践する。この本をすすめるのは、偽善的に思えるかもしれないがそれは違う。この本にある情報は重要で今すぐ取り入れるべきものだ。明日でも明後日でもない、今だ。

毎日お昼休み、あるいはそれより早くない時間には5分間だけ「ニュース整備」をしてもらおう。情報通の同僚やレストランの店員に「なんか大きなニュースはあった？　今日は新聞が読めなかったんだ」と聞いてみる。答えがあなたの行動に少しも影響を与えないと気づいたら、すぐさまこれもやめてしまおう。たいていの人は、その朝、1、2時間は何を吸収するのに費やしたか覚えていないものだ。

自分に厳しくしよう。私は薬を処方するが、飲むのはあなただ。

Firefox のウェブブラウザ（www.firefox.com）をダウンロードし、**LeechBlock** を使ってあるサイトを期間限定で完全にブロックしてしまおう。

LeechBlock のサイトより引用する（http://www.proginosko.com/leechblock.html）

> 6つのサイトをワンセットでブロックする設定が可能で、それぞれのセットで異なる時間と日

付を指定することが可能です。決まった時間帯のブロック（例えば午前9時から午後5時までの間）、時間制限のブロック（例えば1時間ごとに10分間）、その両方の組み合わせ（午前9時から午後5時までの間、1時間ごとに10分間など）が設定できます。どうしても見たくなったときにブロックを緩めたいといった拡張機能を設定するには、アクセスパスワードを入力します。

2　自分にこう問いかけるくせをつけよう。「この情報を確実に何か緊急で重要なことに使えるか？」

「何か」に情報を使うだけでは不十分だ。それは緊急かつ重要なことでなければならない。どちらか一方が「ノー」であれば、使わない。情報というのは、何か重要なものに使うか、それを生かす前に忘れてしまったら意味がない。

私は数週間、数か月後に予定されているイベントに向けて本を読んだり、ネットを見たりして準備するのが習慣だった。そして期限が近づくと、同じものを読み返す必要があった。バカバカしいほどに、二度手間だった。あなたの To-do リストに従って、情報不足を埋めればいい。

サン・マイクロシステムズのマスタートレーナーで、デジタルに精通しているキャシー・シエラの意見に注目しよう。「ジャスト・イン・ケース〔「万が一に備えて」「念のため」〕」（JIC）の情報収集ではなく、「ジャスト・イン・タイム〔「必要なものを必要な時に必要な量だけ」というトヨタ自動車の「カンバン」方式に由来する〕」（JIT）の情報収集をすべきなのだ。

3　途中でもやめる

私はこれを身に着けるのに時間がかかった。何かを始めたからといって、必ずしも完了させる必要はない。

読み始めて「くだらない」と分かったら、もう本を閉じて読み返すのはやめよう。もしも映画を観に行って、『マトリックス・レボリューションズ』よりも面白くなかったら、これ以上神経細胞が死滅する前にとっとと帰ろう。肉をお皿半分食べたところでお腹がいっぱいになったら、フォークを置いて、デザートもオーダーしないことだ。

より多いというのは、より良いということではない。あることをやめれば、それをやり終えるよりも10倍も良いことが多い。上司に言われたことでなければ、退屈で非生産的なことは途中でもやめるくせをつけよう。

コンフォート・チャレンジ～自分の安全地帯から出てみよう

電話番号をゲットしよう（2日間）

アイコンタクトを絶やさないよう意識しながら、魅力的な異性から最低2人、電話番号を聞き出してみよう（人数をこなせばこなすほど緊張しなくなるはず）。真の目的はもちろん、番号を聞き出すことではなく、話しかけたり電話番号を聞き出したりすることの、恐怖感を克服するというところにある。女性読者のみなさん、もちろんあなたもこのゲームのプレイヤーだ。そして、あなたが50歳代であっても関係ない。何度でも言うが、番号を手に入れるのが目的ではない。目的は、話しかける恐怖感を克服することだから、結果はまったく重要ではない。交際中の人は、グリーンピース〔環境保護団体〕

の情報収集に参加している（あるいはそのフリをする）のだと言おう。そして手に入れた番号はさっさと捨ててしまおう。

私は、嫌なことはさっさと片付けてしまう主義だ。今すぐトレーニングをしてみたい人は、ショッピングモールに出かけて実行あるのみだ。最初に出会う3人に、5分以内に立て続けに声をかけてみよう。以下のセリフ案が参考になるかもしれない。

「すみません、あの、気色悪いと思われたら申し訳ないんですけど、今声をかけないと1日中後悔すると思って。これから友人に会うところなんですけど〈私には友達がちゃんといるんです。ストーカーでもなんでもありません、という意味〉、でも、あなたが本当に〈あまりに／死ぬほど〉かわいい〈すてきだったから／セクシーだったから〉と思ったんです。電話番号を教えてもらえませんか？　いや、変質者じゃないんです。もし興味がなければ、ウソの番号をくれてもかまいません」

（注釈）

8　サイモンは1978年に組織的意思決定の研究でノーベル経済学賞を受賞した。「与えられた時間内で決定する際には、完全な情報を得ることは不可能である」という考え方を提示した。

9　これは2004年の時点で書かれたものである。

10　LOL＝laughing out loud（大笑いだ）

11　15年間ノンフィクションだけ読んでいる人に、私は2つのことを伝えたい。事実に基づいた本を2冊同時に読むのは生産的とはいえない（これがひとつ）。そしてフィクションを読めば、その日あなたのまわりで起きたいやな出来事を忘れられる。これは睡眠導入剤よりも効果がある。

7章

割り込みを遮断する方法、そして拒絶のワザ

独自の思考をしなさい。チェスのピースになるのではなく、プレイヤーになるのだ。

——ラルフ・シャレル

会議は常習性が高く、自分を大いに甘やかす行いだ。企業やほかの組織は習慣的に会議を行うが、これは単に自己満足にすぎない。

——デービッド・バリー〔ピュリッツァー賞を受賞したアメリカ人ユーモア作家〕

2000年春、ニュージャージー州プリンストンにて

午後1時35分

「分かりました、次、行きましょう。次の段落では、こう説明してますけど……」私は細かくノートを取りながら1点たりとも漏らしたくないと思っていた。

午後3時45分

「いいでしょう。分かりました。でも、次の例題を見ると……」私は文章の途中でちょっと止まった。助

手の大学院生は両手で顔をおおった。
「ティム、この辺で終わりにしようよ。そのポイントは確かに頭に入っているよ」彼は音を上げていた。私もそうだったが、もう一度やる必要があると思っていた。

4年間、大学で勉強している間、私にはあるポリシーがあった。履修した講義で最初の論文試験か記述式テストでAを取れなかった場合、採点者の部屋に行って、2、3時間質問をし、すべて答えてくれるか、疲れてやめるまで粘ったものだった。

このポリシーは2つの重要な目的を果たすのに役立った。

1　採点者がどうやって評価するかを正確に知ることができた。それは、採点者の先入観や何にイラッとくるかといった情報も含む。

2　採点者は、その後はかなり時間をかけて私にAをつけないことを決めるのだろう。特別な理由もなく悪い点をつけるわけがなかった。というのも、Aをつけなかったら私がまた3時間質問攻めにやってくると、彼らは知っていたからである。

自分にとって重要なことに関しては、扱いにくい人間になる、ということを学ぼう。人生も同じだが、学校では積極的であるという評判が立てば、頭も下げる必要もその都度争う必要もなくなり、優遇措置を受けやすくなるだろう。

遊び場にいたころの日々を思い返してみよう。いつもひとりのガキ大将と大勢の犠牲者がいたが、死に物狂いで闘う小さな子もいて、手足をばたつかせて目茶苦茶に暴れていた。その子は勝てなかっただろうが、何度もケンカしてヘトヘトになると、ガキ大将はもうその子にちょっかいを出すことはなくなった。相手はほかにもかんたんに見つかったからだ。

そんな小さな子になろう。

重要なことだけ実行し、ばかばかしいことを無視するのは、なかなか難しい。世の中というものは、つまらないことが重なってのしかかってくるように思えるからだ。だが幸運なことに、ルーティンにいくつかシンプルな変更を加えれば平穏が訪れるのだ。煩わされるのは痛みでしかない。

情報の乱用をストップすべき時だ。

◆すべての悪が等しく生まれるわけではない

我々の目的にとって、割り込みは重要な仕事を最初から最後までやり遂げるのを妨げるものだ。そこには3つの「主犯者」がいる。

1　**時間を無駄にする作業**／結果がほとんど、あるいはまったく伴わない、無視できるもの。

時間を無駄にする作業でよくあるのは、会議、ディスカッション、電話の呼び出し、ネットサーフィン、Eメールなど、これらは重要ではない。

2　時間を食う作業／反復的な仕事あるいは要求。完了することが必要であるが、ハイレベルな仕事が割り込んでくることが多い。次のような業務は、あなたもよく知っているだろう。例えば、Ｅメール閲覧と返信、電話をかけるまたはコールバック、カスタマーサービス（注文状況、製品説明など）、財務レポートまたは販売レポート、個人的な用事、すべて反復作業が必要になる。

3　決定権の不足／何か細かい作業をするときに誰かの承認を受けなければいけない場合。例えば、顧客のトラブル対応（荷物の紛失、荷物の損傷、機器障害など）、顧客との連絡、さまざまな現金支払いなどだ。

３つのすべてについて順番に処方箋を見てみよう。

◆時間を無駄にする作業――無知な人間になる

防御は最大の攻撃だ。

――ダン・ゲイブル〔ミュンヘンオリンピックレスリング金メダリスト。公式戦１８２連勝の記録を持つ〕

時間を無駄にする作業は、捨てたり、やり方を変えるのもたやすい。そのためには、アクセスを制限し、目前の用件にのみコミュニケーションを集中させることである。

まず、Ｅメールの消費〔閲覧〕と生産〔作成〕を制限しよう。Ｅメールは現代社会で最大の障害物とい

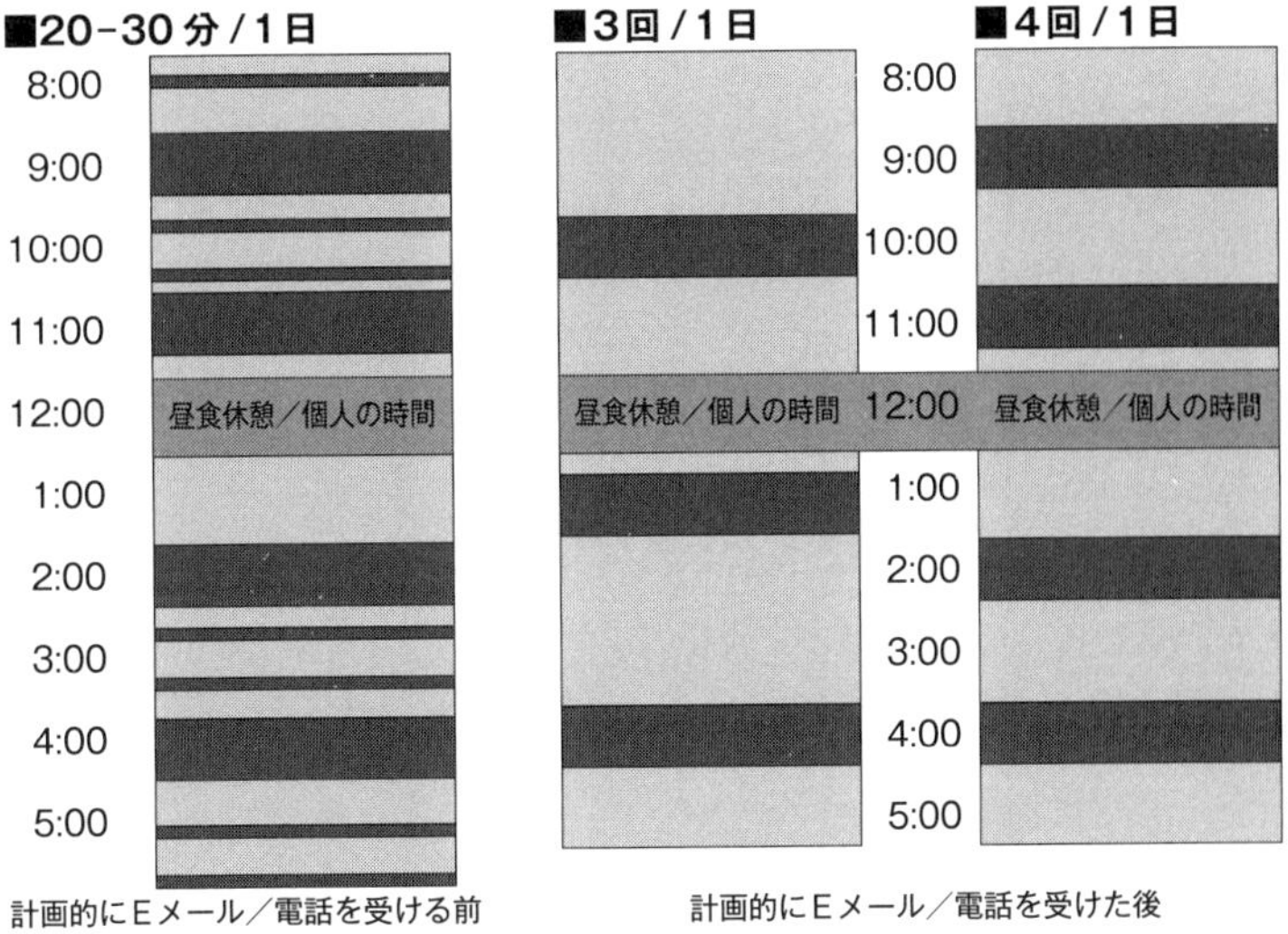

※明るいグレー部分が、優先順位の高い仕事をこなすことが可能な時間帯

える。

1　アウトルックなどのメールソフトにある「着信時に音を鳴らす」の設定をオフにする。また、誰かからメールが送られるとそれを自動的に受信する「新着メッセージをチェックする」をオフにする。

2　Eメールのチェックは1日に2回にする。1回は正午かランチの前に、もう1回は午後4時だ。正午と午後4時は自分が送信したメールの返信をもっとも確実に受けやすい時刻だ。朝一番にEメールチェックは絶対にしないこと。[注12] その代わりに、午前11時までに最重要の用件を片付けよう。ランチに行っていたことやメールチェックをしていたことを、仕事を遅らせる言い訳にしないためである。

1日に2回のルーティンワークを実行する前

に、Eメールの自動応答システムをつくらなければならない。これは、上司や同僚、納入業者、顧客に対してもっと効率的になるよう教え込むためだ。私は、あなたがこれを実行するとき、彼らに伺いを立てないようにすすめたい。2章のルール10か条を思い起こしてほしい。すなわち、許可を求めるのではなく、「許しを請う」べきである。

もしこうすることで動悸が激しくなるなんていうことがあれば、直属の上司と話をして、1〜3日間だけ試行することを提案しよう。その理由として、延び延びになっているプロジェクトやいつも割り込みが入ってくるフラストレーションを引き合いに出そう。スパムやオフィス外の人間のせいにすればいい。

ここで使えるEメールの例がある。

> 拝啓　友人（または親愛なる同僚）のみなさんへ
>
> 仕事が立て込んでいるため、現在Eメールのチェックと返信は正午と午後4時東部標準時〈あるいはあなたの国のタイムゾーンを入れる〉の2回にしています。
>
> もし緊急の用事（本当の緊急に限ってください）があって正午または午後4時では間に合わない場合は、555-555-5555までお電話をください。
>
> より効率的で効果的な仕事を心がけたいと思っておりますので、ご理解をお願い致します。皆様のためにもよりよい成果が出るよう頑張ります。
>
> 以上、よろしくお願い致します。
>
> ティム・フェリス

これをできるかぎり早く1日1回に移行しよう。緊急事態なんてめったにあるものではない。人は重要度の判定がそれほど上手いわけではないし、時間を使わせて重要に思わせるためにささいなことも大きくふくらませる。自動返信システムは「あえて選別する」ことの有効性を押し広げるツールであり、周囲の人々に対して、あなたの仕事に割り込む要因を見直してもらい、意味がなくて時間ばかり食う接触機会を減らすように強く促す手段である。

最初は私も、重要な請求を見逃したり大変な事態を招いていないかと恐れていた。ちょうど今、あなたが私が「Eメールチェックは1日2回」とすすめている文章を読みながら、同じように恐怖を感じているように。実際は、何にも起こらなかった。一度試してみればいい。前進するときの小さな障害にしかならないと分かる。

1件も苦情が来なかった個人用自動返信システムの究極の例を紹介する。おかげで私は週に1回のメールチェックで済むようになった。template@fourhourworkweek.com にメールを送信してほしい。これは3年にわたって修正を加えながら、今も快適に機能している。

第2のステップは、かかってくる電話をふるいにかけ、電話をかける機会に制限をかけることだ。

1　できれば電話を2台持とう。ひとつはオフィス用（通常時）でもうひとつは携帯電話（緊急時）だ。携帯電話が2台でもいいし、通常時のラインはオンラインのボイスメールにつながるインターネット電話でもいいだろう（例えば www.skype.com など）。

Eメール自動返信システムに書いてある電話番号にかかってきたら、相手が不明の電話や返事をしたくない電話でなければ応答する。疑わしい場合はボイスメールにつなぎ、それをすぐに聞き重要かどうか判断する。可能であれば相手を待たせておく。無礼な連中は待つことを学ばなければいけない。

オフィスの電話はサイレントモードにして、すべてボイスメールに転送する。ボイスメールの応答メッセージは丁寧な口調が望ましい。

> こちらはティム・フェリスの席です。
>
> 私は現在、Eメールのチェックと返信は正午と午後4時東部標準時〈あるいはあなたの国のタイムゾーンを入れる〉の1日2回処理しています。
>
> もし本当に緊急のご用件で、正午か午後4時まで待てないという場合は、携帯電話の555-555-5555までお電話をください。そうでない場合は、メッセージを残していただければ、次の処理時刻にご返事いたします。Eメールを入れるのもお忘れなく。そうすれば、場合によれば、早くご返事できると思います。
>
> より効率的で効果的な仕事を心がけたいと思っておりますので、ご理解をお願い致します。皆様のためにもよりよい成果が出るよう頑張ります。
>
> 素敵な一日をお過ごしください。

2　誰かがあなたの携帯電話にかけてきた場合、おそらくそれは緊急の用件なので、そのようなものとして扱う必要がある。相手に無駄話をさせないようにすること。あいさつはすべてムダだ。次の会話を比較してみよう。

ジェーン（受けた方）　もしもし？

ジョン（かけた方）　もしもし、ジェーン？

ジェーン　ジェーンよ。

ジョン　やあ、ジェーン。ジョンだよ。

ジェーン　ハイ、ジョン。元気？（あるいは）ハイ、ジョン。うまくいってる？

ジョンは今、わき道にそれて、どうでもいい会話になっている。あなたはそこから元に戻して、電話の本来の目的を探り出す必要がある。もっといい例はこうなる。

ジェーン　こちらジェーンです。

ジョン　やあ、ジョンだよ。

ジェーン　ハーイ、ジョン。私、今、ちょっと忙しくて手が離せないの。何か用？

続きはこうなると思われる。

ジョン　えっ、じゃあ、あとでかけてもいいけど。

ジェーン　あら、少しなら時間あるわよ。用件は何？

おしゃべりを助長しない。おしゃべりをさせたままにしない。すぐに要点を話させる。相手がだらだら話しているか、話を延ばそうとしているときは、相手を引っ張り寄せて核心に持っていくこと。問題点の説明が長くなっているときは割って入って、「［相手の名前］、話の途中で申し訳ないんですけど、5分以内に電話しなくちゃいけないんです。用件は何ですか？」あるいは「［相手の名前］、話の途中で申し訳ないんですけど、5分以内に電話しなくちゃいけないんです。私にEメールをくれませんか？」と言おう。

第3のステップとして、拒絶法と会議回避法をマスターしよう。

2002年、TrueSAN社に新任の営業担当副社長が来た初日、彼は全社ミーティングでのあいさつで次のようにはっきりと表明した。「私はこの会社で友人をつくりに来たのではありません。営業チームをつくり、製品を売るために雇われたのです。それが私のしたいことです。どうもありがとう」。雑談はそれだけだった。

彼は公約を実行し始めた。オフィス内の社交派人間は、彼の無意味なコミュニケーションを否定するやり方を嫌ったが、みんな彼の時間の使い方を尊重した。彼は理由なく無礼な態度をとることはなかったが、単刀直入で、周囲の人間に集中することを求めた。カリスマ性があるとは言えなかったが、見事なまでに効率的な人物であることは誰もが認めていた。

副社長の部屋で初めて1対1で座って会話したときのことを覚えている。大学4年間で厳しい履修を終えたばかりだった私は、すぐに見込みがありそうな経歴、私がつくれる詳細な企画、今までの成果などを勢い込んで説明した。私は最初の印象をいいものにするために、少なくとも1時間をかけて準備していた。彼は笑みを浮かべて聞き始めたが、2分とたたないうちに手を上げた。私は話を止めた。彼は優しく笑って言った。

「ティム、おしゃべりはもういい。我々がする必要のあるものは何かを教えてほしいんだ」

それからの数週間は、彼は私に対して仕事に集中していないとき、あるいは見当違いなことに集中しているときを見極めるように教育してくれた。それは、上級の顧客から発注をもらうのに足りないものは何か、といったことだった。2人の会話は今では5分もかからなくなった。

以後は、あなたも周囲の人間を集中させるようにし、明確な目的のない会議をすべて避けるようにしよう。これをうまくやるのは可能ではあるが、会議の誘いを断わると、最初の数回は、会議を呼びかけた時間を無駄にする人たちの気分を害することが予想される。しかし、仕事を続けることがあなたのポリシーであり、変えるつもりがないと明らかにすれば、彼らもそれを受け入れ、追随することだろうし、とげとげしい感情は消えていく。ばかばかしいことをする人を容認することはない。さもなければ、あなたもそうなってしまう。

周囲の人間が効果的で効率的に働くように教育するのがあなたの仕事だ。あなたの代わりに誰もやってはくれない。ここにいくつかおすすめしたいことがある。

① たいていの案件は緊急を要しないものと考えられるので、コミュニケーション手段は次の望ましい順に誘導すること。⑴Eメール、⑵電話、⑶会議。誰かが会議を提案した場合は、必要ならば代替案としてまずEメール、次に電話を使うよう要求しよう。理由としては目前の懸案中の仕事を持ち出せばよい。

② 今のコミュミケーション順位に関連して、ボイスメールにはできればEメールで返信すること。こう

することで周囲の人々は簡潔であるように訓練される。こういう習慣が身に付くように手助けしよう。

電話での最初のあいさつと同様に、Eメールもムダ減らしをして、不必要なやり取りを防ごう。そうすると、「午後4時に会えるでしょうか?」というメールは、「午後4時に会えるでしょうか？　もし会えるなら……、もし会えないなら、そちらの都合のいい時刻を3つ教えてください」となるだろう。

この「もしも…ならば〜」の構文は、頻度はそれほど多くはないものの、Eメールをチェックする時により重要になる。私は1週間に1回しかEメールチェックをしないので、そのチェックの間の7日間に、「もしも……だったら?」という質問への返信やその他の情報が必要ないようにしておかなければならない。たとえば、私がもし製造オーダー（指図書）が出荷工場に届いていないのではないかと思ったならば、出荷工場のマネージャーに次のようにEメールを送るだろう。「スーザンへ……、新しい出荷予定品は着いていますか?　もしそうならば、私に○○を教えてください。そうでないのなら、ジョン・ドウ（彼にもCC.でメールしている）に電話（555-5555）かメール（john@doe.com）で連絡を取って、出荷日を通知して追跡するように言ってください。ジョンへ、製品出荷に何か問題があれば、スーザンと調整してください。555-4444で連絡がつきます。私の代理として彼女に500ドルまでの決済権限があります。緊急の場合は、私の携帯電話に電話をください。でも私は2人を信じていいと思っています。ありがとう」。これは、対話を別々のメールで行うことも避けられるし、それ以上の質問がいらないようになっている。そうして問題解決の方程式から私を救い出してくれるのだ。

何かを尋ねるEメールのなかでは、「もしも…ならば〜」を使う習慣を身につけよう。

③ 会議は問題を明らかにするために行うのではない。前もって明確にされた問題について決定を下すためにのみ行うべきである。もし誰かが、あなたに彼らに会うように言う、あるいは「電話で話す時間をつくる」ように言ってきたら、目的を明確にしたアジェンダをEメールで送るように要求すること。

> それならできそうです。では、十分準備ができるように、メールでアジェンダを送ってもらえませんか？ つまり、我々が検討すべきテーマや疑問点です。そうしていただけると助かります。どうかよろしくお願い申し上げます。

相手に逃げ出す機会を与えないことだ。反論する前に「どうかよろしくお願い申し上げます」と言うと、メールがもらえる可能性が高くなる。

Eメールを使えば、ふつうの会議や電話会議の望ましい結論を明確にせざるを得なくなる。10回のうち9回くらいは、会議は不必要であるし、問題が明確になりさえすれば、メールで質問に答えることも可能になる。このやり方は周囲の人々にも徹底させるべきだ。私はもう5年以上仕事で直接会合〔参加者がひとつの場所に集まって顔をつき合わせて会議を行うこと〕をやっていない。電話会議は何度かあったが、みんな30分もかからなかった。

④ おしゃべりは30分で。もし、何らかの事情でふつうの会議なり電話会議なりを完全にストップできなかった場合は、終了時間をはっきりさせよう。会議をエンドレスで放っておくことはせず、短くするよう

持っていくこと。議事内容がよく整理されていれば、結論は30分以内に出るはずである。ほかの約束を、本当らしく見せるために、半端な時刻に口に出してみる（例えば、3時30分の約束を3時20分と言う）。また出席者には、おしゃべりしたり同情したり脱線したりということをさせずに会議に集中させる。もし、長時間を予定しているか、終わりが設定されていない会議に出席しなければならない場合は、15分か20分後に約束があるということで、あなたの出番を最初に持ってくるように議事進行役に頼み込む。非常手段としては、緊急の電話があったふりをする。会議室をただちに出ていき、あとで誰かほかの人にアップデート〔最新情報に更新〕させる。もうひとつの選択肢は単刀直入に言ってしまうこと。その会議がどんなに不必要であるかという意見を表明する。ただし、この手段を取る前に、人の怒りを買うことに対する準備と解決策を提示する準備をしておこう。

⑤　デスクの一角はあなたの聖域だ——気楽に来訪者が近づくのを許してはいけない。「DO NOT DISTURB〔邪魔しないでください〕」の目印を使ったら、という意見もあったが、これは自分の部屋がない限り、無視されてしまうと分かっている。私のやり方はヘッドフォンを着けること。何も聞いていなくてもいい。こういう障害があるにもかかわらず、近づいて来る者がいたら、電話中のふりをする。人差し指を口に当てて、「分かってるから」と、来訪者に言う。そして、「もしもし、ちょっとお待ちいただけますか？」などと受話器に向かって言ってみる。次に、侵入者の方を見て「何か用ですか？」と呼びかける。その人間に「あとで来てくれ」ということは言わずに、5秒間でかんたんに用件を言わせ、必要ならメールを送らせるようにする。

ヘッドフォン方式があなたの好みでないならば、侵入者に対する臨機応変の応答は、前に出た携帯電話の受け答えと同じようにしよう。「やあ、侵入者くん、今私は手が放せないんだ。何か用かい?」。その用件が30秒以内で済むかどうかはっきりしないときは、その案件について自分にメールするように言う。最初からメールするよう言ってはダメだ。「あなたの相手をしたいのはやまやまなんだけど、こっちを先に片付けたいんだ。私が忘れないように、すぐにメールをくれないか?」なおも相手が粘るときには、時間を制限して話を聞こう。これは電話でも使えるやり方だ。「分かったよ、電話する前に2分だけある。で、何がどうなっていて、私に何をしてほしいの?」

⑥「子犬の売り方」を使って、上司が会議をしない習慣に慣れるようにする。「子犬の売り方」は、ペットショップのセールス法をもとにしているので、そう呼ばれている。ある人が子犬が大好きだが、飼うとなると生活が変わってしまうのでためらっているときに、連れて帰って、もし気が変わったら返しに来てください、という提案をするのである。もちろん、返しに来ることはめったにない。

何かを変更することに対する抵抗に直面している状況は非常に貴重である。閉じかけたドアに片足を突っ込むのだ。そして、「1回だけやってみよう」という、逆転可能なお試し方法を提案するのだ。

比べてみよう。

「この子犬、気に入ったでしょう。これから10年後に死ぬまでずっと、飼う責任がおいかぶさりますよ。犬の世話から解放されたバカンスも、もうできません。最後まで、街中でウンチを拾って歩くのですよ。どうですか?」

VS.

「この子犬、気に入ったでしょう。お家に連れて帰ったらいかがですか？ それで考えてみてください。気が変わったら、返しに来てくださって結構ですから」

さあ、想像してみよう。廊下で、あなたの上司に向かって歩いていく。近づき、彼女の肩を軽くたたく。

「その会議には出たいんですが、もっといいアイデアがあるんです。もう会議は二度と開かないようにしましょう。すべて時間のムダだし、有益なことは何も決まらないんですから」

VS.

「会議には本当に出たいんですよ。でも、今はいっぱいいっぱいで、実際、やらなきゃならない大事なことがあるんです。今日だけ席を外してみてもいいでしょうか？ 会議に出ても集中できないと思うのです。会議の内容は仲間の○○にまとめてもらい、ちゃんと把握するようにします。約束します。それで大丈夫ですか？」

それぞれ後者のパターンであれば、「ずっとそうしてほしい」というニュアンスは弱まる。意図してそう見せているわけだ。このやり方を繰り返そう。会議以外で、会議に参加している連中よりも確実によい成果を出すようにしよう。可能ならいつでもこの「姿を消す行動」〈disappearing act〉を繰り返し、継続的なルーティンワークへと変化するようゆるやかに切り替えていけば生産性が向上することを証明しよう。

子犬の売り方についてはこの後のセクションでさらに触れることになる。お利口な子どものマネをしてみよう。「もう1回だけ！　お願い！　○○をやるって約束するから！」

親の方はそれに引っかかる。子どもが言えば大人は思い違いをしがちであるから。これは上司、サプライヤー、顧客、そのほか何に対しても使える。

その方法を自分で使うのはいいが、引っかかってはいけない。上司が「1度きりだから」といって残業を要求してきてそれを受け入れたら、上司は未来永劫に同じことを要求してくるからだ。

◆時間を食う作業──ひとまとめにする、そしてためらわない

スケジュールを組めば、混乱と思いつきから免れる。

──アニー・ディラード〔１９７５年にピュリッツアー賞を受賞したノンフィクション作家〕

あなたが工業用のプリンターを使ったことがなければ、そのコストとリードタイム〔発注から納品までに必要な期間〕の仕組みにびっくりすることだろう。

４色ロゴのついた20枚の特注Tシャツをプリントするのに３１０ドル〔約２万５７３０円〕で1週間か

かるとしよう。では、同じTシャツを3枚プリントするのにいくらで期間はどのくらいかかるだろうか？

３１０ドルで1週間だ。

何でそうなるのか？　かんたんだ――セットアップの料金は変わらないからだ。プリント業者は、プレートの準備に同じ量の材料と必要とし（１５０ドル〔約１２４５０円〕）、作業員にも同じ額の賃金（１００ドル〔約８３００円〕）を払う。セットアップは実際に時間を食う作業である。だから、製作枚数が少なくてもほかの仕事と同じスケジュールになるのだ。出来上がりまで同じ1週間がかかる。生産量が少ないのは非経済的だということだ。本来なら1枚あたり3ドル×20枚のTシャツをつくれるところが1枚あたり20ドル×3枚になり、結局、同じコストで3枚分のシャツしかつくれない。

したがって、コストと時間の効率的な解決法は、大きなオーダーがまとまるまで待つということだ。このアプローチは「バッチ処理方式」〔コンピュータでプログラム群を処理目的ごとに区切り、順次実行していく処理〕と呼ばれる。反復的な作業というのは、もっとも重要な仕事に割り込んでくる。しかし、そういった**時間を食う作業**というのは、悩ましくも不可欠なものだ。バッチ処理方式はその弊害を軽減してくれる。

あなたは1週間に5回、郵便物のチェックや支払業務を行なっていて、1回当たり30分をかけて全部で20通の手紙に回答しているとする。これを1週間に1回で行えば、全部で60分かかり、やはり20通の手紙に回答できるとしよう。人はふつう緊急事態の発生を恐れて前者の方を行なっている。ところが、第1に、本当の緊急事態はめったに起こらない。第2に、緊急の用件があったとしても、期限を逸したことは通常取り返しがつくし、そうでなくても、訂正するコストはわずかである。

すべての作業には、そのスケールが大きくても小さくても、避けることのできないセットアップの時間が存在する。１００に対しても１に対しても同じである場合がほとんどだ。中断された大きな仕事を再開するためには、心理的なギアの切替に最大45分が必要とされる。つまり、午前9時から午後5時までの労働時間の1／4以上（28％）の時間がこのような中断によって消費されてしまうのだ。[注13]

これはすべてのルーティンワークに当てはまる。そしてそれは、私たちがEメールのチェックや電話コールを1日に2回、前もって指定した時刻に行なうように決めた理由だった。その間にメールや電話をため込んでおくのだ。

私はこの3年間、メールチェックを1週間に1回やってきた。4週間経つまでやらないということもよくあった。だが取り返しがつかないなんてことはなかったし、修正には300ドル以上かからなかった。バッチ方式を使った処理は不必要な作業の何百時間を節約してくれた。あなたの時間はどれほど価値があるだろうか？　これは単に言葉の上だけの質問ではない。それを計算するのは大変重要なことなのだ。

仮定にもとづいた例を使ってみよう。

1　時間当たり20ドルが、あなたに支払われる値、あるいはあなたの時間の価値である。たとえば、あなたの年収が4万ドル〔約332万円〕で2週間の有給休暇がある場合（1年は40時間／週×50週＝2000時間だから4万ドルを2000時間で割って20ドル〔約1660円〕／時間）。あなたの年収の下3桁の0をとった後、さらにその数字を半分にし、あなたの時給を見積もってみよう（たとえば、5万ドル〔約415万円〕／年→25ドル〔約2000円〕／時間）。

2　同じような仕事をグループに分類し、まとめることで節約できる時間の総量を見積もる。次に、その総時間数にあなたの1時間当たりの価値（ここでは20ドルだ）をかけた場合、どれくらい稼いだかを

計算する。

１週間×１回だと　10時間＝２００ドル〔約１万６６００円〕
２週間×１回だと　20時間＝４００ドル〔約３万３２００円〕
１か月×１回だと　40時間＝８００ドル〔約６万６４００円〕

３　それぞれの周期でバッチ処理方式の作業をテストし、各周期で問題の修復にかかるコストを明らかにする。問題修復にかかるコストが上記の金額よりも小さければ、さらに周期を広げる。

たとえば、１週間に1回メールチェックをしていて、その結果、１週間に平均して2件の取引損失があり、失われた利益が80ドル〔約７０００円〕だった場合、２００ドル（時間で言うと10時間の節約）－80ドルは１２０ドル〔約１万円〕の利益ということになる。なので、私は1週間に1回のメールチェックを続けることにする。しかもこれには、節約した10時間で別の主要な作業をして得られる莫大な利益が含まれるということも言っておこう。この主要な作業（主要顧客を獲得することや、人生を一変させる大旅行をすることなど）をやり遂げることによって手にする経済的、精神的メリットを思ってみてほしい。バッチ処理方式の価値は時間の節約をはるかに上回るものになるのだ。

コスト上のメリットを上回る経費がかかる修復作業がたくさんあるようならば、バッチ処理方式スケジュールの頻度を少し増やしてみよう。この場合であれば、私なら1週間に1回から1週間（1日にではない）に2回へと頻度を上げ、また元に戻せるように全体のやり方を見直す。この解決策がうまくいくようならば、あまり無理して働かないことだ。

私は、個人生活でもビジネスでも、さまざまな作業にバッチ処理方式を使い、さらに、そしてさらにその間隔を離している。というのは、実際にほとんど問題が発生しないということが分かっているからだ。私が2007年に行っていたバッチ処理方式のいくつかをあげると、Eメール（月曜日の午前10時）、電話（完全にやめた）、洗濯（隔週日曜日の午後10時）、クレジットカードと支払い（ほとんどは自動引き落としだが、第2月曜日のEメールの後、残高をチェックする）、体力トレーニング（4日おきに30分）などがある。

◆決定権の不足――ルールと再調整

ビジョンは、働く人に力を与え、これから進む道に関してすべての情報を与えてくれる。だから、過去にしたことよりもはるかに多くのことができるようになる。

――ビル・ゲイツ（マイクロソフト社の共同創始者・世界一のお金持ち）

決定権の不足とは、最初に許可や情報を得ることをしないで仕事が完成しなかったことを言う。それは、細かいところまで管理される場合が多いし、あるいは細かく誰かを管理するというケースもある。どちらもあなたの時間を費やしてしまう。一般社員にとっては、目標は必要な情報をすべて入手することであり、可能なかぎり独立した意思決定能力を持つことである。

起業家にとっては、目標は従業員や契約社員に、彼らの能力や実績から見て許されるだけの情報や意思決定能力を与えることである。

顧客サービスは権限委譲の不足の典型であることが多い。BrainQUICKEN の個人的体験例は、この問題がいかに深刻でしかもかんたんに解決できるものであるかを示している。

２００２年に、私は商品追跡と返品についてのカスタマーサービスをアウトソーシングした。ただし、製品関連の問い合わせは自分で処理していた。結果は？　１日に２００件以上のメールを受けとり、それへの返信で9時～5時の間のすべての時間を費やし、その量は１週間に10％以上の割合で増えていったのだ！　広告をキャンセルし、出荷を制限しなければならなかった。というのは、それ以上顧客サービスを増やしたら致命的になってしまったと思われるからだ。それは拡張性のあるビジネスモデルではなかった。この言葉を覚えておこう。大事な言葉だからだ。それには拡張性がなかった。なぜなら、情報と意思決定への障害物があったからだ。つまり、私自身である。

根拠は何かって？　私のパソコンに入ってくるEメールの大部分は、すべてが製品関連のものではなく、アウトソーシングしているカスタマーサービスの窓口担当者からだったのだ。彼らはさまざまな顧客関連対応について許可を求めてきていた。

商品が到着していないと顧客からクレームがあった。どうしたらいいか？

顧客が税関で商品を取り上げられてしまったというので、アメリカの住所宛てに再出荷してもいいか？

顧客が２日後の競技会のために商品が必要だというので、翌日配達で送ってもいいか？　その場合、いくら請求すればいいか？

それはそれはきりがなかった。何百という違った状況があるので、マニュアルをつくっても実用的ではなかったし、そんな時間もなかった。というか、私にはそういう何でもありの対応をした経験がなかった。

幸いにして、そういう経験のある人材がいた。窓口担当者である彼ら自身である。そこで、その窓口のチーフ全員に宛て、ある１通のメールを送った。すると、ただちに、１日に２００件あったメールが１週間に20件以下に減ってしまったのだ。

チーフの皆さんへ

私への報告に関する新しい方針を決めたいと思います。これはほかのすべてのことより優先されています。お客様を喜ばせること。１００ドル〔約８３００円〕以内で解決する問題ならば、あなたが判断し、解決すること。

これは正式な許可であり、また、コストが１００ドル以下で済むすべての問題は、私に報告しないで解決するようにという要求であります。私はあなた方の顧客ではありません。私に許可を求めることはありません。あなた方が正しいと思ったことをやってください。問題があったら、やりながら直していきましょう。

ありがとう。

ティム

詳細に分析すると、Eメールの原因になった案件の90％以上が20ドル以下で解決可能であることが分かった。そして、彼らが単独で行なった決断の結果を金額についてフォローした。それは、まず週ベースで4週間、次に月ベースで、そして4半期ベースで行なった。

人々に責任を与えて、あなたたちを信じると告げるやいなや、彼らのＩＱが2倍になったように見えるというのは、驚くべきことだ。

最初の月は、おそらく、細かく管理した場合よりも２００ドル以上余計にかかったと思われる。その一方で、１か月で私は自分の時間を１００時間以上節約でき、顧客はより早いサービスを受けられ、返品は３％以下になり（この業界の平均返品率は10～15％）、窓口担当者が私への説明に使う時間もかなり減った。そうしたすべてのことが、急速な成長、高収益、関係者全員の幸福をもたらした。

人はあなたが思うよりも賢いものだ。みんなにそのことを自分で証明するチャンスを与えよう。

もしあなたが細かく管理されている従業員ならば、上司と率直に話し合って、あなたがもっと仕事ができるようになり、上司の足を引っ張らないようにしたいと思っていることを説明しよう。「私が割り込んでいって、あなたをもっと大切な仕事から引き離してしまうのがいやなのです。あなたが仕事を抱えているのは分かっています。私も本を読んで、もっと仕事ができるようになるにはどうしたらいいか、と考えたりします。それについて、少しお話しする時間はありますか？」

この会話の前に、さっき例を出したような、上司にあまり承認を求めなくてもよくて、もっと自立的に働けるようにしてくれるルールをたくさんつくっておこう。初めの段階では、上司は、１日単位あるいは１週間単位であなたが自分で下した決断の結果をチェックするかもしれない。そこで、子犬の売り方の１週間のトライアルを提案してみる。最後に、「試してみたいのです。１週間だけやってみるというのはどうでしょう?」というようにする。私のお気に入りの言葉は「それって合理的ですか?」だ。合理的という言葉にはなかなか抵抗できないところがある。さあ、決断を迫ろう。

同じように、上司があなたにたくさんの仕事を押し付けてきた場合、多くはまったく無視するというわけにはいかないが、「今自分は手一杯なので、時間をうまく割り当てられるように優先順位を教えてほしい」と言うのがいい。納期が適切でない場合は、「すべての仕事を同時に高い品質で完成するのは難しい、あるいは不可能である」と説明しよう。たとえ、これで何も変わらなかったとしても、少なくとも前もって忠告したことになる。

上司は監督者であって奴隷の主人ではないということを理解しよう。自分を現状への絶え間なきチャレンジャーとして認めさせよう。そうすれば、周りの人々はあなたを問題にすることを避けるようになるだろう。特に仕事に高い生産性を求める場合にはそうなのである。

あなたが働きすぎか、あるいは、細かく管理する起業家である場合にも、これは来るべき世界であるといえる。たとえ、あなたがあることを誰よりもうまくできるとしても、もしもそれがささいな事柄の一部であるならば、あなたがやっていることは意味がない。あなたを煩わせないで行動するように権限委譲するべきだ。

ルールは自分の都合のいいように決めよう。自分の時間に人が介入するのを許してはいけない。時間をムダに使う前に要求の内容を明確にさせよう。重要な仕事を遅らせないように細かい作業はまとめてやろう。周りの人間に邪魔をさせない。自分が集中すべきことを見つけよう。そうすれば自分のライフスタイルが見つかるだろう。

次のステップ、**自動化**（**A**）では、**NR**がマネージメントなしでお金を生み出す方法と、最大の障害物である自分自身を消し去る方法について語る。

Q&A

クエスチョン&アクション

世の人は、偉人になればいいことばかりだと思っているに違いない。
しかし、彼らは分かっていないのだ。
世界中の愚かな人間たちを相手に我慢しなければならないのがどれだけつらいのかを。

――カルビン〔『カルビンとホッブス』より〕

邪魔をする愚かな人を非難するのは、子どもを怖がらせる道化師を非難するようなものだ。彼らにはどうしようもないのだ。ましてや、私はかつて（なんていって、実は今でもそうなのだが）張りつめた空気を壊す人間として知られていた。もし、あなたも、そういう「たまにバカをやる人間」ならなおさら、中断によるダメージを理解し、それに打ち勝つ必要がある。これは一定のルール・対応の方法・習慣に従えば、非常にかんたんなことである。

不必要なことや重要でないことを招いて、重要な用件を最初から最後まで途切れることなく完了するのを妨げないようにするのがあなたの仕事である。

７章は、必要な行動という点では前の章と違っている。例とひな形を含めたことにより最初から最後までの全体を提示している。このＱ＆Ａも、本章でこれまで述べたことを繰り返したというよりは「まとめ」にした。細部でやっかいなことが起きる。だからこの章を読み返して、細かいところを確認してほしい。ブログで５０００個のレビューがついたルールは以下の通り。

1　メールと電話であなたが稼働する回数を制限し、対応する必要のない連絡から逃れる仕組みをつくる

メールの自動返信と留守番電話を導入し、適切な返答を考えて、回避するさまざまな方法を習得する。「どうですか?」と言うのを「どういうご用件ですか?」と言うようにする。具体的な情報を得よう。そして、「お話し」はいらないということを思い出してほしい。目の前にある行動に集中して、割り込みを遮断する手段を実行するのだ。

会議は可能な限りいつも避ける。

・問題を解決するのに、顔と顔をつきあわせる代わりにメールを使う
・言い訳して断る（これは「子犬の売り方」を使えばできるだろう）

もしも、ミーティングが避けられないなら、次の点に注意しよう。

・明確な目的をもって参加する

・終了時間を決めるか、早目に退席する

2　セットアップの時間を抑え、より多くの時間をドリームラインの目標達成に使うために一回にまとめる

バッチ処理方式で何をルーティン化できるか？　どんな仕事（洗濯や日用雑貨の購入でも、メール、支払い、営業報告でも）にも毎日、毎週、毎月、四半期または1年に1回でも特定の時間を割り当てているのだから、必要以上に繰り返して時間を無駄遣いするわけにはいかない。

3　自主的なルール、特別な場合に結果の再検討をするという指針を設定、または要求する

失敗しても致命的にはならないすべてのことに対して、判断の障害になることを排除する。従業員なら、「試験を行うことを前提に、もっと自立を求めることができる」と、自分を信じること。実用的なルールをもち、即興のプレゼンテーションで上司を驚かした後、「買う」ことを求める。「子犬の売り方」を思い出してほしい。一度だけはまた元に戻せるのだ。

起業家や管理職は、他人に自分が有能であると証明する機会を与える。取り返しのつかないことや、とんでもなく費用のかかる問題が起こる見込みはごくわずかで、時間が節約できるのは間違いない。利益が本当の利益となるのは、あなたがそれを使う程度によることを忘れてはいけない。時間が必要ということだ。

コンフォート・チャレンジ～自分の安全地帯から出てみよう

困った2歳児に戻ろう（2日間）

明日からの2日間、ありとあらゆることに「いや！」と言う2歳児に戻ってみよう。選択してはダメ。ただちに解雇処分になるような事柄を除いて、すべてのことに、まずは「ノー」と言うのだ。自己中心的になってみよう。電話番号を聞くチャレンジ同様、今回も重要なのは結果（このチャレンジの場合は、時間の無駄になるようなことをあぶり出す目的だが）ではなく、プロセスだ。そう、「ノー」と言うことに慣れる。たとえばこんな問いかけには、まず「ノー」と言えるようになっておきたいものだ。

・今、ちょっと時間ある？
・今晩か明日、映画でも観に行かない？
・ちょっと……を手伝ってくれない？

あらゆるリクエストに対して、まず「ノー」をデフォルトにしておこう。手の込んだ嘘なんかつかないこと。かえって追い込まれるようになる。「ほんとにごめん、でも、今は手がいっぱいでできないんだ」というシンプルな答えこそが、あらゆるリクエストに対応可能で万能な答えだということを忘れずに。

●ライフスタイルデザインの実行例

バッチ処理方式のツールである私書箱——分かりきったことかもしれませんが、直接郵便物が家に届くよりは、私書箱を使ったほうがいいのです。私たちは実際の住所に届く郵便物を限界まで私書箱に置いておき、何回かに分けて整理します。私たちの郵便局はリサイクルボックスも設置していますし、少なくとも郵便物の60%が家に来ないようになっています。しばらくの間は、週に1回郵便物を仕分けしに行っていたのですが、もっと回数を減らせると分かりました。今後見直す必要があるからと、今、郵便物を仕分けたり見たりしている時間があるなら、ほかの作業をする時間に当てればいい仕事ができます。

——ローラ・ターナー

私たち家族にとって「週4時間」は4か月間カリブ海へヨット旅行する、といったことではありません。それは夢だと思っています。でも、毎晩公園を散歩するとか、週末は家族で過ごすとか、そういった時間の使い方をするというシンプルな理想を実行に移すことなのです。

（実行に移すにはさまざまなアプローチがあるのでしょうけど）うちは、夜、ママがコンピューターで仕事をしているときは、子どもたちはママの邪魔をしないこと、夜は夫が子どもの面倒を見ること、両親とも週に1回は子どもの世話を誰かに任せて好きなことをする、といったことを実行しました。そうしたら長期間のレイオフのときよりももっと家族が密接になりましたし、それぞれが自由な時間を過ごせるようになったのです。

——エイドリアン・ジェンキンス

どうしてミニリタイアメントを、歯科治療（あるいは医療）の「地球取引」（8章参照）と結びつけたり、旅行への投資を貯蓄に結びつけたりしないのでしょうか。私は4か月間タイに住んで歯科治療を行い、オーストラリアでかかっていた費用の1／3の値段で済ませました。タイ、フィリピン、ベトナム、ゴアなどには高所得の海外駐在者向けの医療や、旅行者の健康維持のために、英語が話せる歯科医が多くいます。ヨーロッパの多くの人々がポーランドやハンガリーに行っています。グーグルで「dentist（歯科医）」という単語を検索してみると、国内や海外向けの歯科医院の広告を見つけられます。その国にいるなら、専門家と話すといいでしょう。オンラインでのチャットなどでおすすめを調べるのもいいでしょう。今、私はオーストラリアにいますが、今でも年に1回の歯科検診を兼ねて旅行をしています。そして貯金は飛行機代に費やしています。先進国のなかでさえもコストの違いがはっきりと出ています。例えば、フランスはイギリスよりも医療費がかなり安いですし、オーストラリアもアメリカに比べると割安です。［著者からの注・診療ツアーと、「地球取引」の驚くべき世界をもっと知りたければ、http://en.wikipedia.org/wiki/Medical_tourism を調べてほしい。AETNA（アメリカの健康保険会社）のような大手保険業者も、海外での治療や手術も取り扱っている］

——匿名希望

お役立ちツールと使うコツ

◆何でも取り込んで紙に出力することをやめる

・Evernote　http://www.evernote.com

世界最高レベルの技術者から紹介されたものだが、おそらく去年見つけたなかでもっとも感動的なソフトである。Evernote のおかげで私の仕事から95％以上、紙がなくなった。ウェブブラウザに開きっ放しになっていたタブページも消してしまった。どちらも無駄なもの、イライラのもとだった。これがあれば1〜3時間でオフィス環境をきれいにできるだろう。Evernote を使えば、手元にある道具を使ってかんたんに情報を取り込むことができるし、取りこんだ情報はどこからでも検索可能になる。私はこのように使っている。

▼記録したいもの、あとで見てみたいものをすぐに撮影できる。名刺、メモ書き、ワインラベル、レシート、ホワイトボードに書いたものなど何でも可能だ。Evernote は写真のなかの文字を自動的に判別する。だから iPhone からでもノートパソコンからでもネットワーク経由でも、Evernote にアクセスすれば、すべて検索可能！　名刺情報を入れておけば、どんな連絡先も数秒で見つけることができる（Ｍａｃに内臓の iSight カメラを使うことが多い）。アドレス帳にすべて手入力したり、忘れた電話番号を探してＥメールを検索したりする必要はない。

▼契約書やその他の書類をスキャンしておく。普通はファイルフォルダに入れたり、机の上に置いておいたりするが、その必要はなくなる。私はＭａｃ用の富士通製ミニスキャナー ScanSnap（http://bit.ly/scansnapmac）を使っている。これは便利だ。何でもボタンひとつで Evernote に数秒で取り込める。

▼ウェブサイトをスナップ写真で撮っておく。文字やリンク先を全部取り込める。オフラインで移動中に読めるし、あとで検索もできる。整理されていないブックマークやお気に入り、開きっ放しのタブだらけのブラウザか

ら解放される。

◆不要な電話をふるいにかけてとらないために

・GrandCentral　www.grandcentral.com／Youmail　www.youmail.com

これからの世の中、携帯電話番号（そしてEメールアドレス）よりも、実際の住所が変わることのほうが多くなる。もしあなたの番号が公開されて悪用する人の手に渡ったら悲惨だ。GrandCentral に加入しよう。ここではあなたが選択したエリアコードに応じて番号が割り当てられ、あなた自身の電話に転送される。私は今、GrandCentral の番号を家族と親しい友人以外の人用に使っている。これにはいくつか利点がある。

▼不要な着信ナンバーがきたときに識別し、拒否できる。その電話主は、「この電話は現在利用されていません」という音声案内を聞くことになる。

▼あなたの留守番電話のメッセージをひとりひとりに向けて別々にカスタマイズし（配偶者、上司、同僚、クライアントなど）、電話主がメッセージを残している最中にそれを聞く。もし、そのときやっていることを中断してもいいと思えば、メッセージの途中で電話に出ればいい。録音してしまう手もある。

▼あなたの地元以外のエリアコードを使って、見知らぬ人や会社があなたの住所を割り出して悪用しないようにしよう。そうやってプライベートを保ったほうがいい。

▼「Do-not-disturb（邪魔をしないでください）」の時間帯を設けて、着信のときにダイレクトに留守番電話サービスにつながるようにし、電話を鳴らさないようにしよう。

▼留守番電話のメッセージをテキストに起こし、SMS〔携帯電話同士のメール機能〕のテキストメッセージとして送ることができる。

Youmailを使う、という方法もある。これもまた、留守番電話メッセージをテキストに起こして、あなたにテキストメッセージを送ることができる。時間を無駄にする会議につかまっているときに電話がかかってきた？　問題ない。会議中にSMS経由で返事を送っておけばいい。そうすればあとでかけ直さずに済む。

◆やたらとEメールのやりとりをしないで、一回きりで済ましてしまう

Eメールを通じてスケジューリングするのは時間の無駄だ。

A氏　火曜日の午後3時でどうでしょう。
B氏　それで構いません。
C氏　私は会議が入っています。木曜日でどうですか？
D氏　木曜日は電話会議が入っています。金曜日の午前10時はいかがですか？

これでは仕事とは別にスケジューリングのアルバイトをしているようなものだ。代わりに、以下のようなツールを使って、シンプルに、迅速に済ましてしまおう。

・Doodle　www.doodle.com

仕事相手の群れ（多くの人）に向けて、やたらとEメールのやりとりをしないでスケジューリングをするなら、私が試したなかではこれが一番のサービスだ。30秒でいくつかの候補をあげてアンケート投票できるページをつくり、招待した人すべてにリンクをメールできる。2、3時間たったらチェックして、多数決で一番いい時間を設定できるようになる。

・TimeDriver　www.timedriver.com

同僚とクライアントたちに、あなたの空いている時間に応じて自分たちでスケジュールを立ててもらおう。これでアウトルックやグーグルカレンダーと同期させてスケジュールを決定できる。Eメールのメッセージに「schedule now」というボタンをつくる。そうすればそれ以降あなたがいつ電話や打ち合わせが可能なときなのかをほかの人に伝えなくて済む。彼らに公開し、選ぶようにさせるのだ。

◆Eメールをひとまとめにして送るベストの方法

・Xobni　www.xobni.com/special

Xobniという名前は、inbox（受信トレイ）をさかさまにしたものだ。このサービスはアウトルックを追いやるフリープログラムだ。多くの機能を備えているが、もっともこの章に関連のあるものは、「ホットスポット」を識別する機能、つまりあなたにとって重要な相手からのEメールがもっとも多く届く時間帯を識別する〔ホットスポットの本来の意味は無線ネットワークのアクセス・ポイント周辺の、端末をインターネットに接続することが可能な場所のこと〕。「ホットスポット」は時間を節約してくれる。重要な相手先（クライアント、上司など）と良好な関係を維持しながらEメールチェックの時間を1日に1〜3回に減らすことができる。

◆受信トレイのブラックホールに陥らないためのEメール術

受信トレイのブラックホールに陥ってむやみに時間を食うことは避けよう。「何か忘れているんじゃないか」と疑心暗鬼になってしまうからだ。受信トレイに集中する代わりに以下のサービスを使えば、重大なプロジェクトを完了させられる。あるいは週末を楽しむことができるようになる。

・Jott　www.jott.com

フリーダイヤルで電話をかけ、考えをまとめ、To-do をつくり出し、リマインダーを設定することができる。このサービスはあなたのメッセージを15〜30秒でテキストに起こし、自分を含めて送りたい相手にEメールで送信できる。あるいはあなたのグーグルカレンダーに送り自動的にスケジューリングをすることができる。Jott はツイッター（www.twitter.com）やフェイスブック（www.facebook.com）などにボイスメッセージを投稿することができる。そうすれば、自分でサイトに直接訪れて時間を食うこともない。

・Copytalk　www.copytalk.com

メッセージを最大４分間口述すれば、それが数時間のうちにテキストに変換され、Eメールで受け取れる。頭のなかにあるアイデアを引き出すのに最適で、その正確さは驚くべきものだ。

◆ウェブブラウジングを完全に断つ

・Freedom　http://www.ibiblio.org/fred/freedom/

Freedom はアップルコンピュータのネットワークを遮断する無料のアプリだ。１〜４８０分間（８時間）まで設定できる。これを使えば、インターネットに気を散らすことを防げるので、目の前の仕事にのみ集中できる。

Freedom は自由をもたらす。あなたが自分自身で設定したタイムリミットが来る前に Freedom を解除するには、再起動するしか方法がない。面倒な再起動をすればズルをしようという気持ちは薄らぐだろうから、より生産的になれる。まずは、短い時間（30分〜60分）からこのソフトを試してみよう。

（注釈）

12　あなたの生活を変えるには、この習慣だけで十分だ。小さなことのように思えるが絶大な効果がある。

13　Jonathan B.Spira and Joshua B.Feintuch, *The Cost of Not Paying Attention: How Interruptions Impact Knowledge Worker Productively*（Basex, 2005）

ステップ3

自動化（Automation）の「A」

スコッティ：さぁ「彼女」はもうあなたの好きにできます。システムは全て自動化され、準備万端です。チンパンジーと訓練生２人でも運転できますよ。

カーク船長：ありがとう、ミスター・スコット。それを故意に言っているとは思わないようにするよ。

——『スター・トレック』

8章

アウトソーシング・ライフ

面倒くさいことを押し付ける、「地球取引」を試す[注14]

人はそのまま放っておけるものの数により、豊かになる。

——ヘンリー・デイビッド・ソロー〔ナチュラリスト〕

私がこの話をしたら、あなたは信じないだろう。そこで、A・Jに語らせることにする。それはもっと信じられない次のステージへとつながる。それをすべてあなたは自分でやることになるのだ。

「私のアウトソーシング生活」A・J・ジェイコブス作

全米を代表する『エスクァイア』〔米国の男性誌〕の編集者A・J・ジェイコブスによって書かれた、真実の報告書（注・文章の間にある記号「……」は、別々の時期に書かれたことを示している）

それはひと月前に始まった。私はトーマス・フリードマンが書いた『フラット化する世界——経済の大転換と人間の未来』（日本経済新聞社）〔原題「The World is Flat」〕を読んでいる最中だった。フリードマンの口ひげを生やすという理解不能な決断にもかかわらず〔フリードマンは立派な口ひげがシンボルになっている〕、私は彼が好きだ。その本には、インドや中国へのアウトソーシングは、ハイテク企業のサポート業務や自動車メーカーのためばかりではなく、法律から銀行や経理に至るアメリカ中の全産業を一変させるものである、と書かれている。
　私は自分で会社を持っているわけではない。名刺だって持っていない。私は在宅で働く作家で編集者だ。普段の私はボクサーパンツをはいているが、ちょっとフォーマルな気分のときは、ペンギン模様のパジャマズボンをはいている。しかしまた私は考える。何でフォーチュン500企業にはあれだけのファンがいるのだろう？　新世紀最大のビジネストレンドに私も参加できないだろうか？　私の雑用をアウトソーシングできないだろうか？　私の生活をアウトソーシングできないだろうか？

　次の日、私は、フリードマンが本のなかで取り上げた会社のひとつ、Brickwork にメールを出した。インドのバンガロールに本社を持つ Brickwork は、データ処理を望む金融関連や健康産業関連の企業をおもに顧客として、リモート重役秘書を提供している。私は、彼らに、『エスクァイア』関係の仕事（調べ物をしたり、メモを清書したりする作業）を手伝ってくれる人物を雇いたいと伝えた。すると、Brickwork のCEOヴィヴェク・クルカミが回答してきた。「あなたのような高名な方とお話できるのは大変喜ばしいことです」。その時点で、私はかなり気に入っていた。私は決して自分を高名な人間だと思っていなかったからだ。ベンニガン〔米国のステーキレストランチェーン〕のホテル支配人にもてなしてもらうぐらいが関の山だ。だから、インドでは高名だと知るとうれしくなってきた。
　数日後、私の新しいリモート重役秘書からメールが来た。

ジェイコブス様へ
私はハニー・K・バラニと申します。お客様の編集業務や個人的用件をお手伝い致します。……

お客様のご要望に沿って、ご希望通りのご満足が得られるように努力致します。

ご希望通りのご満足、これはすばらしい。私がオフィスで働いているところへ戻ってみれば、アシスタントはいるけれど、望み通りの満足が得られる会話などまったくなかった。実際、「望み通りの満足」なんてフレーズを使う人間がいたら、下院議会ばりの厳粛な会議になってしまっただろう。

……

私は友人のミーシャと夕飯を食べに行った。インド育ちの彼は、ソフト会社をつくって、その結果びっくりするほどの大金持ちになっていた。私は彼にアウトソーシングのことを話した。「Your Man in India（ＹＭＩＩ）に電話してごらんなさい」とミーシャは言った。ミーシャの説明では、これは、海外に渡ったものの、ニューデリーやムンバイに両親を残してきたインドのビジネスマンのための会社だという。ＹＭＩＩは、こういった人たちの海外におけるコンシェルジュサービスなのだ。そのサービスの一例として、本国に置き去りにしてきた彼らの母親のために、映画のチケットや携帯電話やその他もろもろを買うといったことだ。

完璧だ。これで私のアウトソーシングは新しいレベルに進むことができた。私は清潔ですてきな支部を持つことができる。Brickwork のハニーはビジネスの用事を片付けてくれるだろうし、ＹＭＩＩのほうは生活面のサポート（請求書の支払い、休暇旅行の予約、オンラインの買い物など）

をしてくれるかもしれない。うれしいことに、ＹＭＩＩはこのアイデアに乗ってくれた。株式会社ジェイコブスのサポートチームが一気に2倍になったのだ。

……

Brickwork のハニーは私のために最初の仕事をやってくれた。『エスクァイア』が「今もっともセクシーな女性」として選んだ人物の調査である。私はこの女性のプロフィールを書くように言われていたが、実際のところ、彼女の熱烈なファンサイトを全部見て回ることなんてやりたくなかった。ハニーの報告書を開いたとき、思わず言ってしまった。アメリカなんてくそ食らえじゃないか。そこには図表があり、セクションの見出しがあり、彼女のペットやサイズや好みの食べ物（例えばメカジキ）などに関して、よく整理された分析結果があった。もしすべてのバンガロールの人たちがハニーのようならば、大学を出たアメリカ人なんて哀れなもんだ。バンガロールの人たちはハングリーで上昇志向のある、礼儀正しい、なんと言ってもエクセルに堪能なインド軍団だ。

一方、次の数日間、オンラインでの煩雑な用事を全部、パーソナルサービスを請け負うＹＭＩＩのアッシャにアウトソースした。請求書の支払いやドラッグストア（オンライン）での買物、それから、私の息子のために「くすぐりエルモ人形」を見つけてくることなどだった（実際には「くすぐりエルモ人形」は売り切れていたので、彼女は「エルモとチキンダンス人形」を買ってきたが、いい選択だった）。それから私は、彼女に Cingular〔米国の携帯電話会社〕へ電話させて、携帯電話のプランのことを尋ねさせた。これはあくまで私の想像だが、彼女の電話はきっとバンガロールからニュージャージー経由で、バンガロールのCingularの社員につなげられたに違いない。

それは、新しいアウトソーシングライフの4日目の朝だった。パソコンのスイッチを入れると、メールの受信箱は海外にいる私のアシスタントからの新しいメールでいっぱいだった。自分が寝ている間に誰かを働かせているというのは妙なものだ。何か変だが、すごいことだ。私が枕によだれを垂らして寝ている間も、時間がムダになっていない。用事はもう済んでいる。

……

ハニーは防波堤の役目も果たしてくれる。例えばこうだ。なぜか分からないが、コロラド市の観光局はいつも私にEメールを送ってくる。（最近では、世界的に有名な道化師を呼び物にしたコロラド・スプリングズのお祭りについて知らせてきた）私は「そうしたプレス発表を送ってくるのをやめるよう丁重にお断りするように」と、ハニーに委託した。これが彼女がコロラド観光局に送ったメールだ。

ご担当者様へ

コロラドニュースからジェイコブス宛てにたびたびメールをいただいております。確かに興味深いトピックスではありますが、残念ながら『エスクァイア』向きではないようです。

ご担当者様には、記事の制作、メール配送にご尽力いただいておりますことは理解しておりますが、残念ながら、お送りいただいているメールを読むには大変時間がかかるため、現在は本来の目的には使われていない状況です。したがって、大変恐縮ですが、メール送信を中止していただくようお願い致します。

どうかご理解を賜りますようお願い申し上げます。

今後ともよろしくお願い致します。

ハニー・Ｋ・Ｂ

それはジャーナリズム史上ベストの拒絶通知であった。非常に丁寧で、憤りのかけらも見せていない。コロラドニュースがジェイコブスの貴重な時間をムダにしていることを、ハニーはえらく怒っているようだったのに。

……

私は次に、論理的関係にもアウトソーシングを試してみることにした――私の結婚生活だ。妻のジュリーと議論すると、いつも私の分が悪かった。口喧嘩では私よりも妻の方が上だったからだ。多分、ＹＭＩＩのアッシャならもっとうまくやれるだろう。

アッシャさんへ

家内のことですが、私が銀行のＡＴＭで現金を下ろすのを忘れたことで怒っているのです。……で、あなたからこう伝えてほしいのです。私が家内を愛していること、それから、彼女も結構忘れっぽいことを、それとなく思い出させてほしいのです。――先月は2回もサイフをなくしたし、ジャスパーのために爪切りを買うのも忘れたのです。

AJ

これをメールしたときのスリルをどう伝えていいか分からない。地球の向こう側からやって来るEメールを介して自分の妻と口論するのは、もっとも受動攻撃性（強情で非効率的、物ごとを先のばしする。愚痴が多く不機嫌になり、論争をふっかけるような性格。人格障害の一種とされる）の高い行為だ。

翌朝、アッシャは、ジュリーに送ったメールをCCで私にもくれた。

ジュリーへ

ATMで現金を下ろすのを忘れたことで君が怒っているのはよく分かっているよ。僕は確かに忘れっぽい。そのことは謝るよ。

でも、だからといって、僕が君を愛している事実が変わることはないんだ……

愛を込めて

AJより

P. S. ジェイコブスさんに代わってアッシャがメールしました。

これでも不十分だとばかりに、彼女はEカードまで送っていた。それをクリックすると、2匹のテディベアが抱き合っていて、言葉が沿えてある。「君が優しくしてほしいときにはいつでもそうしてあげたじゃないか……ごめん」

いや、まいった！　私の外注アシスタントはなんてすごいんだ！　謝罪の役割を果たしながら、軽いジャブも出している。私自身救われたような気分になった。ジュリーの方はといえば、とても喜んでいるようだった。「すてきだわ。かわいい。あなたを許してあげる」

……

私にサポートスタッフがついてから3週間が過ぎたが、それでもなお私はストレスを感じていた。多分それは「エルモとチキンダンス人形」のせいだった。私の息子はその人形に夢中になっていたが、私の方はだんだんおかしくなっていった。理由はともあれ、私は新しい世界にチャレンジすべき時期だと感じた。自分の精神生活をアウトソーシングするのだ。

まず、私の心の治療を任せてみた。私のプランでは、アッシャに私のノイローゼの症状と子ども時代の出来事の一覧表を渡し、1時間ほど精神科医と会話させ、その医者のアドバイスを私に伝えさせる。頭がいい。そうだろう？　だが医者には断られた。倫理上とかそんな理由だった。まあいい。そこで代わりに、ストレスの癒し方について詳細に書かれたメモをアッシャに送ってもらった。そのメモはすてきなインドの香りがしていて、ヨガのポーズやらなにやら絵がついていた。

それはそれでよかったが、十分とは言えなかった。そこで、悩むこと自体をアウトソーシングする必要があると思った。その頃、仕事の取引が長引いてクローズできないでいたため、私はイライラしていた。そこでハニーに、私に代わってイライラすることに興味があるかどうか聞いてみた。1日にほんの数分でいいから。それはいいアイデアね、と彼女は思ったようだった。「毎日イライラしてみます。ご心配なく」と書いてよこした。

ノイローゼのアウトソーシング実験は大成功だった。私は、あれこれと思い悩み始めるたびに、ハニーがすでに対応しているのだ、ということを思い出してリラックスできたのだ。ジョークではなく――これだけでもアウトソーシングの価値はあった。

◆あなたの未来をのぞき見る

未来はここにある。ただ、まだ広く分配されていないだけだ。

――ウイリアム・ギブソン

〔SF作家。『ニューロマンサー』で「サイバースペース」という用語を生み出した〕

ここで、完全な自動化〈Automation〉の世界の予告編をのぞいてみよう。

朝起きて、それが月曜日だとすると、私はブエノスアイレスの極上の朝食を取った後、1時間ほどメールチェックをする。

インドのソウミヤが、長いこと会っていなかった私の高校時代の同級生を見つけていた。ＹＭＩＩのアナクールは、退職者の幸福度に関する研究レポートとさまざまな分野における年間平均労働時間をエクセルでまとめていた。３人目のインドのバーチャル・アシスタント（ＶＡ）〈Virtual Assistant〉は、今週のインタビューをセッティングし、日本で評判のいい剣道道場やキューバのサルサの先生の連絡先情報を探し出してくれた。次の受信フォルダを見ると、テネシーの顧客注文処理担当マネージャーのベスが、先週、何十件もの問題を解決していたのでほっとした――中国と南アフリカの大口顧客の機嫌を損ねなくて済んだのだ。それから、カリフォルニアの売上税申告についてミシガンの公認会計士と調整してくれていた。税金は記録上私のクレジットカードから引き落とされていた。銀行口座を見て、シェインらのクレジットカード処理係が先月よりも余計に現金を入金しているのを確認した。すべては自動化の世界で正常に処理されていた。

すばらしい天気だった。私はほほえみながらノートパソコンを閉じた。バイキング形式の朝食でコーヒーやオレンジジュースも飲んで、４ドル〔約３００円〕を払った。インドの外部委託のコストは時給で４ドル〔約３００円〕から10ドル〔約８３０円〕の間だった。個人的な用件を頼む外注者にはその都度の支払いだった。これは興味深いビジネス現象を引き起こした。つまり、ネガティブな金の流通なんて不可能である、ということを。

ドルで稼ぎ、ペソで生活し、ルピーで報酬を支払うと面白いことが起きる。でも、それはほんの序の口だ。

◆でも私は従業員だ！　それでも私の役に立つのか？

誰もあなたに自由をあげられはしない。平等、正義、何でもそうだ。誰もあなたにあげる

ことなんてできない。もしあなたが人間なら、自分でつかみとれ。

――マルコムX〔『Malcom X Speaks』より〕

リモート〔遠隔操作〕の個人アシスタントを手に入れることは大きな出発点であり、指示の出し方や司令官になる方法を学ぶ契機となる。それはニューリッチ（**NR**）にとって、リモート経営とコミュニケーションのためのもっとも重要なスキルを身につけるトレーニングマシンである。

今こそボスになるための方法を学ぶ時だ。時間はかからない。コストもかからない。リスクもない。今の時点で誰かを「必要」としているかどうかは関係ない。練習あるのみだ。

それは起業家になるためのリトマス試験紙でもある。あなたは人を管理〔指示することや厳しく指導すること〕できるだろうか？　適切な教育訓練を前提にすれば、できると思う。たいていの起業家は、最初に泳ぎを学ばないでプールの奥底深く飛び込んでしまうので、失敗している。危なくないかんたんな練習として、バーチャル・アシスタント（ＶＡ）を使えば、管理の基礎を１００ドル〔約８０００円〕から４００ドル〔約３万３０００円〕の費用、２～４週間のテスト期間で学べる。これは投資であって、決して高くはないし、そのＲＯＩ〔投資収益率〕は驚くほど大きい。最長で10～14日あれば元が取れるだろう。その後は、純粋に時間節約の分が利益になってくる。

NRのメンバーになることとイコール要領よく働くことではない。自分自身を置き換える仕組みをつくり上げることを言っているのである。

まず、最初の練習だ。

たとえあなたが起業家になるつもりがなくても、これは80／20のプロセスや**「捨てる」（E）**プロセスの究極の延長線上にあるものだ。あなたの代わりに誰かを用意すれば、スケジュールに残っている余分なものやムダなものをカットできる、超洗練されたルールが生まれるだろう。ぐずぐず長引いていたロクでもない仕事は、自分の代わりにやってもらえるように確かに賃金を支払ったとたんになくなってしまうだろう。

でもコストの方はどうだろう？

多くの人にとって難しいのはこのハードルである。もしアシスタントより自分の方がうまくできるのであれば、何で賃金を払うのか？　その理由はこうだ。目標は、自分の時間をつくって、より大きなより有意義なことに集中すること、だからだ。

この章では、ライフスタイルを制限しているものを取り去るために、低コストで済む練習法を紹介する。まずは次のことを理解しよう。何かをする場合、あなたはいつだって自分自身でより安く仕上げることができる。これは、あなたが自分の時間を使ってやるということではない。ほかの人に任せれば時給10ドル〔約８３０円〕払って済む仕事を、自分の時間を使った上に20～25ドル〔約１６６０～２０００円〕をかけるなんて、それこそ資源の無駄使いだ。最初は少しずつでも、ほかの人間に賃金を払ってあなたの代わりに仕事を任せるという方法を取るのが重要なのだ。これを実行している人はほとんどいない。それにはもうひとつ理由がある。理想のライフスタイルを持っている人がほとんどいないのだ。

たまたま現在の収入よりも支払いの方が多くなったとしても、やる価値がある場合が多い。例えば、今あなたの年収が5万ドル〔約４２０万円〕で時給が25ドル〔約２０００円〕（1年は50週で、月～金の9時―5時勤務）であるとしよう。トップクラスのアシスタントに時給30ドル〔約２５００円〕を支払えば、アシスタントの働きで1週間のうち丸々1日分が節約でき、そうするとあなたの払うコストは（自分に入る給与分を差し引いて）「追加の休日」1日と引き換えに40ドル〔約３０００円〕となる。あなたなら、月曜から木曜まで働いてもらう条件で週に40ドルを払うだろうか？　私なら払うし、事実そうしている。そしてこれは、もっとも高くついた場合のシナリオだということを頭に入れておいてほしい。

でも、そんなことをして上司が怒ったらどうしようか？

ほとんど問題ない。治療より予防がベターだ。そもそも、あなたが会社にとって安全な仕事を選んでアウトソーシングしているかを知る理由など、上司には道徳上も法律上もない。第1の選択肢は、個人的な用件を割り当てることである。時間は時間なのだ。もし、ほかのもっと有益なことに使える時間をこまごまとした用事で使っているならば、VAはあなたの生活を改善してくれるだろう。また、管理の習熟度カーブも同じように向上するだろう。第2の選択肢としては、経理情報を含まない、また会社名が表に出ない仕事を委託してしまうこともできる。

アシスタント軍団を組織する準備はできただろうか？　あなたの意気込みを大いに評価しよう。では最初に権限を人に与えることのマイナス面を見てみよう。権力の乱用やムダの多い行動を避けるために必要な再検討をするのだ。

◆人に権限を与えるときの危険性——スタートする前に

ビジネスで使うテクノロジーにはルールがある。
第1に、効率的なオペレーションで行われた自動化は、効率をさらに上げるということ。
第2に、効率的ではないオペレーションで行われた自動化は、非効率を生むだけだということ。

——ビル・ゲイツ

今までに不合理な仕事を与えられたことはあるだろうか？　つまらない仕事を渡されたことは？　効率の悪い方法で何かをするように命令されたことは？　楽しくないし、生産的でもない。

ここで、あなたのほうがよく知っているということを示す番だ。権限を人に与えることは仕事を減らす上でのさらなるステップとして使うべきである。もっと増やしたり余計な仕事を加えるたりすることの言い訳としてではない。忘れないでほしい――内容がはっきり定義されていて重要なものでない限り、そういうことはすべきではない。

人に権限を与える前に**「捨てる」（E）**を実行しよう。

捨てられるものは自動化しない。自動化できるもの、あるいは合理化できるものは委託しない。さもなければ、自分の代わりにほかの人の時間をムダにしてしまう。それは、あなたが一生懸命稼いだ金をムダにすることでもある。「奨励されるべきは、有効的であることと、効率的であること」ってどこへ行っちゃったんだ？　今やあなたはお金で遊んでいる。私はあなたにお金と心地よく付き合ってほしいだけだ。この小さなステップは、ひとつの投資なのだ。

忘れないようにもう一度言おう。人に権限を与える前に**「捨てる」（E）**を実行しよう。

例えば、経営陣の間では、アシスタントにEメールを読ませるのが当たり前だ。場合によっては、これも価値があるだろう。しかし、私の場合はスパムフィルタやFAQ付の自動応答システム、自動転送システムを使っている。メールはアウトソーシング先に転送され、そこでふるいにかけられるので、私は1週間に10通から20通のメールを返せばいいようになっている。1週間に30分使えば済む。というのは、それができるシステム（捨てることと自動化）を使っているからだ。

また私は、打ち合わせや会議をセットするのにもアシスタントを使っていない。というのも、会議を廃止した（捨てた）からだ。誰かを呼び出すのに1か月で20分を費やすくらいなら、1、2行のEメールを1通送り、それでおしまいにする。

一番重要な原則は、人を参加させる前にルールとプロセスを磨いておくことだ。磨かれたプロセスをてこにして人を使えば、生み出される成果も倍増する。貧弱なプロセスを解決するために人を使おうとすると、問題を悪化させるだけだ。

◆メニュー——可能性の世界

自分を師匠だと思い込んでいる人のテーブルから投げられた「哀れみ」を手に取ることに興味はない。私が欲しいのは、権利がすべて載ったメニューなのだ。

——ツツ大司教

次の疑問はこうなるだろう。あなたは何に関して権限を与えるべきなのか？　いい質問だ。でも私は答えたくない。私は今からテレビ番組の『ファミリー・ガイ〔米国のアニメ番組〕』を見たいのだ。

実際には、すべきでないことについて書くべき内容が死ぬほどある。だが、BrickworkのリティカやYMIIのヴェンキーのほうがこの質問に答えられる十分な能力を持っている。だから私は2つのガイドラインについてのみ触れて、詳細な説明は2人に任せることにする。

ゴールデンルール１　人に権限を与え、アウトソーシングする作業は時間がかかり、はっきり定義されたものでなければならない。あなたが頭を切り落とされたニワトリのように飛び回っていて、その仕事をＶＡに割り当てたとしても、改善は望めない。

ゴールデンルール２　軽い調子で楽しむこと。バンガロールや上海の誰かを使って、あなたの個人的コンシェルジェとしてあなたの友人にメールさせて、ランチの日取りや何かかんたんな用件をセッティングさせる。不明な電話番号を使い、上司に強いなまりで変な電話をかけて困らせてみるのもいい。効果的に働くとは、四六時中まじめに働くということを意味しているわけではない。適度に息抜きをするのだ。あなたの心から抑圧を取り除こう。そうすればそれがコンプレックスに変わることはない。

ハワード・ヒューズ流で行こう！

大金持ちの映画製作者にして、２００５年公開の映画『アヴィエイター』で描かれたとおり、とてつもなくエキセントリックだったハワード・ヒューズ。彼はアシスタントにとんでもないことを命令するので有名だったらしい。以下は、ドナルド・バーレッツ著『Howard Hughes: His Life and Madness』を参照した。

1　最初の飛行機事故のあと、ヒューズは友人に、自分が回復したのは大量にオレンジジュースを飲んでいたからだと思う、と打ち明けた。空気に触れるとオレンジの回復力が低下すると考えていた彼は、常に目の前でフレッシュなオレンジをカットしてジュースをつくるよう求めたという。

2　ラスベガスでナイトライフを楽しんでいたとき、側近に、ヒューズが気に入った女性にアプローチすることを強いていた。さらに、女性がヒューズのテーブルに来ることに同意すると、側近はすかさず契約書を取り出し、女性にサインさせたという。

3　ヒューズは年中無休、24時間体制で床屋を待機させていたが、髪も爪も、年に1回しか手入れしなかった。

4　買収したホテルに居を構えていた当時、ヒューズは、自分が部屋にいようといまいと、毎日午後4時に、部屋の外にある木の上にチーズバーガーを毎日置いておくようアシスタントに命令していたという噂があった。

つまり、何でもありということだ。バーチャル・アシスタントを手に入れれば、私たちにだって、ヒューズのようなエキセントリックな金持ちがやっていたのと同じようなことができる可能性があるというわけだ。

この話はこれくらいにして、ＹＭＩＩのヴェンキーやBrickworkのリティカにマイクを回そう。ＹＭＩＩが個人的用件と商用の両方を請け負っていて、Brickworkは商用だけということに注意してほしい。リアルさを伝えるために、非ネイティブスピーカーの言葉づかい〔原文では英語〕をあえて修正していない。

ヴェンキー　自分を制限しないで。可能かどうかは私たちに尋ねください。パーティの準備もします、仕出屋の手配もします、夏期講習の調査もします、会計帳簿も片付けます、青焼きから3次元図面も起こします。私たちに尋ねください。息子さんの誕生日のために、家からもっとも近いファミリーレストランを見つけることもできます。費用を調べることもできるし、バースデーパーティを手配することもできます。あなたの時間は自由にし尽くすので、仕事をしたり、息子さんと一緒に過ごすことができます。

私たちがしないことは、何でしょうか？　物理的にそちらにいることを求めるものはできません。でも、小さな仕事に関してなら驚かれるでしょう。

これが、私たちがやるもっともよくある業務です。

・インタビューや会議のスケジューリング
・ウェブ調査

・アポ取りや雑用、作業のフォロー
・オンラインショッピング
・法的文書の作成
・プロのデザイナーを必要としないウェブサイトのメンテナンス作業（ウェブデザイン、印刷、ファイルのアップロード）
・オンライン会議のコメントをモニターし、編集し、印刷する
・ウェブ上で欠員の募集
・文書作成
・スペリングやレイアウトについて文書の校正、編集
・ブログ更新のためのオンライン探索
・顧客関係管理ソフトのデータベースの更新
・リクルート業務の管理
・インボイスの更新や支払いの受領
・ボイスメールの文字起こし

Brickwork のリティカが次のものを加えた。

・市場調査
・財務調査

・ビジネスプラン立案
・業界調査
・市場性評価レポート
・プレゼンテーション準備
・レポートとニュースレター
・法務調査
・分析
・ウェブサイト開発
・サーチエンジン最適化
・データベースのメンテナンスと更新
・クレジットカードの収支計算
・調達プロセス管理

ヴェンキー　忘れっぽい顧客は、いつも私たちにいろいろなことを思い出させるように頼んできます。毎朝起こすように言う顧客もいます。足を棒にして、音信不通のカトリーナという女性を探したこともあります。顧客のために仕事見つけたことだってあるんですから！　今までに一番面白かったのはこれ。ある顧客に大好きなズボンがあって、もうそれは売られていないというので、そのズボンを（ロンドンから）バンガロールに送っていて、複製品を本物の何分の一かの値段でつくらせたのです。

ＹＭＩＩの対応内容にはほかにもこんなものがある。

・熱心すぎるクライアントに駐車禁止の罰金を払うことを思い出させる（スピード違反ではなく、かつ、駐車料金の罰金を徴収するのでもないことも含めて）。そして、彼の駐車禁止の罰金の支払いをする。
・クライアントの配偶者に謝罪し、花とカードを送る。
・ダイエットプランを立てて、顧客にプランを守らせること。プランにもとづいた食料品を注文すること。
・1年前にアウトソーシングしたため自分の仕事がなくなった人物に仕事を持ってくること。仕事を探し、願書の表書きをつくり、レジメを整えて、30日以内に顧客を仕事に就かせた。
・スイスのジュネーブの家の壊れた窓ガラスの修理。
・教師のボイスメールから宿題の情報を集めて顧客（子どもの親）にメールすること。
・子ども（顧客の息子）向けの靴紐の結び方の調査。
・旅行の前にその土地の駐車場を見つけること。
・家庭用のゴミ箱を注文すること。
・5年前のある日、ある場所、ある時刻の確かな天気予報と記録を入手すること。これは裁判での証拠として使われることになっている。
・顧客の代わりに顧客の両親と会話すること。

もうひとつ、読者のデヴィッド・クロスから提供された実例がある。彼は個人宅で料理をつくるパーソナル・シェフを雇った。一食ごとに5ドル〔約４１５円〕以下の報酬だった。その可能性を考えれば、何の意味があるんだと不満に感じるかもしれない。とにかくここは、彼の言い分に耳を傾けてみよう。

> 私は自分が好きな食事をつくってくれる人を探していました。実は私はシェフの修業をしたことがあったのですが、家で料理をする時間がなかったのです。何せとても忙しかったのと、家で料理をするのは私ひとりだけだったので。それで、健康的な食生活を取り入れようと思うようになり、広告をつくり、Craigslist〔ローカル情報を交換するためのコミュニティサイト〕に投稿することにしました。
>
> 私は自分の要求のポイントを絞り、そして2か月間で応募してきた2名から1名を選びました。実は彼は、そのポイントに2／10しかマッチしていなかったのですが、彼が長い間ハレ・クリシュナ〔クリシュナ意識国際協会。ヒンドゥー教の新宗教団体。菜食主義を実践する〕の信奉者としてインドに住んでいたこと、彼のサンプルメニューから、どんなものをつくるかが分かったこと、それらが決め手になりました。
>
> 料理はすばらしいものでした。時間ごとのレートは「非常にリーズナブル」です。私が街にいるときは、彼は少し遠回りをして私に料理を届けてくれます。私はおいしいインド料理を一食5ドル以下で食べるのです。そしてそれは、私が食べたどのインド料理よりもおいしいのです。
>
> 私は今、ほかの国の料理、タイやイタリアン、中華などの料理でもやってみようかと思っています。つまり、もうひとりぼっちではないのですから、きっと自分でつくることも楽しめるようになるでしょう！

インド料理／アジア料理のベテランコックを探しています。

2007年6月7日　12：25PDT（太平洋夏時間）

こんにちは。

私たちは地方にいますが、世界各地に住んでいた家族です。インドやアジアのベジタリアン料理が大好きです。今、こうしたすばらしい料理の熟練コックを探しています。おいしくて、新鮮で、健康的で、本物のインド・アジア料理を私たちに提供してくれる人を望みます。

もし1、2回くらいしかカレーをつくったことがなくて、レシピの指示に従ってつくらないといけないのであれば、この仕事は向いていません。でもインドのベジタリアン料理にくわしく、健康的で新鮮で本物の、おいしいインドベジタリアン料理をつくれるのであれば、私たちはあなたと話してみたいと思っています。あなたがインド人、パキスタン人、パンジャブ地方の人であれば、理想的でしょう。あなたの経験やインドのベジタリアン食品、料理、文化への愛情を生かすすばらしい機会です。アーユルヴェーダの知識とそれに関する食品や料理の知識があればなお良いですが、必須ではありません。

あなたの経歴と、つくれる料理の詳細を送ってください。あなたの申し出に私たちが関心を持った場合は、こちらで費用を負担しサンプル料理を1、2品つくってもらい、その上でお願いできるかどうか判断したいと思います。

これはパートタイムの仕事です。自営業として自分自身で納税する必要があります。報酬は時給でお支払いします。加えて料理するのに必要な食品代はお支払いします。あなたはご自分の場所で調理し、こちらがそれを配達してもらう手はずをととのえます。可能であれば私たちが遅い時間でも食べられるように冷凍にしてもらいたいと思います。メニューやスケジュールがお互いに見合ったものになるように考え、一緒に仕事ができるようにしたいと思っています。

ご関心を寄せていただき、ありがとうございます。

◆基本的な選択――ニューデリー、それともニューヨーク？

ＶＡは何万人といる。どうやったら間違いない人物を見つけられるだろうか？　どこを探したらいいかは、この章の最後に載せた「クエスチョン&アクション」に書いてある。でも、あなたが前もって基準を設けておかなければ混乱するだろう。

でも、いったいどこから始めようか？

遠くで？　それとも近くで？

「メードインＵＳＡ」という言葉には昔のような響きはない。タイムゾーンを飛び越え、第三世界の通貨を利用すれば利点は倍になる。あなたが寝ている間に人は働き、時間当たりの費用は少なくて済む。時間の節約とコストの節約だ。リティカは例を挙げて前者の説明をしている。

　顧客はニューヨーク市の1日が終わり、仕事から離れるときに、インドのリモート個人アシスタントに仕事を割り当てることができます。そして、翌朝には、プレゼンテーションの用意はできているでしょう。インドとの時間差から、アシスタントは、顧客が寝ている間に仕事をし、朝になった頃に回答できます。顧客が眼を覚ますと、完璧なサマリー〔要約〕が受信箱に入っているというわけです。

　インドや中国のVAは、ほかの開発途上国のVAと同様に、時給4ドル〔約330円〕から15ドル〔約1250円〕で働く。低い方は単純労働にかぎられ、高い方はハーバード大やスタンフォード大のMBAや博士を取った人間と同等の仕事を含んでいる。資金調達のためのビジネスプランが必要かって？　Brickworkでは、そうした仕事を、1万5500ドル〔約12万5000円〕から2万ドル〔約166万円〕というのではなくて、2500ドル〔約20万7500円〕から5000ドル〔約41万5000円〕の間で提供している。外国人のアシスタントはほんの間に合わせというわけでは決してない。私が直接聞いた話では、5本の指に入る大手経営コンサルティング会社の幹部は、調査レポート作成に6けたの値段〔数十万ドル〕で顧客に請求した後、インドの会社に4けたの値段〔数千ドル〕で請け負わせるということを、日常的にやっているという。

　アメリカやカナダでは、時給の幅は25ドルから100ドルの間が多い。どちらを選ぶかは決まったようなものだ、そうだろう？　インドのバンガロールの方が100%いい？　いいや、違う。測定基準で大事なのは、完成した仕事に対してのコストであって、時間当たりのコストではないのだ。

海外の人手を使う上で最大の問題は言葉の壁だろう。それは、何度も話が行ったり来たりして手間が4倍にもなり、結局コストに跳ね返ることになるからだ。最初にインドのＶＡを採用したとき、私は3件のかんたんな仕事について、期限を設定しないという基本的なミスをしてしまった。その週の後半に調べてみたら、そのＶＡが23時間も使ってムダな努力をしているのを発見したのだ。私はその次の週に仮のインタビューを設定するよう彼に頼んでいたのだが、その時間も間違えられていたのだ！　信じられない。23時間もかけたって？　そのツケは私に回ってくるのだ。時給10ドルだから全部で２３０ドル（約1万９０００円）。比較のために、その週の後半に、同じ仕事をカナダのネイティブスピーカーに割り当ててみたが、こちらの方は2時間、25ドルでちゃんとできた。その差は約２００ドル。50ドルの仕事の4回分だ。その後、同じ会社に別のインド人ＶＡを頼んだが、そのＶＡはネイティブスピーカーとそっくり同じにやることができた。

ＶＡの選び方を教えてほしい？　それが分かれば苦労はない。何人かテストしてみるしかないだろう。そうすれば、雇うに値するかしないかがはっきりするだろうし、あなたのコミュニケーションスキルを磨くのにも役立つ。結果重視の上司でいることは、はたから見るほどかんたんではないのだ。

このことから私が学んだいくつかの教訓を伝えておこう。

第1に、時間当たりのコストというのは全体のコストが決まる一番の理由ではない。むしろ見るべきは、仕事当たりのコストだ。もしあなたが今回の私のように、作業を再スタートさせたり、もう一度同じＶＡを使って何とかしようと試みたとする。まず、それにかかる時間を推定する。これに、作業にかかる総額（以前紹介した時間ごとのレートだ）を足す。きっと驚くことになるだろう。3か国の人間を使って自分の仕事をさせるのは格好いいかもしれないが、あなたの日常生活をラクにしてくれるはずの人間のお守りをして時間を費やすなんて、これは格好悪い。

第2に、試行期間を持たずにＶＡとのやりとりを成功させるのは不可能だ。だが幸運にも、この状況を改善する方法はある。そのひとつは、ソロ〔単独〕の働き手ではなく、ＶＡ専門の会社を使うことだ。

ソロVA対サポートチーム

完璧なＶＡを見つけたとしよう。彼または彼女はあなたの通常の仕事をすべてそつなくこなしている。ここで、あなたがたまには休みを取ってタイに行こうと決心したとする。誰かがあなたに代わって仕事を引き受けてくれるというのは、なかなかいい。やっと休息が取れるのだ！　ところが、バンコクからプーケットへ飛ぶ2時間前に、あなたはＥメールを受信する。あなたのＶＡは仕事ができなくなった。来週は入院するという。何てこった。休暇は台なしだ。

私はひとりの人物に依存するのは好きではないし、人にもすすめない。ハイテクの世界では、こういうタイプの依存性は「単一障害点」〔ＳＰＯＦ。コンピュータの単一箇所で障害が起きるとシステム全体が停止してしまう弱点。ここでは業務をひとりに任せてしまうと、その人にトラブルが発生した場合業務全体が停止すること〕[注15]と呼ばれる。つまりひとつのもろい部品に残りのすべてが依存している状態のことだ。ＩＴの世界では、どのパートに誤動作ないし故障があっても、動き続けるシステムのセールスポイントとして、「リダンダンシー」〔冗長性。必要最低限のものに加えて、余分や重複がある状態〕という言葉が使われる。これをＶＡに置き換えると、リダンダンシーとは、「万一の場合、頼りになるものを組み込んだサポート」を意味する。

単独の働き手ではなくて、ＶＡ関連の会社やサポートチームと一緒に働くＶＡを使うのが望ましい。もちろん、何十年も事故もなくひとりのアシスタントを使っている例も多い。しかし、これはあくまで例外であると言いたい。転ばぬ先の杖だ。単純に災難を避けるというほかにも、ＶＡの会社やグループは人材をプールしているので、適性を持った人物を探すのに苦労せずに、複数の仕事に人を割り当てることができる。Brickwork とＹＭＩＩはこのタイプの会社のいい例だ。そこでは、個人アカウント担当者が唯一の顧客窓口になる。そして、この担当者が、いくつかのグループのなかから、もっとも適当な人物を選び、外注する。グラフィックデザインでもデータベース管理でも、すべてカバーしてくれる。私は複数の人間を呼んだり調整したりするのは好きではない。一回で済む買い物が望ましいし、そのためなら10％余分に払ってもいい。あなたも同じように、お金の使い方に利口になるようすすめる。

グループの方がいいということは、大きければいいということではない。複数の人間を使う方が一人を使うよりも安全ということだ。私が今まで使ったベストのＶＡは、５人のバックアップのためのアシスタントをまとめるひとりのインド人だった。３人いれば十分すぎるほどだが、２人はギリギリの線だろう。

◆最大の恐怖――「あなた、中国でポルシェを買ったの？」

あなたは恐がっている。確かにそうだ。Ａ・Ｊもそうだった。

「私の委託者は私に関して驚くほどたくさんのことを知っている。私のスケジュールだけでなく、コレストロール値や私が子どもをつくれない体だということ、社会保険番号、パスワードなど。私はその委託者を怒らせることができないと思うし、あげくの果ては、インドのルイ・ヴィトンからマスターカードで１万２０００ドル〔約１００万円〕の請求がくるのではないか、と心配になっている」

財産や個人の秘密情報の悪用はまれである、といういい話がある。このセクションでＶＡやＶＡを使っている人々と行ったインタビューで、こうした情報の悪用例はひとつしか見つからなかった。私はそれを徹底的に調査した。それは働きすぎて疲れきっていたＶＡに関係していて、結局、彼はフリーランスの人間の助けを借りたのだった。

はっきりさせておこう――新しく雇った者は使わない。ＶＡには、あなたの許可もなくテストもしていないフリーランスの人間を下請けに使用するのは禁止。以下に例を挙げるが、Brickwork のような定評のある会社は、過剰とも思えるセキュリティ対策をとっており、違反した場合には悪用者をかんたんに特定できるようになっている。

・従業員は身辺調査を受けており、顧客の秘密情報を守るという会社の方針に沿って、ＮＤＡ（秘密情報保持契約）に署名している。
・入退室管理にＩＣカードを使っている。
・クレジットカードの情報は限られたチーフのみが入力する。
・オフィスから書類を持ち出すことは禁止している。
・チームの間のＬＡＮを介したアクセスは制限している。これにより、組織のなかの異なったチームに属するメンバーの間では、許可されていない情報アクセスは発生しない。
・チーム固有の情報にアクセスすることは制限されている。
・プリンタにログを出力して常に監視している。
・フロッピードライブやＵＳＢポートは使用不能にしている。

・インターネットアクセスはセキュリティ設定を高めて行う。
・世界的なセキュリティ標準としてＢＳ７７９９認証を取得している。
・データのやり取りには１２８ビットの暗号化を使う。
・安全なＶＰＮ接続を使う。

私は、Brickwork を使う方が自分のパソコンを使うよりも１００倍も安全ではなかろうかと思っている。

それでもなお、デジタルの世界では、情報漏洩は不可避なことと考えた方がいいし、ダメージ・コントロール〔物理的な損害を受けたときにそのダメージを最小限に食い止めること〕を含めて警戒心を持つべきである。損害を最小にし、迅速な復旧を可能にするために私が使っている２つのルールがある。

1　デビットカードをオンライン取引に使うことやリモート・アシスタントと一緒に使うことはしない。不正なクレジットカードの請求を無効にするのは、とくにアメリカンエキスプレスでは、ペナルティもないし即座に行うことができる。ところが、不正なデビットカードを介して口座から引き落とされた金を元に戻すのには、書類の手続きだけで何十時間もかかり、承認されたとしても、受け取るのにはさらに何か月もかかる。

2　あなたの代理でＶＡにウェブサイトにアクセスさせる場合は、そのサイトだけで使う新たなログイン名とパスワードをつくること。ログイン名もパスワードも複数のサイトで再利用していることが多いが、この注意を守れば起こり得る損害を小さくできる。必要であれば、新しいサイトのアカウントをつくるために単一ログインを使って伝えておこう。とくに気をつけてほしいのは、稼働中のコマーシャルウェブサイト（ディベロッパー、プログラマーなど）にアクセスできる人間をアシスタントとして使うこと。

今まで個人情報の漏洩はなかった場合も、今後はあるかもしれない。こうしたガイドラインを利用すれば、万一事故が起こっても、大慌てしないで回復可能であることが理解できるだろう。

◆シンプリシティの複雑さについて——よくある不満

私のアシスタントは大ばか者だ！　インタビューを予約するのに23時間もかかったのだ！　これが私の最初の不平不満だった。23時間！　私は怒りで熱が出ていた。私の最初のアシスタントへあてたEメールの原文は十分明快であると思っていた。

アブドゥルへ

これが最初の仕事です。納期は次の火曜日いっぱいです。何か質問があれば、電話かメールをください。

1　次のサイト　http://www.msnbc.msn.com/id/12666060/site/newsweek/ を見て、Carol Milligan and Marc and Julie Szekely の電話番号、メールアドレス、ウェブサイトのURLを調べること。

それから、Rob Long についても同様に調べること。ここを見ておいてください。
http://www.msnbc.msn.com/id/12652789/site/newsweek/

2 キャロル、マーク、ジュリー、ロブについて30分のインタビューをスケジュールすること。www.myevents.com（ユーザ名：notreal、パスワード：donttryit）を使って、次の週の朝9時から夜9時の間のどの時間でもいいから私のスケジュールに予約を入れること。

3 上司が反対するにもかかわらず、在宅勤務（テレコミューティング）をすることを交渉したことがあるアメリカの会社員の氏名、メールアドレス、電話番号を調べること。アメリカの国外に旅行したことがある人物ならば理想的です。ほかにキーワードとしては、「テレワーキング」や「テレコミューティング」があります。重要な要素は、説得しにくい上司と交渉していること。その人物のプロフィールへのリンク先を私にメールで送ってください。または、その人物がなぜ今あげたプロフィールに合致しているかを説明した文章を送ってください。

あなたの成果を期待しています。分からないことや質問があったら、メールをください。
よろしく。

ティム

真相を明かそう——私が間違っていた。これはあまりいい指示とは言えない。私はこれを書く前にすでに致命的な過ちを犯していた。もし、あなたが効果的に作業する人物なのに、指示を出すのには不慣れなら、最初に発生する問題のほとんどは自分のせいだと考えた方がいい。そうすれば、もっとかんたんで生産的な道が見つかるだろう。何かあるとすぐに他人の過ちを指摘して大騒ぎしたくなるのが人間だが、上司になりたての人間はほとんどが私がやったような過ちを繰り返すものだ。

1　私は人材斡旋会社が紹介した最初の人物を受け入れた。その前に特別な要求をすることをしなかった

「エクセレント」な英語力を持っている人物を要求すること。電話を取ることが必要であることを知らせておくこと（たとえそうでなくても）。コミュニケーションの問題が繰り返されるようであれば、すぐに代わりの人間を要求すること。

2　不明確な指示を与えた

私は彼にインタビューをスケジュールするように頼んだが、それが予約のためであるとは言わなかった。彼は、以前の顧客の仕事から考えて、私が人を雇いたいと思っていると想定した。それで、彼はエクセルのシートを編集したり、必要でもない追加情報のためにオンラインジョブサイトを探したりして時間を費やしてしまっていた。

文章に可能な解釈はただひとつであるべきであり、中級レベルの読解力があれば理解できるものでなければならない。これはネイティブスピーカーも同様であり、そうすれば、要求仕様はより明確になる。

もし、理解できなかったり疑問があったりした場合は質問するように、と私が言ったことに注意してほしい。これは間違ったアプローチ法である。外国のVAには仕事を始める前に、理解度を確かめるために、仕事の内容を復唱するように要求すべきである。

3　VAに時間をムダ遣いする権利を与えてしまった

ここで再びダメージ・コントロールに戻ることになる。作業に取りかかって数時間したら、仕事の内容が理解されていて、達成可能であることを確認するために状況報告を求めよう。最初、トライしてみたが達成できそうもないということもあるからだ。

4　納期を1週間にしてしまった

パーキンソンの法則を使って72時間以内に達成すべき仕事を割り当てよう。このことが、個人ではなくて少人数（3人ないし4人）のグループを使わざるを得ないもうひとつの理由になっている。というのは、個人では、最後の瞬間に複数の顧客からの要求が集中してパンクするという可能性があるからだ。短納期にするのは大きな仕事（たとえばビジネスプラン作成など）を避けるということではない。大きな仕事を、より短い時間枠で完成する工程（概要作成、競争的研究の要約、見出し作成など）に分割することを意味している。

5　仕事を多く与えすぎ、しかも優先順位を決めなかった

できれば一度にひとつの仕事を出すようにするのがよい。あなたのパソコンをフリーズさせるかクラッシュさせたければ、同時に20個のウィンドウを開いてプログラムを実行させれば良い。それと同じことをアシスタントにしたいならば、明確な指示なしにいくつもの仕事を割り振ればいい。仕事を委託する前に、仕事を減らすことが肝心である。

ＶＡに仕事を出すときのＥメールの良い例とはどういうものだろうか？　次の例は最近私がインド人のＶＡに出したものだ。その彼はまさに見事というしかない結果を出してくれた。

ソウミャさんへ

お世話になります。次の仕事をスタートしたいと思います。

課題／アメリカの男性雑誌（たとえば、maxim, stuff, GQ, esquire, blender など）の編集者で、今までに本を書いたことのある人物の名前とメールアドレスを調べる必要があります。人物の例としては、『エスクァイア』の編集者（www.ajacobs.com）であるＡ・Ｊ・ジェイコブスが挙げられます。彼についてはすでに情報を持っていますが、ほかにもそうした人物の情報を必要としています。

この仕事、できそうですか？　もしダメならば、そう言ってください。**返信をお願いします。それから、この仕事を達成させるためにあなたは自分でどうしたらよいかを確認してください。**

納期／急いでいますので、あなたがこのメールに返信したらすぐに始めてください。そして、3時間たったらストップし、どんな結果が出ているか教えてください。可能ならば今すぐに始めてください。レポート結果の納期は月曜日いっぱいとします。

あなたの早い返事に感謝します。

ティム

短くて親切で要点を突いて明確に書かれている。こういう明確な指示は明確な思考から生まれる。シンプルに考えること。

次の数章では、あなたがバーチャル・アシスタントを使った経験で育んだコミュニケーションスキルが、もっと大規模でいやになるほど儲かる場に適用されることになる。それは自動化である。さらに言えば、以下のようにアウトソーシングして、フィンガーペインティングのように〔フィンガーペインティングとは、指を使って自由に絵を描かせることで幼児の情操を伸ばす教育法のひとつ。ここでは、「自由に好きなことをやらせる」という意味の比喩〕権限を人に与えることだ。

自動化の世界では、すべてのビジネスモデルが平等につくられるわけではない。指一本動かさずに、ビジネスの要素を集めてきて、それらをうまく統合するにはどうしたらいいだろうか？　何の問題も起こさずに現金を銀行口座に自動的に預け入れるにはどうしたらいいだろうか？　それは次のオプションから始まる。情報の洪水から巧みに身をかわす技、そして私たちが「ミューズ」〈muse〉と呼ぶところのものである。

次章は製品について取り上げる。最初のステップの青写真だ。

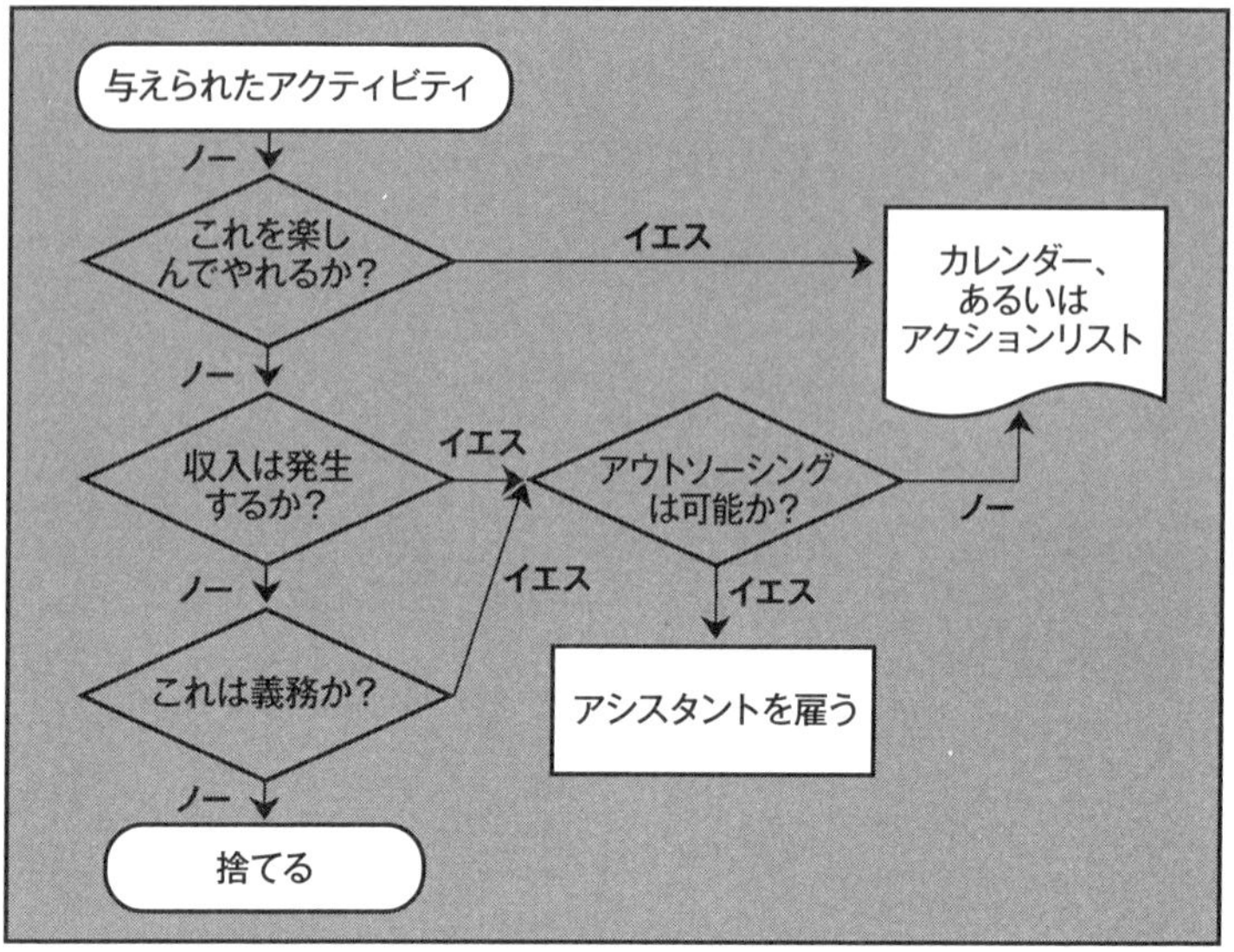

◆フローに従う

ここで、読者であるジェド・ウッドの「週4時間」フローチャートを紹介しよう。彼は早い決断をするために「週4時間」を取り入れ、少ない仕事で多くの利益を生み、妻や子どもと過ごす時間を増やしたのだ。

Q&A クエスチョン&アクション

1 アシスタントを確保する——必要じゃなくても

命令されるのではなく命令する心地良さを知ろう。試しに1回だけという計画か、ささいなルーティンワークから始める。言語力が問われる仕事には国内のアシスタントを、コミュニケーションをスムーズにするために改善する初期段階のものであれば海外のアシスタントを。それぞれのグループから選択して始めよう。

次に紹介するサイトは地理的に離れていても、便利な人材源だ。

アメリカとカナダ（1時間20ドル〔約1660円〕＋）

http://www.iavoa.com（IAVOA／バーチャルオフィスアシスタント国際協会）

米を含む、国際的なディレクトリだ。

http://www.cvac.ca（カナダ・バーチャルアシスタント・コネクション）

http://www.canadianva.net/files/va-locator.html（カナダ）

www.onlinebusinessmanager.com

北アメリカとインターナショナル

www.elance.com（virtual assistant、personal assistants、executive assistants を探す）

Elance の顧客フィードバック調査で、私は今まででもっとも良いＶＡを、１時間４ドル〔約３３０円〕で見つけることができた。良い評価を得ている同様のマーケットプレイスは、www.guru.com と www.rentacoder にもある。

インド

www.tryasksunday.com（24時から7時までのコンシェルジェ、1か月20～60ドル〔約１６００～５０００円〕、１週間無料試用期間あり）

AskSunday は個人にアウトソーシングする会社のなかでは、洗練された、新しい人材がいる。このサイトは『タイム』誌で２００7年のＮｏ．２ウェブサイトにノミネートされた。２１２エリアコード（ニューヨーク）に電話すれば、インドやフィリピンの言語が流暢なアシスタントにつながる。私はこのサービスに80％の時間を利用し、ほとんどの作業を10分以内に終わらせることができた。時間のかかるプロジェクトでは、１時間12ドル〔約１０００円〕でこなしてくれるグループもある。

www.b2kcorp.com（1時間15ドル〔約１２５０円〕＋）

『フォーチュン』誌のリストにのるような石油会社10社、フォーチュン５００クライアントから５大会計事務所、アメリカの下院議員まで、Brickwork はそれらすべてを担当している。このことは、この会社のコストが純粋に満足のいくもので、作業内容に見合っていることを反映している。取り扱うのはビジネス関係だけ。おばさんに花を贈るなんてことは頼めない。

www.taskseveryday.com（1時間６・98ドル〔約５８０円〕で、専用のＶＡを雇える）

インドのムンバイに拠点を置き、アメリカ、英国、オーストラリアから電話やＥメールで利用できる。1週間に20時間、あるいは40時間から、時間を事前購入できるサービスまである。

www.yourmanindia.com（1時間６・25ドル〔約５２０円〕+）

ＹＭＩＩはビジネス関係、個人的なことの両方を扱っていて、即時応答で働いてくれ、24時から朝の7時まで業務を行ってくれる。英語の能力と実力はＶＡによってまちまちなので、仕事を始める、または重要な仕事を割り当てる前にあなたのＶＡと面接しよう。【重要】この本の初版で掲載した際には、質が低かったり、クライアントになるには4週間かかるといったりしたクレームがあった。

2　大きく考えて、小さく始める

ティナ・フォーサイスはオンライン経営者（ハイレベルなＶＡ）で、6けたの収入〔数十万ドル〕のある顧客を助け、ビジネスモデルを改めることによって、7けたの収入〔数百万ドル〕をもたらした。彼女は次のように提言している。

- To-doリストをみて、一番長く居座っている項目は？
- あなたの作業が中断されたり、作業を変える度に「ＶＡがやったらどうなるか？」と考えてみる。
- 面倒なことを分析して、何が一番イライラし、退屈なのか考えてみる。

オンライン上で行う細かい用件で時間を食う作業には、次のようなものがある。

・混雑しているサイトへの記事の投稿、メーリングリストの管理
・掲示板への参加、または議論の管理
・アフィリエイトプログラムの管理
・ニュースレターとブログにのせるためのコンテンツの作成
・新たな市場のイニシアティブをとるための実情調査とリサーチ、または現在の市場に対する働きかけの結果の分析

ひとりのＶＡで奇跡的な働きを期待してはいけないが、まったく使いものにならないと思ってもいけない。大事なのはちょっとしたコントロールだ。時間を節約する代わりに消費してしまうようなら、くだらない仕事を割り当てたりしてはいけない。航空券の値段を調べるなど自分で10分もあればできることを、10分から15分かけて同じネットを使ってインドにメールを送り、その後のやりとりにわずらわされては意味がない。

あなたの「コンフォート・ゾーン」の外に出ること。これがこの演習の完全なポイントである。もしもＶＡができなかったら、いつでも作業を改善することはできる。だから彼らの能力の限界を検証しよう。Brickwork のヴェンキーの言葉を思い出してほしい。「自分を制限しないで」

3　仕事以外の作業で時間を食うものトップ5と、まったくの楽しみのために割り当てられる個人的な作業の5つを見極める

4　スケジュールとカレンダーを同期させる

アシスタントの事前スケジュールを決め、あなたのカレンダーに追加する際には、その両方をアップデートさせることを忘れずにすることが重要だ。いくつか方法がある。

BusySync　www.busysync.com

私はGメールのアカウントを2つ持っている。ひとつはプライベートアカウントで、もうひとつはアシスタント用だ。こちらを一般用のEメールとして送信している。BusySync は、アシスタントのグーグルカレンダーを私のラップトップにある iCal（Ｍａｃのカレンダー）に同期させるために使っている。これまでは SpanningSync（www.spanningsync.com）を同じ目的でずっと使っていた。

WebEx Office　www.weboffice.com

あなたのオンラインカレンダーを、個人的なアポイントメントをマスクしてシェアしよう。アウトルックとも同期できるし、文書のシェアや扱いやすいアシスタントやチームを提供してくれるといった特徴がある。WebEx Office と、あなたのアウトルックをアシスタントのグーグルカレンダーに同期した場合とを比較してみると良い。

コンフォート・チャレンジ～自分の安全地帯から出てみよう

同僚や上司、取引先に、イラっとすることがあったときがチャンスだ。対立への恐怖からその話を避けようとするのではなく、あえてその件をチョコレートコーティングした上で口にして、相手を正してみよう。これから1日に1回やってみて、2日間続けたら、あとは、週1回木曜日に実践するよう心がけよう（月曜から水曜は緊張感にあふれすぎているし、金曜はリラックスしすぎてふさわしくない、だから木曜日がいい）。問題解決に向けて、これから3週間「批判のサンドイッチ」話法を試してみよう。さあ、カレンダーに印をつけてみよう。私がこれを「サンドイッチ」と命名したのは、まず、相手を称賛して、次に批判をして、最後にまた話題を変えて、称賛で締めくくる——つまり、批判を称賛で挟んでいるからだ。次に紹介するのは、あなたが先輩もしくは上司に対して「批判のサンドイッチ」を実践するためのサンプルだ。仕事の優先順位についての指示がはっきりしないのを、どうやって正してもらうかというのがテーマになっている。

あなた　マーラ、今ちょっとだけ時間ありますか？

マーラ　ええ、いいわよ。なに？

あなた　まずお礼を言いたいんですけど、Meelie worm〔ワーム（ユーザに気づかれないようにコンピュータに侵入し、破壊活動や別のコンピュータへの侵入などを行うマルウェア）の一種〕のアカウントの件では、どう対応すべきか教えてもらって、すごく助かりました。ああいう技術的な問題の解決にかけては、さすがですね。

マーラ　いや、そんな、いいのよ。

あなた　……ところで、ちょっと困ったことがあるんです。[注16] 今、みんなすごくたくさん仕事を抱えていると思いますが、私もちょっとパツパツになっているかなって。[注17] いつもだったら優先順位をはっきりさせるんですけど[注18]、今はちょっと、はっきりしてなくて。すみませんが、どの項目の優先順位が高いか、ナンバリングして整理してもらえませんか。私の仕事だとは分かっているんですが[注19]、手をわずらわせて申し訳ないんですけど、そうしてもらえると、すごく助かります。

マーラ　そうねえ……分かったわ、やってみる。

あなた　ありがとうございます、ほんと、助かります。あ、そうそう、忘れないうちに言っておかなきゃ[注20]、先週のプレゼン、すごく良かったです。

マーラ　そう？　あれはねえ、…………

● ライフスタイルデザインの実行例

Eメールを送る一番いい時間

ティム、あなたは1日に数回だけEメールをチェックしろとすすめていますね。それをちょっと変えてみました。わたしは都合のいいときにメールを返信していますが、相手に届く時間を計算すると、さらに都合がよくなります。アウトルックでは送信を遅らせることができるのです。たとえば、私は午後3時に返信したとしても、スタッフがすぐレスポンスを返したり、質問に答えたりすることは望んでいません。（だからチャットもしません）。そこで、送信ボタンを押しておいて、遅れて〔翌朝〕午前8時に着信するようにするのです。従業員が翌日出勤する時に合わせて。そう、これこそEメールのあるべき姿です！　これは手紙であって、チャットサービスではないんです。

——ジム・ララナーガ

（注釈）

14 世界の物価や為替の内外価格差を活用すれば利益も多くなるし、ライフスタイルの目的にもかなう。

15 情報工学とも言う。

16 ここでは「問題」とは呼ばないこと。「問題」という言葉はできるだけ避けよう。

17 「気分」については、誰も議論しようがない。置かれている環境や仕事の状態について言わないようにしよう。

18 責任追及を避けるために、「あなたが」という言葉を外していることに注意。相手に責任があるようにほのめかすのもダメだ。「いつもはあなたが優先順位をはっきりさせているのに」というニュアンスが入ると、暗に侮辱しているように聞こえてしまう。相手が配偶者や恋人、家族、友人といった親しい人であればこうした堅苦しいやりとりは飛ばしてしまえばいいが、「あなたはいつもこうしろと言っていますよね」という言い方は絶対にしないように。言い争いのきっかけにしかならないからだ。

19 すこしプレッシャーをやわらげよう。言いたいことはすでにまとまっているからだ。

20 「忘れないうちに言っておかなきゃ」は、締めの褒め言葉へとつなげるのに便利なフレーズだ。気まずい状態になることなく、微妙な話題から別の話題へとシフトできる。

9章

収入のオートパイロット化Ⅰ

ミューズを見出す

セットしたら、あとは忘れるんだ！

——ロン・ポペイル〔RONCO創業者〕

手順は百通りだってあるだろう。でも、原則というのは少ししかない。原則を理解した人は、自分なりの手順をうまく選ぶことができる。原則を無視して手順を進める人は、間違いなくトラブルを抱える。

——ラルフ・ワルドー・エマーソン

◆ミニマリスト〔最小主義〕の復興

イーストブルックリンで迎えたすばらしい夏の朝、ダグラス・プライスは目を覚ました。まずは、コーヒーを入れることから始めよう。２週間クロアチアのアドリア海沿岸の島めぐりをしていたことを考えると、時差ぼけはたいしたことはなかった。クロアチアは、彼がこの1年間で訪れた6つの国のうちのひとつだ。次の予定は日本だった。

彼はコーヒーカップを片手に笑顔で何かつぶやきながらＭａｃに近づき、まずは個人宛のメールチェックを始めた。全部で32件。すべていい知らせだった。それは、たとえばこんな内容だった。

Lifewireの共同創設者であり、ダグ〔ダグラス〕の友人兼ビジネスパートナーである人物が、あることをアップデートしてきていた。彼とダグは、ピアツーピア・テクノロジー〔Ｐ２Ｐ。ネットワーク上で対等な関係にある端末間を相互に直接接続し、データを送受信する通信方式〕を再開発するため、Last Bambooというベンチャーを準備しているところだった。その開発がついに最終コーナーを回ったという。ダグは映画『ミリオンダラー・ベイビー』の主人公フランキーのようにすべてをコントロールすることもできたが、システムエンジニアたちにのびのびと作業を進めさせていたのだ。

ほかには、ボストンのもっともホットな現代美術館であるサムソン・プロジェクトが、ダグの最新作を高く評価して、新しい展示を増やそうとしているというメールもあった。

最後のメールは、「Demon Doc」宛てのファンレターで、彼がつくっているインストゥルメンタルのヒップホップの最新アルバム『Onliness Ⅳ.O.I』を絶賛していた。ダグラスはそのアルバムを「オープンソースミュージック」〔オープンソースとは、ソフトウェアの設計図にあたるソースコードを、インターネットなどを通じて無償で公開し、誰でもそのソフトウェアの改良、再配布が行えるようにすること〕と名づけ、誰でも無料でダウンロードでき、どの曲のサウンドもダウンロードした人が自分で作曲した曲に利用可能な状態にした。

彼はまたニヤリと笑い、深煎りコーヒーを飲み干し、ビジネスメール用のウィンドウを開いた。メールのチェックにはそれほど時間がかからなかった。実際、ビジネスメールのチェックは1日に30分、週に2時間以内で済んでいる。

変われば変わるものだ。

２年前の２００４年6月、私はダグのアパートでメールチェックをしていた。しばらくの間は、こうやってメールチェックすることもないだろうと思っていた。もうじき私はＪＦＫ空港へ向かう。無期限の世界冒険旅行に出発するのだ。ダグはそんな私を興味津々で見守っていた。ダグもまた、同じようなプランを持っており、ついに自分自身を自由にすることにした。ダグのインターネットベンチャーは、一時は紙面をにぎわわせたこともあったし、彼のパッションそのものだった。だが、今はすっかり「ただの仕事」になってしまっていた。ドットコムバブル〔ＩＴバブル。１９９９～２０００年にかけてアメリカを中心にインターネット関連企業の設立や株式投資が加熱したが、２００１年にはバブルがはじけた〕の幸福感は、ＩＰＯ〔新規株式公開〕で大化けするチャンスとともに、長らく死に絶えていた。

私がダグに別れを告げ、私を乗せたタクシーが角を曲がって見えなくなったあと、ダグはあることを決心した。ややこしいことはもううんざりだ。そして、基本に立ち返る時が来た。

Prosoundeffects.com は、eBay で1週間テストしたあと、２００５年1月に立ち上がった。その狙いはひとつだった。それは、ダグが投資にかける時間を最小限にして、莫大なキャッシュを手に入れることだ。

そして、２００６年の受信メールをチェックしているところに場面は戻る。

現在、サウンドライブラリーＣＤの注文は10件ほど来ている。映画プロデューサー、ミュージシャン、テレビゲームデザイナーなどが作品をつくるとき、見つけるのが難しいサウンドをここから手に入れる。これらはダグがつくった商品だが、彼は実際には商品を手元に置いていない。そうすると物理的に在庫管理が必要になり、そのための前払い金も必要になるからだ。彼のビジネスモデルはもっと洗練されたものである。その流れを説明してみよう。

1 見込み客〔商品の購入を見込める顧客層〕は、グーグルなどのサーチエンジンでダグのペイパークリック（ＰＰＣ）広告

を見てクリックし、彼のサイト www.prosoundeffects.com にやってくる。

2 客がヤフーのショッピングカートで325ドル〔約2万7000円〕（購入金額は29ドル〔約2400円〕～7500ドル〔約62万円〕までと幅広いが、これが平均の金額だ）の商品を注文する。そうすると、ダグの元に請求情報と出荷情報に関するPDFファイルの添付されたEメールが自動的に送られてくる。

3 ダグは1週間に3回、ヤフーの管理ページを開く。そこで、顧客のクレジットカードに代金を請求し、代金が彼の銀行口座に入金されるよう、ボタンを押す。それから、PDFファイルをエクセルシートの購買注文書として保存し、それを今度はCDライブラリーの製造業者にEメールで送る。注文を受け取った製造業者は顧客に商品を宅配便で送る。ちなみにこれはドロップシッピング〔製造元直送〕と呼ばれる。最後にダグは、売れた商品の小売価格の45%を90日以内に製造業者に支払う。

次に、このシステムが数学上どれほど美しく、効果的に働いているかを見ていこう。

まず、325ドル〔約2万7000円〕の売上に対して55%が入るので、ダグの取り分は178・75ドル〔約1万5000円〕になる。それと、手数料がかかる。ヤフーの出店手数料は1%（325ドルの1%＝3・25ドル〔約270円〕）、クレジットカードの手数料が2・5%（325ドルの2・5%＝8・13ドル〔約675円〕）かかる。取り分からこれらの手数料を引くと、ダグの手元には1件の売り上げにつき167・38ドル〔約1万4000円〕が利益として残る。これが経常利益〔営業利益から受取利息、受取配当金、仕入割引などの本業以外の稼ぎである「営業外収益」を加え、支払利息、割引料、社債利息などの「営業外費用」を差し引いたもの〕になる。

これを10倍してみよう。そうすると、30分の労働の利益として１６７３・80ドル〔約14万円〕を得ることになる。ダグラスは時給で３３４７・60ドル〔約28万円〕を稼いでいて、しかも前もって商品を仕入れる必要もない。彼のビジネスの立ち上げ時にかかった費用はウェブページデザインの１２００ドル〔約10万円〕だけということになる。しかもそれは最初の1週間で取り戻してしまった。ちなみに、ＰＰＣ広告の費用は、ひと月に約７００ドル〔約５８０００円〕だ。ヤフーには、ホスティング代とショッピングカート代として、ひと月99ドル〔約８２００円〕を支払っている。

つまり、1週間に2時間以下しか働いていないのに、ひと月に1万ドル〔約83万円〕も稼いでしまうのだ。しかも、財務上のリスクはゼロときている。

ダグは今、曲をつくったり、旅行をしたり、新しいビジネスについて調べたりすることに時間を割いている。彼にとって、Prosoundeffects.comは、生涯一度きりの仕事というわけではない。だが、お金の心配を取り去り、自由へと解き放ってくれたのは確かだ。だからダグはほかのことに集中できるようになったのだ。

さて、お金のことについて考える必要がないとしたら、あなたはどうするだろうか。この章のアドバイスに従いさえすれば、この問いに対する答えはすぐに見つかるはずだ。

今度はあなたが自分の「ミューズ」を見つける番だ。

１００万ドルを稼ぐには１００万通りの方法がある。フランチャイズチェーン〔フランチャイザー（本部）がフランチャイジー（加盟者）と契約を結び、商標や経営のノウハウを用いて同一のイメージを保って事業を行う権利を与えるとともに経営に関する指導を行い、その見返りとして契約金、ロイヤルティ等の対価の支払いを受ける事業形態〕の経営からフリーランスのコンサルタントまで、ほとんど無限といっていいくらいだ。ありがたいことに、その多くはニューリッチ（**ＮＲ**）を目指す人には向かない方法だ。この章は、ビジネスを経営したいと思っている人々のためには書いていない。自分の時間を使わずにビジネスを成功させたいと思っている人々を対象にしているからだ。

私がこのコンセプトを紹介したときに受ける反応は多かれ少なかれ共通している。「はあ?」だ。

並外れた成功を収めた企業の大半は、商品を製造せず、電話応答をせず、製品出荷もせず、顧客サービスもしないということを、大抵の人は信じてはくれない。だが、こうした業務処理を他社のために実行したり、インフラをレンタルで提供したりして存在する会社も、何百とある。成功している企業は、そういった会社をどこで見つけられるのかを知っているのだ。

マイクロソフトが自分たちでＸｂｏｘ３６０〔家庭用ゲーム機〕を製造しているだろうか? コダックは自分たちでデジカメを配送したりしているだろうか? シンガポールに本社を置く、30か国に拠点を持ち売上高３６０億ドル〔約３兆６０００億円〕を誇るエンジニアリング製造会社のフレクトロニクスもそうだ。みんなアウトソーシングしている。マウンテンバイクの有名ブランドメーカーも同じようにして中国の３つか４つの工場に製造をアウトソーシングしている。Ｊ・Ｃ・ペニー〔アメリカの大手デパートチェーン〕への電話に答えるために、コールセンターにいる何十人というオペレーターがボタンを押している。デルコンピュータへの電話だってそうだ。さらに言えば、私のような**ＮＲ**のために誰か別の人間が電話に出ているのだ。

すべてが見事なまでにガラス張りで運営され、しかも安い。

そこで、このバーチャル・アーキテクチャ〔仮想建築。コンピューター・スクリーンのなかのサイバースペースに構築される建築のイメージ作品の総称。ここでは自社で商品開発や顧客サービスなどを行わずに利益を生むビジネスモデルを指す〕〈virtual architecture〉をつくる前に、まずは販売する製品が必要になる。あなたがサービス産業でビジネスを行っているなら、この章が参考になるだろう。時給で考えることをベースにしたビジネスモデルの限界からあなたを救ってみせる。そして、ダウンロード式または宅配式ビジネスの専門家に変身する方法を教える。これからビジネスをスタートするなら、まずはサービス産業はやめておいたほうが良い。常に顧客の問い合わせがあるので、なかなか不在にすることができないからだ。[注21]

さらにビジネス分野を絞るには、いくつかの条件がある。それは目的の商品をテストするのに500ドル以上かからないこと、4週間以内に自動化できること、準備ができて運用が始まっても、マネージメントの時間が週に1日以上かからないことだ。

ザ・ボディショップ〔イギリスの天然原料をベースにした化粧品のメーカー〕やパタゴニア〔環境保護活動に多く関わるアメリカのアウトドアブランド〕のように、環境問題などに関わって世の中を変えようとするビジネスは可能だろうか？　イエスだ。だが、それは私たちの目標ではない。

IPOや販売でキャッシュアウト〔お金が手元から出ていくこと。反対に手元からお金が入ってくることをキャッシュインといい、両者はお金の流れを表すキャッシュフローの構成要素となる〕していくようなビジネスは可能だろうか？　イエスだ。しかしそれも私たちの目標ではない。

私たちの目標はシンプルそのものだ。それは、時間をムダにせずにお金を生み出す自動操縦の乗り物をつくること。それだけなんだ。[注22]私はこの乗り物を「ミューズ」と呼ぶことにする。それは、私たちがレモネードスタンドやフォーチューン10の石油メジャーを見て、私たちが抱くようなあいまいなビジネス像からいつでも切り離してくれる。私たちの目的はもっと限定されている。だからもっとはっきりとした標識が必要だ。

まずやるべきことは、キャッシュフローと時間についてだ。この2つがあれば、すべては可能になる。そして、それがなければ何もできない。

◆結果を見込んでスタートしよう――役に立つお話

サラは興奮している。

サラの商品、ゴルファー用の個性的なTシャツがオンラインで出品されてから2週間が経った。1枚15ドル〔約１２６０円〕のTシャツが日に平均5枚出ている。コストは1枚当たり5ドル〔約４２０円〕だから、1日当たりの収益は50ドル〔約４２００円〕ということになる（ただし、クレジットカードの手数料が3％かかる）。実際、彼女は顧客への出荷やそのほかの処理を何もしていない。３００枚の初期オーダーの費用（材料費、製造費など）はまもなく回収できるだろう。でも、もっと儲けたいと考えている。

サラが最初の商品でたどった悲惨な運命を考えると、運が好転したのだ。彼女は当初、乳児を持つ母親向けのハイテク乳母車（サラにはまだ子どもはいなかったが）を開発し、特許をとり、製造するために１万２０００ドル〔約１００万円〕をつぎ込んだが、結局誰からも関心を集めることができなかった。

対照的に、Tシャツは実際に売れていた。ただ、セールスはのんびりとしたペースで始まった。

これがオンライン販売の限界かと思われた。というのは、資金だけは豊富にあって何の知恵もない競争相手が、大々的に資金を投入して広告を打ち始めたからである。そこで彼女はひらめいた――お店だ！　すぐにサラは地元のゴルフショップの主人、ビルにアプローチした。彼はすぐにTシャツを置くことに興味を示した。サラは興奮で身震いした。

ビルは卸売の慣例として小売価格から最低40％割引した仕切価格〔メーカーから小売店が仕入れる際の価格〕を要求した。つまり、15ドル〔約１２４５円〕ではなく9ドル〔約７４７円〕で売り、利益は10ドル〔約８３０円〕から4ドル

〔約332円〕に落ちることになる。しかし、サラはやってみることにした。さらに、街の周囲にある2、3の店にも同じようにアプローチしてみた。やがてTシャツは売れ出した。しかしまもなく、儲けは少ないのに請求書などの手続きにかかる時間ばかり食ってしまうことに気がついた。

これを解決するため、流通業者[注23]にアプローチすることにした。流通業者は出荷商品の倉庫機能を持ち、さまざまな製造業者から全国のゴルフショップに商品を販売している。その流通業者は興味を示したが、小売価格の70%オフ、つまり4・50ドル〔約373円〕で売ることを要求してきた。これではサラの手元には1枚当たり50セント〔約42円〕しか残らない。サラは断った。

さらに追い打ちをかけるように、サラが契約した地元の4店舗が、サラのTシャツの安売り競争を始めていた。4店のマージンもいつの間にか消えてしまった。2週間後、リピートオーダーはなくなった。そこで小売店をあきらめて、すっかりさびれたウェブサイトに戻った。オンラインの売上は、新しい競争相手が現れてほとんどゼロにまで落ち込んでしまった。初期投資も回収できなかった。ガレージには、まだ50枚のTシャツが残っているのだ。

このままではまずい。

適切なプランと市場調査があれば、すべて防ぐことができたはずなのに。

「ミスター・クリエイティブ」エド・バードは、サラとは違った。彼は投資もしないし、大それた望みも持っていなかった。

サンフランシスコにあるエドの会社MRIは、スポーツサプリメント「NO2」を扱っている。アメリカで2002年から2005年までトップセールスを誇っている商品だ。類似品もたくさんあるが、今でも売上はトップを保っている。どうやって実現できたのか？　彼が優れたマーケティングとポジショニング〔ターゲットとする市場で顧客に認知される特異性や独自性を打ち出す活動を行うこと〕を行い、見事な流通網をつくったからだ。

ＭＲＩは、ＮＯ２を生産する前に男性向け健康雑誌の１／４ページの広告を出し、さらにそれと関わる内容の安い本を売り出すことにした。すると、その本は山のようなオーダーを受け、商品のニーズを確認することができた。その結果、「ＮＯ２」には79・95ドル〔約６７００円〕という法外な値段がつけられた。さらに、市場のなかでプレミアム商品に位置づけられ、全国のＧＮＣ〔世界最大手のサプリメント販売会社〕店を通じて独占的に販売されることとなった。ほかの店が売ることは禁止された。

ひとつの店に独占的に商品を売らせ、ほかの店を排除するなんて、一体どういうつもりなのか？　それにはちょっとした理由がある。

第1に、競合する再販業者がたくさんいればいるほど、商品は早く死に絶えてしまうから、それは避けるべきだった。これがサラの犯した間違いのひとつだった。

仕組みはこうなっている。一番初めに再販業者Ａが推奨価格の50ドル〔約４１５０円〕で商品を売ったとする。今度は再販業者Ｂが、Ａと競争するために45ドル〔約３７３５円〕の値段で同じ商品を売る。さらに、再販業者ＣはＡとＢに対抗して40ドル〔約３３２０円〕の値段で売る。こうなれば、誰も儲からなくなってしまうまで、そう時間はかからないだろう。そしてここで注文は途絶える。客はもうすでに安売りに慣れてしまう。そうなると、このプロセスを元に戻すことはできない。商品は死に筋になり、あなたは新製品をつくらなくてはならない。これが、多くの企業が毎月次から次へと新製品を次々につくり出す本当の理由である。頭が痛い。

私はサプリメント BrainQUICKEN（BodyQUICK としても販売している）だけを6年間扱ってきた

が、オンラインの卸売ルートを1番か2番目に大きいリセール（再販・転売）業者に限定することによって、変わらぬマージンを維持してきたことがポイントだった。大規模リセール業者は大量の商品をさばくことができるし、最低広告価格（ＭＡＰ）を維持することに同意してくれた。[注24] そうでなければ、うちの商品は eBay 上の一匹狼ディスカウンターか個人商店の安売り攻撃にさらされることになっていただろう。

　第2に、あなたがある業者に商品を独占的に供与すれば、その業者をあなたの言いなりにすることができる。彼らに流通の１００％を任せることで、よりうまみのあるマージンを取ることが可能になり、小売店での販売サポートも厚くなり、より迅速な支払いが可能になる。そのほかにも、自分の望む扱い方で進めてもらえるだろう。

　ここで大切なのは、最初に商品を決める前に、その商品をどうやって売るか、どうやって流通させるかを決めることである。橋渡しするすべての過程で利益が得られるようにしていくために、あなたのマージンは高くなければならない。

　つまり、エド・バードはこのことに気が付いたのだ。その結果、大体の人間がやることの逆を行けば、リスクを減らした上で利益を増やせるということを実証してみせた。商品を決める前に流通を選ぶことはひとつの具体例だ。

　最近、エド・バードはよく、カルフォルニア海岸をランボルギーニでドライブしている。それ以外の時間は、旅行をするか、ごく少数のスタッフと2匹のオーストラリア・シェパードがいるオフィスで過ごす。この顛末は、決して偶然に起こったわけではない。エドの使った生産方法は（それは**NR**の一般的な方法だ）見習えるものなのだ。

　ここで、あなたがどうやったらいいか、いくつかステップを示してみよう。

◆ステップ1　手が届くニッチ市場をとらえる

若いころは、分類されるのがいやだったの。基本的には、今は、分類されたいって思うわね。それが自分を売るマーケットになるから。

――ジョアン・チェン〔『ラスト・エンペラー』『ツイン・ピークス』に出演した女優〕

需要をつくり出すのは難しい。であれば、需要を満たす方がずっとかんたんだ。商品をつくり出してから、それを売る相手を探してはダメだ。まず、マーケットを見つけよう。顧客を明確にするのだ。それから、顧客に合った商品を探そう。商品がなければ開発すればいい。

私は学生時代スポーツをやっていた。だから、私はその種のマーケット向けの商品を開発した。かつて大学の学生カウンセラー向けにオーディオブックをつくったときは失敗した。なぜ失敗したのかというと、私は学生カウンセラーをやったことがなかったからだ。次に、学生相手に速読セミナーをつくったが、これは成功した。私自身が学生だったので、みんなの欲しいものや傾向を理解していたからである。ターゲット市場のメンバーになることが大切だ。自分の知らないニーズや、他人が買ってもいいと思うものを推測するのはやめよう。

大きな発想で、小さくスタート

ドワーフのエンターテイメントに金銭を惜しまない人たちだっているんだ。

——ダニー・ブラック〔身長１２７㎝の Shortdwarf.com 共同オーナー〕[25]

ダニー・ブラックは１時間１４９ドル〔約１２４００円〕でエンターテイメントのイベント〔パーティなど〕用にドワーフを派遣している〔ドワーフとよばれる小人症の人たちがファンタジーのなかに出てくる小人のような服装をしてパフォーマンスをする〕。こういうニッチ市場〔すき間市場〕はどうだろう？

それは、「誰もが顧客というのは、誰も顧客ではないのと同じ」という言葉に表現されている。あなたがある商品を「犬の愛好家か車の愛好家」に売ろうとしているならば、やめた方がいい。そういう広いマーケットに広告を打つのは金がかかる。それに、たくさんの商品と競争になるし、無料で手に入る情報が、そこらじゅうにありすぎる。しかし、もしあなたが、「ジャーマン・シェパードの訓練方法」や「年代物のフォード車部品の修復」などに狙いを絞っているなら、マーケットや競争相手は少なくなるだろう。顧客に商品を広めるのにもさほど費用がかからないし、そうなると特別価格をつけやすくなるからだ。

BrainQUICKEN は、当初、学生向けに企画されたが、マーケットがあまりに散らばっており、それでは商品を広めるのが難しいだろうということが分かった。そこで私は、学生スポーツ選手の好意的なフィードバックにフォーカスし、それに基づいて、今度は BodyQUICK という名で商品を再度立ち上げた。同時に、格闘技や重量挙げに特化した専門雑誌にテスト的に広告を出した。これらの市場は、巨大な学生市場に比べるとはるかに小規模だった。だが、私にとってはちっとも「小さく」はなかった。メディア費用も安価で、競争もなかったのだ。それで、私はこのニッチ市場で初めてのニューラル・アクセラレータ

[注26]ー〈neural accelerator〉〔神経を刺激して購売を加速させるもの〕を手にすることができ、優位に立ったのだった。大きな池で泳ぐ小さくてはっきりと見えない魚よりも、小さな池に泳ぐ大きな魚のほうがはるかに儲けはいい。しかし、それがあなたを充分に満足させられるほど大きいかどうかをどうやって判断するのか？　ボーナストラックの「ミューズの数学」を見れば、私がどうやって実際の商品のマーケットサイズを決めたかが分かる。

儲かりそうなニッチ市場を見つけるために、次の質問について考えてみよう。

1　あなたが属しているのは、または属していたのは、どの社会・業界・専門グループだろうか？　歯医者、エンジニア、登山家、サイクリング愛好家、クルマ修理の愛好家、ダンサー、それとも何か別のものか？

経歴、職歴、スポーツ習慣、趣味を見直してみよう。自分が含まれているグループを、過去と現在、すべて一覧表にしてみよう。持っている本やモノを調べてみよう。オンラインやオフラインの定期会員になっているものも確認しよう。そして自分に聞いてみよう。「これと同じモノをどんなグループの人間が買うだろうか？」。あなたが定期的に読んでいる雑誌、ウェブサイト、ニュースレターはどんなものだろうか？

2　今、あなたが確認したグループのなかで、専門の雑誌が存在するのはどのグループだろうか？

バーンズ&ノーブル〔米最大手の書店チェーン〕のような大きな書店に行って、ほかにもニッチ市場があるかどうか、小規模な専門雑誌の棚を見てみよう。文字通り何千という職業や趣味の専門雑誌が置いてあって、そのなかから選ぶことができる。『Writer's Market』〔年1回発行される米の出版社や媒体のデータブック〕を使って、書店にはないような雑誌の類を確かめてみよう。１の質問を使って、ひとつか２つの少部数雑誌で充分にリサーチできそうなグループを選ぶ。そのグループが金持ち（ゴルフ愛好家など）かどうかは重要ではない。それぞれのこだわりのグッズに金をかけていれば充分だ（アマチュアのアスリートや釣り愛好家などでもいい）。次に、専門雑誌の出版社に電話し、広告責任者につないでもらい、自分が広告を出すことを考えていると伝えよう。そして、広告の標準価格表と読者数、そしてバックナンバーのサンプルをＥメールで送ってもらおう。このことはあとで関係してくる。この広告料金を30～80％まけさせる方法があるのだ。バックナンバーに目を通し、フリーダイヤルやインターネットを使った直接販売を繰り返ししている広告主をチェックする。リピーターの広告主がいればいるほど、そしてそれが頻繁であればあるほど、広告主にとって有益な雑誌だという証拠なのだ。いずれは私たちにも利益をもたらすだろう。

◆ステップ2　商品をブレインストーミングする（まだ投資はしない）

天才とは、単にモノを見る力が人よりも優れているということなのだ。

——ジョン・ラスキン〔19世紀イギリスの評論家・美術評論家〕

あなたがよく精通していて、専門雑誌のあるマーケットを２つ選ぼう。その雑誌には、１ページすべてを使った広告ページがあり、その料金が５０００ドル〔約41万５０００円〕以下である必要がある。その雑誌には読者が１万５０００人以上いる証拠だ。

さて、ここが面白いところなのだが、この２つのマーケットならどんな商品がいいかを心に描き、試行錯誤してみるのだ。

目標は、よく練られた商品アイデアを考え出すことだ。まだ1円もかけない。製造する前に広告をつくって実際の顧客の反応を試すミニテストについては、次章のステップ3で行う。最終的な商品が自動化されたアーキテクチャにちゃんと合うようにするための基準を教えよう。

商品の特長はワンセンテンスで表現すべきである

お客には嫌われるかもしれないし、不快感を与えることで、商品がより売れるようにする方法もある。だが、お客に誤解されることだけは避けるべきだろう。

商品のおもな特長はワンセンテンスかワンフレーズで説明すべきだ。その商品はほかと何が違うのか、なぜそれを買わなければならないのか、それを伝える。ワンセンテンスやワンフレーズは親しみを呼ぶ。アップルはｉＰｏｄでこれを巧みに行なった。業界でふつうに使っているギガバイトとか帯域幅というような専門用語を使わないで、ただシンプルにこう言った。「あなたのポケットに１０００曲を。」これで取引完了というわけだ。シンプルにいこう。そして、客に誤解を与えることはないと言える段階に入るまで、商品の計画を進めないことだ。

顧客には50ドルから200ドルで売る

大多数の会社は、商品に価格をつけるとき、おおよそ真ん中あたりを取る。競合他社はたいていこの価格帯にいる。低い値づけは目先のことしか見ていない証拠だ。なぜなら、マージンを減らすことをいとわない競争相手がみんなを一緒に破産させてしまうことがあるからだ。競争し、どんどん価格を下げては、きりがなくなる。それよりも、特別で高級なイメージをつくり、競合品より高い値段をつけることだ。大きく3つのメリットがある。

1　高価格ということは、少量販売の可能性が高くなる。少数の顧客を相手にすることになり、私たちのドリームラインが実行可能になる。要するに早く実現できる。

2　高価格ということは、手間のかからない顧客を引き付けることができる（クレジット販売が多い、不満や質問が少ない、返品が少ないなど）。要するに悩まされることが少ない。これは大きい。

3　高価格ということは、利ざやも大きい。要するに安全である。

私なら8倍から10倍の利幅を目標にする。これは、100ドル〔約8300円〕の商品なら原価は10ドル〔約830円〕～12・50ドル〔約1040円〕以下ということである。[注27] もし、BrainQUICKENで一般的に推奨されているように原価の5倍を採用していたら、いいかげんな仕入先や雑誌の遅れのせいで6か月もたたないうちに破産していただろう。高い利益率のおかげでこれは免れた。そして、12か月もたたないうちに、月商8万ドル〔約665万円〕にまで成長できた。

しかし、高価格設定にも当然限界がある。単価があるポイントを超えてしまうと、見込み客は買う前に人に相談する必要を感じるものだ。

私の経験では、煩雑な顧客サービスは最小にして利益を最大に得るためには、1回の取引での販売額が

50ドルから２００ドルの間が良いということが分かった。高価格設定は正しいアプローチである。

商品の製造には3、4週間以上かけないこと

これはコストを低く抑え、在庫を持たずに需要に応じるために大変重要である。私は製造に３、４週間以上かかる商品は求めないことにしている。注文してから出荷が可能になるまでに１、２週間を目標にするのがいいと思う。

商品の製造にどのくらいかかるかをどうやって調べるか？

あなたが考えているタイプの製品に特化している下請け業者に連絡をとってみる。http://www.thomasnet.com/を見てみよう。その業者（例／トイレ清掃業者）が見つからないなら、関連業者（例／便器取扱業者）に電話してみる。それでもダメなら？　適当な業界団体に連絡をとるために、「団体」や「組合」といった言葉と製品名を組み合わせてウェブ上で検索してみよう。そして、彼らに下請け業者への照会先や、業界雑誌の名前を教えてもらおう。こうした雑誌は、下請け業者や関連するサービス業者の広告を扱っていることが多い。これらの情報はバーチャル・アーキテクチャのために、あとで必要になってくる。

ちゃんとした利幅を可能にしてくれるよう、製造業者に価格交渉をする。１００、５００、１０００、５０００単位で生産する場合の単価も決めよう。

オンラインFAQ（よくある質問とその答え）で完璧に説明する

私がBrainQUICENで大失敗した理由はここにある。

たとえ「摂取物」が私のNRライフを可能にしてくれたといっても、同じことを人には決してすすめられない。なぜか？　あらゆる顧客から１０００を超える質問が殺到するからだ。この商品とバナナを一緒に食べてもいいか？　食事中にオナラが出るようなことはないか？　それはもういろいろな質問が飛んでくる。よくできたオンラインＦＡＱで十分説明可能な商品を選ぶべきだ。そうでなければ、仕事を忘れられる旅行や、ほかの何かをすることが非常に難しくなってしまう。あるいは、あなたの将来はコールセンターのオペレーターで終わってしまう可能性がある。

さて、今話したような基準を理解したら、今度はそれを満たす「良いミューズ商品」をどうやって見つけるか、ということになる。３つのオプションをおすすめしたい順番で紹介しよう。

◆オプション1——再販

既存の商品を卸売で買いつけ、それを再販するというのはもっともかんたんな手法であるが、もっとも利幅も小さくなる。それだと準備も早くできるが、ほかの再販業者との価格競争によって死に絶えるのも早い。また、独占契約を結びほかの業者が売るのを防いでおかないと、その商品から利益を得ることができる期間も短くなってしまう。しかしながら、再販も場合によっては最高の選択肢にもなりうる。それは、古い顧客に2度目のバックエンド商品[注28]を売るか、電話かオンラインでクロスセリング[注29]する場合だ。

1　卸で買うためには、製造業者に連絡をとって、卸の価格（通常、小売価格の40%オフ）と条件を問い合わせるといい。

2　法人納税者番号が必要な場合は、州のウェブサイトから入手可能なフォームをプリントすること。そしてＬＬＣ〔有限責任事業会社。所有と経営を分離市内状態で株式会社のように出資者が有限責任しか負わない組合形態のこと〕（私はこちらのほうが好きだ）として、もしくは同様の保護機能を果たす企業組織形態としての登録の申請をする。これには１００～２００ドルかかるだろう。

次章のステップ3を読み終えるまでは、製品を買ってはいけない。今の段階では、利幅を確認し、製品の写真とセールス文を入手するだけで十分である。

再販というのはそういうものなのだ。それ以上やることはない。

◆オプション2――ライセンス

私は、自分が持つすべての知能のほかに、借りられる知能もすべて使う。

――ウッドロウ・ウイルソン

世界的に有名なブランドとその商品のなかには、誰かから、あるいはどこかから「借りてきている」ものがある。

栄養ドリンクの「レッドブル」の基礎原料はタイの清涼飲料水であり、「スマーフ」〔肌の色が青い架空のキャラクター〕はベルギーから持ち込んでいる。ポケモンはホンダの国から来ている。ロックバンドのＫＩＳＳはＣＤとコンサートの売上で大金を稼いだが、本当の利益の源泉はライセンス収入である。彼らは、バンドの名前やイメージをつけた商品をつくる権利を与え、売上から一定の歩合を得ているのだ。

ライセンス取引では2通りの人間が関わっている。NRのメンバーはそのどちらにもなりうる。まずは、製品の発明者である[注30]「ライセンサー」だ。この人物は通常、卸売価格（ふつうは小売価格の約40％引き）の3％から10％で、その製品を製造、使用、または販売する権利を人に譲渡することができる。悪くはないモデルだ。

もうひとりは、発明者の製品を製造、販売するほうを行い、その売り上げの90～97％を取る人物である。これは「ライセンシー」と呼ばれ、私やほとんどのNRが興味を持っている立場である。

しかし、ライセンス交渉は双方の当事者にとって非常に厳しいものでもあって、それ自体がひとつの科学とも言える。それには巧妙な契約交渉術が必要不可欠であり、多くの読者は、それが初めての商品なら、トラブルに遭遇することになるだろう。『テディ・ラクスピン』から『タエ・ボー』まで、契約の両サイドから見た実際のケーススタディと実際の金額の入った契約書については、ボーナス・トラックを参照のこと。試作品や特許権がなくても発明が売れる方法から、無名の初心者として商品の権利を守る方法まで、すべてが分かる。その経済的効果はとても魅力的だし、利益も驚くほど大きい。

次に、もっとも単純だがもっとも利益を上げられる、そして誰でも使えるオプションを見てみよう。そう、それは商品をつくり出すことだ。

◆オプション3——商品をつくり出す

創造することは、所有することよりもましな自己表現の形だ。人生は、待つことではなく、つくることで姿を現すからだ。

——ウィーダ・D・スカダー〔インド生まれのアメリカ人作家、福祉活動家『The Life of the Spirit in the Modern English Poets』より〕

商品をつくり出すのはそれほど複雑なことではない。

「創造」という言葉には実際よりも複雑な響きがある。もしアイデアがハードプロダクト〔マーケティング、宣伝・販売戦略にもとづいてつくられる製品〕（つまり、発明ということ）ならば、www.elance.com 上で機械技術者や工業デザイナーを雇う。機能や外観についてのあなたのリクエストをもとに、試作品を開発してもらえる。次に、それが委託製造業者に渡される。委託製造業者がつくったノーブランド品や在庫品を見て、ある特定のマーケット向けに販売できると気づいただろうか？　それなら、話はもっとかんたんになる。製品をつくらせ、特定の顧客向けのラベルを貼れば、もうそれで新製品だ。こうした例は「プライベートブランド」と呼ばれる。自分の店の名前をつけたビタミン剤を置いているカイロプラクティックの店を見たことはないだろうか？　それがプライベートブランドだ。

製造をしないで市場反応をテストしようとするのは正しいことだ。テストがうまくいったら製造の段階に入る。セットアップのコストや単位製品当たりのコスト、最小オーダー数などを頭に入れておくのだ。革新的な機械や機能は確かにすばらしいだろうが、特別な技能が必要になる。そうすると、製造初期コストが高くなり、私たちの基準に合わなくなってしまう。

製造機械や溶接や技術のことを脇において考えてみよう。私たちの基準に合致する商品は、少量で、リードタイム〔発注から納品までに必要な時間〕が1週間以内であり、利幅も8～10倍どころか20倍～50倍にもなる。ヘロインも、奴隷労働も、ここではいらない。賄賂や人々の交流ばかりが求められているように見えるが、それも違う。

必要なのは、情報だ。

情報コンテンツ商品は低コストで、つくるのも早く、競合者が真似をするのに時間がかかる。健康器具でもサプリメントでもいいが、こういった情報コンテンツ以外の普通の商品の寿命というのは、類似品が市場にあふれるまでの2～4か月間だけだ。実は、私は以前、北京で6か月間経済学の勉強をしたことがあった。そのとき、ある現象を目撃した。ナイキのスニーカーやキャロウェイ〔世界最大のゴルフクラブメーカー〕のゴルフクラブといった新製品が、アメリカの店に現れてから1週間も経たないうちに複製され、eBay上に出てくる過程だ。これは決して誇張ではないし、類似品のことを言っているのでもない。正真正銘の模倣品が1／20の値段で売られているのだ。

ところが、模倣品を製造する人たちにとって、情報コンテンツ商品は、時間がかかりすぎる商品だ。だから、ほかにもたやすく複製できる商品があるなら、そちらを選ぶ方が楽になる。普通は、特許をかいくぐることは、著作権を侵害しないようすべてのコンテンツを書き換えるよりも楽だ。ここで、アメリカでもっとも成功している3つのテレビ番組を見てみよう（3つともインフォマーシャルの売上トップ10に300週以上名を連ねている）。情報コンテンツが粗利益を稼ぐためには有効だということがこれで分かる。

『No Down Payment〔頭金なし〕』（カールトン・シーツ出演）
『Attacking Anxiety and Depression〔不安・うつと闘う〕』（ルシンダ・バセット出演）
『Personal Power〔個人の力〕』（トニー・ロビンズ出演）

このうちのひとつの商品のオーナーから、あることを聞いた。２００２年には、65億ドル〔約５３９５億円〕相当以上の情報が彼らを通じて動いたというのだ。彼らのインフラは25人にも満たない内勤のオペレーターから構成されており、残りは、メディアにおける広告の購買手続きから出荷事務まですべてアウトソーシングしているという。

なんと、従業員一人当たりの年商は２・７億ドル〔約２２６億１５００万円〕ちょっとだという。信じられない。

小さいマーケットサイズに関してはどうか？　私はある男性を知っている。彼は、２００ドル〔約１６６００円〕足らずの安い費用でハウツー物のＤＶＤをつくり、セキュリティシステムをインストールしたいと思っている保管倉庫のオーナーたちに売り込んだという。これほどニッチな市場はなかなかないだろう。２００１年には、そのＤＶＤを１枚２ドルかけて複製し、業界誌を通じて１枚当たり95ドル〔約７９００円〕で販売した。彼は、何十万ドルものお金を儲けたという。それも従業員はゼロだ。

◆でも、私は専門家でない！　という方へ

あなたが専門家でないとしても、心配することはない。

第1に、ものを売るという意味での「専門家」は、そのトピックについて購入者よりも少し余計に知っている人にすぎない。しょせんそれ以上ではない。少数の有望な見込み客よりもはるかに知識を持っている必要はない。ではここで、あなたの今のドリームラインを「アラスカの犬ぞりレースに参加すること」だとしよう。そしてその実現のために5000ドル〈約41万5000円〉が必要であると想定してみよう。専門誌には1万5000人の読者がいたとして、そのうちの50人（0・003％）は、あなたが持つ「○○スキル」の優れた専門性を認めている。この場合、彼らがそのスキルを学べる教育コースに100ドル払えば、もうそれだけで5000ドルになる。さぁ、すぐにハスキー犬を育てるべきだ。この50人の顧客が、私が言うところの最小顧客基盤〈minimal customer base〉だ。つまり、ドリームラインを完成させるため、あなたの専門性を認めさせなければならない最小数の顧客である。

第2に、専門家の地位というのは、基本的な「信頼指標」〈credibility indicator〉を理解さえしていれば、4週間もかからずに得ることができる。それをどうやるかは後述のコラムを読んでほしい。

あなた個人がどの程度まで専門家の地位を必要とするか。それは、あなたが使うコンテンツをどこから手に入れるかということにもよる。おもに3つの選択肢があるだろう。

A　自分でコンテンツをつくる。何冊かの本から引っ張ってきたポイントを言い換えたり、結びつけたりしてつくることが多い。

B　官公庁出版物や著作権法施行以前の資料のような、〈公共物や著作権で保護されていないもののなかからコンテンツを再利用する。

C　コンテンツのライセンス料を払う。または、専門家にお金を払ってコンテンツをつくるのを手伝ってもらう。料金の支払い方法は、1回払い、前払い、ロイヤリティベース（売上の5～10％など）でできる。

AかBを選んだときは、限られたマーケットで使うのがいいだろう。

次に、あなたが不動産屋であると想定しよう。そして、大部分の不動産屋が自分のビジネスを広告宣伝するために、かんたんでしかもかっこいいウェブサイトをつくりたいと思っていることを確認したとしよう。あなたはホームページデザインを扱っている売れ行きトップ3の本を読んで理解している。それならば、ホームページについては、不動産業界誌の読者の80％よりもくわしくなっているはずだ。そこで、その本の内容をまとめて、不動産業界のニーズに特化したおすすめ情報をつくる。それをもとに業界誌に広告を載せる。その結果、0・5％～1・5％の読者から反応が来ることは期待できるだろう。

ここで、次の質問を使って、自分が持つ専門技術や人から借りてきた専門技術を使ってみよう。自分の狙いのマーケットに売り込めそうなハウツー物や、インフォマーシャル商品を書き出してみよう。50ドル〔約4150円〕から200ドル〔約1万6600円〕の値付けに向いている組み合わせを狙うのが良い。たとえば2枚のCD（それぞれ30～90分）と、40ページのテキスト、10ページのクイックスタートガイドを組み合わせてみよう。眼に見えてハイクオリティのものをつくりたいのであれば、デジタル配信がもっとも適しているし、理想的だ。

1. どうやって自分が狙っているマーケットに応じて一般向けの技術を落とし込めるだろうか？　これを私は「ニッチング・ダウン」〈niching down〉と呼んでいる。もしくは、どうやってターゲットの専門誌のなかによく売れる要素を付け加えられるだろうか？　広くではなく、狭く深く考えるのだ。

2. あなた（そしてあなたが狙うマーケットの人間）がお金を出してでも学びたいと思うほど関心を持っているのは、どんなスキルなのか？　自分がそのスキルの専門家になるのだ。そして、そのスキルを教えることを商品化しよう。手助けが必要であるとか、作業をスピードアップしたいというときには、次の質問を見てみよう。

3. 販売可能な音声ＣＤ作成のため、どのような専門家にインタビューをし、録音できるだろうか。専門家はベストの人材である必要はないが、ある程度のスキルは必要だ。本人にもインタビューのデジタルマスターコピーを渡し、それを販売することを許可するか、少額の印税を前払いで払うことにする。Skype.com と HotRecorder（「お役立ちツールと使うコツ」で関連した内容をくわしく紹介している）を使用すれば、ＰＣに直接インタビューを保存し、テープ起こしをするサービス業者にＭＰ３ファイルで送ることができる。

4. 自分には、ハウツー物にすることができそうな失敗から成功への体験談があるだろうか？　仕事の上で、プライベートで、過去にあなたが克服した問題を考えてみよう。

4週間で、ある分野の「専門家」になる方法

さあ、「専門家」信仰を打ち破る時が来た！　ＰＲの世界は私のことを馬鹿にするかもしれないが、言わせておけばいい。

最初にはっきりさせておく。「専門家とみなされる」のと「専門家になる」のでは、まったく別ものだ。ビジネスの世界では、「専門家とみなされる」ことは、製品を売るのに役立つ。一方、「専門家になる」とは、「最小顧客基盤」を持ち、良い製品を生み出し、返品を防ぐことである。

あるひとつの科目についてよく知ること。それが私たちに必要なものすべてと言ってもいい。たとえば薬だ。あなたが医学博士の学位を持っていなければ、あなたが薬について語っても、話を聞いてくれる人はほとんどいないだろう。つまり、この場合の医学博士号は、私の言うところの「信頼指標」というわけだ。信頼指標が最大限高い、いわゆる「専門家」には、その商品を売る力がそなわっている。たとえほかにその商品に関する知識を持つ立候補者がいたとしても、だ。ただし、これは優位になる、ということであり、だましの手口ではない。

では、最短時間で、その「信頼指標」を手に入れるにはどうしたらいいだろう？　ニューヨークやロサンゼルスのトップクラスのＰＲ会社が使う、「対クライアント準備テクニック」を見習うのも悪くない。

私の友人は、フォーチュン５００企業のエグゼクティブに、「24時間以内に社内の人間関係を改善するためのカウンセリング」を行った。それが雑誌『Glamour』やその他有名メディアで取り上げら

れ、彼女はたった3週間で「人間関係のスペシャリスト」になってしまった。彼女はどうやってそんなことを成し遂げたのか？

彼女がしたのは、信頼指標を雪だるま式に増加させるための、シンプルなステップを踏むことだった。あなたも同じようにできるよう、以下に紹介しよう。

1　公的な関連団体に2〜3か所入会する

彼女の場合は、対立解決学会（Association for Conflict Resolution　www.acrnet.org）と、国際ジェンダー教育財団（The International Foundation for Gender Education　www.ifge.org）。加入に必要なのはクレジットカードだけ、オンラインでたったの5分だ。

2　関連書のベストセラー3冊を読破

分野ごとのベストセラーは、『ニューヨーク・タイムズ』紙ベストセラーリストをオンラインで検索すればすぐ分かる。1冊ごとに、1ページ程度の要約を書き上げよう。

3　1時間程度の無料講演会を実施

地元にある有名大学でやるのがいい。ポスターや広告で告知をする。さらに、AT&TやIBMなど、有名企業の支店2か所でも同様のことをやる。企業に連絡をとるときには、大学で講演会をやったことを告げて、1で加盟した関連団体のメンバーであることを告げることがポイントだ。さらに、無料でセミナーをやる目的は、アカデミックなフィールド以外での講演経験を積むところにあることを強調して、商品やサービスの販売が目的ではないことをきっちり伝える。セミナーはあとでCDやDVDとして販売できるよう、2方向から録音・録画すること。

4 オプション——1から3までを実行できたら、業界誌に、これまでの講演活動に関連するトピックで1〜2度投稿してみる

原稿のなかでも、業界団体会員であることや、大学や企業での講演活動の実績に触れよう。原稿が採用されなかったら、誰か有名人にインタビューする記事を載せたいということを申し出てみよう。この方法であっても、業界誌に寄稿者として名前を載せることはできる。

5 ProfNetに登録

ジャーナリストが、記事に引用するための専門家の原稿を探すためのサービスだ。1から3、そして4を実行して信用をつけたら、今度は、ジャーナリストからの質問にオンラインで答える段階に進もう。これらのステップを着実に実行して、小さな地域レベルでのメディアで注目されるところから始まり、やがては『ニューヨーク・タイムズ』や『ABCニュース』で取り上げられるところまでを目指そう。

専門家になるのは、そんなに難しいことじゃない。今、私は専門家の障壁をなくしたいと思っている。

もちろん、私は専門家でもないのに専門家のふりをすることを奨励しているわけではない。そんなことは絶対にできない。ただ、「専門家」というのは、あいまいなままメディアで多用されているため、定義が不明確になっている。現代のＰＲの観点からすると、ほとんどの分野で専門性を証明するためには所属団体、クライアントリスト、執筆実績、そしてメディアへの露出が決め手になる。ＩＱ指数でも、博士号でもないのだ。

真実を、それに一番ふさわしい照明で照らしてみよう。ただし、ウソはなしだ。

あなたがＣＮＮに登場する日を楽しみにしている。

Q&A

クエスチョン&アクション

この章に関しては、Ｑ＆Ａはシンプルだ。本当にただのＱ〔質問〕だからだ。

その質問というのは、「この章を読んで指示に従ったか?」ということだ。もし答えがノーなら今すぐやること！　ほかのＱ＆Ａと違い、この章の終わりと次の２つでは、行動を起こすためのより広範囲な情報を、本文の中で説明している。

コンフォート・チャレンジ～自分の安全地帯を出てみよう

ヨーダを探せ（3日間）

これから3日間、1日最低ひとり、超有名人のメンターに電話してみよう。電話ができたらEメールでのアクセスにもチャレンジしてみよう。電話するのは、秘書やそのほかの交通整理係とのゴタゴタを減らすため、午前8時30分前から午後6時以降をおすすめする。電話するにあたって準備するものは、質問をひとつ。調べ尽くしてもどうしても答えが見つからなかった質問を用意しよう。ターゲットは「A」プレーヤー〔政治や経済に影響力のある人物〕。CEOや大成功を収めた起業家、有名作家などだ。やりやすくなるように目標を低く設定してはいけない。必要に応じて、www.contactanycelebrity.com を調べてみるといい。以下のサンプルを参考に、どうやって話すかを考えてみよう。

相手　Acme社［もしくは、あるメンターX氏のオフィス］でございます。[注31]

あなた　はじめまして、こちらティム・フェリスと申します。ジョン・グリシャムさんをお願いします。

相手　失礼ですが、どういったご用件でしょうか？[注32]

あなた　はい、ちょっと変なお願いで恐縮ですが、私はデビューしたての作家で、昔からグリシャムさんのファンなんです。[注33]最近、『Time Out New York』に載ったグリシャムさんの記事を拝見して[34]、あることについて、ひとつだけアドバイスをいただけたらと思いまして、思いきって[35]お電話をした次第です。2分程度しかかかりません。どうか、グリシャムさんにおつなぎいただけないでしょうか。[36]おつなぎいただけたら、ほんとうに、ほんとうに助かります。

相手　うーん……、少々お待ちください。確認してみますから。［数分待たされる］お待たせしました。どうぞ。［電話がどこかに転送される］

ジョン・グリシャム　もしもし、ジョン・グリシャムですが。

あなた　はじめまして、グリシャムさん。わたくし、ティム・フェリスと申します。ちょっと変なお願いで恐縮ですが、私はデビューしたての作家で、昔からグリシャムさんのファンなんです。最近、『Time Out New York』に載ったグリシャムさんの記事を拝見して、あることについて、ひとつだけアドバイスをいただけたらと思いまして、思いきってお電話をした次第です。2分程度しかかかりません。よろしいでしょうか？[37]

ジョン・グリシャム　うーん……、まあ、いいでしょう、2分なら。あと少ししたら、電話をかけなきゃならないんだ。

あなた　［電話の最後で］お忙しいところ、お時間を割いてくださって、ほんとうにありがとうございました。ところで、もしまた、どうしてもうかがいたいことがあるときに、万が一ですが、Eメール[38]を差し上げてもよろしいでしょうか？　差し支えなければ、アドレスを教えていただけますか？

●ライフスタイルデザインの実行例

月を超えて

私の13歳の娘は、おとなになったら宇宙飛行士になりたいと言っています。昨年、彼女はとんでもないチャレンジをしました。アポロ13号にまつわる「失敗という選択肢はない」という言葉は、私たちのモットーになっているのですが、私はアポロ13号の搭乗員ジム・ラヴェルにコンタクトをとることを思いついたのです。彼を探し出すにはそんなに時間がかかりませんでした。なんと彼は娘にとてもすばらしい手紙を送ってくれました。その手紙には、アポロの搭乗プログラムで味わった厳しい試練について書かれていました。スペースシャトルが壊れたら、という話はしていませんでしたけど。彼の手紙は娘に大きな影響をもたらし、数か月後、私たちは娘の夢に一歩近づけることができたのです。そう、娘はスペースシャトルが発射する観覧ＶＩＰ席をもらったのです。

――**ロブ**

お役立ちツールと使うコツ

◆十分な市場規模を確認する

・**Compete　www.compete.com／Quantcast　www.quantcast.com**

月ごとの訪問者数に関して、ほぼすべてのウェブサイトを網羅している。さらに、トラフィック〔ネットワーク上を移動する文書、音声、画像などのデータの情報量〕のなかでもっとも使われた検索語も分かる。

・**Writer's Market　www.writersmarket.com**

専門誌やニッチ向け雑誌の一覧と、発行部数、購読者数などが確認できる。私は紙の印刷版の方をよく利用している。

・**Spyfu　www.spyfu.com**

競合相手のオンライン広告の費用、キーワード、アドワーズの詳細などをダウンロードできる。広告費用が継続的に繰り返し支出されていれば、広告のＲＯＩ〔投資収益率〕がうまくいっていることになる。

・**Standard Rate and Data Services　www.srds.com**

各種雑誌の年間発行部数と貸与可能な各社の顧客メーリングリストの情報源。たとえば、カモ猟のハウツービデオをつくろうと考えている場合は、まず猟銃メーカーと関連雑誌の顧客リストから市場規模を確認すればいい。オンライン版はアクセスがやや複雑なので、印刷版を図書館で閲覧するほうがいい。

◆再販可能な商品や製造業者を見つける

・アフィリエイト・ネットワーク

Clickbank　www.clickbank.com

Commission Junction　www.cj.com

アマゾン・アソシエイト／www.amazon.com/associates

目録も、請求書も不要。Clickbank や Commision Junction などのアフィリエイト・ネットワークにある製品やカテゴリで実験してみよう。購入ごとに10～75％が支払われる。ＰＯＣ〔プルーフ・オブ・コンセプト。新たな概念やアイデアの実現可能性を示すために、簡潔で試験的な実現化を行うこと〕を行うためにはいくつか似た商品を使うのがてっとり早い方法だ。両方のサイトにアカウントを設定すれば、ベストセラー商品がどのように売られ、プロモーションされていったかを観察できる。

アマゾンアソシエイトは、平均7～10％のコミッションをとるが、ベストセラーの本に詳細な商品説明をつけており、ターゲットマーケティングにはもってこいだ。右記すべてのサイトでは、ほかのアフィリエイトと競って入札戦争に巻き込まれてはいけない。高価な一般名詞のキーワードや、露出過剰なブランドネームを使うのは良くない。ニッチでいくか、さもなくば破産するかだ。

・アリババ　www.alibaba.com

中国に拠点があるアリババは、世界最大のＢ ｔｏ Ｂ〔企業間取引。電子商取引のひとつ〕マーケットプレイスだ。９ドルのＭＰ３プレイヤーから、ボトルで2ドルの赤ワインまで、このサイトは大きな情報源になる。ここで扱われていないものは、おそらく商品化できないだろう。

・Worldwide Brands　www.worldwidebrands.com

商品をカスタマーに直送できる業者を探すための広範囲のハウツーガイド。商品リストを見て事前購入するという手間が省ける。ここではアマゾンやｅBayのパワーユーザー〔パソコンにくわしいユーザー〕が、直送物だけでなく、卸売業者や精算人を見つけることができる。Shopster（www.shopster.com）も有名で、100万以上の直送品が取り扱われている。

・**Thomas's Register of Manufacturers　www.thomasnet.com**

下着から商品、飛行機の部品まで、あらゆる製品についての、委託製造業者に関する検索可能なデータベース。

・**エレクトロニクス、DVD、本　www.ingrambook.com, www.techdata.com**

・**家庭用品やハードウエア　www.housewares.org／www.nationalhardwareshow.com**

家庭用品やハードウエア、関連する人材（実演販売担当者など）については、見本市などに足を運ぶことも考えてみるといい。

・**消耗品とビタミン製剤　www.expoeast.com／expowest.com**

◆再利用にあたって著作権切れの情報を見付ける

著作権切れの情報を利用する前に、必ず知的財産分野の弁護士に相談しよう。著作権消滅著作物の20%を変更（たとえば、脚注の要約など）した場合、「新しい」完成品には著作権が発生する。許可なしにそれを使用すると、なんらかの罰則の対象となる違反行為となる。これに関連する話は非常に複雑だ。基本的なことはまず自分で調べてみるべきだが、製品を開発するというスタートを切る前に、必ずプロに相談して、確認してもらうようおすすめする。

・プロジェクト・グーテンベルク　www.gutenberg.org
著作権切れと考えられている文学作品１万５０００点以上を掲載しているデジタルライブラリ。

・LibriVox　www.librivox.org
無料でダウンロード可能な、著作権切れオーディオブックを多数掲載しているサイト。

◆セミナーや専門家への電話インタビューを録音してＣＤにダウンロード可能な製品にするためには

・HotRecorder　www.hotrecorder.com（ＰＣ用）／Call Recorder　http://ecamm.com/mac/callrecorder（Ｍａｃ用）
ＰＣ発もしくは受信の電話を録音し、スカイプ（www.skype.com）その他のプログラムとつないで使用できるようにしてくれる。

・NoCost Conference　www.nocostconference.com
フリーダイヤルの電話会議室を提供している。録音やファイルの復旧もできる。通常の電話が使われるので、参加者はコンピュータやウェブの接続が必要ない。Ｑ＆Ａ形式でやるなら、音が聞こえる、聞こえないといった問題を避けるために、前もって参加者に質問を渡しておこう。

・Jing Project　www.jingproject.com／DimDim　www.dimdim.com

もしビデオチュートリアル〔ある製品の使用方法や機能などを解説したもの。また、そのために用いられる教材やファイルのこと〕用に動作を記録したいときには、こうしたフリープログラムを両方使えば、それで完了だ。拡張の編集機能が必要であれば、Jing's big brother Camtasia が業界標準だ（www.camtasia.com）。

◆印税や使用料を生み出すために

・InventRight　www.inventright.com

スティーブン・キー氏は私が今まで会ったなかでもっとも成功している発明家だ。ディズニーやネスレ、コカコーラなどから莫大なロイヤリティの支払いを受けている。彼はハイテクではないがシンプルな製品もしくは既存の製品を改良するアイデアを生み出し、こうした大企業にそのアイデアの使用許可を与えている。アイデアが生まれると、200ドル以下の期限付きの特許を申請し、仕事は大企業にさせて、あとは彼は小切手を回収してまわる。このサイトを見れば、彼と同じようなことをする場合の、失敗予防のための準備について知ることができる。彼がたったひとりでやってきた、飛び込み営業のテクニックは必見。超おすすめサイトだ。

・Guthy-Renker Corporation　www.guthyrenker.com

GRCはインフォマーシャルの巨大企業だ。アンソニー・ロビンズ〔『一瞬で自分を変える法』などを著したコーチングの第一人者〕や「プロアクティブ・ソリューション」〔ニキビ治療などの化粧品をおもに通信販売で販売する化粧品ブランド〕、Winsor Pilates〔アメリカの有名ピラテスメソッド〕などのメガヒットで、年間13億ドルもの売上を達成している。登録しても、2～4%を超えるロイヤルティを期待してはいけない。しかし、数字が大きいから一見の価値はある。オンラインで商品をアップできる。

◆製品化できそうな未使用の特許を探すには

・**米国特許商標庁（United States Patent and Trademark Office）　www.uspto.gov**

・**大学で開発されたライセンス可能なテクノロジー　www.autm.net**

Technology Transfer Offices の項目にある「掲載情報をすべて見る」（view all listings）をチェックしてみよう。

・**発明家のグループや団体　www.uiausa.org/Resources/InventorGroups.htm**

発明家の集団や団体を調べて、ライセンス可能なものがあるかどうか、直接問い合わせてみよう。

◆専門家になるには

・**ProfNet via PR Leads　www.prleads.com/discoutpage／HARO　www.helparetpoterout.com**

ローカルメディアからCNN、『ニューヨーク・タイムズ』などの全国規模のあらゆるメディアに掲載するため、引用やインタビューができる専門家を探すジャーナリストの情報網。流れに逆らって泳ぐのはやめて、すでに進行中の記事にレスポンスするよう心がけよう。私の名前を出せば、2カ月分が1カ月の値段で手に入る。HAROは無料で見出しを選択できる。そして、Leads とともに私の名前を出せば、2か月分が1か月分の値段で手に入る。

・**PR Web Press Releases　www.prwebdirect.com**

プレスリリースの意義はほとんど薄れかけているが、このサービスを使えばサーチエンジンから重大な恩恵を受けることができる。例えばグーグルニュースやヤフーニュース検索のトップページに関連記事として引っかかる場合がある。

・ExpertClick　www.expertclick.com

PR専門家のもうひとつのとっておきが、このサイトだ。ここでは、メディア向けの専門家のプロフィールがアップでき、トップメディアのコンタクト情報の最新データベースを受け取れる。また、1万2000人を超えるジャーナリスト向けのプレスリリースの配信が無料でできる。ひとつのウェブサイトで1か月あたり500万以上のヒットが得られる。ここを利用して、私はNBCに出ることができたし、最終的にはプライムタイムのテレビ番組に展開することができた。使えるサイトだ。電話で私の名前を出すか、オンラインで「Tim Ferris $100」からアクセスすれば、100ドル〔約8300円〕のディスカウントになる。

● ライフスタイルデザインの実行例

ボンジュール、ティム。

私はバーンズ&ノーブルで、欲しい本（ヘンリー・ミラーの『北回帰線』です。もし知りたかったらですけど）を書店員さんに探してもらうために書店のヘルプデスクで待っていました。私が待っている間、カウンターにあった『週4時間』の本に目が行きました。誰かが注文していたもののようです。ためらうことなく、カウンターに近づいてその本を手にとって読んでみました。あなたのお察しのとおり、私は書店員さんを呼び、この本を1冊持ってきてもらいました。『北回帰線』より前に、『週4時間』を読み終えました……。

……月曜日、私は上司に1週間に2日、リモートワークができるよう求めました。そして翌週から始めました。

月曜日にパリの最上級のアパートメントに9月から住めるように予約もしました。私が南カルフォルニアで支払っている賃料の半分で済みました。これからの2か月間、遠隔操作できる時間を拡大して、在宅勤務を取りやすくできるようにするつもりです。

もし「ノー」という返事であれば（現時点ではその可能性があります）、私は仕事を辞めるつもりです。

今は、収入を自動操縦するプロジェクトを進行中です。

ティム、私は驚いています。自分の人生が3日で変わったんですよ！（それと、あなたの本は面白くてたまらない）

ありがとうございました!!!

――シンディ・フランキー

（注釈）

21 新たにコンテンツをつくり出す必要のない会員制のオンラインサイトといったごくわずかな例外はある。でも、一般的なルールとして、製品ならほとんどメンテナンスが必要ないし、より速くＴＭＩに組み入れることができる。

22 ミューズは、あなたのドリームラインを実現するための時間的・経済的自由を、記録的な速さでもたらしてくれる。その後（多くの場合は）、世の中を変えるため、もしくは販売のための会社を始めることができる。

23 流通業者は時に、業界によっては「卸売業者」とも呼ばれる。

24 あなたの会社の製品を、いくらで売るのかをあなたがコントロールするのは違法だが、いくらで広告を出すかの指令はできる。書面による卸売注文を受けたとき自動的に同意されるあなたの取引約款（ＧＴＣ）に、最低広告価格（ＭＡＰ）方針を含むことで、できる。サンプルＧＴＣと注文用紙は www.fourhourblog.com で利用可能である。

25 *The Wall Street Journal*, July 18, 2005 (http://www.technologyinvestor.com/login/2004/Jul18-05.php).

26 これは、競争を排除して先取りするために私がつくった、新しい製品カテゴリだ。ひとつの正確なカテゴリーで、最大、最高、あるいは最初の存在になる努力をしよう。私は、「最初」になることを好む。

27 もしあなたがダグのようにほかの誰かがつくった最上級の製品を転売することにし、特にドロップシッピング〔注文が入った時点で、それをメーカーや卸売り業者から直送させる方法〕を用いるなら、リスクは低くなり、より少ない利ざやでも十分こと足りる。

28 バックエンド商品とは、主要となる商品が発売されたあと、顧客に購入を促す商品のこと。iPod カバーと車のＧＰＳシステムが、その例である。顧客を獲得する広告費用がないため、これらの製品は、低利幅となる。

29 「クロスセリング」とは、主要な製品の販売が行われたあと、客がまだ電話中、またはオンラインショッピング中に、関連商品を販売することだ。マーケティングとダイレクトレスポンス（ＤＲ。〔直接反応〕）の全用語集は、www.fourhourblog.com を参照。

30 これは、著作権または商標の所有者のことも差している。

31 何気ない素振りで、自信を持って言おう。これだけで驚くほど通じやすくなる。「Xさん〈Mr./Ms.X〉とお話ししたいのですが」と苗字で呼ぶと、あなたが彼らを知らないという決定的な証拠になってしまう。また、ターゲットとするメンターに対してファーストネームだけで呼んでしまうと、連絡を取る機会を得たいがためにはったりをかましている馬鹿な人だと思われるリスクがある。

32 突拍子もない要求をするときはいつも、私はこういった前置きをする。そうすれば奇妙さも少しは和らぐし、自動的に「いいえ」と言わせずに、耳を傾けようと興味を掻き立てさせることができる。

33 これは、電話をとった人の頭に思い浮かんだ疑問「あなたは誰？ そして、なぜ今、電話をかけているの？」に対する答えになる。私は深い共感を寄せる「最初の」人間になることを好む。そのために、電話するきっかけとなるような最近のメディアの記事を見つけるようにしている。

34 私なら、なじみの深い人物に電話をする。「長年のファン」とは言えないのなら、そのメンターの経歴やビジネス上の功績を特定の年数追ってきたことを伝えよう。

35 強がってはいけない。緊張しているところをはっきりと見せたほうが、相手はガードを下げてくる。私はよく緊張していなくてもそういう素振りを見せる。

36 ここでの言い回しはどうしても相手に対して批判的になってしまう。何かをする「手助けをしてもらう」ように、彼らに伺いを立てよう。

37 最初に電話をとった窓口の人間に対して言ったことをもう一度繰り返すだけだ。ただし、グズグズしてはいけない。すぐに用件の核心に入って、話のきっかけをつくる許しを求めよう。

38 今後コンタクトをとるためのチャンスをもらった上で、会話を終わらせよう。メールから始めて、そこから師弟関係を構築させよう。

10章 収入のオートパイロット化Ⅱ

ミューズをテストする

決断され、行われた実験によって間違いが発見されると、論理は否定される。つまり、実験主義者たちは、科学の分野における「自作農民」の仕事を担っているのだ。一方、論理主義者たちは、彼らのおかげで、嘘をつかずにいられるということだ。

――加来 道雄〔理論物理学者〕

アメリカでは毎年17万冊の本が出版されるが、5000部以上売れるのはそのうち5%にも満たない。個人の業界経験年数を合計すれば何十年にもなる出版社と編集者のチームでさえ、何回も失敗するのである。Border's Books の創業者は、全米規模の食料雑貨品配送サービスの WebVan[注39] でつくった元手の375億ドル〔約3兆1125億円〕を失ってしまった。何が問題だったのか？ 誰も欲しがらなかったからだ。

直感や経験は、どんな商品やビジネスが儲かりそうかという質問に対しては、当たらない天気予報のようなものだ。同じように、マーケットとして注目しているグループも誤りやすい場合がある。試しに10人にあなたの商品を買うかどうか聞いてみよう。「イエス」と言った人に、「今、車に10個積んであるから買わないか」と言ってみよう。相手を喜ばせたいという気持ちから「イエス」と言っているだけで、実際にお金が必要であるとなった途端に丁寧に断ってくるのがオチだろう。

人に買うかどうかを尋ねてもダメだ――買うように頼む。それが意味のある返答を受け取る唯一の方法だ。

では、ニューリッチ（NR）方式のステップ3を紹介しよう。

◆ステップ3――製品のミニテスト

ミニテストとは、商品を製造する前に、あまり費用をかけずに広告を打ち、消費者の反応を見るテストのことである。[注40]

インターネット時代以前にこれをやる場合には、新聞や雑誌に3行広告を出し、見込み客に電話させて録音済みのセールスメッセージを聞かせたりした。見込み客は電話をかけてきたという情報を残す。そして、電話をかけてきた人数やフォローアップの郵便物に対する反応にもとづいて、商品化をあきらめるか製造に移行するかを決めていた。

現代のインターネット時代では、同じことをもっと安く、早くできる良いツールがある。例えば、前章で書いた商品アイデアをグーグルアドワーズ――最大かつ最優秀なペイ・パー・クリック〔PPC＝Pay-Per-Click／クリックごとの課金〕広告を使えば、期間は5日以内、コストも５００ドル〔約４１５００円〕程度でテストが実行できる。ここで言う課金広告は、グーグルの通常の検索結果の右上側にハイライト表示されている検索結果のことである。広告主は、登録した検索キーワードで検索が行われたときに、広告を表示させる機能について対価を支払う。検索者がその広告をクリックして広告主の商品サイトに飛ぶたびに、０・５ドル～1ドル〔42～83円〕ほど課金される。グーグルアドワーズやＰＰＣ広告の説明は、www.google.com/onlinebusiness

を参照のこと。ＰＰＣ広告の使用例については、www.fourhourworkweek.com で「ＰＰＣ」で検索してみよう。

テスト手順は次の通り3段階ある。

勝つ／競争相手をよく観察した上で、もっと説得力のあるオファー〔商品の提供〕を盛り込んだ1ページから3ページ程度のウェブページを作成する（1〜3時間）。

テスト／グーグルアドワーズ広告を使ってそのオファーをテストする（準備に3時間、結果の分析に5日間）。

中止・投資／負けたら損切り。勝ったら商品制作に踏み切る。

それぞれ違うやり方をした2人の人物の例を取り上げよう。シャーウッドとジョアンナ、そして2人の商品アイデア——「フレンチセーラーシャツ」と「ロッククライマー向けのヨガ入門ＤＶＤ」——である。テスト手順はどんなものか、どうやったらあなたも同じことができるか、というケーススタディだ。

シャーウッドは２００８年の夏、旅行先のフランスでストライプ柄のセーラーシャツを買った。それを着てニューヨークに帰る途中、20歳代から30歳代の男に次々に声をかけられ、どこで買ったのかと聞かれた。商機を感じ取った彼は、ニューヨークを拠点にしている20〜30代の男性向けの週刊誌のバックナンバーを求め、フランスの製造業者に電話して価格を聞いてみた。すると、小売で１００ドル〔約８３００

円）のシャツが卸売では20ドル（約１６６０円）で買えることが分かった。アメリカへの輸送賃として５ドル（約４１５円）を足し、コストは１枚あたり25ドル（約２０００円）。シャーウッドはこの商品をテストしてみることにした。ただ、それは私が理想とする８〜10倍の利幅とは程遠い４倍ではあったが。

ヨガのインストラクターをしているジョアンナは、顧客にロッククライマーが増えていることに気がついた。ジョアンナ自身もロッククライマーだったので、ロッククライマー向けのヨガトレーニングＤＶＤをつくってみることにした。20ページのマニュアル付きで予価は80ドル（約６６４０円）。最初の制作だったので、ＤＶＤの撮影はビデオカメラを借りて自分でやり、編集も友人のｉＭａｃでやることにして制作コストを抑えた。内容は、メニューもなく、映像とタイトルのみ。それを少量の枚数だけパソコンで焼き、フリーソフトを使ってラベルをつくった。ＤＶＤの制作業者に聞いたところ、それを本格的に外注して焼いた場合、最低ロットが２５０枚で、複数のコストはケース付きで１枚３〜５ドル（約２５０〜４１５円）かかるということが分かった。

さて、アイデアができて、初期費用も算定できた。次は何か？

競争に勝つために

何よりもまず、その商品が「競合品リトマス紙試験」を通過しなければならない。シャーウッドとジョアンナはどうしたらそれぞれのライバルに勝ち、優れた商品、優れた保証を示すことができるだろうか？

1　シャーウッドとジョアンナは、それぞれの商品を見つけるためによく使われる言葉をグーグル検索してみた。また、関連語や派生語を見つけ出すために、検索キーワードのサジェスチョンツールを利用

した。

・**グーグルアドワーズ・キーワードツール** https://adwords.google.com/select/KeywordToolExternal
検索ボリュームにひっかかる可能性のある検索ワードやサーチトラフィック用の代替用語を入力し、「Approx Avg Search Volume」をクリックすると、検索結果が表示される。

・**SEOBook Keyword Tool** http://tools.seobook.com/
これはWordtrucker（www.wordtracker.com）提供の、優秀なリソースページ検索ツールだ。

それから2人は、検索結果の上位や、PPC広告に毎回現れる3つのウェブサイトを見てみた。シャーウッドとジョアンナは、どうすれば自分とそれぞれのライバルとの間に差をつけることができるだろうか？

・信頼指標をもっと使う？（マスコミ、学界、団体、推薦状など）
・もっと保証を良くする？
・もっと品揃えを増やす？[注41]
・配送を早くするか、配送料を無料にする？

何より、その商品が競合品に勝てなければ話にならない。シャーウッドはまず、同様の商品を扱うサイトをチェックしてみた。そして検索した結果上位に表示されるウェブサイトと、ＰＰＣ広告に表示されるウェブサイトの計３つを見てみた。すると、どのウェブサイトでも、目的のシャツが見つけにくいことに気がついた。そのシャツ以外にも、たくさんの商品を掲載しているサイトだったからだ。また、彼が扱うシャツには、アメリカでつくられた複製品とフランスから直輸入されるもの（商品が届くまで２～３週間待つ必要がある）があることが分かった。ジョアンナの方は、「ロッククライマー向けのヨガ」ＤＶＤは見つからなかったので、競合サイトはなく、白紙からのスタートとなった。

2　シャーウッドとジョアンナは、３００～６００語の１ページ広告を作成する必要があった。商品の特徴やほかとの違いを強調し、推薦文を盛り込んだものだ。それには写真もいる。自分で撮ったものでも、オンラインのフォトストックサイトで入手してもいいだろう。まず、2人は2週間かけて、インターネット上や印刷物などで自分が興味をひかれる広告を集め、参考資料として活用した。[注42] ジョアンナは自分の客に推薦文を頼んだ。シャーウッドは友だちに商品のシャツを着てもらって写真撮影し、ウェブサイトで使用する画像を作成した。彼はさらに、製造業者から商品画像と宣伝の見本を取り寄せた。そうして2人の広告は完成した。

ちょうどいい例がある。www.pxmethod.com を見てほしい。セミナーの出席者の推薦文を使って私がつくったテストページだ。Expert Builder でもおすすめページになっている無料のセミナー指南書は、売れるポイントや推薦文を確認するのに最適である。

広告をテストする

次に、シャーウッドとジョアンナは自分たちの広告に対する実際の顧客の反応をテストする必要があった。シャーウッドはまず、広告を48時間 eBay オークションで試してみた。シャツ1枚の入札可能最低価格を50ドル〔約4150円〕に設定した。その時点では出荷する商品がないので、入札価格が75ドル〔約6200円〕まで上がった段階でオークションをキャンセルし、次の段階のテストに移行することにした。これならば法的には問題がない。一方、ジョアンナはそういう見え透いたうそをつくのがいやだったので、このテストはパスした。

シャーウッドのコスト——5ドル未満。

2人は、これから開設する1ページサイトをホスティングするため、www.bluehost.com といった低価格のプロバイダを見つけた。Bluehost はホスティングすると1個のドメイン名をくれた。シャーウッドは www.shirtsfromfrance.com を、ジョアンナは www.yogaclimber.com を選んだ。ドメイン名を追加するために、ジョアンナは安い登録機関 www.joker.com を利用した。

2人のコスト——20ドル未満。

シャーウッドは www.weebly.com を使って1ページの広告をつくり、そこから www.wufoo.com のフォームビルダーを使って追加で2ページ作成した。最初のページにある購入ボタンをクリックすると、価格計算や出荷情報が表示され[注43]、希望購入者が連絡先（メールアドレスや電話番号）を入力する2ページ目が表示される仕組みになっている。ここで購入希望者が「注文ページを表示」をクリックすると3ページ目に飛び、「まことに申し訳ありませんが、ただいま入荷待ちになっております。入荷次第ご連絡いたしますので、もう少々お待ちくださいますようお願い致します」とのメッセージが表示される。最初のページ、2ページ目、3ページ目が表示された状況を、個別にテストできるように考えた構造だった。購入希望者が「注文ページを表示」をクリックして3ページ目が表示された場合、テスト結果としては注文とみなすこととした。最終ページに入る人がいたら、それも注文と判断した。

ジョアンナの方は、シャーウッドがしたようなドライテスト〔商品化される前に購入の申し込みを受け付け、反応がよければ制作にとりかかる商品テスト〕は違法ではないとはいえ、好きではなかった。そこで、www.elance.com のウェブデザイナーを雇い、サイトをつくって別のテストをすることにした。1ページの広告のほかに、「ロッククライミング向けヨガに関する10のポイント」という無料メルマガの登録をしてもらう内容にした。この登録数の60%をＤＶＤの注文と考えることにした。

２人のコスト――０ドル。

次に、２人はグーグルアドワーズ広告を設定した。キーワードツールを使って、自分の商品を検索するためのキーワードをピックアップし、検索キーワードを50～１００語セットし、ヘッドラインから自分のサイトにどのくらいのトラフィックを誘導できるかテストした。一日あたりの広告予算は50ドル〔約４１５０円〕に設定した（このＰＰＣテストを継続して行う際には、まず www.adwords/google.com/onlinebusiness に行くことをおすすめする。そして自分のアカウントをつくってフォローしておくとよい。およそ10分ほどかかる。用語説明で10ページ使うのは森林資源の無駄遣いだ。オンライン画面をひと目見れば分かる）。

検索語は、前に使ったキーワード検索ツールによって決めた。２人の目的は、極力関連性のある言葉（「フレンチセーラーシャツ」vs「フレンチシャツ」、「スポーツのためのヨガ」vs「ヨガ」）で、高い変換率（ビジターのうち買った人の比率）があり、クリック単価（ＣＰＣ＝cost-per-click）〔クリック１回あたりの料金〕の低いものだ。また、ポジショニング〔競合相手との差別化をはかって商品の独自性を打ち出す考え方〕は２位から４位の間を、クリック単価はわずか０・20ドル

〔約16円〕という値を目指した。

シャーウッドは、グーグルの無料ウェブ分析ツールを使って、オンラインマーケティングに必要な情報をとることにした。つまり、注文を追跡したり、サイトの訪問者数やコンバージョン率（訪問した人のうち何人が商品を購入したか）などといったことだ。ジョアンナは、www.aweber.com を使って顧客の登録メールを追跡するつもりだ。[注44]

2人のコスト――0ドル。

ジョアンナもシャーウッドも、製品保証と、自分の商品のほかとの違いに焦点を当てたグーグルアドワーズ広告を考えた。それぞれのグーグルアドワーズ広告は、見出しと2行の説明からできていた。どちらも35文字以内だった。シャーウッドの場合で言えば、検索キーワードを10個ずつ使ったグーグルアドワーズ広告を5種類つくった。そのうち2つは次のようなものである。

フランス製セーラーシャツ
フランスのクオリティ、発送はアメリカから
永久保証つき! www.shirtsfromfrance.com

本場フランスのセーラーシャツ
フランスのクオリティ、発送はアメリカから
永久保証つき! www.shirtsfromfrance.com

ジョアンナも同じようにつくってたくさん試した。そのうちの2つが次のようなものだ。

ロッククライマーのためのヨガ
グレード５・１２のクライマーが使っているＤＶＤ
体をすばやくしなやかに！ www.yogaclimber.com

ロッククライマーのためのヨガ
グレード５・１２のクライマーが使っているＤＶＤ
体をすばやくしなやかに！ www.yogaforsports.com

このテストは、広告文だけでなく製品保証や商品名、ドメイン名のテストとしても使えることがポイントだ。テストしたいひとつの変数だけ変えたものをグーグルの方でグルグル自動的に回してくれる。実は、私はこの本の表紙を決めるのにも、この手法を活用した。

２人とも、パフォーマンスが一番高い広告だけが表示されるグーグル機能は無効にしておいた。あとで、５種類の広告のクリックスルー率〔表示された広告が実際にクリックされた割合〕を比較して、一番パフォーマンスが高い要素の組み合わせ（見出し、ドメイン名、本文）で本番用の広告をつくるためである。

最後に大切なことをひとつ。このテストは見込み客をだましてサイトに連れてくるものではない。トラフィックをテストするのだから、「無料！」とか、そのほか奇抜な文言でウィンドウショッパーや物見高い訪問者をひきつけるような広告はつくるべきではない。

２人のコスト——１日当たり50ドル〔約４１５０円〕以下×５日間で最大２５０ドル[注45]〔約２万円〕。

投資するか売却するか

５日後、結果集計の日だ。

「優良な」クリックスルー率やコンバージョン率というのは、どういうことを指すのか？ これが数字にだまされやすいところだ。もし、私たちが80％のマージンを取ってお粗末なスノーマンスーツ〔クリスマス用の衣装〕

を1万ドルで売っているとする。そうなると明らかなのは、私たちに必要なのは、「70%のマージンを取ったＤＶＤを50ドルで売っている人よりもはるかに低いコンバージョン率」ということになる。この本の読者だけの特典として、いろいろな計算ができる無料のスプレッドシート〔表計算ソフト〕や高機能なツールがwww.fourhourworkweek.com にあるので見てほしい。

２人は、この段階はかんたんに済ませることにした。つまり、ＰＰＣ広告に実際いくらかかったかと、どれだけ注文がとれたかという結果だけをチェックしたかったのだ。

ジョアンナの成果は上々だった。ＰＰＣ広告にかかった費用は２００ドル〔約1万６６００円〕ほど、無料のメルマガ（ロッククライミングにヨガを取り入れる「10のコツ」）の登録数は14件だった。このうち60%がＤＶＤを購入すると仮定すると、利益は、ＤＶＤ1枚あたり75ドル〔約６２００円〕×８・４人で６３０ドル〔約５万２３００円〕が見込まれることになる。ただしこれには、個々の顧客が今後もたらす可能性のある利益は含んでいない。

ジョアンナは、ある程度前向きな感触が得られたので、とりあえず一か月で99ドル〔約８２１０円〕の使用料と少額のクレジットカード払いの手数料がかかるヤフーストアを開設し、ＤＶＤ販売に踏み切ることにした。彼女は銀行にあまり信用がなかったので、マーチャントアカウント[注46]〔オンライン決済用の銀行口座〕をつくる代わりに、オンラインでクレジットカードを受け入れられるようにするため、www.paypal.com を利用することにした。また、例の無料メルマガを登録者に送り、ＤＶＤのコンテンツに関する感想と、推薦の言葉を書いてもらうよう頼んだ。そして、10日後、ＤＶＤの最初の出荷準備が完了し、彼女のオンラインストアは始まった。ちなみに、製品コストは最初にメルマガに登録してくれた顧客の売上でまかなうことができたのだった。間もなく、グーグルアドワーズを通じＤＶＤは週に10枚（７５０ドルの利益）という見事な売上を誇るようになった。ジョアンナは、今ニッチな雑誌にテスト広告を出してみようと思っている。そして、この仕組みから自分を外すため、自動のアーキテクチャをつくる必要があると感じている。

シャーウッドの方は同じようにはうまくいかなかったが、可能性は見えていた。彼の場合、ＰＰＣ広告には合計１５０ドル〔約1万２５００円〕かかり、粗利益はシャツ1枚分、２２５ドル〔約1万８７００円〕だった。アクセス数は十分あったが、訪問者の多くが価格計算のページまでしか行けず、注文ページは見ていなかった。そこで彼は、「2倍返し保証」をテストしてみることにした。それは、もしシャツが「今まで着たことがない心地よさ」でなかった場合に、購入金額の2倍を返金する、というものだ。これで再テストしてみると、シャツが7枚「売れた」ことになった。この結果をもとに、シャーウッドは、クレジットカードを受け入れるため、銀行にマーチャントアカウントを開設した。そして、フランスに1ダース〔12枚〕のシャツをオーダーし、それを10日間ですべて売り切った。そこで、その儲けを使って雑誌に広告を出すことにした。このとき、地元のアート雑誌に掲載料50%引き（「初回掲載限りの値引き」）を求め、その後も、ライバル誌を引き合いに出すことで、さらに20%引きを取り付けた。ちなみにその広告のなかでは、例のシャツを「ジャクソンポロックシャツ」と呼ぶことにした。[注47]さらに2ダース〔24枚〕のシャツを製造業者にオーダーした後、雑誌広告のほうにフリーダイヤルの番号を付け加えた。かかってくる電話は彼の携帯電話に転送される。ここでウェブサイトを使わなかったのには、２つ理由があった。１つ目は、オンラインＦＡＱをつくるため、客がよくする質問というのを知りたかったからだ。そして２つ目は、1枚のシャツで１００ドル（75ドルの儲け）か、「2枚買えば1枚はタダ」（２００ドル〔約1万６６００円〕−75ドル〔約６２００円〕＝１２５ドル〔約1万４００円〕の利益）か、どちらのオファーにするべきか、顧客の反応を試したかったからだ。

雑誌が売られていた最初の5日間で、24枚のシャツがすべて売り切れた。ほとんどが、「2枚買えば1枚はタダ」の特別オファーを使ったものだった。大成功だった。ここでシャーウッドは、広告の中身を変えることにした。電話での問い合わせを減らすために一般的な質問に対する回答を広告のなかに含めた。さらに、その雑誌社と長期契約の交渉をすることに決めた。彼は、その雑誌の値段の30%×4冊分の小切手を営業担当者に送りつけた。その後、先方が宅配便で小切手を受け取ったことを電話で確認する。小切手がすでに手元にあり、期限が迫っていれば、もう相手は拒否できないというわけだ。

シャーウッドは、2週間の休暇の間にベルリンに行き、やがては会社勤めを辞めたいと思っているところだ。それには、本格的な「バーチャル・アーキテクチャ」をつくり上げなければならない。「移動可能なＭＢＡ」を手に入れることも必要だ。

これについては次章で取り上げているので、参考にしてほしい。

◆ニューリッチ再検討――ダグラスはどうやったか？

ProSoundEffects.com のダグを覚えているだろうか？　彼はどうやって自分のアイデアをテストして、月収0ドルから1万ドルまで行ったのだろうか？　彼は以下のステップを踏んだ。

1　マーケットの選択

音楽プロデューサーやテレビプロデューサーなどを対象に選んだ。彼自身がミュージシャンであり、音源を使っているからだった。

2　商品の研究

サウンドライブラリーの大手メーカーから、リセール可能であり、非常にポピュラーな音楽商品を選んだ。そして、卸での仕入れとエンドユーザーへのドロップシッピング（直送）の合意を取り付けた。ライブラリの商品の多くはゆうに３００ドル（約2万５０００円）を超えており、50～２００ドル（４１５０～１万６６００円）の商品を取り扱うよりも、顧客対応により時間をかける必要があると考えた。

3　ミニテスト

在庫を仕入れる前に、需要を測るため（また、最高価格を調べるために）、eBay で商品をオークションにかけてテストした。顧客が注文をくれたときにだけ商品の発注をし、商品はただちに製造業者の倉庫から顧客にあてて出荷された。eBay で確認された需要にもとづいて、ヤフーにストアをオープンさせ、グーグルアドワーズやほかの検索エンジンのＰＰＣもテストした。

4　展開と自動化

テストをし、十分なキャッシュフローも生まれたので、業界雑誌の印刷広告のテストもしてみた。アウトソーシングして、彼自身が仕事に使う時間を、1日あたり2時間から1週間あたり2時間に減らすことにした。

コンフォート・チャレンジ～自分の安全地帯を出てみよう

最初の申し出を断わってその場を立ち去る（3日間）

このエクササイズを始める前に、できれば、ボーナス・トラックで紹介している「ジェダイ・マインド・トリックス――1万ドルの広告で70万ドル稼ぐ方法」を読んでおいてほしい。それから、土曜日、日曜日、月曜日の3日間、毎日2時間をこのエクササイズのために確保すること。

土曜日と日曜日に、何らかの商品が販売されている、ファーマーズマーケットや青空市場に行こう。どうしても無理なら、大手チェーンではない、個人経営の小売店でもいい。

交渉の授業料として予算を１００ドル〔約８３００円〕と定めて、まず１５０ドル〔約１２４５０円〕分の商品を見つくろう。今回のエクササイズは、１５０ドルを１００ドルまでまけてもらうということだ。高額のものをどんと買うよりも、価格が低めなものをたくさん買うほうがやりやすいと思う。最初のオファーに対して、必ず「どれくらいまけてもらえますか？」と言うこと。店の閉店時間の間際に、持ち帰りする商品だけで、手に１００ドル札を握った状態で交渉にあたるのがポイントだ。[注48] 目標の値段までまけてもらえなかったら、買わずに立ち去る練習をしよう。月曜日には、雑誌社2社に電話をかけて、www.fourhourworkweek.com にあるサンプルのとおりに交渉し、先方から、上と相談したが却下された、もしくは、交渉成立、との電話連絡がくるように、先方から電話をさせるよう交渉してみよう。

これはペーパートレーディング[注49]と同等の交渉だ。最初のオファーを断わること、そして、電話で担当者に交渉することのふたつに慣れることが大切だ。

お役立ちツールと使うコツ

◆サンプルミューズのテストページ

・The PX Method　www.pxmethod.com

速読関連商品の可能性をチェックするために、ここのセールステンプレートを使ったことがある（もちろん、そのときの結果は良好だった）。推奨広告〔著名人が商品やサービスを推奨する形式の広告〕や信用取引に関する指標、リスク軽減保証がどう使われているかを見てみよう。また、価格設定を別のページに置くことによって、テスト用の変数χとして個別に扱うことができることも参考にしてみよう。資料として使おう。シンプルかつ有効な誰でも真似できるモデルだ。ただし、クレジットカード情報は入力しないこと。これはあくまでも学ぶための実物模型だからだ。

◆技術者でなくても（もちろん技術者も）迅速かつシンプルにウェブサイトを構築する

・Weebly　www.weebly.com

Weebly は、ＢＢＣが「必須」と認めたサービスだ。私もこれを使って www.timothyferriss.com を2時間足らずでつくり、「timothy ferriss」というワードをグーグルの検索ページのトップに48時間以内で登場させることができた。次の WordPress.com のように、専門知識がなくともＳＥＯフレンドリー〔使いやすい状態にすること〕にデザインされている。ＨＴＭＬの知識もインターネットの専門家である必要もないのだ。

・**WordPress.com　www.wordpress.com**

私はWordPress.comを、スロバキアのブラティスラヴァのコーヒーショップから www.litliberation.org を立ち上げるときに使った。アメリカを拠点にするデザイナーがサイトの構築を放棄してしまったため、急遽私が立ち上げることになったのだ。サイトを立ち上げる方法を覚えるまで3時間もかからなかった。このサイトは教育の資金調達を試験的に行うためのもので、最終的にはスティーブン・コルバート〔アメリカのコメディアン〕が同時期に行った募金よりも200％以上の資金を調達できた。そして私はフリーの WordPress オープンソースバージョン（www.wordpress.org ホストをセパレートする必要がある）を使って、fourhourblog.com のトップ1000ブログをすべて管理している。大幅なカスタマイズが可能だが、それには技術的なノウハウが必要になってくる。

Weebly と WordPress.com の両方とも、ホスティングサーバを追加でセットアップする必要がある。

www.wordpress.org（.com ではない）を選ぶとすれば、カスタマイズの幅は広い。私はワンクリックで WordPress をインストールできるホスティングサービスを使うことをすすめる。たとえば www.bluehost.com などだ。Shop plug-in（http://shopplugin.net/）あるいは Market Theme plug-in（http://www.markettheme.com/）はEコマース機能が追加できる。Shopify.com（後述）は一体型だ。

◆支払いなしでお試しの精算ができるフォームを数秒で作成

・**Wufoo　www.wufoo.com**

Wufoo はすべての機能を備えたショッピングカートではない。しかし、もっとも明快に、かつ使いやすいフォームをウェブ上に作成することができる。PayPal につながる精算用のページを作成し、次のどちらかをする。

1　Weebly 上にあるあなたのサイトにこの精算フォームのページのリンクを貼る。

2　あなた自身のウェブサイトにコードをドロップし、そこをホストにする。

Wufoo は単品をお試しで販売するのに向いている。ユーザーがショッピングカートに複数の商品を入れることはできないようになっている。そうでなければ、アマゾン式の注文方法にカスタマイズしよう。こうした追加オプションは、テストがうまくいったあとが望ましい。その際、載っている「徹底したサイトソリューション」が役立つだろう。

◆コストが抑えられる商標権と会社登記（LLC、C-corp、ほか）

私もC-Corporation（アメリカ各州の法に基づいて設立された法人形態で、投資家向けのものだ）を持っているが、以下のような第2の選択肢をつくっておいたほうがいい。LLC（有限責任会社）とS-Corpは中小企業向けのものだ。会計士に相談して一番合ったものを決めるといい。

・LegalZoom　www.legalzoom.com

会社登記、商標、ほぼすべての法的文書を取り扱う。ある創立者がこのサービスを使って彼の技術系の新興企業を合併させ、今では2億ドル以上の資産価値になっている。

・Corporate Creations　www.corporatecreations.com

国内・海外企業の設立に役立つ。

◆ダウンロード可能な商品を販売するためのサービス（Eブック、ビデオ、オーディオなど読者の好みの順番に）

・E-Junkie　www.e-junkie.com

・Lulu　www.lulu.com

Lulu もオンデマンド印刷や他業種の製品、フルフィルメント〔通販代行〕などを行う。Lightning Source（www.lightningsource.com）のように、アマゾンやバーンズ&ノーブルオンライン、またはほかの主要なアウトレットを通じた配達を行う。

・**CreateSpace　www.createspace.com**

Amazon.com の子会社で、無料目録を提供し、本、CD、DVDをオンデマンドで発送する。同様にAmazon Video On DemandTM を通じたビデオのダウンロードも行う。

・**Clickbank　www.clickbank.com**

売り上げの１%と引き換えにあなたの商品を売ってくれるアフィリエイトの統合アクセスを提供。

◆PPC広告（クリック課金広告）の基本情報

・**グーグルアドワーズ　www.google.com/adwords**

◆市場規模のチェックとキーワードサジェスチョンツール

・**グーグルアドワーズ・キーワードツール　https://adwords.google.com/select/KeywordToolExternal**

検索ボリュームにひっかかる可能性のある検索ワードやサーチトラフィック用の代替用語を入力し、「Approx Avg Search Volume」をクリックすると、検索結果が表示される。

・**SEOBook Keyword Tool　http://tools.seobook.com/**

これは Wordtrucker（www.wordtracker.com）提供の、優秀なリソースページ検索ツールだ。

◆**低コストのドメイン登録**

・**Domains in Seconds　www.domainseconds.com**

私はこのサービスを使って１００以上のドメインを取得した。

・**Joker　www.joker.com**

・**Go Daddy　www.godaddy.com**

◆**高額ではないが信頼できるホスティングサービス**

ホスティングソリューションをシェアし、あなたのサイトが単一サーバ上でほかのサイトと並行してホストを置ける。安価でできるので私は２つのプロバイダを使うことをおすすめする。ひとつは主要なプロバイダとして、もうひとつはバックアップ用だ。あなたのサイトのページにそれぞれのホストを置き、www.no-ip.com にサインアップする。そうすればバックアップのために5分以内でトラフィック（DNS）にリダイレクトできる。通常は24～28時間はかかってしまう。

・**1 and 1　www.1and1.com**

・**BlueHost　www.bluehost.com**

・**RackSpace　www.rackspace.com／サーバの管理がいいことで知られている**

・**Hosting.com　www.hostiing.com／サーバの管理がいいことで知られている**

ホスティングサービスは安価なので（あなたのサイトが、複数のサイトとサーバを共有する）、プロバイダを２か所使って、メインとサブに使い分ける方法をおすすめする。各サーバにウェブページをアップし、www.no-ip.com にサインアップしよう。通常24時間から48時間のところ、トラフィックDNSを5分でバックアップにリダイレクトできる。

◆ロイヤリティフリーの写真と素材

・iStockPhoto　www.istockphoto.com

iStockphoto はインターネットのメンバーがオリジナルでアップしたイメージとデザインを集めた素材サイトで、写真、ベクター〔オンラインソフトウェアやパッケージソフトウェアをダウンロードできるサイト〕のイラスト、ビデオ、音声ファイル、フラッシュ動画など、便利な素材が４００万ある。

・Getty Images　www.getty.com

プロ向けのサイト。写真と動画が有料で手に入る。私も全国キャンペーンのときに使った写真はほとんど、ここで１５０～４００ドル〔約１万２４５０～３万３２００円〕支払って入手した。文句のないクオリティだ。

◆Eメールでのサインアップトラッキングや期限指定の自動返信など

こうしたプログラムは両方とも、あなたのサイトにEメールアドレスのサインアップフォームを組み込むのに使える。

・AWeber　www.aweber.com

・MailChimp　www.mailchimp.com

◆支払い関係の徹底したサービス

・Shopify　www.shoopify.com

このサイトは読者のお気に入りだ。デザインの美しさに加えて、フルSEO〔サーチエンジン最適化。検索サイトで検索するとき、自分のウェブサイトが特定のキーワードで検索された際に検索結果の上位に表示されるようにウェブサイトの構成や内容等を操作すること〕、ドラックアンドドロップの使い勝手、統計、そして有資格のパートナー（たとえば Fulfillment by Amazon.com など）を通じて商品のフルフィルメントを提供してくれる。クライアントもショウビジネスのオーナーからテスラモーターズ〔電気自動車メーカー〕までさまざまだ。しかしヤフーや e Bay と違って、カスタマーからの支払いを受けるために、支払いプロセスサービスをセットアップする必要がある（以下を見てほしい。PayPal を使えばもっとかんたんにシステムを統合できる）。

・Yahoo Store　http://smallbusiness.yahoo.com/ecommerce

ダグラスが使ったのがこれ。月額40ドル〔約３３２０円〕と取引あたり１・５%というコストで済む。

・eBay Store　http://pages.ebay.com/storefronts/start.html

１か月に15～５００ドル〔約１２４５～４万１５００円〕さらに e Bay への費用がかかる。

◆テストページ用のシンプルな支払い処理。最低限のものからそのほとんどまで

・PayPal Cart　www.paypal.com—merchant の項目を参照

数分でクレジットカード払いが受理される。固定の月額料金はなし（取引あたり、１・９～２・９%および30ドル〔約２５００円〕かかる）。

・グーグル・チェックアウト　http://checkout.google.com/sell

10ドル〔約８３０円〕でアドワーズのアカウント開設をして、以降は取引あたり2%と20セント〔約16円〕を支払うだけ。これに必要なのは、客がグーグルのIDが持っていること。前述のサービスを補完しながら使う、一番使い勝手のいいサービスだ。あなたの精算用アカウントと、アドワーズのアカウントをリンクさせて、クレジットを受け取るようにすることを忘れずに。【重要】リスクのない取引処理には何のメリットもない。

・Authorize.net　www.authorize.net

Authorize は、ペイメント・ゲートウェイであればクレジットカードの支払や電子決済を早く、お手頃価格で行ってくれる。23万人以上の業者が Authorize.net を通して取引を行うことで、不正行為を妨ぎ、ビジネスを発展させている。取引にかかる費用は PayPal やグーグル・チェックアウトよりも低いが、セットアップには取引口座が必要だ。そして次の章でも改めて触れるが、ほかにも時間を食うアプリケーションが必要になる。だから、Authorize.net をセットアップするのは、前述の2つの選択肢で製品をテストし、それがうまくいったあとにしよう。

◆ウェブトラフィック（ウェブアナリティクス）の理解のためのソフトウエア

お客さんが、自分のサイトをどうやって見つけて、どんな風に見て去っていくのか？　各PPC広告からどれぐらい見込み客が誘導されていて、どのページが一番人気があるのだろう？　上記のプログラムはそれ以外のことも教えてくれる。ほとんどの容量の小さいサイトに対してはグーグルが無料で使えるし、ほかのたくさんの有料ソフトウエアよりもずっと優れている。ほかは有料で、月額30ドル以上かかる。

・グーグル・アナリスティックス　www.google.com/analytics

・CrazyEgg　www.crazyegg.com

私は CrazyEgg を使って、人々がホームページやランディングページのどこで一番クリックしているのか、逆に一番クリックしていないのかを正確に見極めている。特に役立つのは、もっとも重要なリンクやボタンを移し替えることによって、ビジターが早く次のアクションを起こせるようにする点だ。機能しているかどうかを推測してはダメだ。測定しよう。

- **Clicktracks　www.clicktracks.com**
- **WebTrends　www.webtrends.com**

◆A／Bテストのソフトウエア

テストはとても重要だが、ありとあらゆることをテストしようとすると、混乱するだけだ。トップページに、どういうヘッドライン、メインテキスト、画像の組合わせを表示するのが一番売上に効果的かを知るにはどうしたらいいだろう？　一定の期間ひとつのパターンを使って、それから入れ変えるのは時間のムダだ。違うパターンのトップページを表示しながら、その結果を算出してくれるソフトウエアを使ってテストしよう。

- **グーグル・ウェブサイト・オプティマイザー（WO）　htto://www.google.com/websiteoptimizer**

これはグーグル・アナリスティックスと同様無料ツールで、ほかの有料サービスよりはるかに良い。私はこれを www.dailyburn.com 用の3つの有力なホームページをテストするのに使用した。そしてサインアップ率を19％まで上げ、再訪する率も16％上げた。

- **Offermatica　www.offermatica.com**
- **Vertster.com　www.vertster.com**
- **Optimost　www.optimost.com**

◆安価なフリーダイヤル

・**ToolFreeMAX　www.tollfreemax.com／Kall8　www.kall8.com**

この2つはともにフリーダイヤルを2〜5分くらいで設定できる。そこにかかってきた電話番号は、別の電話番号に転送することができる。ボイスメールや統計はオンライン上かEメールアドレス経由で操作できる。

◆競合サイトのトラフィックをチェックするには

ライバルのサイトにどれぐらいトラフィックがあり、どんなリンク先があるかをチェックしてみよう。

・**Compete　www.compete.com**

・**Quantcast　www.quantcast.com**

・**Alexa　www.alexa.com**

◆フリーのデザイナーやプログラマーを探すには

・**99Designs　www.99designs.com／Crowdspring　www.crowdspring.com**

私は99Designsですばらしいロゴを手に入れ、www.litliberation.orgで使用した。24時間以内、１５０ドル以下でできた。まず自分のコンセプトを投稿し、世界中にいる50人以上のデザイナーにベストの試作品をアップロードしてもらい、それを私がチェックし、ちょっとした追加修正でベストのものを仕上げることができた。

Crowdspringのサイトから引用しよう。

「値段、納品期限を決め、そのあと数時間以内にエントリーされた作品を見れば、数日のうちにできあがります。通常のプロジェクトで68のエントリーがあります。25エントリー以下であれば返金致します」

・eLance　www.elance.com
・CraigsList　www.craigslist.org

●ライフスタイルデザインの実行例

私はアメリカ国民なのですが、友達や親戚が電話で僕を捕まえるのは不可能なことでした。そこで私はスカイプに加入しました。新しいものではないけど、アメリカの（またはほかの国の）固定電話の番号を借りて、スカイプのアカウントに転送することができます。年間60ドル（約５０００円）ほどです。スカイプ同士だった自分にかかってきた電話を自宅の電話に転送することもできます。世界中どこにいても、アメリカからかけるのと同じ料金です。僕は40か国で通話しているけど、贅沢だと思っています。通話のクオリティは問題ないですし、便利さに関しては、本当にすばらしいです。そのＵＲＬはhttp://www.skype.com.allfeatures/onlinenumberです。

ただ、注意しなければいけないのは、ローカルＳＩＭカードをロック解除されたＧＳＭ電話に使うこと。ローミングはアマチュア向けですね。ローカルＳＩＭもＧＰＲＳやEdge、あるいは３Ｇに対応してます。ときにはフリーWi-fiにも対応していることもあります。それじゃ。

——ＴＹ・クロール

基本的に私はいろいろなツールを全部オンラインで保管しておくようにしています。そうすれば、私のラップトップが盗まれたとしても、また新しく買って、すべてのツールを24時間以内にアップせることができます。私が普段使っているツールをここでいくつか紹介します。

・RememberTheMilk.com は私の日常の業務のなかでトップにおいているくらい重要なもの。
・Freshbooks.com はオンライン請求用。
・Highrise（http://www.highriseq.com/）はオンラインのCRM〔顧客関係管理〕に。
・Dropbox（getdropbox.com）は出張中などの時に重要なファイルをシェアし、自動バックアップしやすくするためのもの。
・TrueCrypt（truecrypt.org）は出張中にラップトップのデータを保管します〈著者、ティムより／これはUSBフラッシュドライブと一緒に使うといい。そしてもうひとつすばらしい機能がある。誰かが無理矢理パスワードを明らかにしようとすると、2段階の「もっともらしい否認の根拠（plausible deniability）」が隠しボリュームとして防いでくれる〉
・PBwiki.com　http://pbworks.com/
Wiki サイトはメモやアイデアを処理するのに役立ちます。私はこれでいろいろと生きる知恵を身につけました。
・FogBugz on Demand　http://www.fogcreek.com/FogBUGZ/IntrotoOnDemand.html
ソフトウェア開発会社向けの「バグ・トラッカー」。でも、私は毎日個人用・ビジネス用両方に使っています。ヴァーチャル・アシスタント（VA）のようなもので、これを通じてメールを発信しています。そして、メールを整理したり追跡したりするのに役立てています。Eメールを追跡するにはとても便利な機能だと思います。そしてフリーバージョンは、2人まで使えることになっています。つまり、私とVAです！

――RB・カーター

本当に便利なサービスはアマゾンのメカニカルターク（ソフトウェアのプログラムでは効率的に処理できない作業を、人間の手で行うサービス）です。時間もお金も少額の投資で済むし、決まりきった細かい仕事をさせるために多くの人手を必要とするようなビジネスは費用対効果が極端に低くなるからです。スティーブ・フォセット（米国の飛行士・冒険家。２００８年に冒険中に事故死したとされる）の例を挙げましょう。（探索救難会社を困惑させたと思われる衛星写真は、文字通り何千人という人が見ました）。それと、世界中の熟練労働者を役立てているトラブルチケットのビジネス（Amazon.com/webservices 参照）。私はオーナーでもないし、アマゾンの出資者でもありません。でも、アマゾンのサービスは使ったことがあります。それを使えば、ミューズをつくり出す段階で、変身が可能になるのです。それじゃまた。

――J・マリミー

いち早くマーケットへ

商品をマーケットに送るもっとも速い手段は、Resistera.com を使うことです。まず dathon.com からホストを手に入れる（dathon.com は安価な再販アカウントと言えます。www.domainsinseconds.com も同様）。クリック2回で WordPress のブログをセットアップできます。テーマを入力し、あなたのコンテンツや「buy now」ボタンを追加します。「buy now」ボタンを押すと、Eメールアドレス、電話番号などを入力するページへとリンクします。次にユーザーはPayPalにつながる「continue」ボタンをクリックします。これで自動的に詳細がEメールで送られてくるというわけです。しかし、ここでユーザーに対して、「PayPalへのリンクは現在使えない」ということが伝えられます。なぜなら、これを使って私は自分が稼いだ売上高を想定し、決めるのです。そして、Google Adsをトラフィック操作に使って、理論的なROI〔投資収益率〕を計算します（理想としては、グーグル・アナリスティクスを使いたいですね）。もし1、2週間後ポジティブなROIを見つけられれば、私がつくってアウトソーシングした商品（電子雑誌、PDF、その他いろいろ）の価値があったということです。その後で、PayPalへのリンクがちゃんと機能するようにセットアップし、過去にさかのぼって最初のユーザーにメッセージを送ります。つまりそのユーザーはすでに買おうとしているお客様ということです。通常は数時間以内で私のお金がすべて戻り、現金も回り始めます。例としてwww.mybusinesspr.comauのDIY用PRパックがあります。「週4時間」の仕事はすばらしい。次の版が楽しみです。それでは。

——マット・シュミット

（注釈）

39 http://news.com.com/2100-1017-269594.html?legacy=cnet

40 配送の前に顧客に請求するのは違法だ。だから、私たちは客に請求しないのが一般的な習慣だ。ニューヨークからカリフォルニアまでなら出荷に3～5日しかかからないのに、なぜ「配送のために3～4週間ほどかかる見込みです」という取引形態が多くあるのか？　それは、製品を製造し、顧客のクレジットカードの支払いを資金調達に使用する猶予を会社に与えているからだ。賢明ではあるが、法に反する行為でもある。

41 これはジョアンナではなく、シャーウッドに適用される。

42 私はどのように、もっとも成功したBodyQUICKのキャッチコピー（「最速で力とスピードを付ける保証付きの方法」）を思いついたのだろうか？　私はロングランヒットとなっているロゼッタストーン〔アメリカの外国語トレーニングソフト〕のキャッチコピー「最速で言語を習得する保証付きの方法」を参考にした。わざわざ一からやり直すのは高くつく。すでに機能していることを観察し、応用させる観察力の鋭い人間になろう。私は、電話をかけたりサイトを訪れたりするほど心を動かされた広告の印刷物とダイレクトメールをすべてフォルダに保管している。そしてソーシャルブックマークサイトの www.delicious.com を利用して、自分のEメールアドレスを登録したり購入しようと思わせたウェブサイトをブックマークしている。

43 シャーウッドは最終注文ページの前で送料と手数料を含めている。それは、合計金額を確認しただけで注文を確定させないためだ。彼は、価格チェックではなく、本当の「注文内容」を反映したいのだ。

44 もしもあなたが、テストが成功したあとに本格展開させるか、大規模なEメールのデータベースをを構築しているなら、www.aweber.com〔有料のメーリングリストサービス〕のようなツールをリソースとして活用すれば、メールの量を軽減できる。

45 1クリックにつき0・10ドルの専門用語が１００あるとするば、1クリックにつき1ドルの広義語が10あるよりもうまくいくことを心にとめておくこと。出費が多ければ多いほど、そしてウェブサイトのアクセス量を増やせば増やすほど、統計的に有効な結果が得られる。予算が許すならば、関連語と毎日の支出の数を増やそう。ＰＰＣテスト全体のコストは５００〜１０００ドルほどだ。

46 これは、クレジットカードによる支払を受け取るための当座預金である。

47 この章と次の章の終わりで紹介する詳細なサービスを利用してセットアップしよう。

48 www.fourhourblog.com のボーナス・トラック、あるいは本書のボーナス・トラック「ジェダイ・マインド・トリック」参照。

49 「ペーパー・トレーディング〔実際には売買しないが、実際の値動きを追いながら仮想取引をすること。つもり売買〕」は、予想される予算の設定を示し、株（1枚の紙にそれらの現行価格を書く）を「購入」し、本物の売買を想定して投資状況がどうなったかを確認するために取引実績の動きを追ってみよう。実際に売買する前にリスクなく投資スキルを磨く方法だ。

11章

収入のオートパイロット化Ⅲ

不在経営（MBA-Management By Absence）

未来の工場では、従業員は2人だけになるだろう。人間がひとりと、犬が1匹だ。人間は、犬に餌をやるためにいる。犬は、人間が設備にさわらないよう監視するためにいる。

――ウォーレン・G・ベニス〔南カリフォルニア大学教授〕

たいていの起業家は自動化を目標としてスタートしていない。だから、彼らは、ビジネス界の教祖たちが互いに矛盾することを言う世界で、混乱のまま取り残されてしまう。以下の発言について考えてみてほしい。

もし企業が、恐怖ではなく、愛で結束されていたら、もっと強くなる……従業員を最優先すれば、みんな幸せになる。

――ハーブ・ケラー〔サウスウェスト・エアラインの共同創設者〕

小僧、わかるか。俺は、ろくでなしになってこのビジネスを築いた。ろくでなしになって経営してる。これからも、いつだってろくでなしのままさ。

この俺を変えようなんて絶対しないでくれよ。[注50]

――会社の重役に向けて。チャールズ・レブソン〔アメリカの化粧品メーカーレブロンの創設者〕

うーん、いったい誰に従えばいいんだろう？　あなたも、選択肢が２つあるようだということは分かったと思う。いいことを教えてあげよう。いつも通り、３つ目のオプションがある。

ビジネス書や何かで見かける矛盾したアドバイスは、通常、従業員の管理に関連している。つまり、人材をどう扱うかということだ。ハーブは彼らを抱き締めろと言い、レブソンはぶっとばせと言う。そして私はというと、それをすべて捨てることで問題を解決せよ、と言おう。そう、人材をなくしてしまうのだ。

ひとたび、あなたが売る商品が見つかったならば、それは、自己修正できるビジネス構造を設計する時である。

◆リモートコントロールのCEO

我々は、他人から自分を隠すという能力を天から与えられている。そうでなければ人間は野獣になり、防衛本能が働いて互いを喰い合うようになるからだ。

――ヘンリー・ワード・ビーチャー〔『Proverbs from Plymouth Pulpit』の著者／奴隷制度廃止論者／アメリカの牧師〕

ペンシルベニアの片田舎にて

築２００年は経っている石造りの農家で、「21世紀のリーダーシップの実験」が計画どおり正確に、そして静かに進んでいる。[注51]

ステファン・マクドネルは2階にいる。ビーチサンダルをはいて、パソコンのスプレッドシートを見ている。彼の会社は創業以来、売上を毎年30％づつ増やしてきた。また、以前考えていたよりも多くの時間を、３人の娘と過ごすのに使えるようになっている。

「実験」とは何のことか？　彼はApplegate FarmsのCEOとして、ニュージャージー州ブリッジウォーターの本社では1週間に1日しか過ごさないことにしている。もちろん、彼は、自宅で時間をすごす唯一のCEOではない。彼のほかにも、心臓病の発作や神経衰弱のせいで、自宅での静養が必要な人間はたくさんいる。だが、彼らとマクドネルには大きな違いがある。マクドネルは、なんと17年間以上もこの生活を続けているのである。さらに珍しいことがある。彼は、会社をつくった6か月後からこの生活を始めたのだ。

この故意の不在によって、創業者主導のビジネスではなくてプロセス主導のビジネスをつくり出すことが可能になった。つまり、リーダーたちとの連絡が制限されることから、企業家は、スタッフが助けを呼ばずに自分で問題処理できるような運用ルールをつくり上げなくてはならないのだ。

これは小さな業務処理のことではない。Applegate Farmsは、高級志向の消費者に１２０種類以上の有機栽培や自然飼育の食品を販売して、年に３５０万ドル〔約2億９０００万円〕以上を売り上げているのだ。

すべては、マクドネルが方向の見極めからスタートしたから可能だったのである。

◆舞台裏――ミューズのアーキテクチャ

オズ様には誰も会うことができないという命令だ！　何人たりとも、決して、だ！

――『オズの魔法使い』

ビジネスの最終形態がどんなものになるのかという組織図を心に描いてスタートするというのは決して今に始まったことではない。

悪名高いやり手の商売人ウェイン・ホイゼンガは、マクドナルドの組織図をまねて、Blockbuster〔米ビデオレンタル大手。２０１０年９月に経営破綻〕を10億ドル〔約８３０億円〕規模の巨大企業に変えてしまった。また、何十という大企業が同じようなことをしてきた。ただし、私たちの場合では、ちょっと違う「方向の見極め」になるだろう。私たちニューリッチ（NR）の目標は、できるだけ大きな会社をつくることではなくて、むしろ、できるだけ手間のかからないビジネスモデルをつくり上げることである。「バーチャル・アーキテクチャ」を使えば私たちは情報の流れのトップにいるのではなくて、その外にいることができる。

私も、最初はこのことを正しく理解していなかった。２００３年に『As Seen on TV』というドキュメンタリ番組のインタビューを自宅のオフィスで受けたときのことだ。インタビューは、Ｅメールの着信音やインスタントメッセージの音、電話のベルなどで、20秒から30秒ごとに中断された。業務の進行を確認し、問題が発生した場合の火消しをする人間が私しかいない状態では、いずれも放っておくことができなかったのだ。

そうした経験をしたあとで、私は新しい目標を設定した。そして6か月後、追加のインタビューがあったときの私は、完璧な静けさのなかにいた。私が直接答えるべき電話もEメールもなかったのである。

私の会社がどのくらいの大きさなのか聞かれることがよくある。フルタイムの人間をどのくらい雇っているのか、というものだ。その質問の答えは、私ひとり。たいていの人間はこの時点で興味を失う。しかし、もし、何人の人間で BrainQUICKEN LLC を運営しているのか、と聞かれたら、答えは200人から300人ということになる。私は機械のなかの幽霊〔ハンガリーの作家アーサー・ケストラーの同名小説にちなんだもの〕[注52]なのだ。

広告宣伝用から銀行口座への売上送金まで、私のバーチャル・アーキテクチャがどのようなものかを示しているのが次のページの図である。もしあなたがこれまでの章で紹介したステップに従って商品を選定していれば、あなたもこのようなアーキテクチャがつくれるだろう。

私はこの図のどこにいるのか？　実はどこにもいないのだ。

私はすべてのものが通るべき料金所ではない。道の両側にいて、必要ならば立ち入る警察官のような存在なのだ。私がすることといえば、毎週月曜日と月初に、アウトソーシング先からの詳細なレポートを読んで、意図した通り歯車が動いているかを確認することだけだ。月次レポートには、コールセンターが受けた注文が入っているので、コールセンターからの請求書と比較して利益を見積もることができる。ほかには、毎月1日と15日にはオンラインで銀行口座をチェックして、おかしな控除などがないか調べる。何か見つかった場合は、メールを1本打って修正する。何もなければ、たまたまそのときにしていたことを、剣道でも絵画でもハイキングでも、そのまま続けるだけだ。

自動化の解剖 4-HOUR WORK WEEK バーチャルアーキテクチャ

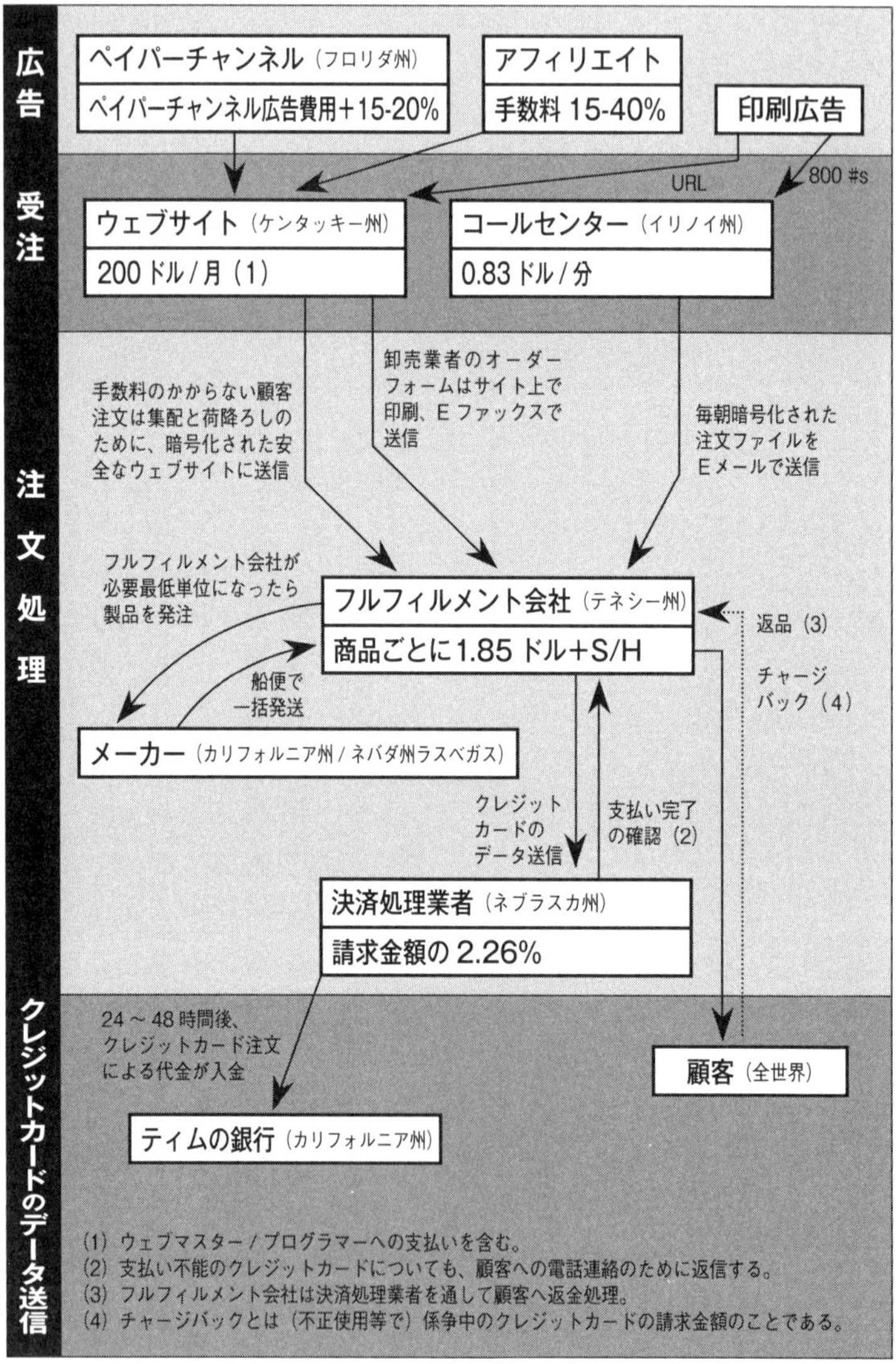

(1) ウェブマスター / プログラマーへの支払いを含む。
(2) 支払い不能のクレジットカードについても、顧客への電話連絡のために返信する。
(3) フルフィルメント会社は決済処理業者を通して顧客へ返金処理。
(4) チャージバックとは（不正使用等で）係争中のクレジットカードの請求金額のことである。

パイを分け合う――アウトソーシング企業の経済学

各アウトソーシング企業が収入パイを一切れずつ確保する。ここで想定してみよう。ある専門家の協力を得て商品を開発し、その専門家に著作権使用料を払い、80ドルの商品を電話注文によって販売するとしよう。その場合、通常の損益はどのようになるだろうか？　儲けを計算する場合、経費は多く見積っておくことをすすめる。これは、不測の費用（たとえばトラブルの発生）や、月例報告書などの雑費のためである。

収入

製品コスト　80ドル〔約6600円〕
配送手数料　12・95ドル〔約1080円〕
収入合計　92・95ドル〔約7700円〕

支出

製品の製造コスト　10ドル〔約830円〕

コールセンター（1分あたり0・83ドル〔約70円〕×平均通話時間4分）3・32ドル〔約275円〕
配送料　5・80ドル〔約480円〕
フルフィルメント（1個あたり1・85ドル〔約155円〕＋箱代0・50ドル〔約42円〕）2・35ドル〔約195円〕
クレジットカード手数料（92・95ドルの2・75%）2・56ドル〔約210円〕
返金＋支払不能カード（92・95ドルの6%）5・58ドル〔約210円〕
著作権使用料（卸売価格48ドル〔約400円〕〔80ドル×6割の5%〕2・40ドル〔約200円〕
支出合計　32・01ドル〔約2660円〕
利益（収入から支出を引いた残り）**60・94ドル〔約5060円〕**

広告費を考慮するとどうなるか？　広告に1000ドル〔約8万3000円〕使ったり、あるいはペイパーチャンネルに1000ドルつぎこんだりして50個売れたとしよう。1個あたりの広告費（CPO）は20ドル〔約1660円〕になる。すると、実際の一個あたりの利益は**40・94ドル**〔約3400円〕になる。

◆方程式から自分を消すには——いつ？　どうやって？

システムが解決策である。

——AT&T

「自動化の解剖」の図は、自律的なバーチャル・アーキテクチャを設計するためのラフな見取り図として使えるだろう。ビジネスによっては、要素をいくつか足したり減らしたりする必要があるだろうが、おもな原則は同じだ。

1 **ひとつの機能に特化しているアウトソーシング会社[注53]と契約する。誰かが辞めたり、辞めさせられたり、働きがいまいちというときに、ビジネスを中断することなくほかの人間に置き換えることができるようにしておこう。仕事の詳細レポートを作成できて、いつでも誰かと入れ替われる。そういう教育訓練を受けた人間を雇うのがいい。**

2 **アウトソーシング先のスタッフが問題解決のために、自分たちのなかで話し合ってもよいということを約束し、あなたに相談しなくても、小額案件の意思決定をしてもよいとする許可を書面で出しておくこと（私の場合、その額を最初100ドル（約8300円）以下にしてスタートしたが、2か月後には400ドル（約33200円）に引き上げた）。**

たいていの起業家は、初めは手に入る安価なツールを使って、立ち上げからその後の経営を、すべて自力で、ほとんど資金がない状態でやっている。このこと自体は問題ではない。むしろ、起業家があとでアウトソーシング先を教育するために必要な経験である。問題は、自分自身や手づくりのインフラを、いつ、どのようにして、もっと**大規模なもの**に置き換えるか、なのである。

ここでいう「大規模」とは何か。１週間に10件の注文を処理するのと同じ要領で、１週間に１万件の注文を処理できるジネスモデルをつくることだ。これを実現するためには、まず、意思決定におけるあなたの責任をできる限り小さくすべきだ。そうすれば、自由な時間をつくり出し、労働時間を変えないまま収益を２倍、３倍にすることができる。

この章末に載っている会社に電話して、費用のことを調べてみよう。そして次に示した各段階でインフラを更新していく計画と予算を立てよう。次に、商品の出荷数に応じて、どのように自動化を進めていくべきか、具体的に見ていこう。

第1段階――出荷商品単位が0～50まで

すべて自分でやること。問い合わせと注文の両方について、ウェブサイト上に電話番号を載せる。これはビジネスの立ち上げ時には非常に大事なことだ。顧客からの電話を取りながら、あとでオンラインＦＡＱに盛り込む共通の質問を蓄積していこう。このＦＡＱは、あとで電話オペレーターを訓練したり、広告をつくったりするための材料にもなる。

ＰＰＣ、オフラインの広告、それに商品ウェブサイトはあいまいで誤解を招くようなものではないか？そのため、手間ひまのかかる、ターゲット以外の不適当な消費者を引きつけていないだろうか？　もしそうならば、そうした広告を一般的な質問に答えるものにし、商品の特長（何がなくて何をしていないか）

を明確にするようなものに変えなければならない。
すべてのＥメールに回答し、その返信メールを「顧客サービス質問」と呼ぶ1個のフォルダに保存しよう。返信メールは自分にＣｃで送る。そのとき、題名のところには、あとで索引付けできるように顧客の質問のタイプを書く。私個人としては、もっとも安いやり方を見つけるために全商品を梱包・出荷している。また、あとでクレジットカード手続きをアウトソーシングするために、地元の小さな銀行（大手の都市銀行よりも開設しやすい）でマーチャントアカウントを開設できるかどうかを調べてみる。

第2段階――1週間あたりの出荷数10ユニットまで

ウェブサイトに充実したＦＡＱをアップし、顧客に、一般的な質問への回答をサイトで見てもらえるようにしよう。次に、電話帳（タウンページなど）やネットで地元のフルフィルメント（通販代行）会社を探す。電話帳や www.mfsanet.org で見つからなかったときは、地元印刷業者に電話しておすすめの業者を聞いてみよう。ここで、開設料金や月々の最低使用料金を取らなくてもいいという（もっとも規模の小さい）業者に絞る。それが無理なら、半分にまけてくれるように頼み、さらに、払い込んだ開設料金を出荷費用やその他の手数料に振り分けるように要求してみよう。

顧客からの注文状況確認のＥメールや電話に解答できる業者に候補を絞ろう。さらに、「カスタマーサービス」フォルダのなかに保存しておいたＥメールをコピー&ペーストして、業者に提供するＥメールのテンプレートがつくれるだろう。とくに、注文状況確認や返金要求に関連したＥメールには、テンプレートは有効である。[注54]

諸費用を軽減する、もしくは無料にするために、あなたの会社が立ち上がったばかりであって、予算も少ないということを説明しよう。たとえば、出荷にはずみをつけるために広告にお金を使うことが必要である、などと言ってみる。必要なら、競合会社のことを引き合いに出して互いに競わせるのもいい。一方からより低い価格や譲歩できる条件を引き出して、もう一方からもっと大きな割引や特別条件を獲得するのだ。

ここで、業者を最終的に決める前に、その業者の顧客の少なくとも3社から参考情報を聞いてみよう。次のようにして、マイナス情報を聞き出してみるのだ。「あの会社がいいことは分かっていますが、誰にでも欠点はあるものです。あなたが問題を抱えている点や彼らがベストではないところを指摘するとすれば、どんな具合になるでしょうか？　何か事件とか意見の相違とかがあったら説明してもらえませんか？　どんな会社でもこういうことはありうることと思いますので、お話しになってもそれほどたいしたことではないでしょう。もちろん秘密は守りますから」。

それから、「ネット30（サービスが提供されてから30日後に支払う条件）」を要求しよう。このビジネスに必要な比較的小規模な業務について、今述べたことを交渉するのはわりとかんたんなことだ。業者が決定したら、契約製造業者には商品をフルフィルメント業者あてに直送させよう。そして、フルフィルメント業者のメールアドレス（あなたのドメインのEメールアドレスでもいいし、それを転送してもいい）や電話番号を、オーダー状況質問のための「ありがとうございました（Thank you）」ページに記載しよう。

第3段階——1週間あたりの出荷数20ユニットまで

今やあなたは開設料金や月々の最低使用料をまかなうだけの現金を持っているので、大手で、さらにやり手の外部委託業者があなたを訪ねてくるだろう。そこで、注文状況から返品・返金まですべてを処理するフルフィルメント業者に打診を始めよう。データのやりとりやトラブル処理に協力してあたってもらう必要があるため、クレジットカード会社やコールセンター業務は、そのフルフィルメント業者から推薦してもらうのがいい。まったく知らない同士の業者をばらばらに使って、アーキテクチャを構築するのはおすすめしない。プログラミングの必要が生じたり、ミスが増えたりするなど、結局高くつくことになる。

まず、クレジットカード会社との取引を開始する。そのためには、あなたの取引口座が必要になるだろう。これは大変重要である。というのは、フルフィルメント業者は、返金や無効カードについては、クレジットカード会社を通じて自分が処理した取引のものしか扱えないのだ。

次に、フルフィルメント業者が推薦するコールセンターのひとつと取引を開始する。こうしたセンターはあなたが使うことができるフリーダイヤルの電話を持っていることが多く、その場合は自分で電話を用意しなくてもいい。テスト期間中に、オンラインの注文と電話注文のどちらが得かよく観察してみるのだ。電話注文の方に余分に収入があったとしても、それがわずらわしさに見合うかどうかをよく考えてみよう。おそらく、そうでないことが多いだろう。電話注文をする人は、ほかに選びようがなければ、たいていはオンラインで注文する。

コールセンターと契約する前に、そのセンターが今、顧客との応答に使っているフリーダイヤルの番号を調べて、テストの電話をしてみよう。オペレーターに製品関連の難しい質問をして、センターの業務処理能力を測ってみるのだ。また、ひとつの番号に少なくとも1日に3回（朝、昼、夕方）電話して、待ち時間に注意してみる。電話には3回か4回のコールで出るべきである。待たされている時間は、短ければ短いほどいい。15秒以上も待たされると、多くの電話が切られてしまい、せっかくの広告料金がムダになってしまう。

◆決断させない術――オプションが少なければ少ないほど、収入は増える

決断を間違えたビジネスは潰れる。もうひとつ重要なのは、決断が多すぎても同じ結果になる、ということだ。後者は混乱を招く。

――マイク・メイプルズ

Motive Communications〔株式時価総額2億6000ドル（約216億円）の共同創設者／Tivoli（IBMに7億5000ドル〔約623億円〕で売却された）創設時の重役〕

ジョゼフ・シュガーマンは、数多くの直接販売や小売業の成功の背後にいるマーケティングの天才である。その成功のなかには、たとえばBluBlockerのサングラスなどがある。テレビでホームランをかっ飛ばすようになる前は（初めてQVC〔24時間放送のテレビショッピング専門チャンネル〕のテレビ番組に出演したとき、15分間でBluBlockerを2万セット売ったという）、彼の専門領域は印刷メディアだった。彼はそこでJS&A Groupと呼ばれる一大帝国を築き、何十万ドルも稼いでいた。かつてメイプルズは、あるメーカーの腕時計の広告をつくるために雇われたことがあった。メーカーの方は9種類の腕時計を広告のなかに入れたいと考えていたが、ジョゼフは1種類にした方がいいとすすめた。メーカー側は折れなかったので、ジョセフは『ウォール・ストリート・ジャーナル』の同じ紙面に両方を掲載してテストしてみることを提案した。結果はどうなったか？　1種類の広告の方が9種類の方よりもよく売れた。しかも、6対1という大差がついた。[注55]

かつてヘンリー・フォードは、史上もっとも売れた車、フォードのTモデルに関してこう言ったことがある。[注56]「顧客は好きな色を選ぶことができる。それが黒でありさえすればね」。彼はビジネスマンが忘れがちなことをよく理解していた。「顧客にサービスする」とはどういうことか？　それは、個人的なコンシェルジェになることでも、顧客のあらゆる気まぐれや欲望を満たすことでもない。顧客サービスとは、適正な価格で優れた商品を提供することであり、正真正銘の問題（小包の紛失、商品の交換、返金など）をできるかぎり早く解決することである。そう、そういうことだ。

顧客に選択肢を与えれば与えるほど、優柔不断を生み、注文は少なくなるだろう。これでは結局害にしかならない。もっといえば、顧客に選択肢を与えれば与えるほど、メーカーや顧客の苦労を多くしてしまうのだ。

「決断させない術」とは、顧客がしなければならない、あるいは、することができる意思決定の数を最小にすることを言っている。次に、サービス関連の間接費を20～80％減らすために、私やほかのNRが使っている方法を書いてみよう。

1　購入オプションはひとつか2つにする（たとえば「ベーシック」と「プレミアム」）。それ以上はダメ。

2　複数出荷のオプションはなしにする。その代わりに速達区分を設け、割り増し料金を取る。

3　前夜の出荷や出荷を早めることは受け付けない（そういうことをするほかの業者を紹介することは可能である。これはすべての点に当てはまる）。というのは、こういった出荷方法を使うと、不安にかられた電話が山のように来るからである。

4　電話注文は完全になくしてしまい、すべての注文はオンラインにもっていく。これは、Amazon.comのサクセスストーリーを理解するまでは、とんでもないことと思われるかもしれない。Amazon.comは必要不可欠なコスト抑制システムとしてオンライン注文に頼り、生き残り、繁栄した。

5　海外への出荷は受け付けない。顧客の用紙に記入するのに1件当たり10分もかかったり、関税で商品コストが20～100%余計にかかると聞いたときの顧客をなだめたりするのは、あまり楽しくない仕事だ。利益についてもだ。

今述べてきたポリシーが示唆するものが、おそらく時間を節約する一番の方法となる「顧客のフィルタリング」だ。

◆すべての顧客が平等につくられているわけではない

第3段階までたどり着き、いくらかキャッシュフローが得られたなら、顧客を吟味し、選ぶ時期だ。すべて物事には良い面と悪い面がある。良い食べ物、悪い食べ物。良い映画、悪い映画。良いセックス、悪いセックス。それからもちろん、良い顧客と悪い顧客。

ビジネスは前者とやることに決めて、後者は避けるようにしよう。顧客を、どんなコストでも喜んでくれる完全無欠で神々しい人間として見ることをおすすめしているわけではない。それより、あくまでも取引上の対等なパートナーとして見ることだ。あなたがクオリティの高い商品をそれに見合った値段で提供しているならば、それはフェアな取引にほかならない。だから、上司（顧客）と部下（あなた）の間に

「どうかお願いします」モードがあってはならないのだ。

私は、やっかいな顧客とは取引しないで、最初から取り除いてしまうことをすすめる。

たとえば、私は、支払いにウエスタンユニオン〔国際送金を主に行う金融会社〕や小切手を受け付けないというNRを何十人も知っている。人々はこう言うだろう。「10～15％の売上を捨てることになるぞ？」。だが、NRならこう言い返す。「そうです。私は顧客の10～15％から逃れるためにやっているのです。この人たちは経費の40％を占め、さらに私の時間の40％を潰すからです」。よく知られた80／20の原理だ。

使う金は最小なのに注文する際には山ほど質問する人物は、買った後も同じことをするだろう。そうした人物をカットすることは、ライフスタイルにとっても、経済的にも良い決断である。利益が少なくて、後の世話が大変な顧客というのは、オペレーターに電話して、最大30分は話すのが好きなのだ。しかも、その電話では、重要でないことやオンラインですでに答えていることを質問してくる。コスト的には（私のケースでは）30分の用件で24・90ドル〔約2450円〕（30×0・83ドル〔約69円〕）かかり、その客が最初に貢献してくれたわずかな利益を消してしまっているのだ。

反対に、お金をたくさん使う人間ほど不平が少ないといえよう。50～200ドルの特別価格のほかに、大きな利益をもたらしてくれて、かつ、手間がかからない、良い顧客を引きつけるためのポイントを紹介しよう。

1　ウエスタンユニオンや小切手や為替での支払いは受け付けない。

2　卸売りの最小ロットを12から100に上げる。資格を持った再販売業者か確かめるため、法人納税者番号を求める。短期間で何とかしようとするような初心者ではなく、本物のビジネスピープルを選ぼ

う。個人向けビジネススクールを開講しないことだ。

3 再販売業者の候補者には、印刷し、記入したあとファックスしなければならないオンラインの注文フォーマットを参照させる。価格交渉に応じてはいけない。大量注文に対する低い価格付けも認めない。過去に問題があったという理由で「社の方針」を引き合いに出す。

4 顧客の次の買い物のために、無料ではなく低価格の商品（MRI社の「NO2」の本のように）を提供しよう。タダでものを配ることは時間ばかり食う客を引きつけることになり、好意に報いようという気のない人間に無駄なお金を使うことになる。

5 無料のお試しの代わりに**ルーズ・ウィン保証**（コラムを参照）を提供する。

6 ナイジェリアのような縁がなさそうな国からの、郵便での注文は受け付けない。

あなたの顧客ベースを会員制クラブにしよう。そして、一度受け入れたら、メンバーは大切に扱おう。

ルーズ・ウィン保証――人に商品を売るために

保証書が欲しければ、トースターを買うんだな。

――クリント・イーストウッド

30日間返金保証はもはや機能していない。そして以前のような活気はない。もし製品がその性能を果たさなかったら、私はだまされていたわけで、おまけに返品するために、午後は郵便局で過ごさなくてはいけない。時間も実際にかかった郵便料金も、製品に支払った金額よりも高くついてしまう。リスクを取り去るだけでは不十分だということだ。

ここで、私たちは、今まで知らなかった王国に入国する。そこでは**ルーズ・ウィン保証**を使って、リスクを逆手に取ってしまうのだ。つまり、保証をセールスの土台として利用すること。なぜなら、**NR**がもっとも重要だと考えるのは、あくまで最後の結果だからだ。

NRの目的は、たとえ製品がこわれていても顧客を儲けさせることにある。ルーズ・ウィン保証は顧客にとってのリスクをなくすだけではなく、あえて会社を経済的な危機にさらすパフォーマンスをしてみせるのだ。

これを実際に裏付ける例を見てみよう。

・**30分以内に届かなかったらタダ！**
（ドミノ・ピザはこれを保証してビジネスを始めた）
・**私たちは自信をもってシアリス**〔勃起不全治療薬〕**をおすすめしています。もしお気に召さない場合は返金致します**
（シアリスのプロミスプログラムでは無料サンプルを提供していて、広告通りでなければライバル社

の製品に対しても支払いを申し出ている）

・もしあなたの車が盗まれたら、保険より500ドルお支払い致します。

（CLUB は、この保証のおかげで自動車盗難防止装置の売り上げ世界一になった）

・最初の一錠を飲んで60分以内に効果がなければ、110%保証します。

（これは BodyQUICK の例で、スポーツサプリメントで売り上げ1位になった。私はもし最初の1錠を服用してから60分以内に効果があらわれなかったら、顧客に返金するだけじゃなく、代金の1割以上の小切手も送ると申し出た）

ルーズ・ウィン保証には大きなリスクがあるように見えるかもしれない。とくに BodyQUICK のような例では、これを悪用してひと儲けしようなんて人間がいれば、たしかにそうできるだろう。でも、実際にはちゃんとした製品がちゃんと届きさえすれば、そんなことにはならない。世の中の人は、だいたいが正直者なのだ。

では、実際の数字を見てみよう。

BodyQUICK は60日間返品可能（これが低い返品率の一因でもあるのだが[注57]）であるにもかかわらず、返品率は3%以下だ。この業界の平均は12~15%、通常30日間返品可能で、全額返金することを保証している。BodyQUICK の場合、110%保証を導入して4週間以内に、売り上げは300%伸びた一方、全体としては返品も減少した。

先ほどのジョアンナはこのルーズ・ウィン保証を取り入れて次のように打ち出した。「2週間で、スポーツ時に限り、柔軟性が40%アップしなければ、送料も含めて全額返金します。さらに20分のボーナスDVDもプレゼント。」

一方、シャーウッドも保証を考えた。「万一シャツの着心地が抜群でなかったら、返品してくだされば代金の2倍お返し致します。さらにシャツの品質は生涯保証致します。もしすりきれた場合、お送り頂ければ無料で交換致します。」

こうして、2人とも最初の2か月で200%以上セールスをアップさせた。返品率はジョアンナの場合は変わらなかったが、シャーウッドは50%上がり、2%が3%になった。大失敗だって？　いいや、とんでもない。全額保証で、50枚売って返品は1枚（(50×100ドル)－100ドル＝4900ドル〔約40万円〕の収入）ではなく、200%保証で200枚売って返品は6枚だったのだ（(200×100ドル)－(6×200ドル)＝18800ドル〔約156万円〕の収入）。私なら後者を取る。

ルーズ・ウィン保証は新しいウィン・ウィン〔お互いが納得できる〕の方法だ。頑張り抜いて成果を得よう。

小さな優良企業——45分でフォーチュン500企業のように見えるようになる方法

あなたはもう顔に砂をかけられることにうんざりしていませんか？
数日で新しい筋肉がつけられることをお約束しますよ！

——チャールズ・アトラス〔コミック漫画で「ダイナミック・テンション」の筋肉養成コースの宣伝を行い、3000万ドル以上の売上を記録したストロングマン〕

大手の再販売業者やパートナー候補企業にアプローチするときには、企業の規模が小さいことが障害になる場合もある。なかなか乗り越えられない壁だ。しかし、幸いなことに、たった45分ほどいくつか段階を踏むだけで、生まれたてのあなたの会社をまるでフォーチュン500にランクインしている企業のようなイメージへと飛躍的にアップグレードさせる方法がある。

1　CEOや創業者になってはいけない

CEOや創業者と名乗るのは、出来たばかりの企業だと宣伝してまわっているのと一緒だ。あえてバイスプレジデント（VP）とか、ディレクター程度の、担当領域を示す言葉と一緒になって使われる（「営業担当ディレクター」や「開発担当ディレクター」など）肩書きにすること。交渉の際も、あえて、唯一の政策決定者ではないように振る舞うのがベストだ。

2　ウェブサイトにはEメールアドレスと電話番号を複数載せること

問い合わせ先のページには、部署ごとのEメールアドレスを掲載しよう。人事、営業、広報、卸売配達、メディアPR、投資家向け、ウェブカスタマー、そのほかのお問い合わせなど。もちろん最初は、それらのアドレスに届いたメールがすべてあなたのアドレスに転送され、第3段階になったら、ほとんどは相応のアウトソーシング先に転送することになる。同様に、フリーダイヤルも複数掲載すること。

3　音声自動応答システムを設定する

30ドル〔約２５００円〕以下のコストで、優良企業のように見せることが可能だ。ケロッグ社やリーボック社などをクライアントにしている www.angel.com などのサイトを使ってみよう。そうすれば、「はい、○○社です。お電話ありがとうございます。弊社の社員名もしくは部署名がおわかりの場合は、お話しください。そのほかの場合はそのままお待ちください」などという自動応答つきのフリーダイヤルが設定できる。

電話に向かって、自分の名前、もしくはどこか部署名を話しかける。そうすると、電話は自動的にそれを認識する。そして、音楽が流れている間に、指定する電話番号か担当のアウトソーシング先企業へと転送される。

4　自宅の住所は公表しないこと

自宅の住所を使うと、お客が訪ねてくることになりかねないからダメだ。在庫の発送や小切手の処理など、すべてをアウトソーシングする前の段階で、自分で処理すると決めた場合には、私書箱を使おう。ただし、PO BOX 555, Nowhere, US 11936といったものではなく、Suite 555, 1234 Downtown Ave., Us 11936 というように、「私書箱」という部分を除いて、私書箱がある郵便局の住所を記載した住所にすること。

うまくデザインされたプロフェッショナルなイメージを与え、広めよう。どのように受け取られるかが大事なのだ。

コンフォート・チャレンジ~自分の安全地帯から出てみよう

公共の場でリラックスする（2日間）

コンフォート・チャレンジはこれで最後。これからの章は、オフィスワーカーにとってもっとも面倒なターニングポイントについて取り上げる——リモートワークに合意するための交渉だ。本書では、この申し出ができるだけ気軽に行えるように努めた。と同時に、いつもみんなが従っているルールというのが、ほとんどはたんなる社会の慣習でしかないということにも気づいてもらえるようにしたつもりだ。理想的な生活を実現するのを妨げる法律などない。
というわけで、ここでは公共の場でリラックスする、というエクササイズを取り上げる。かんたんそうに思えるだろう？　私はどういうわけか、友だちから笑われるほどのリラックス名人だ。あなたが女性でも男性でも、20歳でも60歳でも、モンゴル人でも火星人でもかまわない。これから紹介する内容を、私は「タイムアウト」と呼ぶことにしよう。

　これからの2日間は毎日、どこかしら公共の場のど真ん中で、横になってみよう。実行するには、ランチタイムがふさわしい。人が行き交う歩道でも、人気のスターバックスの店内でもいい。特別なテクニックなど必要ない。床に静かに横になり、10秒間そのままでいてから、さっさと起き上がり、それまでしていたことをまた続ければいいだけだ。私は、ブレークダンスをするためのスペースを確保するために、よくナイトクラブでこれをやったものだ。どんなにお願いしても反応がないのに、床の上で硬直するだけで魔法のように効果があった。

　誰かに何をしているのかと聞かれても、絶対にくどくどと説明してはいけない（とはいえ、これをやっていると、周りは困惑するだけかもしれないが）。「ちょっと横になりたかっただけ」そう答えるだけにしよう。言葉少なにすればするほど、おかしさも増すし、満足度もアップするに違いない。エクササイズをやっている2日間はひとりでやってほしいが、その後、友だちと一緒に行動しているときにやってみるのは、あなたの自由だ。

　視点を変えてものごとを考えてみるだけでは十分じゃない。考えるというのは、まだ受け身の段階でしかない。これまでとまったく視点の違う行動に出る、このくせをつけよう。

お役立ちツールと使うコツ

◆大きく見せるためのコツ――バーチャル受付と音声自動受付

・Angel　www.angel.com

プロ仕様の応答メッセージつき（音声によって部署や外線を認識して転送する機能も）フリーダイヤルを5分で手に入れることができる。すばらしい。

・Ring Central　www.ringcentral.com

フリーダイヤル番号の取得や、電話の選別や転送、ボイスメール、ファクス送受信、メッセージ受信お知らせなどの手配が可能。すべてオンライン。

ＣＤおよびＤＶＤ製作とパッケージ

・AVC Corporation　www.avccorp.com

・SF Video　www.sfvideo.com

◆フルフィルメントサービス（週に発送するユニットが20未満の場合）

・Mailing Fulfillment Service Association　www.mfsanet.org

◆フルフィルメントサービス（週に発送するユニットが20以上の場合、初期費用５００ドルより）

・Motivational Fulfillment　www.mfpsinc.com

HBOやPBS、Comic Relief、Body by Jake などの、キャンペーンの背景にある秘密がここにある。

・**Innotrac　www.innotrac.com**

彼らは現在最大のDRマーケティング会社になっている。

・**Moulton Fulfillment　www.moultonfulfillment.com**

20万平方メートルの施設を有し、リアルタイムの在庫管理レポートを提供。

◆受注用コールセンター（料金発生は分単位）

コールセンターも2つの種類に分類される。注文受付と取次窓口だ。オプションやコストを知るために、それぞれのサービス提供会社に問い合せてみるといい。

前者は商品の価格を広告のなかで示す場合が（これをハードオファー〔しつこく問い合せたり営業をかけたりすること〕という）、無料の情報提供をする（これをリードジェネレーション〔メディアによる広告やDM・イベント・セミナーなどを使って優先的な新規顧客獲得をめざす手法〕という）場合にはちょうどいい。あるいは客からの不満に対処できるようトレーニングされた営業マンを必要としない場合にいいだろう。言い換えれば、広告やウェブサイトで、あらかじめ見込みが保証されていなければならない。対して後者は、「営業センター」という名前にもっとふさわしいものだろう。オペレーターは、モノを売るという任務を与えられた熟練の「切り札」だ。唯一の目的は電話をかけた人を購売客へと変えること。こうした電話は資料請求、お試し、サンプル情報の広告に反応して電話してきたもので、価格などは想定していない（これをソフトオファーという）。ただし、1回の売上に対してコストが高い場合を除く。

・**LiveOps　www.liveops.com**

在宅スタッフによるサービスのパイオニア企業。こちらの方が、電話がつながりやすいことがよくある。

・**West Teleservices　www.west.com**

世界中に2万9000人のスタッフを抱え、莫大な件数の注文を処理している。取扱量が多く、低価格商品を扱う企業はここを使っているところが多い。

・**NexRep　www.nexrep.com**

高スキルの在宅セールエージェント。B to CとB to Bに特化し、入庫と出庫のプログラムを管理する。パフォーマンス、素早いレスポンス、インターネットの統合そして消費者の質などを優先させるのであれば、このサイトはかなり力になる。

・**Titon Technology　www.tritontechnologh.com**

「クローザー」としての能力で有名な、コミッション制オンリーのセールスセンター（映画『Boiler Room』やアレック・ボールドウィンがグレンガリー役を演じた『摩天楼を夢見て』などを見れば分かる）。100ドル以上の商品を扱っている場合以外はここには電話しないこと。

・**CenterPoint Teleservices　http://www.centerpointllc.com**

ここの販売方法は、セールスをハードオファー、ソフトオファー、マルティプル・オファー〔電話をかけた人がラジオやテレビ、雑誌、ウェブなどの広告の商品の購入を承認したあとに、より高額商品を売る〕などに転換するやり方をとってきた。

・**Stewart Response Group　www.stewartresponsegroup.com**

自主独立型のコールセンターで、インバウンド〔客先からの照会や要望などに応える〕とアウトバウンド〔ダイレクトセールスなどを行う業務〕の両方を行うホームエージェント〔在宅勤務オペレーター〕モデルで急成長している。

◆クレジットカード処理会社

以下は、最後の章で紹介しているケースと違って、クレジットカード処理のみならず、代理でフルフィルメントを担当してくれる専門の企業で、フローチャートからあなたを消してくれるタイプのサービスを提供してくれる。

- **TransFirst Payment Processing　www.transfirst.com**
- **Chase Paymentech　www.paymentech.com**
- **Trust Commerce　www.trustcommerce.com**
- **PowerPay　www.powerpay.biz**

急激に成長したプライベートカンパニー５００社のうちのひとつ。iPhone などからでもクレジットカードを受け入れている。

◆アフィリエイト・プログラム・ソフトウエア

- **My Affiliate Program　www.myaffilicateprogram.com**

9章の「お役立ちツールと使うコツ」のアフィリエイトプログラムリストを参照。

◆広告ディスカウントの代理店

もし雑誌やラジオ局、あるいはテレビチャンネルに行って、相場価格で広告料金を払うとしたら、まず「小売」価格を提示されるだろう。とてもじゃないが手を出せない。雑誌、ラジオ、テレビの広告費に関する頭痛と出費を解消するために、目当てのメディアの広告費を最大9割まけてもらう交渉をしてくれる広告代理店を活用することも考えてみよう。

・**Manhattan Media（紙媒体）　www.manhmedia.com**

迅速な対応をしてくれる、すばらしい代理店。私は最初からここにお願いしている。

・**Novus Media（紙媒体）　www.novusprintmedia.com**

１４００以上の雑誌社および新聞社との関係を築き、平均で広告費の80％オフをオファーしてくれる代理店。Sharper Image やオフィス・デポをクライアントに持つ。

・**Mercury Media（テレビ）　www.mercurymedia.com**

アメリカ最大のＤＲ（ダイレクト・レスポンス）メディア代理店。テレビが専門領域だが、ラジオや紙媒体も扱う。ＲＯＩ〔投資収益率〕が判断できるトラッキングの報告をしてくれる。

・**Euro RSCG（クロスメディア）　http://www.eurorscgedge.com/**

すべてのプラットフォームを横断する、世界最大のＤＲＴＶ〔ダイレクト・レスポンス・テレビジョン。反応が即座にわかるテレビＣＭやテレビ番組〕メディア。

・**Canella Media Response Television（テレビ）　http://www.drtv.com/**

保証として革新的なＰ／Ｉ（顧客からの問い合わせ）モデルを採用し、前払いではなく分割注文ができるというメリットがある。キャンペーンがうまくいったときには注文ごとに高額になるがメディアへの事前投資は低くなる。

・**Marketing Architects（ラジオ）　www.marketingarchitects.com**

ラジオＤＲの実質的なリーダー的存在であり、高めの部類に入る。大きな成功を収めたＤＲ商品（Carlton Sheets No Money Down, Tony Robbins など）のほとんどが、ここを使っている。

・**Radio Direct Response（ラジオ）　www.radiodirect.com**

Mark Lipsky 氏は、小規模なダイレクトマーケッターから Travel Channel や Wells Fargo などの大企業までをクライアントにもつ代理店。

◆オンライン・マーケティング、および調査会社（ＰＰＣキャンペーンマネジメントなど）

まず、地域の小規模なところに頼むなら

- **SEMPO　www.sempo.org 会員名簿を見てみること**

中規模のおすすめ企業

- **Click 2 Customers　www.click2customers.com**
- **Working Planet　www.workingplanet.com**

頼もしいプロ（小規模キャンペーンにも数千ドルかかる）

- **Marketing Experiments　www.marketingexperiments.com**

私はここにお願いしている。

- **Did It　www.did-it.com**
- **ROIRevolution　www.roirevolution.com**

費用は月ごとのＰＰＣの費用のパーセンテージに応じて決まる。

- **Pepper Jam Search　www.pepperjamsearch.com**
- **iProspect　www.iprospect.com**

◆フルサービスのインフォマーシャル・プロデューサー

ここで紹介するのは、Oreck Direct や Nutrisystem、NordicTrack、Hooked on Phonics などの名前を一般家庭に定着させた企業だ。Hawthorne Direct にはすばらしいＤＲＴＶグロサリーがあるし、両社のサイトにはいずれも、貴重な情報が満載。ただし、短いコマーシャルに対して1万5000ドル、長いものに対して5万ドルの予算が組める状態でない限り、連絡をとらないこと。

・**Cesari Direct　http://www.cesaridirect.com/**
・**Hawthorne Direct　www.howthornedirect.com**
・**Script-to-Screen　www.scripttoscreen.com**

◆小売および製品の海外向け販売

ウォルマートや Costco、Nordstrom などの店頭に、もしくは日本のデパートに自分の製品を並べたい？　実現するために、専門家に頼む価値がある場合も多いので紹介しておこう。

・**Tristar Products　http://www.tristarproductsinc.com/**

Powerjuicer とほかのヒットに続いて登場した。Trister も制作スタジオを所有しており、小売流通に加えてエンドツーエンド〔発信元から受信先までの両端を結ぶ経路全体のこと〕のサービスを提供する。

・**BJ Direct（International）　www.bigd.com**

◆セレブリティあっせん業者

テレビで自分の製品をセレブに宣伝してもらいたい場合は？　それには、たいていの人が考えているよりもはるかに少ないお金ですむ。たとえば、ある服のテレビCMにメジャーリーグのトップ級のピッチャーに出てもらう場合、年間2万ドル程度ですむ。

・**Celeb Brokers　www.celebbrokers.com**

社長のジャック・キング氏が私をこちら側のすばらしい世界へと導いてくれた。彼はこの世界のことを、内側も外側も知り尽くしている。

・**Celebrity Endorsement Network**　**www.celebrityendorsement.com**

◆セレブリティと連絡をとるには

・**Contact Any Celebrity**　**www.contactanycelebrity.com**

自分で直接連絡をとることも可能だ。私は何度もそうやった。このオンラインディレクトリーと親切なスタッフの助けを借りれば、世界中のセレブの連絡先を自力で探し出せる。

●ライフスタイルデザインの実行例

アウトソーシングの章を読んだあとに、私は新しいアイデアが浮かんだように思えたのですが、自分には絶対できないだろうとあきらめていました。しかし、この本のほかの部分を読んで完全にハマってしまったので、やってみようと決意しました。海外送金よりも、自分の資金を国内に置いておくことにしました。セオリーを試すために、大学に通う姪に頼み、私には理解不可能なコンピュータースキルを駆使してもらいました。ここで分かったのは、私にとっては時間の節約になり、姪にとってはお金を生むすばらしい経験になったことです。アウトソーシングに対して積極的になりました。何より語学力に悩む必要もありませんでした……若々しい気持ちを持てるよう、あなたの本のほかの部分ももっとよく理解しようと思っています。

――**ケン・D**

やぁ、ティム。数か月前に www.weebly.com について話していたと思うけど、僕も「ミューズ」となるサイトを構築するためにこのサイトを使ってみました。とてもすばらしい！　それから、フェイスブックのグループのメンバーも予想通りニッチが集まっています。そこでうまくいったことをいくつかあげてみます。

1　僕の「ミューズ」を買ってくれるニッチなグループを発見しました。

2　それぞれのグループの管理人にメッセージを送って、僕の「ミューズ」がグループメンバーにどれだけ役立つかを伝えました。ていねいに彼らに尋ねて、そのグループの「ニュースフィード」のなかに推薦広告を投稿したのです。これはウォール（コメント欄）に投稿するよりも信頼度が高いんです。そのグループが削除するまで、そこに無料広告として掲載されている仕組みになっています。ウォールに1回投稿するより、１００倍も効果があると思います。こんなケースもありました。管理人が僕の「ミューズ」を購入し、僕のメモをそのグループの「ニュースフィード」のセクションに投稿してくれたのです。その上グループ全体にメールを送って僕のサイトをチェックするように言ってくれました。

――**ギャビン**

（注釈）

50　Richard Tedlow, Giants of Enterprise: Seven Business Innovators and the Empires They Built（2001; reprint, HarperBusiness, 2003）.

51　これは『Inc.』誌の２００５年10月号の記事「The Remote Control CEO」から構成されている。

52　実際に、私は今新しい機械の幽霊になっている。２００９年に BrainQUICKEN をプライベート・エクイティに売却したのだ。

53 「契約委託会社」は信頼のおけるウェブベースのサービスと同じくらいかんたんである。その単語の響きにたじろがないように。

54 www.fourhourblog.com で、フルフィルメントのためのEメール返信サンプルを紹介している。

55 Joseph Sugarman, Advertising Secrets of the Written Word（DelStar Books, 1998).

56 どの数学（車の数ＶＳ売上総計の数）が使用されているかによって、オリジナルのフォルクスワーゲンビートルが記録を保持しているという説もある。

57 顧客の利益のために、そして（私も含めて）誰もがもっている面倒くさいという気持ちにつけこむには、製品を考慮したり、忘れてもらうためにできるだけ長く保証することだ。Ginsu knives は50年間保証している。あなたなら60日や90日、３６５日なんて保証ができるだろうか？　返品率はまず30日か60日間保証（予算の見積りやキャッシュフロー計画のために）で見積もって、そこから期間を延長していこう。

ステップ4

解放（Liberation）の「L」

人間は、鎖につながれて正しい道を進むよりも、
自由に間違った道に進むほうが、ずっとましだ。

——トーマス・H・ハクスリー〔「ダーウィンの番犬（ブルドック）」として知られる生物学者（イギリス）〕

12章

姿を消す

オフィスから脱出する方法

誠実に1日8時間働くことによって、あなたはやがては上司になり、1日12時間働くようになるだろう。

——ロバート・フロスト（4度ピュリッツァー賞を受賞した詩人（アメリカ））

この道では、最初の一歩だけに価値が置かれている。

——聖ジャン・マリー・ヴィアンニ（「アルスの司祭」として知られるカトリックの聖者）

カリフォルニア州パルアルトにて

「この電話代は必要経費で落とせない決まりだぞ」

「そんなことをお願いしているのではありません」

沈黙。そして、うなずき、笑い、やがてあきらめにも似た微笑が浮かぶ。

「分かったよ。それなら……いいだろう」

それっきりだった。44歳、終身雇用の一般社員、デーブ・キャマリロは、古い掟を破って第2の人生をスタートした。

デーブは会社をクビになったのではない。大声で怒鳴り散らしたのでもない。彼の上司はすべてをうまく取り計らってくれているようであった。たしかに、デーブは間違いもなく商品を配達する仕事をこなしていた。もちろん、顧客との会議の場で全裸になって寝転がるなんてこともしなかった。ただ、彼は誰にも知らせることもないまま、30日間中国で過ごしていただけだ。

「俺が考えていたほど辛くはないな」

デーブはヒューレット・パッカード（ＨＰ）で働く1万人以上いる従業員のひとりだった。そして（大方の予想とは反対に）彼は従業員であることが好きだった。自分で会社を始めようという願望はなかった。この7年ほどは、世界22か国、アメリカ45州で顧客のテクニカルサポートをしていた。しかし6か月前に、あるちょっとした問題を抱えていた。

その女性《ひと》は身長5フィート2インチ〔約１５７センチ〕、体重１１０ポンド〔約50キロ〕だった。世の大多数の男たちのように、デーブはスパイダーマンシャツを着て遊び回るのをやめられなかったり、自尊心のある男たちの最後の逃げ場であるプレイステーションを断ち切ったりすることが怖かったのか。そんなことはない。準備は万端で、プロポーズする用意もできていた。しかし、デーブの休暇は短く、おまけに彼女は街のはずれに住んでいた。はるか遠く、５９１３マイル〔約９５００キロ〕も離れたところだ。

彼女と知り合ったのは、出張で訪れた中国の深圳《しんせん》だった。そして今、彼女の両親に会いに行く段階になった。デーブは、そのときまでにテクニカルサポートの電話を自宅で受けるようにした。ことわざにもあるだろう、「我が家とは、心がこもったところ〔Home is where the heart is.〕」だと。それで彼は、飛行機のチケットとT-モバイル〔ドイツに本社を置く携帯電話会社〕のトライバンドGSM携帯〔3つの異なる無線周波数帯に対応したGSM（欧州標準の現行携帯電話規格）方式の携帯電話〕を手に、7日間の最初の実験旅行に向かうため太平洋を越えた場所までやって来た。12時間の時差を超えて、彼女は彼のプロポーズを受け入れた。アメリカ本土にいる人間には誰にも気づかれなかった。

2回目の旅行は、彼女の中国の家族とともに中華料理を食べる（豚の顔を食べるんだよ、みなさん）30日間に及ぶツアーとなった。ついにそこで2人は結婚し、シューメイ・ウーはシューメイ・キャマリロになった。デーブがパルアルト〔HP本社所在地〕に戻ったとき、HPは相変わらず世界制覇を目指していた。彼がどこにいたかなど、誰が知るということもなく、気にもしていなかった。実は旅行中、デーブにかかってくる電話を新妻の携帯電話に転送するように設定しておいたのだ。これで世界中どこにいてもOKだったわけだ。

デーブは、最高を望みながらも、最悪の事態に備えていた。アメリカに戻った後には、イーグル・スカウト〔米国のボーイスカウトの最高等級〕の「移動許可バッジ」を得たも同然だった。実際、彼の未来はどうにでもなるように思えた。とりあえず彼は、毎年夏の2か月間を中国ですごし、次にその間の仕事を埋め合わせをするためにオーストラリアとヨーロッパに行くことにしている。すべては彼の上司がサポートしてくれる。

束縛を断ち切るための秘訣はかんたんだった。つまり「許可をもらう」のではなく、「許しを請う」ようにしたのだ。

「俺は今まで30年間、旅行なんかしたことがない――なら、してみればいいじゃないか」。何でやってみねえんだよ？――これこそが、誰もがすべき問いなのだ。

◆カースト（Casto）から世捨て人（Castaway）まで

昔の大金持ちにはある特徴が見られる。大きな屋敷に住み、アスコットタイを着け、子犬を抱いている。上流階級は、通常1か所に定住していた。たとえば、ナントゥケットのシュワルツ家と、シャーロッツビルのマクドネル家だ。うわ～、ハンプトンの夏はとーっても１９９０年的だ！

しかし、「衛兵」は交代している。新たに定義された中流階級の特徴は、一か所に束縛されるということだ。一方、ニューリッチ（NR）は、お金という単純なものよりも分かりにくいもの――自由な移動性――によって定義されている。もちろん、あらゆるところを飛び回ることは、ベンチャー企業のオーナーや独立した自営業者に限られたものではない。従業員もまた、うまくやれるのである。[注58]

従業員がうまくやれるというだけではなくて、企業側でもそうしてほしいと思っている会社が増えている。家電量販店のBestBuyは今、ミネソタ州の本社から数千人の従業員を家に戻して在宅勤務を認めた。その結果、コストが下がっただけではなくて、10％から20％の増収になったと言っている。彼らの新しい合言葉はこうだ。「いつでもどこでもあなたの好きなように働きなさい。ただし仕事だけはきっちりやるように」

日本では、毎日9時‐5時のつまらない仕事に出勤する3つ揃えのスーツを着たゾンビたちを「サラリーマン」と呼んでいる。ところが最近では、新しい言葉が出てきた。「脱サラする」というものだ。サラリーマンのライフスタイルから抜け出すことを指す。[注59]

さあ、今度はあなたが脱サラダンスを踊る番だ。

◆ボスとの交渉——オクトーバーフェストのケーススタディ

束縛から解き放たれた力を生み出すために、2つのことをしよう。リモートワーク（在宅勤務）がビジネス上メリットを生むことを示そう。そして、その要求を拒むことの代償は、あまりに高くつき、ひどい痛手を伴うということを分からせるのだ。

シャーウッドを覚えているだろうか？

彼のフランス製のシャツが売れ始めてたので、彼は世界中を旅行するためにアメリカを離れたくてウズウズしている。現金は十分すぎるほどあるが、オフィスでいつも監視されていることから逃れる必要がある。それも、**「捨てる」（E）**の時間節約ツール（ステップⅡを参照）をすべて適用する前にだ。

シャーウッドは機械エンジニアである。時間をムダにする要因や割り込み要因の90％を取り除いてからは、半分の時間で2倍の設計量をこなしている。この業績の飛躍が上司の目にとまり、会社側の評価が高まるにつれて、彼を失うことは大変な損失であると思われるようになった。評価が高まれば交渉の可能性も広がる。シャーウッドは、彼の生産性と効率性を抑え気味にしておくことを決めていた。リモートワークのテスト期間中に、それが際立って向上したことを示せると思ったからだ。

会議や打ち合わせのほとんどをなくしたので、必然的に、上司や同僚とのコミュニケーションのおよそ80％はEメールで、20％は電話に代わった。それだけでなく、彼は、7章にある「割り込みの遮断」「拒絶のワザ」をヒントに使って、あまり重要でない反復的なメールを半分にカットした。こうしたことは、リモートワークへの移行を、実際にはあまり目立たないものにする手助けになるだろう。たとえそれが本来は目立つことであってもだ。こうしてシャーウッドは監視の目を少しずつ減らしながらフルスピードで走っていた。

シャーウッドはこのリモートワークを5段階に分けて実行することにした。仕事が忙しくない時期の7月12日に開始して2か月間続け、仕上げに2週間、ドイツ、ミュンヘンのオクトーバーフェスト〔9月半ばから10月上旬に開催される世界最大の祭り〕に行くための旅行をする。

ステップ1／投資を増やす

まずは**7月12日**に、彼は上司と従業員が受けてもよさそうな追加研修について話をした。そして、顧客との仕事がもっとうまくいくように4週間の工業デザイン講座を会社の費用で受けることを提案し、上司や部門のビジネスにメリットがあることを強調した（つまり、彼は部門内でのやり取りを減らし、顧客向け成果とその対応時間を増やしていくつもりだった）。シャーウッドは会社が自分にできるかぎり投資して、その結果、もし彼が辞めたら会社にとって損失が大きくなるようにと望んでいた。シャーウッドは会社に対して、自分に可能性があるうちは投資するように求めていた。だから彼が辞めることになると損失は大きくなる。

ステップ2／リモートワークでは成果が増えることを証明する

2番目に、彼は次の火曜日と水曜日、**7月18日**と**19日**を病気で休むと電話した。リモートワークの生産性を示すためである。[注60] 彼は、2つの理由で年休は火曜日から木曜日の間で取ることにしていた。土日にくっつけて3日間休むよりウソっぽく見えないし、土日をあてにしないでひとりきりで彼がどれだけ働けるかを見せることができるからであった。彼は確実に休みの2日間での仕事の成果を2倍にしてみせた。そして、上司が気づくようにEメールの痕跡を残し、後日の交渉で参照できるように、自分が実施したことを数字的な記録で残した。彼は高価なCADソフトを使っていたが、それはオフィスにあるデスクトップコンピューター上にライセンスされて入っていたので、自宅からそのソフトを操作できるように、自分のパソコンにリモートアクセス用のフリーソフトGoToMyPCをインストールした。

ステップ3／数字で示すことができるビジネスメリットを準備する

3番目に、シャーウッドは、オフィス外にいても、どれだけ多くのことを達成できるかを説明した箇条書きのリストをつくった。彼は、リモートワークがビジネスとして良い決断であり、決して自己満足ではないということを示す必要があると思っていた。数字で測れる成果は、通常よりも3枚多い設計図と、顧客対応時間が3時間増えたことであった。ほかにも、通勤時間がゼロになることや職場の雑音で気を散らすことが少ないことなどを説明した。

ステップ4／取り消し可能なテスト期間を提案する

4番目に、前の章の「コンフォート・チャレンジ」をやった後で、シャーウッドは、1週間に1日のリモートワークのテストを2週間やってみたい、と満を持して提案してみた。彼は前もってセリフを用意していたが、ただ、それをパワーポイントではつくらなかったし、何か深刻で、取り消しのきかないことのように見せる真似もしなかった。[注61]

シャーウッドは、比較的のんびりする木曜日の午後3時頃、上司の部屋をノックした。それは、**7月27**

日、彼が休んだ翌週だった。そのセリフは次のようである。下線部が用意していたフレーズで注釈は交渉の要点を解説している。

シャーウッド　どうも。少し時間いいですか？

ビル　いいとも。何だい？

シャーウッド　私の方でちょっと考えたことがあって、話を聞いてもらいたいのですが。2、3分で十分です。

ビル　いいよ。

シャーウッド　ご存知のように、先週私は病気で休みました。まあ、気分が悪かったのですが、結局家で仕事をすることにしました。ここが面白いところですが、私は何にもできないだろうと思っていたんですが、終わってみると、2日間でいつもより設計図が3枚多くできたんです。それにプラスして、ふつうの日より3時間分も余計に仕事をしました。通勤時間や職場の雑音や邪魔するものがなかったので。いいですか、そこでお話ししますが、ちょっと試してみたいのです。2週間だけ、月曜日と火曜日に自宅で仕事をすることを提案したいのですが。あなた〔日本の場合は「部長」など、肩書きでの呼び方になるだろう〕が良くないと思った時はいつでもやめさせることができます。必要な時は会社に来ます。ただ、2週間だけやってみて、結果を検討してみたいのです。私は2倍働けると１００％確信しているんです。いいと思いませんか。

ビル　うーん、お客さんの設計図を見たい時にはどうするんだい？

シャーウッド　GoToMyPC っていうプログラムがあるんです。この前病気で家にいた時には、これを使って会社のコンピューターにアクセスしたんです。リモートで何でも見えます。それからいつでも携帯電話を持ってます。なので……どう思われますか？　次の月曜日からスタートして試してみませんか？　それで私がどれくらいできるか見てみませんか？[注62]

ビル　うーん、いいだろう。でもただのテストだからな。私は5時に会議があって、ちょっとやらなきゃならないことがある。また話をしよう。

シャーウッド　良かったです。お時間を取らせてすみませんでした。この件はすべてお知らせするようにします。きっと結果が良くてびっくりすると思いますよ。

シャーウッドは週に2日の休みが認められるとは予想していなかった。彼は2日の休みを要求して、上司が拒否した場合には、最悪の事態の作戦として1日だけ要求できるようにしておいたのだ。シャーウッドはなぜ週に5日間のリモートワークを要求しなかったのだろうか？　理由は2つある。第1は、管理職としては、すぐに受け入れるわけにはいかない。彼らがパニックを起さないように、最初は静かに、そして次第に大きく踏み込んでいくことが必要である。第2は、大きな獲物を狙う前に、少し練習して、リモートワークの技術を磨くのが賢明であるということだ。実際、そうすれば、リモートワークの権利を失いかねないような失敗をする可能性は減るだろう。

ステップ5／リモートワーク時間の拡大

シャーウッドは、これまでのところ、リモートワークでの仕事の生産性が確実に上がるようにしている。比較して目立つようにオフィスでの生産性をわずかに落としてもいる。彼は上司とリモートワークの結果について話し合うための打ち合わせを**8月15日**にセットし、オフィス勤務に比べて増加した成果や作業項目について箇条書きで資料を準備した。そして、リモートワークを週に4日に増やして2週間の試行をしてみることを提案した。必要ならば、週に3日に譲歩する用意もしていた。

シャーウッド　予想してたよりもいい結果が出ましたよ。この数字を見てください。結構ビジネスに役立っていることが分かります。私も今は仕事を楽しんでいます。そこでですが、この結果に意味があると思われたなら、ひとつ提案があります。テストをもう2週間追加して週に4日間でやってみるのはどうでしょう。私はこう思ったんです。つまり、金曜日に来ることにすれば[注63]次の週の準備をするという意味があるんじゃないかと。でももちろん、どの曜日がいいかはあなたが選択できるわけですが。

ビル　シャーウッド、君、そんなことできるとは思えないよ。

シャーウッド　何を心配されてますか？[注64]

ビル　それは君が出ていこうとしているように聞こえるよ。つまり、君は我々を見捨てるつもりじゃないのかい？　そして、もしみんなが同じことをしたいと言ったらどうなる？

シャーウッド　おっしゃるとおりです。[注65]第1に、正直に言えば、以前はいろんな邪魔が入ったり通勤がいやだったりして辞める寸前までいきました。でも、今は決まりきった日課を変えて実際気分が良くなっています。[注66]もっとバリバリやれるし、リラックスできています。第2に、仕事の生産性が上がることを示さないかぎりは、リモートワークで働くことは認められないだろうということです。私は完璧に示すことができます。誰かそういうことを証明できる人間がいたら、実験ベースでやらせてみたらいいじゃないですか。オフィスのコストは下がるし、生産性は上がるし、社員はハッピーになります。どうです、ほかに何かありますか？　2週間試してみて、金曜日に会社でスタッフの面倒を見るということでいいですか？

すべては文書で残すようにします。それから、もちろん、あなたはいつでも考えを変えてもいいのです。

ビル　やれやれ、君はしつこいなあ。分かった、それでやってみるか。でも、人には言うなよ。

シャーウッド　もちろんです。ありがとうございます。信用してもらって感謝します。また、話しましょう。

シャーウッドは家では生産的に、会社では少し効率を落として仕事を続けた。２週間後、彼は上司と結果を見直して話し合い、さらに２週間の週４日リモートワークを続けた。そして、**9月19日**の火曜日には、とうとう、海外の親戚を訪ねる間の２週間、フルタイムのリモートワークを試行することを要求した。[注67] シャーウッドのチームは彼の専門スキルを必要とするプロジェクトの真っ最中だったが、上司が拒否したときには辞める準備をしていた。例えば、広告料金の交渉は締切ギリギリにやるのが良いとふつう誰もが思うように、彼は次のことを認識していた。欲しいものが手に入るかどうかは、どうやって要求するかよりも、いつ要求するかによるところが大きい、ということを。彼は辞めようとはしなかったが、彼のフランス製のシャツは、オクトーバーフェストへ行く夢を実現するために十分すぎるくらいの資金を提供してくれた。

シャーウッドの上司はしぶしぶ承認し、辞めるという脅しは使わずに済んだ。その日の夕方に家に帰ると、オクトーバーフェストが開催されるミュンヘンまでの往復航空券を５２４ドル〔約４万３４５０円〕で買い求めた。それは１週間分のシャツの売上よりも安かった。

シャーウッドは今、時間を節約する仕組みをできるかぎり取り入れて、不必要なものをカットすることができる。もうすぐビールを飲み、レーダーホーゼン〔ドイツやオーストリアで履かれている皮製の半ズボン〕をはいて踊りながら、見事な仕事をするだろう。前よりも会社に貢献しながらも常に世界中を駆けめぐるだろう。

だが待てよ……もし上司が拒否した場合にはどうするのか？　うーん……あなたが自分で何とかするしかない。もし、上級の管理職が何もしてくれなかったら、次の章が必要になる。

代替案――砂時計アプローチ

なぜ「砂時計」アプローチかというと、まず事前に長めの期間不在にしておいてから、次に短期間のリモートワークの合意をとりつけ、それからフルタイムのリモートワークの交渉へとつなげていく、というやり方だからだ。具体的な手順は次の通り。

1　1週間か2週間オフィスを離れなければならない緊急事態（家族の問題、引っ越し、家の改装など）を装う

2　休暇をとるのではなく、仕事を続けたいと申し出る

3　在宅でどのように働くかということと、必要ならばもともとのパフォーマンスに満たないとみなされた場合その期間中は給与カットされてもいいと提案する

4　できるだけ上司と協力して行うようにする――どんどん上司をプランに取り込んでいく

5. 期間中のリモートワークの生産性をこれまでオフィスで達成したことがないほどに高める
6. オフィスに戻ってから、上司に対してその成果をアピールする。そして、通勤が必要ないことと、いろいろなことにわずらわされなければ、生産性をさらに2倍にできると言ってみる。そして、2週間ほどの間、週2～3日のリモートワークを提案する
7. もちろん、リモートワークの日の生産性は大幅にアップさせる
8. オフィス勤務を週1～2日にするよう提案する
9. その日の生産性を下げる
10. 完全にリモートワークにするよう提案する――きっと上司も受け入れてくれるだろう

Q&A

クエスチョン&アクション

最近、60万ドルの損失を出した人間を解雇するかと聞かれた。「いいえ」と答えたよ。私は彼を育てるためにその60万ドルを使ったのだから。

――トーマス・J・ワトソン〔IBM初代社長〕

自由には責任が伴う。それが、多くの者が自由を恐れる理由である。

——ジョージ・バーナード・ショー（1856-1950）

起業家の頭をもっとも悩ませるのは「**自動化（A）**」だ。なぜなら、彼らは支配をあきらめることを恐れているからだ。反対に従業員は「**解放（L）**」で行き詰まってしまう。自らが支配するということを恐れるからだ。手綱をつかみとろう。残りの人生はそれにかかっているのだ。

以下のクエスチョン＆アクションを読めば、出勤を前提とする仕事を、成果に基づく自由へと変えていくことができるだろう。

1　あなたが心臓発作になったとしよう。上司が同情してくれるなら、4週間は遠隔で働くことができるだろうか

もしあなたが、リモートワークが不可能な仕事で固い壁にぶちあたっているのなら、あるいは上司の反発が予想されるなら、自問してみよう。

・あなたはこの仕事で何を成し遂げようとしているのか？　目的は何か？

・今と同じだけ成し遂げるためのほかの方法を見つけなければならないとしたら、——そして人生がそれにかかっているとしたら——どうしたらいいだろうか？　リモートコントロールで会議？　ビデオ会議？　GoToMyPC〔遠隔操作で自分のパソコンにアクセスできるサービス〕や関連ソフトを使うだろうか？

・どうして上司はリモートワークに反発するのだろうか？　真っ先に会社に与える悪影響とは何だろ

うか？　どうすればそれを避けたり、最小限に食い止められるだろうか？

2　上司の身になって考えてみよう。今までの仕事におけるあなたの歴史を振り返ってみて、あなたはオフィス外で働くことを信用してもらえる人間だろうか？

もし答えがノーなら、「**捨てる（E）**」を読み直して生産性を上げることと砂時計的な選択肢を考えよう。

3　周りの環境に左右されずに生産性を上げる練習をしよう

リモートワークを申し出る前に、土曜日を2度使ってカフェで2、3時間働いてみよう。ジムで鍛えているなら、2週間は家かジムとは関係のない場所で運動してみる。目的は、あなたが活動しているたったひとつの環境から離れ、ひとりでも働けることを確かめることだ。

4　現在の生産量を決めよう

あなたが80／20の原理にあてはまっているなら、割り込みをシャットアウトし、関連資料を完璧に作成するのはやめるというルールにしよう。あなたのパフォーマンスの量は間違いなく常に高まるだろう。対応した顧客の数であれ、増収であれ、資料のページ数であれ、売掛金回収のスピードであれ、何であれだ。これを再現しよう。

5　リモートワークをポリシーとして要求する前に、まずその生産性を示す機会をつくろう

これはあなたがオフィス外で働く能力を試すためであり、常に監督されていなくても、ばかげたことには手を出さないという証拠を示すためだ。

6 提案する前に「ノー」を乗り越えるコツを練習しよう

青空市場に行って値切ってみよう。無料でファーストクラスへアップグレードしてもらおう。レストランでひどいサービスを受けたら代償を求めよう。もし断られるようなことがあったら、世間の人たちに尋ねてみよう。もし人があなたの欲求を断ったときのために、次の魔法の言葉を使う練習をしてみるといい。


「私は何をする必要がありますか〔望ましい結果を得るのに〕?」

「どんな状況だったらやってくれますか〔望ましい結果を得るのに〕?」

「あなたは以前に例外を設けたことはありましたか?」

「あなたはきっと例外を設けたことがあったはずですよ、そうでしょう?」

〔もし最後の2つの質問の答えがノーならば、「なぜノーですか?」イエスなら、「なぜイエスなのですか?」〕

7 月曜日か金曜日にリモートワークをしたいと申し出てみよう

たとえリモートワーク中に生産性がわずかに落ちたとしても、雇い主にとってあなたを解雇するには問題がありすぎると思われているうちに、これを実行することや、次の段階に進むことを考えよう。

　もし雇い主が拒否したら、新しい上司を探すか自分が起業してしまう時だ。今の仕事では、決して時間の自由を得ることはできないだろう。雇い主にあなたを辞めさせるように仕向けることを考えてみよう。仕事を捨てるつもりなら、自分から退職するのは、巧妙に解雇されて退職一時金を使ったり、長期バカンスを取るために失業したりするよりも、全然魅力的ではないことが多いのだ。

8　移動の自由をフルタイムで得られるようになるか、またはあなたが望ましいレベルで得られるまで、うまくいったそれぞれのトライアル期間を延長しよう

　会社がどれだけあなたを必要としているか、決して過小評価してはいけない。十分に働いて、あなたがほしいものを要求しよう。時間がたっても手に入れられなければ、会社を去ろう。人生の大半を職場の小さなブースで過ごしてしまうには、世界は広すぎるのだから。

● ライフスタイルデザインの実行例

　Earth Class Mail の導入を考えてみてください。このサービスは、あなたに届けられた郵便物をすべて Earth Class Mail 上のオンライン住所に転送し、そこで郵便物をスキャンし、Eメールで届けるものです。そこであなたは迷惑な広告郵便物をシュレッダーにかけてリサイクルに回すか、文面をスキャンして送ってもらうか、実際に受け取りたいものは直接あなたに、あるいは指定された住所に転送されます。私はまだ個人的には利用していませんが（近いうちに旅行しようと思っているので試そうと思っています）、ポートランドに住んでいる作家である友人はこのサービスに信頼を置いていますし、このサービスのCEOもよく知っています。Earth Class Mail は好評を博しているようで、このサービスは友人や家族を当てにするよりもはるかに良いと思われます。もし私の友人や家族みたいな人たちとは違ったら話は別ですけど。だって、彼らだったらきっと郵便物をなくしたりするようなヘマをするでしょうから。

――ナタリー

私も Greenbyphone.com を利用しています。Earth Class Mail のアカウントの進捗具合をオンライン上でチェックするために使っていますが、一回のチェックで5ドルかかります。でも私はサンディエゴに住んでいながら、Earth Class Mail の住所はシアトルにしていますし、銀行口座はオハイオにあります。とても便利です!

――アンドリュー

ティム、あなたのすばらしい『週4時間』の達人リストに、私が16か月の赤ちゃんを連れた女性トラベラーとして生き方を変えた事例も加えてもらいたいわ。実際、私たちはこの何年間は『週4時間』の達人のような旅行をしてきたの。

私の好みは、

1　アスレタ〔ブラジルのスポーツブランド〕の服はすごくいいわ。素材が軽くて速乾性も高いからお気に入り。スポーツをしても素材が丈夫だし、ファッショナブルだし。スコート〔テニスなどで使用する女性用のショートスカート〕は女っぽく見せるには必需品だし、ハイキングやピラミッドを登るときでも何でもカバーできる。つまり、レディスってこと!　とりあえず、少し長い丈にすればいろんな国に旅行できるようになるわ。それと、水泳ではタンキニ〔キャミソールのトップスとボトムでセパレートになってる水着〕

のトップスと、スイムスカートの組み合わせね。

2　Fresh & Go の歯ブラシはシンプルで使いやすいわ。

3　不快な音を取り除く Marsona の音響機器は必需品。いつもは家で赤ちゃんといっしょにいるときに使っているわ。Marsona の音を聞いたら、赤ちゃんたちはおねんねの時間だって分かるのよ！　これは私たちがいろんな旅行をするときには本当に助かるわ。今では、より快適な睡眠を得られるように使っているの。小旅行の時、騒音がいやだからホテルを変えるなんてことはうんざりだしね。そして、旅行用のライトも必要だって分かっているけど、赤ちゃんと一緒にいるから、色んなものを持ち歩くわけにはいかないわ。

次に、セイリングを快適に行うもの。

1　赤ちゃんを抱っこするスリングの中身をピーナッツの殻にすると、綿よりももっと快適になるの。そしてどんなところでも赤ちゃんをスリングの外に出したり中に入れたりがやりやすくなるわ。生まれたての赤ちゃんから35ポンドくらいの重さまで耐えられるわよ。私はスリングを外すことは絶対にしない。スリングもファッションの一部よ。

2　PeaPod〔KidCo 社製の旅行用子どもテント・子どもベッドのブランド〕のポータブルテント。これは家では赤ちゃんのベッドにするの。そして旅行の時にはどこでもここで家と同じように寝られるわ。テントのフラップ〔ジッパー状のパネル〕部分があるから、外からは見られないようにできる。小さな赤ちゃんから5歳の子どもまで使えるから便利よ。私は車輪付きのキャリーバッグの上に小さくたたんで載せて運ぶんだけど、そこには私のものや赤ちゃんの洋服を詰め込んでいるわ。

3　ゴーゴーキッズ・トラベルメイト〔車のチャイルドシートを取り付けてベビーカーにできるキット〕。チャイルドシートを車輪に載せるだけなので空港での手荷物検査や飛行機への搭乗にとても役立つわ。

4　Britax Diplomat〔コンバーチブル式のチャイルドシート〕はコンパクトだけど赤ちゃんから4歳くらいまで使える。キャリーバッグは必ず最大許容量のサイズよりもワンサイズ小さいものにするといいわ。飛行機が満席になったときに、隅に追いやられることがなくなるから。「足下にキャリーバッグを置きたい」って〔添乗員に〕伝えたかったら、添乗員とけんかしたり、彼らに言い訳を行ってみたり、目をパチパチして見せればいいわ。そうすれば、離着陸の間赤ちゃんがちょっと何かを飲んだり食べたりするものをあげるのにも便利なのよ。そうすれば、赤ちゃんが「耳が痛い」って泣くこともなくなるでしょうよ。よい旅を！

――カリル

前もって上司を除外する／リモートワークに関する共通の関心

左のURLに書かれているように、Ciscoがリモートワークの準備を「今まさに」行なっていることを認め、セキュリティ面の問題を検討しているということが分かる。先手を打って解決策について調査しておくことに意味がある。そうすれば、もし雇い主がこういう懸念を示した場合には武装の準備が整っているだろう。
http://newsroom.cisco.com/dlls/2008/prod_02508.html

――ライナの寄稿より

58　あなたが起業家であれば、この章は読み飛ばしてはいけない。リモートワークのツールや戦略を導入するのは、そのあとに国際的な人間の一員となるために不可欠なものである。

59　この言葉は日本女性にも使われる。日本では女性労働者は「OL」（オフィスレディ）と呼ばれる。

60　どんな理由であれ在宅は有効だ（ケーブルや電話の設置、家の修繕など）。もし策略を使うことをよしとしないのであれば、週末に働くか、週に2日休暇をとるしかない。

61　10章「収入のオートパイロット化Ⅰ　ミューズをテストする」の「子犬の売り方」を読み返すこと。

62 目的から脇道にそれてはいけない。懸念や不安を表に出したら、その時点で終わってしまう。

63 金曜日はオフィスにいるのにもってこいの日だ。みんなリラックスしているし、早く退社するようになるからだ。

64 あいまいな拒絶は受け入れないこと。主要な懸案事項の具体例を詳細に指摘していけば、克服するきっかけにもなる。

65 反対されたあとに、急に守りに入ってはいけない。上司の懸念にも一理あることを認めれば、エゴ丸出しの意地の張り合いを避けられる。

66 こうした遠まわしな脅迫は要注意。上司が拒否しようと考え直すことになりかねないからだ。ただし、やるかやらないかという最後通告を引き出すには有効だ。

67 これで、上司があなたをオフィスに呼び出す権限が失われたことになる。ここは海外に飛び出す最初の重要なポイントだ。

13章

改善不可能な状態

自分の仕事を「葬る」

慎重さとは、リスクを回避することではない。それは、リスクを計算し、決断を持って、動くことだ。怠惰による間違いではなく、野心による間違いを犯せ。苦しみに強くなるのではなく、勇気の要ることを行う強さを育てよ。

――マキャベリ〔『君主論』より〕

存在に関わる嘆願辞表（穴埋め式）
エド・マーレイ作

親愛なる＿＿＿＿（好きな神の名前）へ

私は今日、私の＿＿（動物）を洗っていたとき、とても＿＿（形容詞）なことに気がつきました。つまり、あなたが＿＿（副詞）な、ひどい＿＿＿＿（個人を中傷するような代名詞）だということに、です。

昨晩、7杯ほど＿＿（嫌いな酒）を飲んだあとにタップリと＿（薬）を吸引したところ、＿＿（政治家）の顔が真っ赤になっていました。はっきりと分かりました。本当は彼らがやっていたのです、私ではありません。

私は人生のなかで＿＿（好きな色）な人間関係に関して言えば、完全に＿＿＿＿（手の施しようのない状態）な人間です。なのに、この――《形容詞》な地球で、ほかの誰とも私の一番奥にある――《キャンディーのタイプ》を分け合っていません。だってみんな――《侮辱的な形容詞》で――《絶滅生物》で、私は全員が――《感情》なのです。私はみんなが――《アップルビーズのつまみ》で窒息して――《形容詞》な最期になることを願っています。

この――《形容詞》なカタルシスで、私は――《笑顔の顔文字》でいられるし、同時にやたら孤独になってしまいます。どうすれば普段から私を取り囲んでいる――《動物の群れ》と分かち合うことができるのでしょう？　私は――《家の一部》で毎日――《「泣く」の類義語》な気分でうんざりしているのです……。いっそのこと無理矢理――《野菜》を私の――《体の穴の部分》に押しこんでくれたら助けになるのではないでしょうか。私が親の――《体のパーツ》で負けを認めたとき、私の心臓は――《動詞》しそうでした。そして彼らが――《兄弟の名前》よりも――《車の種類》を愛していることがはっきりと――《形容詞》になりました……ひょっとしたら私は自分の――《生殖器》を――《鋭い物》で刺してしまえばいいんじゃないでしょうか。

今日、私は決意しました。――《名詞》を買って、――《何かの象徴》代わりに、そして――《ののしる言葉》ヅラした奴隷のために、――《時代を越えて使われる形容詞》のシンボルにします。こうなる運命だったのでしょう……もう制御できないのです。――《農場の動物》の――《形容詞》な気分です。私は同僚全員を――《暴力的な行為》しないよう、必死で自分を止めているところです……――《部屋の中にいる人》だけは別ですけど。私はいつも彼／彼女／それを――《強制的なわいせつ行為》したかったのです。――《動詞》されたいかは聞きませんでしたけど。

もし輪廻があるとしても、どうか私を巻き込まないでください。

なかには、改善不可能の仕事もある。

改善とは、独房にデザイナーカーテンを付け加えるようなものだ。少しはましかもしれないが、良いと言うにはほど遠い。この章で「仕事」という言葉は、あなたがそれを運営しているなら会社のことを指し、職に就いているならふつうの仕事のことを指している。何か助言があるときは、どちらか片方に限定されることもあり、両方に関係することもある。では、始めるとしよう。

私は3つの会社を辞めたし、あとはクビになった。クビとは、時に突然やってくるサプライズであり、急いで何とかしなければならない立場に立たされるわけだが、とはいえ、天の恵みであることも多い。つまり、ほかの誰かがあなたに代わって決断を下してくれたわけだ。また、人生の残りの部分を適職とは言えない仕事にしがみついていることは不可能でもある。たいていの人々はクビになるほどラッキーではない。30年も40年も、つまらないことに耐えながら緩やかに、精神的に死んでいくのだ。

◆プライドと罰

参加せねばならないときには、3つのことを決めておくべし。ゲームのルールと、賭け時、そして引き時。

——中国のことわざ

やることがたくさんあるからといっても、あるいは、時間がかかるからといっても、それが生産的であるとか、価値のあることだとは言えない。

5年前、10年前、いや20年前に下した間違った決断の結果を引きずって、そのまま生きているということを認めるのは後味が悪いものだ。でもだからといって、今、正しい決断を下すことをやめるべきではない。もしプライドがあなたを押しとどめているのなら、あなたは、同じ理由で、これから先の5年、10

年、20年間の人生を嫌々生きることになるだろう。私は間違った状態にいることも、自分の会社とともに果ては行き止まりのレール上にいることも嫌いである。やがて、無理やり方向を変えさせられ、精神的な破たんに追い込まれるのだ。それがどんなに辛いことか私は知っている。

私たちはみんな同じフィールドにいるのだから、プライドなんて持つのはばかげている。勝者になるためには、うまくいかないことをやめる能力が必要なのだ。価値あるものがいつ失われるのかを明確にしないでプロジェクトを始めることは、賭け金に上限を設けないでカジノに行くのと同じだ。つまり、危険でバカバカしいのだ。

「でも、あなたは状況を理解していない。私の場合は複雑なんだ！」それは本当だろうか？　複雑であることと難しいということを混同してはいけない。たいていの場合、状況は単純であり、行動することが気分的に難しいということが多い。問題とその解決法はふつうはっきりしていて、単純である。あなたがなすべきことを知らないわけがない。もちろん、あなたはやっている。ただあなたは今より悪い結果になるのではないかと恐れているのだ。

今こそ言おう。ここまで来ているのなら、これ以上悪くなることはない。「恐怖の想定」を再検討して今ある束縛を断ち切るのだ。

◆バンドエイドをはぐように——考えるよりもやさしくて痛くない

平均的な人間は体制に順応し、ストイックに不運や災難を受け入れる。
あたかも降り注ぐ雨に立つ仔牛のようである。

沈み行く船に人をとどまらせる恐怖症が存在し、またそれへのシンプルな反論も存在する。

――コリン・ウイルソン

1　やめるとそれは永遠になる

とんでもない。この章のQ&A（クエスチョン&アクション）や3章（恐怖の想定）を使って、自分のキャリアをどうやってつかまえることができるか、あるいは、どうやったら別の会社を始めることができるかを調べてみよう。方向を変えるのは取り返しがつかないことであるという例を、私は聞いたことがない。

2　請求書を払うことができない

払えるに決まっている。何よりもまず、今の仕事をやめる前に新しい仕事や資金源を見つけることが目標になる。問題は解決する。

会社を飛び出すなりクビになるなりしたならば、一時的に支出をとめて、しばらくの間倹約して暮らすことは難しくない。家を賃貸に出すことから、ローンの借り換えや売ってしまうことまで、やり方はいろいろある。すべてはやり方しだいだ。

気持ち的には苦しいかもしれないが、飢え死にすることはないだろう。車はガレージに置いておき、保険の掛け金は数か月中断する。次の仕事が見つかるまで、タクシーの相乗りかバスを利用する。クレジットカードの借金を膨らまし、外食をやめて自炊する。何百ドルも何千ドルもかけたのに一度も使うことのなかったガラクタは売り払おう。

資産、預貯金、借金、毎月の支出を調べる。今の蓄えでどのくらい生き延びられるだろうか。何か資産を売ったらどうだろうか？

すべての支出を調べ上げたら自問してみよう。極上のキドニー〔BMWのフロントにある腎臓（kidney）のような形をしたキドニーグリルというフロントマスクのこと〕が必要なので支出を減らさなければならないならば、自分は何をするだろうか？　そんな必要がない場合に芝居がかることはない。——命にかかわることなどほとんどない。特に賢明な人々にとってはそうである。ここまでやったら、職を失うとか辞めるとかいうことは、何かを良くするための下準備として（もっと取りたいと思わなければ）２、３週間の休暇を取ることと大差がなくなる。

3　やめたら健康保険や年金口座がなくなる

事実ではない。

私がTrueSAN社を辞めたとき、この両方がなくなることが怖かった。私は歯がボロボロになって、何とか生きるためにウォルマートで働くことを想像した。

しかし、制度の実情を調べ、いろいろなオプションを検討すると、月々３００ドルから５００ドルの掛け金でまったく同一の医療補助が受けられることが分かった。自分の４０１K年金を別の会社に持っていくこと（私はFidelity Investments〔米国の投資信託会社〕を選んだ）は、とてもかんたんである。電話で30分もかからないし、費用もかからない。

健康保険と年金の両方をカバーすることは、電力会社の窓口に電話して電気料金の間違いを訂正させるよりもかんたんで時間を取らない。

4　経歴が台無しになってしまう

私はクリエイティブなノンフィクションが好きだ。

経歴のブランクを隠すことは難しくない。また、非凡な特徴を生かして就職の面接にこぎつけることも難しいことではない。どうやってか？　何か興味を引くことをして、羨ましがらせてみよう。もしあなたが仕事を辞めてからただ座って何もしていないならば、私はあなたを雇おうとはしないだろう。

だがその反対に、もしあなたが1年か2年かけて世界一周旅行をした経歴があるならば、あるいは、ヨーロッパのプロサッカーチームで訓練を受けたことがあるならば、仕事の世界に戻るにあたり、面白いことが2つ起こるだろう。ひとつは、あなたは目立つから就職面接のチャンスをたくさん手にするだろう。次に、自分の仕事に飽きた面接担当者は面接時間の全部を使って、あなたがどうやってそんなことをしたかを聞き出すだろう！

なぜ今無職なのか、あるいは、前の仕事をなぜ辞めたのかという質問があるとして、相手が何も反撃できなくなる回答がひとつある。「私は人生で一回〈エキゾチックで嫉妬を生むような体験〉をするチャンスにめぐり合い、それを拒否できませんでした。私の結論はこうでした。〈20年から40年〉も続く仕事人生のために、何をそんなに急ぐのでしょうか？」

チーズケーキファクター

私に成功の法則を教えてもらいたいって？　実にかんたんだ。
失敗の数を2倍にすればいい。

――トーマス・J・ワトソン（IBM初代社長）

1999年夏

食べてみるまでもなく、何かがおかしい。8時間も冷蔵庫に入れておいたのに、そのチーズケーキはまったく固まっていなかった。揺らしてみると、どろっとしたスープのように、ボウルのなかでぴちゃぴちゃと音をたてる。つくるときに、何か間違ったようだ。使った材料はこれだ。

1ポンドのフィリークリームチーズ3本
卵
ステビア
ゼラチン
バニラ
サワークリーム

組み合わせがいけなかったか、チーズケーキを固めるための何かを入れ忘れているかのどちらかだ。

私は、低炭水化物ダイエットをしていて、このレシピは以前使っていたものだった。ルームメイトはみんな対等な取り分を主張し、大量生産を求めたものだ。それが数学的な不正行為や問題が発生したりもした。

スプレンダ〔スクラロース。人工甘味料〕をはじめとする魔法のような人工甘味料が登場するまでは、糖尿病患者の定番はステビアだった。ステビアはハーブからとられるもので、砂糖の３００倍もの甘味度がある。だから使い方に注意が必要だというわけだが、私は決してきめ細やかな料理人ではなかったので――ベーキングパウダーと間違えてベーキングソーダ入りのクッキーをつくってしまったことがあるほど（ルームメイトが芝の上に吐き出したほどまずかった）だ。そして、今回の代物も、クリームチーズを冷水で溶いて砂糖を６００袋分入れたような味がした。

そして私は、まっとうな人間ならみんな行なうことをした。一番大きいスープ用のおたまを手にして、テレビの前に陣取り、自分への罰としてそのスープをすすり始めた。せっかくの日曜日と、チーズケーキをつくるための材料をすべて無駄にしてしまった――自分で蒔いた種は自分で刈らなければならない。

1時間後、おたま20個分をなんとか片付けても、大量のスープはいっこうに減らず、私はすでにノックアウト状態だった。2日間、その「スープ」以外何も口にしないでいたら、それまで大好物だったチーズケーキを、向こう4年、見るのも嫌になってしまった。

バカみたいだって？　もちろんだ。そう、人間とは、こういうふうに馬鹿なことをやらかす生き物なのだ。そして、これは仕事でいつもみんなが犯してしまいがちな失敗にも通ずる話だ。回避可能なのに、自ら苦しみを課してしまうのである。私はこの失敗から教訓を学び、その授業料を支払った。重要な疑問は「何のために？」なのだ。

失敗にはふたつのタイプがある。野心を持ちすぎることによる失敗と、怠惰による失敗だ。

最初のタイプは、何か行動を起こそうという決断をした結果の過ちだ。この手の失敗は、情報不足が原因で起こることが多い。情報を事前にすべて入手することは難しい。しかし、こうした失敗にはまだ期待が持てる。勇敢な人間に幸運の女神は微笑むものだ。

後者の失敗は、問題が分かっているにもかかわらず、改善しないままにしておくなど、決断を怠ったゆえのものだ。人間関係が悪化したことにより結婚生活が悲惨なものになったり、仕事の選択を誤ったがために終身刑同然になったり、というのはこういうことが原因なのだ。

> 「なるほど。でも、仕事を変える奴がだめな奴だと思われているような業界にいる俺はどうしたらいいんだ？　今の仕事を始めて1年経つか経たないかの状態で、将来の雇い主はきっと……」

そうだろうか？　自分を非難する前に、あれこれ仮定の話をするほどみじめなものはない。私は、いい雇用主にアピールするのは、パフォーマンスだと信じている。もしあなたがロックスターなら、悲惨な会社に入って3週間でやめても関係ないだろう。一方で、もし刑罰のような労働環境に何年も耐えるのが昇進の条件だとしたら、勝つ価値のないゲームに自らを投じていることではないのか？

間違った判断を繰り返す傾向は、年をとれば改善するものではない。
さて、あなたが食べているのはどんなチーズケーキなのだろう？

Q&A クエスチョン＆アクション

眠っている人間だけが間違いを犯さない。

――イングヴァール・ガンプラッド（ＩＫＥＡ創立者）

毎日何万人という（その大半はあなたより有能ではない）人間が退職している。決して珍しいことでも、致命的なことでもない。ここではいくつか実践的な課題をあげて、転職がいかに自然で、方向転換がいかにかんたんにできるかを実感してもらおうと思う。

1 最初は、おなじみの現実チェックだ。自分の欲しいものを見つけやすいのは今の仕事だろうか？ それとも、どこか別のところだろうか？

2 もし今日解雇されたら、何をして経済的な基盤を得ることになるだろうか？

3 病気休暇を取って、大手人材派遣会社にあなたの履歴書を郵送しよう。たとえ今すぐ仕事をやめる計画がなくても、www.monster.com や www.careerbuilder.com といった人材派遣会社のサイトにあなたの履歴書を郵送しよう。現在の職場以外に選択肢があることが分かるはずだ。あなたが準備万端になったら、ヘッドハンターに電話をしよう。そして友人や仕事以外の関係先には以下のような短いEメールを送ればいい。

皆様へ

私は現在転職を考えていて、思いつくあらゆる可能性に関心をもっているところです。決して突拍子もない降ってわいたような話ではありません。〔著者注／もしあなたがある程度自分の好きなことや嫌いなことが分かっていたら、遠慮なく次のことを付け加えよう。『私は特に……に興味があります。』『私は……は避けたいのです。』〕

お心当たりがあれば、ぜひお知らせください。

ティム

電話で病気欠勤を届けるか、休暇を取って、いつもの9時—5時の勤務時間中にこれらの課題をこなしてしまおう。失業のシミュレーションになるし、オフィス通いがなくなると辺獄〔天国と地獄の中間地点〕をさまようしかないのではといった不安要因を減らすことができるだろう。

行動と交渉の世界ですべてを支配しているのは、唯一の原則だ。さまざまな選択肢を持っている人間が、より強い力を持つ。あなたは必要な選択肢を探し当てるまで、待っていてはいけない。今こそ未来をこっそり盗み見しよう。そうすれば、行動も自己主張ももっとかんたんにできるようになるだろう。

4　あなたが会社を経営していたり、所有しているなら、ちょうど訴えられていて、破産を宣言しなければならないと、想像してみよう。今や会社は破産状態、あなたは店を閉めなければならない。これこそ、あなたが法的にしなければならないことで、ほかの選択肢を楽しめるような経済状況ではない。あなたならどうやって生き延びるだろうか？

お役立ちツールと使うコツ

◆選択肢を考え、後押しをしてくれる

・I-Resign　www.i-resign.com

このサイトは辞めない選択肢（休職、長期休暇など）を網羅している。退職願のサンプルやセカンドライフのための仕事探しのアドバイスが掲載されている。ディスカッションフォーラムと、笑いがとまらない「ロンドン出身のウェブコンサルタント」の手紙も必見だ。

◆**退職金口座を開く**

アドバイザーを有料で頼みたい人に、おすすめはこちらだ。

・Franklin-Templeton　www.franklintempleton.com
・American Funds　www.americanfunds.com

自分で投資するので手数料をかけたくない場合はこちら。

・Fidelity Investments　www.fidelity.com
・Vanguard　www.vanguard.com

◆**自営業やフリーランサーのための健康保険**

（読者の承認順）

・Ehealthinsurance　www.ehealthinsurance.com
・AETNA　www.aetna.com
・Kaiser Permanente　www.kaiserpermanente.org
・American Community Mutual　www.american-community.com

14章

ミニリタイアメント

移動式ライフスタイルを謳歌する

観光事業が発展する前は、旅行は学問みたいなものだった。心を美しく飾ること。判断力を養うこと。そういった実りがあったものだった。

——ポール・フッセル〔『Abroad』より〕

長期的に見たとき、いきあたりばったりでやることは、細かく調べるよりもずっと大事なのだ。

——ロルフ・ポッツ〔『Vagabounding』より〕

シャーウッドはオクトーバーフェストから戻った。神経がマヒして放心状態だったが、この4年間で最高に幸せであった。そして、試験的に行ったリモートワークはポリシーとなり、シャーウッドはニューリッチ（NR）の世界へと導かれている。今彼が必要としているのは、この自由をどう利用するのかというアイデアと、限りあるキャッシュを無限のライフスタイルに提供していくためのツールである。

前章までのステップである「捨てる」こと、自動化すること、そしてあなたを1か所に縛りつける鎖を断ち切ることをやってきたなら、今度は空想に身を任せ、世界を探険する時だ。

たとえば、あなたが世界規模の大旅行を熱望していない、もしくは不可能だと思っているとしよう。その理由が結婚でも、ローンでも、子どものような小さなことでも構わない。それでもとにかく、この章は次へのステップとなるのだ。私を含めてほとんどの人が姿を消す（あるいはその準備をする）ことによって、そうせざるを得なくなるまで先延ばしにしてきた根本的な変化がある。そう、この章は、「ミューズ」のデザインの最終試験だ。

世界中でよく知られる、メキシコの小さな村のたとえ話から始めよう。

◆寓話と金目当ての人間

あるアメリカのビジネスマンは、医者からの指示を受け、メキシコの海辺の小さな村で休暇を取ることにした。最初の朝、会社から緊急の電話があったあと、眠れなかったので頭をスッキリさせるために桟橋まで歩くことにした。そこには、ひとりのメキシコ人漁師が乗った小さな舟がつないであった。なかには数尾のキハダマグロがあった。アメリカ人は、メキシコ人漁師の獲物を誉めた。

「そいつを釣り上げるのにどのくらいかかったのですか?」

「ほんのちょっとだよ」メキシコ人は驚くほど上手い英語で答えた。

「なぜもっと長く沖にいて、もっとマグロを釣らないんです?」アメリカ人が聞いた。

「家族が食うだけは十分あるし、少しは友達にもやれるからさ」メキシコ人は獲物をカゴにしまいながら答えた。

「しかし……あとの時間は何をするのですか?」

メキシコ人は顔を上げ、にっこり笑った。「朝寝坊するのさ。少し魚釣りをして、子どもと遊び、女房のジュリアと昼寝するんだ。それから、毎晩村をブラブラと歩いて、ワインをチビチビやったり、友達とギターを弾いたり。俺は結構やることがいっぱいあって忙しいんだよ、セニョール」

アメリカ人は笑って、そしてきっぱりとした口調で言った。「ご主人、私はハーバード大のＭＢＡを持ってるんです。だからあなたの手助けができますよ。あなたはもっと魚釣りに精を出すべきですね。もっと大きな舟を買うべきです。そうすればやがて数艘の舟が買えるし、漁獲量も増えるでしょう。ゆくゆくは釣り舟の船団のオーナーになれますよ」

アメリカ人は続ける。「獲物を仲買人に売らないで、直接消費者に売ればいいんですよ。そうすればそのうち自分で缶詰工場を開業できるようになります。あなたが生産、加工、流通を支配します。もちろん、この海辺の村を離れ、メキシコシティへ移る必要があるでしょう。それからロサンゼルスへ。最後にはニューヨークシティにね。うまく舵取りさえすれば、大企業を経営することができますよ」

メキシコ人は尋ねた。「でもさ、セニョール、それにはどのくらい時間がかかるんだい？」

アメリカ人は答える。「15年から20年ですね。最長で25年です」

「で、セニョール、その後はどうしたらいいんだい？」

アメリカ人は笑い出して言った。「そこが一番いいところなんですよ。時期を見て、株式公開をし、自社株を売り出すんです。あなたは億万長者になれますよ」

「億万長者？　で、セニョール、その後は？」

「リタイアして、小さな海辺の村に住めばいいじゃないですか。そこで、朝寝をし、少しだけ釣りをして、子どもと遊び、奥さんと昼寝をして、夜は村を歩き回り、ワインをチビチビやり、友達とギターを弾けば……」

最近私は、学生時代のルームメートだった仲の良い友人と一緒にサンフランシスコで昼食をとった。彼は、もうすぐ最高峰のビジネススクールを卒業し、また投資銀行へ戻る予定だ。会社から深夜に家に帰る生活を嫌っているのだと話す。しかし、彼が私に説明してくれたところによると、週80時間の労働を9年間続ければ重役になることができ、年収が3億ドル〔約248億円〕から10億ドル〔約830億円〕になるという。そうすれば成功者になれるのだ。

「なぁ君、3億や10億ドルもあって何をするんだい?」と私は聞いた。

彼の返答はどうだったかというと、

「タイに長期旅行に出るのさ」

まさに今の時代を象徴するかのような自己欺☒。その集大成がこの答えにある。つまり、あくまでも大金持ちだけができる大世界旅行をするということだ。私はまた彼からこういうことも聞いた。

「オレはこの会社であと15年間だけ働くと思う。それから共同経営者になれば、仕事の時間を減らせるだろう。10億ドルの預金さえできれば、それを債券のような安全なものに投資して、年に8万ドル〔約664万円〕の利子が入るようになる。そして、リタイアしてカリブ海諸島へ航海するのさ」

「35歳までコンサルタントの仕事だけをする。そして、リタイアして中国をオートバイで走破するんだ」

あなたの夢――キャリアの最後を彩る「黄金の壺」――が、タイで暮らすこと、カリブ海諸島への航海、中国横断のバイク旅行だというのか? いいから聞いてほしい。そんなものはみんな3000ドル〔約25万円〕以内でできてしまうんだ。ちなみに私は3つともやってしまった。少ないお金でどこまでできるかという例を2つ挙げてみよう。[注68]

２５０ドル〔約２万円〕　スミソニアン熱帯研究所の島で５日間を過ごす。３人の地元の漁民が食料を調達してつくってくれる。またパナマ最高の知られざるダイブスポットへのツアーに連れていってくれる。

１５０ドル〔約１万５０００円〕　アルゼンチンのワインの名産地で３日間を過ごす。アルゼンチン西部のメンドーサで飛行機をチャーターし、雪を頂いたアンデス山脈の周囲にある最高に美しいブドウ園の上空を個人ガイド付きで飛ぶ。

ここで質問。あなたが最後に４００ドル〔約３万３０００円〕を使ったのは何の目的だっただろうか？　今、紹介したようなものは週末に２〜３回、ただ仕事を忘れるための旅行ではないか。しかも、アメリカ国内で済ませられる。大した意味もない気楽な旅行だ。４００ドルなんて、人生を変えてしまう経験に比べたら、何でもないじゃないか。ただし、「８日間」とか、単に日数を伸ばした旅をすすめているわけではない。まったく違う。私が紹介したプランは、長編舞台の幕間の休憩部分でしかない。私は、もっともっと、たくさんのことを提案していく。

◆ミニリタイアメントの誕生と休暇の死

スピードを上げることだけが人生ではない。

——マハトマ・ガンジー

２００４年２月、私は働きすぎで悲惨な状態だった。

当初、私の空想旅行のプランは、２００４年３月に最初にコスタリカに入り、その後４週間をスペインでのんびりリラックスするというものだった。私には充電が必要だった。そして、４週間という計画は、そんなことのために利用できるでっち上げられた基準から見ても「妥当」と思われたからだ。

中南米にくわしい律儀な友人が、その旅行は絶対にうまくいかないと指摘してくれた。というのも、そのときコスタリカは雨季に入る寸前だったからだ。集中豪雨になっては、私が求めていたような刺激は得られない。そこで、４週間のスペイン旅行へと目的を変えることにした。ただ、それは大西洋を越える長い旅になるだろうし、スペインのすぐ近くには、私がいつも行きたいと思っていた国々があった。そこで、例の「妥当」という考え方はすぐにどこかに消えてしまい、私は別の決断を下した。スペインで４週間過ごし、その後スカンジナビアへ移動し、そこで自分のルーツ探しに丸３か月間を使おう。私はそれに値するのだ。

本物の時限爆弾がセットされたり、災害が起きたりすれば、最初の４週間のうちにその兆しは見えていたはずだ。しかし、３か月の延長を阻むような新たなリスクは実際には起こらなかった。すごい３か月になると思った。

そうこうして、３か月のつもりが結局15か月になってしまったというわけだ。私はやがてこう考え始めた。「20年から30年の通常の隠居生活を、すべての人生にもう一度振り分けてみたらどうだろうか？　すべてをあとに取っておくというのをやめてみたら？」

◆どんちゃん騒ぎの旅行の代わりに

州間高速道路に感謝しましょう。おかげで今では、見るもの何ひとつないまま、沿岸から沿岸を旅できるようになったんですからね。

——チャールズ・クラウト〔CBSニュースのリポーター〕

あなたが1年間に50週を働くことに慣れきっているとしよう。そういう人にありがちな傾向がある。長期滞在旅行という行動に出たものの、気が狂ったようになり、2週間で10か国を見て回り、最後には具合が悪くなるのだ。それはまるで飢えた犬を食べ放題の食堂へ連れていくようなものだ。死ぬまで食べてしまう。

3か月から15か月の自分探しの冒険旅行に出たときの私が、まさにその状態だった。3週間の休みを取った友人と2人で7か国を訪ねたのだが、少なくとも20か所でチェックイン、チェックアウトを繰り返すこととなった。旅行はアドレナリン大放出でとても楽しかったのだが、同時に、早送りで人生を見ているようでもあった。2人とも（アムステルダム以外は[注69]）どの国で何があったか思い出すこともできず、体調は常に悪かった。前売りで買った航空チケットがそうなっているという理由だけで、慌ただしく移動しなければならず、ひたすら翻弄された。

私たちがやった、ちょうど正反対のことをおすすめしたい。

こういった大騒ぎ旅行の代替策、つまりミニリタイアメントを取るには、1か月から6か月間、1か所に移り住むことしかない。家に戻るとか、次の場所に移動するのはそのあとだ。つまり、これは前向きな意味での「アンチ休暇」なのだ。ミニリタイアメントは、リラックスできるものだが、人生からの逃避ではない。それは、人生の再点検のために、まっさらな状態に戻るためのものだ。いらないものを捨て、自動化をしたあとに、あなたは何から逃げるつもりだろう？　外国のよくあるホテルとホテルの間で、ビデオカメラ越しに世界を「見る」ことなどやめよう。それよりも、自分を変えることのできる速さで、世界を経験することを目指そう。

　これはまたサバティカルリーブ〔大学教授などに与えられる長期有給休暇〕とも違う。サバティカルリーブは1回かぎりのイベントとして、一種のリタイアメントとして見られることがよくある。そうではなく、今あなたがやれるうちに、満喫するのだ。ミニリタイアメントは、繰り返しできるものとして定義されている。それはライフスタイルなのだ。近年私は、年に3回から4回ミニリタイアメントを取る。また、同じようなことをしている人を何十人も知っている。ときたま彼らのような旅人が、私を世界のいろいろな場所へと連れて行ってくれることもある。それが隠れた名所だったりすることもよくある――カルフォルニア州にあるヨセミテ国立公園、タホエ湖、カーメル渓谷などだ。そして、その間は、会議、メール、電話などは一切存在しない。そうして精神的に「完全に違う世界」に行くことができるのだ。

◆悪魔の追放――精神の自由

自身の不完全な部分を見つけること。まさにそれこそが人間が持つ完璧さというものだ。

――聖アウグスティヌス（354―430年）

真の自由というのは、十分な収入があることや、時間があってやりたいことができることよりももっと多くのものをもたらしてくれる。お金と時間を自由にするのは可能ではあるが、そうしてもなお、ラットレースの苦しみからは逃れられていない。人は、モノへの執着、時間欠乏症的心理状態、それらを生み出す競争意識から自由になるまで、スピードと規模にとりつかれた文化のストレスから自由にはなれない。

それは時間がかかることである。その効果は積み重ねていくわけにはいかない。2週間の駆け足観光旅行は、満足のいく散策旅行[注70]にはならない（「two-week」というより「too-weak」になってしまう[注71]）。

私はいろいろな人にインタビューしてその人の経験を聞いてきたが、時代遅れの習慣から脱するだけで2、3か月はかかるという。そして、いつも同じことをしていることでどれだけ悩まされているかが分かるという。あなたはスペインの友だちと一緒に2時間の夕食を取っていて不安に駆られずにいられるだろうか？　すべての商店が午後4時まで店を閉めて2時間昼寝をするという暮らしに慣れることができるだろうか？　できないならば自分に尋ねるべきだ。「なぜだろう？」

ゆっくりすることを学ぼう。意図的に道に迷ってみよう。自分が、自分自身や周囲の人をどうやって判断しているかよく観察してみよう。自分のなかにずっと引っ掛かっているものがチャンスになる。古い習慣から抜け出していくのに最低2か月はかけよう。帰りの便のことは考えず、自分自身を再発見するのだ。

◆金銭面の実情——どんどん良くなるものだ

ミニリタイアメントの経済的側面について話すことは、ケーキにかける甘い砂糖衣のようなものだ。立派なホテルで4日間、あるいは、すてきなホステルで2人で1週間過ごすのにかかる費用は、しゃれたマンションで１か月暮らすのと同じくらいなのだ。どこか海外に移り住むということは、アメリカでの暮らしをやめた費用でまかなえる（たいてい前よりかなり安く上がる）ようになる。

私の最近の旅行から実際の１か月の数字を見てみよう。

南アメリカとヨーロッパの例を示してみよう。贅沢とは、自分の創造性と、どれだけその土地に馴染めるかによって手に入れられるものだと分かると思う。決して第三世界の諸国の貨幣価値のおかげではない。どう考えてみても、私はパンだけを食べ、物乞いをして生き抜いたのではなかった。ロックスターのように暮してしまったのだ。しかも、それがアメリカでの生活費の半分もかからないでできた。目標は、切り詰めた予算で暮らすことではなく、旅を楽しむことだったからだ。

航空運賃

無料。アメリカンエキスプレスカードのゴールドカードと、Chase Continental Airlines マスターカードの優待券。[注72]

家

ブエノスアイレスでニューヨーク５番街相当の場所にある高級マンション。清掃人、警備員、電話、光熱費、高速インターネット込みで５５０ドル〔約４万６０００円〕／月。

トレンディなソーホー地区に似たベルリンのプレンツラウアー・ベルク地区の大きなマンション。電話、光熱費込みで３００ドル〔約２万５０００円〕／月。

食事

ブエノスアイレスの４つ星か５つ星のレストランで１日２食10ドル〔約８３０円〕（３００ドル〔約２万５０００円〕／月）

ベルリンでは18ドル（５４０ドル〔約４万５０００円〕／月）

娯楽

ブエノスアイレスで一番のクラブ、オペラベイのＶＩＰテーブルで８人が飲み放題。１５０ドル〔約１万２５００円〕（月に４回行って一人当たり75ドル〔約６２００円〕）

西ベルリンで一番のクラブでテーブルチャージ、飲み物、ダンスショー付き。月に４回行って一人当たり80ドル〔約６６００円〕

教育

ブエノスアイレスでスペイン語の個人レッスンを１日に２時間。５ドル〔約４１５円〕／時間。週に５回、月に40時間で２００ドル〔約１６６００円〕

世界的レベルのプロダンサーのタンゴ個人レッスンを１日に２時間。８・33ドル〔約６９０円〕／時間、３３３・20ドル〔約２万７７００円〕／月。

ベルリンのノレンドルフプラッツ地区で一流のドイツ語レッスンを１日に４時間。１７５米ドル／月。たとえクラスに出席しなかったとしても、それは払っただろう。というのは、学生証明カードがあればすべての運賃が40％割引になったのだ。

一流のベルリンアカデミーで格闘技の講座を週に6時間。週に2時間英語を教えるのと引き換えに無料。

交通

ブエノスアイレスでタンゴのレッスンの行き帰りに1か月の地下鉄定期代とタクシー代が75ドル〔約6200円〕／月。

ベルリンで1か月の地下鉄、市街電車、バスの定期代が学割で85ドル〔約7000円〕／月。

優雅な生活4週間分

ブエノスアイレス／1533・20ドル〔約12万7000円〕。JFK空港からの往復チケット込み、パナマに1か月の立ち寄りあり。この額の約1／3はスペイン語とタンゴの個人教授料である。

ベルリン／1180ドル〔約9万8000円〕。JFK空港からの往復チケット込み、ロンドンに1週間の立ち寄りあり。

この数字を、あなたの今の1か月の生活費と比べたらどうだろうか？　それには、家賃、自動車保険、電気代、週末の出費、交際費、交通費、ガス代、会費、購読料、食費、その他もろもろがある。私がそうだったように、これらをすべて足してみれば、あなたも理解できると思う。つまり、世界中を旅行して自分の時間を持つということは、あなたの大事なお金を節約することなのだ。

◆恐怖の要因――旅に出ない言い訳を克服する

旅はすべての幸福を破壊する！
イタリアに行ったあとでは、
ここの建物は見れたものじゃない。

――ファニー・バニー（1757―1840）〔小説家（イギリス）〕

私には家もあるし子どももいるもの。旅行なんてできないわ！
健康保険はどうするの？　何か起こったらどうするの？
旅って危険じゃない？　誘拐とか強盗にあったらどうするの？
だって私は女なのよ。ひとりで旅行なんてとても危ないじゃない。

旅へ出ない言い訳というのは、要するに、言い訳でしかない。私もそうだったからだ。これは聖人ぶって言うお説教ではない。行動しない理由として自分の周りにあることを挙げれば、今の自分のままで生きることのほうが楽に感じるのかもしれない。そうしたくなる気持ちを、私はよく知りすぎている。

私はこれまで、身体の不自由な人や耳の聞こえない人に出会った。老人やシングルマザーにも、金持ちや貧乏人にも会った。彼らは皆、長期滞在旅行のための理由を模索し、見つけていた。そう、人生を変える一大決心の理由を。それに逆らうための膨大な理由を考えあぐねることなんかしていなかった。

ここに上げた心配事のほとんどは後述のクエスチョン&アクションで扱っている。だが、その前にまず、あなたが神経を休ませられるよう、ひとつだけ伝えておく必要があるだろう。

午後10時、子どもたちはどこにいるのか？

　最初の海外旅行の前に両親がまず心配することは、雑踏のなかで子どもとはぐれてしまわないかということである。

いい話がある。あなたが子どもをニューヨークやサンフランシスコ、ワシントンDC、ロンドンに連れて行くのを快適と思うなら、私がクエスチョン&アクションでおすすめしている土地での心配も少ないはずだ。むしろ、もっと快適だろう。なぜなら、それらの土地では、アメリカの大都市に比べて、銃や暴力の犯罪が少ない。ホテルを泊まり歩き、見知らぬ人たちに囲まれるということをせずに、ひとつの住居に滞在すれば、ありそうな問題を回避できる。そう、それがミニリタイアメントだ。

　それでも、何かあったら？

シングルマザーのジェン・エリコは、2人の子どもたちを連れ、5か月間の世界旅行をした。ジェンは、すさまじい恐怖感に苛まされるあまり、真夜中2時に汗びっしょりで目を覚ますのだった。「何かあったらどうしよう？」

　ジェンは、悪いことが起きた場合の心構えを子どもたちに持たせておきたかったのだが、恐がらせることもしたくなかった。そこで、いいお母さんはみんなそうするように、ゲーム方式で教えることを思いついた。誰が一番上手に覚えられるかな？　旅行の予定は？　ホテルの住所は？　ママの電話番号はなぁんだ？　ジェンは、それぞれの国の緊急連絡先を携帯電話に登録し、短縮番号でかけられるようにしていた。携帯電話は国際ローミング〔海外の事業提携先の設備を利用して、契約している通信事業者のサービスを受けられるシステム〕に対応していた。ところが、ついに最後まで何も起こらなかった。今、彼女は、ヨーロッパにあるスキー用シャレーに引っ越し、子どもたちはフランスのマルチリンガル対応の学校に入れることを考えている。成功は次の成功を呼ぶのだ。

ジェンが一番恐れていたのはシンガポールだった。思い返してみると、そこは一番恐れなくて良かった場所だったのに。旅の最初で、彼女自身、子連れの旅行に慣れていなかったから怖かったのだ。だが、そう感じていたというだけで、実際はそうではなかった。

また、ロビン・マリンスカイ・ルメルは、夫と7歳の子どもと一緒に、1年間かけて南米を旅した。アルゼンチンでは２００１年の金融危機による暴動があったあとだったので、家族や友人からは、行かないよう忠告を受けた。彼女は自分の「宿題」、つまりこの本に書かれているようなやり方を実践し、その恐怖には根拠がないという結論に達し、パタゴニアで生活する計画を進めることにした。ロビンが、ニューヨーク出身だと現地の人々に話すと、彼らは目を真ん丸にし、口をポカンと開け、こう言った。「私、あのビルがテレビに大写しになるのを見たわ！　あんな危険な場所へなんか絶対に行かないわよ！」そう、外国があなたの町より危険だなんて決めてかかってはいけないのだ。だいたいはそんなことはない。

ロビンは、ほかのNRと同じように、あることを悟った。つまり、人々は、自分のコンフォート・ゾーン〔安全地帯〕のなかにとどまる言い訳に子どもを持ち出すのだ。それは、何も冒険をしないための楽な言い訳だ。では、どうやって恐怖を克服するのか？　ロビンは２つのことをすすめている。

1　初めて子連れの長期の海外旅行に出る前に、数週間の「お試し」をしてみる。

2　それぞれの滞在地で、到着してから1週間コースの語学学校に申し込んでおく。もし可能ならば、語学学校スタッフが空港に迎えに来てくれるシステムを利用する。語学学校スタッフは宿泊場所の世話

もしていることが多いし、友だちができれば、その土地のことをより早く知ることができるだろう。

でも、もし、あなたの心配事は子どもを見失うことではなくて、子どものせいで心が乱されることだったとしたら？

この本のために取材したいくつかの家族は、古くから使われてきた説得力のある方法をすすめてくれた。賄賂である。子どもたちが良い行いをしたときには、25～50セント〔約20～40円〕のおもちゃの通貨を与える。ルールを破ったときには、同じ額のおもちゃのお金を「口座」から抜く。旅の土産であろうと、アイスクリームであろうと、子どもたちが自分の楽しみのために買いたいものは何でも、子ども自身の個々の「口座」から出るようにする。残高がなくなれば、買い物もなし。これには、子どもたちというより、両親が自分自身をコントロールするように求められることが多いのだ。

飛行機のチケットを50～80%オフで購入する方法

これは、低予算旅行に関する情報ではない。

そういう旅行に関するガイドブックに載っているお得情報は、どんちゃん騒ぎをしに旅をする人たち向けに書かれているものだ。ミニリタイアメントの旅に出たいなら、マイレージのポイントを使ってよく知らない航空会社の飛行機に20時間も乗ったりしないほうがいい。それよりも、2か月の旅行に１５０ドル〔約1万２５００円〕の運賃を上乗せしたほうがよっぽどいい買い物だ。

２週間かけて調べ上げた結果、ヨーロッパまでのキャンセル待ちの片道チケット１２０ドル〔約1万円〕というのを買ったことがある。ＪＦＫ国際空港に着いた私は自信で顔を輝かせ、こう思っていた——ここにいる、正規料金でチケットを買ってしまった間抜けな人たちを見てみろよ！——ところが、なんと、私のチケットは対象となっているはずの航空会社の9割に拒否されてしまったのだ。何週間も予約でいっぱいだという。結局私は一晩３００ドル〔約2万５０００円〕払ってホテルに２晩も泊るはめになり、アメックスに不満をぶちまけ、ついには空港のターミナルでイライラしながら1-800-FLY-EUROPE〔格安航空チケット会社〕に電話をかけることとなった。結局、バージンアトランティック航空のロンドン往復航空券を３００ドルで買い、その1時間後に離陸した。同じ航空券は、１週間前７００ドル〔約5万８０００円〕以上したのだ。

25か国を旅してみて、私は、時間を無駄にせず、新たな頭痛の種を生むことなく90％オフで航空券を手に入れられるシンプルな戦略をいくつか見つけた。それをここに紹介しよう。

1　広告や製品の生産コストなど、まとまった出費にはポイントがつくクレジットカードを使うこと。

私は二束三文のものにお金をかけているわけではなく、これらは必要不可欠な出費だ。ならばそれを利用しない手はない。この方法だけで、私は3か月に一度、海外への無料往復航空券を手に入れている。

2　航空券を買うなら、かなり前もって（3か月以上前）か、直前にしよう。出発日と帰国日はいずれも火曜から木曜の間にすること。

私は、はるか前から旅のプランをするのは嫌いだし、変更が生じると逆に高くついてしまうので、チケットはすべて、出発の4日から5日前に購入することにしている。売れないまま飛び立てばその座席は0ドルになってしまうのだから、ぎりぎりで購入するとかなり安くあがる。

まず、Orbitz（www.orbitz.com）と、www.kayak.come をチェックしてみよう。出発日と帰国日を火曜から木曜に設定するのを忘れずに。第1候補の日と、その前後3日との値段を比べて、一番安いチケットを確認しよう。この方法で帰国便もチェックして、往復で一番安くなる組み合わせを確認する。さらに、航空会社の公式サイトで同じチケットの値段を確認するのも忘れずに。次に、www.priceline.com で、これまで調べたうちの安いほうの2件の50%からビッドを始める。50ドル単位で値段を上げていき、より安いチケットが手に入るまで、もしくは不可能と分かるまで続ける。

3　国際ハブ空港に飛び、国内線の格安航空会社で乗り継ぐチケットも検討してみよう。

低予算でアメリカからヨーロッパに行く場合、チケットを3枚買うといい。まずは、サウスウエスト航空で、カリフォルニアからＪＦＫ国際空港までの無料チケット（アメックスのポイントを使う）を手に入れる。次に、ＪＦＫからロンドンのヒースロー空港までは、最安値のチケットを。そして、ロンドンから最終目的地まで、イギリスの格安航空会社の Ryanair か EasyJet の激安チケットを買う。私は、ロンドンからベルリンまで、またはロンドンからスペインまで10ドルで行くことができた。これはミスプリントではなくて、本当の話だ。地域限定の航空会社は、税金と燃料費だけの値段でチケットを提供する場合が多い。私はよく、中南米や南米に行く場合は、パナマ発かマイアミ発の地域限定フライトをチェックしている。

◆「モア・イズ・レス」なら——がらくたは処分しよう

人間は、考えられるかぎりの物質的対象を欲しがる。そういう能力を身に付けている。現代の産業文化の下で、ほぼ何でもつくることができるようになった。果てしない要求が詰め込まれた倉庫を開けるため、その機は熟したのだ!……それは、現代のパンドラの箱であり、世界にはびこる伝染病なのだ。

——ジュールズ・ヘンリー

自由になること。幸せで満たされること。そういうことは、過大評価されたものではなく、たくさんの「ありふれたもの」の犠牲を通じてのみ手にすることができる。

――ロバート・ヘンリー

私はある大富豪の息子を知っている。彼はビル・ゲイツの友人で、今は民間投資会社と大農場を経営している。彼はこの10年間、見事な邸宅のコレクションをだんだんと増やしてきた。それぞれの家には、常勤の料理人、使用人、掃除人、さらに補助スタッフがついている。世界のタイムゾーンのそれぞれに家を持つ彼は、どんな気分でいるのだろうか？　実に面倒臭いようだ！　まるで使用人のために働きに出ているような気分になるらしい。なぜなら使用人たちは彼よりも多くの時間をその家で過ごしているのだから。

長期滞在旅行は、何年にもわたって買えるだけのものを買い込んだダメージを癒すのにちょうどいい言い訳になる。必要品という名目のガラクタを捨てる時が来たのだ。サムソナイトのスーツケースを5個引きずって海外旅行に出ようとする前に、これをしたほうがいい。それは生き地獄だ。

私は何も、ガウンとサンダルだけを身にまとい、テレビを所持するような俗っぽい人々をにらみつけながら歩き回れ、と言っているのではない。カシ〔アメリカの食品会社〕のクランチを食べながら聖人ぶるのは好きではない。あなたを財産の少ないユダヤ教の律法学者に変身させようなんていう気もない。ただ、直視してほしいのだ。あなたの家や人生のなかに、自分が使わない・必要としない・特に欲しがってさえいないモノが山のようにあることを。それらは衝動買いによってあなたの家に漂流してきたガラクタでしかなく、有効な使い道はどこにも見当たらなかったはずだ。これらのガラクタは、自分を優柔不断にさせ、気を散らせる。注意力を奪い、のびのびとした幸せを、目先の雑用へと変えてしまう。あなたが気づいていようがいまいが、そういうことなのだ。陶器の人形でも、スポーツカーでも、ボロボロのTシャツでもいい。それらが、いかに自分を遮る不要物であるか。そのことを実感するのは、実際に処分してしまうまで、不可能なことなのだ。

私は、15か月間の旅行の前、どうやったら自分の持ち物を14×10フィート〔約4・3×3メートル〕のレンタル倉庫に詰め込めるか、悩んだものである。そのとき、私はふと気がついた。取っておいたビジネス雑誌を読み直すことなんかないだろう。着るものは、5枚のシャツと4本のズボンで9割は間に合う。ちょうど新しい家具を新調する頃だと思っていたし、庭で使うバーベキューグリルやテーブルセットは使ったことがなかった。

まさに、一度も使ったことのない物を捨てることで、短絡的な資本主義者のようになれることがわかった。かつて金を出すだけの価値があると思った物を捨てるのはなかなか難しいことだった。衣類を整理し始めた最初の数分間は、まるで自分の子どもたちの誰を生かすか死なすか決めているようだった。物を放り投げる筋肉というのをしばらくの間鍛えていなかったため、うまく動かせなかった。一度も着ないままお蔵入りしていたクリスマス用のすてきなジャケットを捨てる服の山に放り投げるのには勇気が必要だったし、着慣れてボロボロになった衣服と別れるのにはセンチメンタルな気分になった。でも、はじめに困難な決断を下してさえしまえば、勢いがついて気持ちが楽になった。めったに着ない衣服はGoodwill〔米国のNPO団体〕に寄付した。家具類はインターネットのCraigslist〔不動産、求人、チケットの情報など、地域限定の情報に関する投稿を掲載するコミュニティサイト〕を使って10分もかからずに厄介払いできた。その結果、そのいくつかは買った値段の半分で、それ以外はタダで処分したのだが、それがどうしたというのだろう? 私は5年間もこれらの家具を使い、乱用してきたのだ。アメリカに戻ってくるときには新調すればいい。バーベキューグリルとテーブルセットを友だちにあげると、彼はクリスマスの日の子どものように顔をほころばせた。私は晴れ晴れとした気分になった。こうして手に入れた３００ドル〔約２万５０００円〕のお小遣いは、少なくとも海外での数週間分の家賃に充てられるだろう。

そうして、私のアパートに40％の新しいスペースが生まれた。その表面には今まで触ったことすらなかった。それは余分にできた物理的スペースではなかった。余分にできた精神的なスペースだった。以前は自分の心の中で20くらいのアプリケーションを開いて同時に動かしていたような状態だったが、今はわずかひとつか2つだ。私の頭はすっきりと整理され、ずっとずっと幸せになったのだ。

私はこの本で世界を旅して歩いている人々に取材してきた。初めて長期滞在旅行をする人への彼らのアドバイスは一様であった。持ち物は少なくするように。

詰め込みたいという衝動に抵抗するのは難しい。その解決法は、私が「決済資金」と呼ぶものを設定すること。まず、あらゆる事態に備えて詰め込むのではなく、本当の最小限だけを持っていくこと。その代わり、１００～３００ドル〔約８３００～２万５０００円〕を用意しておき、現地に着いたあとや旅行中に物を買うのに充てるようにする。私は洗面用具を持っていかないし、1週間分以上の衣類も持っていかない。これは爽快だ。海外でヒゲ剃りクリームやドレスシャツを探すことは、それ自体がアドベンチャーを生み出す可能性がある。

荷物を詰めるときには1週間で帰ってくることを想定してやるのがいい。次に基本の基本を、大事な順番に挙げてみる。

1　季節に合わせた1週間分の衣類。税関用のセミフォーマルなシャツとズボンまたはスカート1組を含む。Tシャツ、ショーツ、それに何にでも使えるジーンズも考えておこう。

2　保険証、パスポートやビザ、クレジットカード、デビットカードなど重要書類は全部コピーを取っておく。

3　デビットカード、クレジットカード、それに現地通貨で200ドル相当の紙幣（トラベラーズチェックはたいてい断られるし、トラブルになる）

4　移動中やホテルで荷物の安全のために使用する小型のバイク用ワイヤーロック。必要ならば、ロッカー用に南京錠。

5　目的地の言語用の電子辞書（本は使うのに時間がかかりすぎる）と文法ガイド

6　広域地図とガイド

これでよし。[注73] ノートパソコンはいる？　いらない？　作家でないかぎり、いらないと思う。重くてかさばってやっかいである。インターネットカフェから gotomypc.com を使って自宅のパソコンにアクセスすれば、私たちが望んでいる習慣が身に付く。つまり、時間をムダにするのではなく有効活用する習慣だ。

ボラボラ島の交渉人

カナダ、ヌナブットのバフィン島にて

www.nileproject.com の設立者ジョシュ・スタイニッツ[注74]は、世界の辺境にたたずみ、驚嘆していた。ブーツを履いた足は海水にどっぷりとつかり、目の前では一角獣がダンスをしている。珍しいクジラの一種である10頭のノーファル〔イッカク〕たちが海面に顔を出し、天国に向かって1メートル半以上もある牙を突き出した。その後、重さ3000ポンド〔約1360キロ〕にもなる巨体の群れはもう一度、海底へと潜っていた。ジョシュは、ノーファルたちが再び姿を見せるまで、20分ほど待たねばならなかった。ノーファルは、時には3000フィート〔約915メートル〕近くも潜ってしまうくらいのダイバーなのだ。

ジョシュは、スカンジナビアの古い言葉に起源があるとされるノーファルと一緒にいるのがぴったりに思えた。ノーファルという名前は、古ノルド語〔古北欧語。8～14世紀ごろのスカンジナビア半島で使用されていた言語〕に由来しており、ノーファルが白と青のまだら模様の皮膚をもっているため、そう呼ばれるようになった。

ノーファルとは、古ノルド語で「死体」だ。

ジョシュは、にやりと笑った。ここ数年何度もしてきたように。彼はまさに歩く死人のようなものだったのだ。

大学を卒業した1年後、ジョシュは口腔扁平細胞癌であることが分かった。マネージメントコンサ

ルタントになる計画をはじめ、将来についていろいろな夢を抱いていた矢先のことだった。このタイプのガンを患う患者の生存率は50％以下だという。[注75] 死神は、ジョシュを特別扱いすることなく、何の警告もなしにやってきたのだった。

それではっきりしたことがあった。人生における最大のリスクは、失敗ではなく後悔、つまりチャンスを逃すことだった。嫌なことをしながら過ごした数年を取り返すのは、不可能だった。

2年後、癌を克服したジョシュは、行き先も決めずに世界旅行へと旅立った。旅費はフリーライターとしての稼ぎを充てた。その後、自称放浪者向けのカスタムメイドの旅を提供するウェブサイトを仲間と共同で立ち上げた。会社の幹部になってからも、放浪の旅への熱はいっこうに冷めることはなかった。ボラボラ島の海上コテージやアルプスのログキャビンなど、いろいろな場所に身を置きながら、快適に取引を進めた。

アメリカのレーニア山にあるミューア・キャンプ場にいるとき、顧客からの問い合わせの電話を受けたこともあった。ジョシュはこう応じた。「標高1万メートルの氷河の上に立っているんですけどね、今日の午後はすごく風が強くて今にも吹き飛ばされそうなんです」。顧客は、ジョシュにそっちを優先するように言った。

また、バリ島の寺院を訪れ、そこからちょうど立ち去ろうというときに、顧客から電話を受けたこともあった。鐘の音が響き渡るなか、教会にいるのかと尋ねられ、ジョシュは答えに窮した。やっと口をついて出たのは、「はい?」だった。

さて、クジラの話に戻そう。ホッキョクグマを避けるため、ベースキャンプに戻るまで、あと数分あった。24時間日が沈まないなら、オフィスの小部屋にいる友人に伝えるための時間がたくさんあるということだ。ジョシュは氷の上に腰を下ろし、ウォータープルーフのカバンから衛星電話とノートパソコンを取り出し、いつものようにEメールを書き始めた。「僕がこんなに楽しんでばかりいるのを見るの、もうみんなうんざりしてるのは分かるよ。でもさ、今、どこにいると思う？」

Q&A

クエスチョン&アクション

結果を知り過ぎるというのは致命的なことだ。道順を知っている旅人も、ストーリーを決め過ぎた小説家も、すぐに退屈してしまうだろう。

——ポール・セロー〔『To The Ends of the Earth』より〕

今回初めて移動式のライフスタイルと長期間の冒険を実行しようと考えているなら、私はあなたがうらやましくなる！　来たるべき新しい世界に飛び込んでみよう。そこではまるで、人生におけるあなたの役割が、乗客からパイロットにアップグレードされるようになるはずだ。

このＱ＆Ａの大半は、最初のミニリタイアメントの準備をするときにあなたが踏むべき詳細なステップと、カウントダウン形式のタイムラインにフォーカスした。紹介するステップの多くは、一度旅をして自分の経験となってしまえば、省いたり要約したりできる。ミニリタイアメントには最大でも2、3週間の準備がいる。だが、なかには1回だけやればいい事柄もある。ちなみに私の場合、今は3日間午後を使えば準備が済ませられるようになった。

さあ、紙と鉛筆を手にしよう。楽しい作業になるはずだ。

1　資産とキャッシュフローの概略を見てみよう

テーブルの上に紙を2枚用意する。1枚目には、資産か、それと同等の財産をすべて記録しよう。これには銀行口座、退職金口座、株、債券、自宅などが含まれる。2枚目は中央に線を引き、片側には、入ってくるキャッシュフロー（給料、ミューズによる収入、投資による収入など）を書き出し、もう片側には、外に出て行く支出（住宅ローン、賃貸料、車のローンなど）を書き出す。めったに使用しないものや、ストレスの原因になるもの、たいした価値もなく気を散らすだけのもののなかから、どれを処分できるだろうか？

2　夢見ていたヨーロッパの場所で1年間のミニリタイアメントの恐怖を想定しよう

3章にある質問を使い、最悪のシナリオになる恐れを見きわめ、現実的で可能性のある結果を導き出してみよう。おそらく、ごくまれなケースを除くと、避けられることがほとんどだろう。また、それ以外のケースは元に戻すことが可能なものだろう。

3　実際のミニリタイアメントに向け、場所を選ぼう。どこからスタートしようか？

これは大きな問題だ。私が提案するのは以下の2つの選択肢だ。

a　まず出発地点を選び、それからあなたが第二の故郷を見つけるまで放浪する。これは私がやったことなのだが、片道切符でロンドンまで行って、ヨーロッパ中を放浪生活したあげく、ベルリンに心を奪われ、そこに3か月間とどまった。

b　ある地域をじっくり偵察した後で、あなたのお気に入りのスポットに落ち着く。私は中央、南米ツアーに参加したときに、いくつかの都市に1〜4週間づつ滞在した。その後で、お気に入りの都市だったブエノスアイレスまで戻り、半年をそこで過ごした。

自分の国でミニリタイアメントを取ることもできる。だが、社会的に強要された重荷を同じように背負う人々（つまり9時—5時の人間たちだ）に囲まれていれば、変化への挑戦はあっけなく阻止されてしまうだろう。だから、私は海外を選ぶことをすすめているのだ。ただし、異国情緒を感じられるのはいいが、決して危険ではない場所を選ぶこと。私は、ボクシング、オートバイレース、危険なこともいろいろやった。でも、ブラジルのファヴェーラ[注76]で自分を止めた。そこではマシンガンを持った民間人、ナタを持った通行人もいたし、街じゅうでいざこざが絶えなかったからだ。物価が安いのはいいことだが、銃撃の痕があってはまずい。アメリカ合衆国国務省のサイトで、旅行に関する警告を確認しておこう（http://travel.state.gov）。

飛行機のチケットを取る前に、私のお気に入りのスタート地点をいくつかあげてみよう。もちろんほかの場所も遠慮なく選んでほしい。ドルで生活可能な場所には傍線を引いた。アルゼンチン（ブエノスアイレス、コルドバ）、中国（上海、香港、台北）、日本（東京、大阪）、英国（ロンドン）、アイルランド（ゴールウェイ）、タイ（バンコク、チェンマイ）、ドイツ（ベルリン、ミュンヘン）、ノルウェー（オスロ）、オーストラリア（メルボルン、シドニー）、ニュージーランド（クイーンズタウン）、イタリア（ローマ、ミラノ、フィレンツェ）、スペイン（マドリード、セビーリャ）、オランダ（アムステルダム）。これらすべての場所では、出費を抑えて快適に暮らすことができる。東京の方がカリフォルニアにいるよりもお金を使わなかった。私は東京をよく知っていたからだ。最近高級化した、10年前のブルックリンと似ていないこともないようなヒップなアーティスト達が集まる地区が、ほとんどすべての都市で見つかる。たった1か所だけ、20ドルを払ってもちゃんとしたランチに出会えそうもない場所がある。それはどこか？　ロンドンだ。

放浪初心者にはおすすめしないエキゾチックな場所もある。アフリカ諸国、中東、中南米、南米（コスタリカとアルゼンチンは除く）。メキシコシティや米国とメキシコの国境地帯も、誘拐天国になっているので、とてもじゃないが私のお気に入りリストにはのせられない。

4　旅の準備をしよう。いよいよカウントダウンだ

● 3か月前――捨てる

出発前に、ミニマリズム〔単純な要素で最大の効果達成を目指す〕に慣れてしまおう。まだあなたが旅立つ計画をしていなく

ても、以下の質問に取り組んでみよう。

自分の時間の80％を占めていて、全所持品の20％にあたるものはどれか？　それ以外の80％にあたる服、雑誌、本、そのほかすべてを処分しよう。非情になることだ。それなしでも生きられるものなんて、いつでも買い戻せるのだから。

自分の人生においてストレスの原因になっている所持品は何だろうか？　これは、メンテナンスコスト（資金や労力）、保険、毎月の支払い、時間の浪費、あるいは単なる気晴らしに関係があるだろう。捨てて、捨てて、捨てまくるのだ。もし高価な品物をいくつか売ることができれば、あなたのミニリタイアメント資金にかなりの足しになるだろう。車や自宅を例外にしないこと。戻って来たらすぐにでも買えるのだから。お金を失うことなくできることがよくあるのだ。

今入っている健康保険が長期の海外旅行をカバーしているかチェックしよう。自宅を売るか貸し出す手はずを整えるか――何度も放浪する者にとっては貸し出すのが一番おすすめだ――あなたのアパートの契約期間を終わらせて、所持品をすべて倉庫に移してしまおう。

どんな場合でも、不安になったら自問してみるんだ。「頭に銃をつきつけられ、これをやらねばならないなら、どうする？」あなたが考えるほど大変なことではないのだ。

● 2か月前―自動化

余分なものを捨てた後は、あなたに定期的に請求書を送ってくる会社（納入業者を含む）とコンタクトを取り、クレジットカードでの自動支払いを始めよう。これならポイントも貯まる。彼らには、あなたが1年間世界を旅するつもりだと伝えよう。クレジットカードでの支払いを納得してもらう理由になるし、カルメン・サンディエゴ〔犯人探しゲームに登場する大泥棒、世界中を逃げ回る〕を捕まえるように、支払いであなたを世界中追いかけ回すよりはずっといいはずだ。

クレジットカード会社本体や、カード払いを断られた会社には、当座預金からの自動引き落としを設定しよう。そしてオンライン銀行取引とオンライン請求書払いを開始させる。クレジットカードや自動引き落としを受け付けないすべての会社を、オンラインでの受取人として設定する。公共料金やそのほか、金額に変動があるものの支払いをするときは、予想よりも多くかかることがある。そのため、15~20ドル〔約1250~1660円〕の定期的な小切手の支払いを設定しておく。こうすれば雑費をカバーできて、時間ばかりかかってしまう請求書の問題をクリアし、預金残高には利子をつけられる〔日本と異なり、当座預金にも利子がつく〕。銀行やクレジットカードの明細書の郵送もキャンセルしよう。すべての当座預金用に、銀行発行のクレジットカードを手に入れよう（通常、ビジネス用に1枚、個人用に1枚あるといい）。そして、悪用されないように、現金での貸付金は0ドルに設定しておこう。カードは自宅に置いておく。あくまでも、当座貸越を防ぐための、緊急用でしかないからだ。

家族のなかで信頼できる人とあなたの会計士[注77]に、あるいは会計士だけに委任状を渡して書類（たとえば税務書類や小切手）に名前をサインする権限を与えよう。ファックスは認められず、書類の原本にサインしなければならないことほど、外国にいる楽しみをいっぺんに台なしにしてしまうことはない。

● 1か月前

自分の地元の郵便局の責任者と話し、すべての郵便物を友人、家族、またはパーソナルアシスタントに転送してもらうようにする。この人たちには、1か月100～200ドル〔約8300～16600円〕を支払い、毎週月曜日にジャンクメール以外のすべての手紙の概要をEメールで送信してもらおう。

　自分が向かう地域に必要な、そして推奨される予防接種やワクチンはすべて受けておく。米国Check the Center for Disease Control and Prevention（http://www./cdc.gov/travel/）で確認をしよう。予防接種の証明書は外国の税関を通るときに必要な場合もあるので注意しよう。

　GoToMyPCや同じようなリモートアクセスのソフトウェアにお試し口座を開設して空の回線を確保しておこう。ちょっとした技術的な故障がないことを確認するためだ。[注79]

　販売代理店（あるいは下請け業者）が依然としてあなたに小切手を送ってくるようなら――この時点では、フルフィルメント〔通販代行〕会社がカスタマーチェックを処理すべきだ――次の3つのうちのひとつを実行しよう。販売代理店に直接の預金情報を与える（これが理想的だ）、フルフィルメント会社にこれらの小切手を処理させる（第2の選択）、あるいは販売代理店にPayPalで支払わせるか、信頼して委任状を渡している人の誰か宛に小切手を送ってもらう（第3の選択）。最後のケースでは、委任状を渡した人物に預金の伝票を渡し、サインをするか印鑑を押してもらい、小切手を郵送する。大銀行（バンク・オブ・アメリカ、ウェルズ・ファーゴ、ワシントン・ミューチュアル、シティバンクなど）の顧客になると便利だ。手伝ってくれる人物の近くの支店を使えば、ほかのお使いのついでに立ち寄って貯金してくれるだろう。もし嫌なら、口座を全部この銀行に移す必要はない。ただ新しい口座をひとつ開いて、これらの預金のためだけに使えばいい。

● 2週間前

身分証明書、健康保険証、クレジット／デビットカードを全部スキャンし、コンピュータに取り込む。コピーを複数印刷したら、その内の数部は家族の下に残し、残りはそれぞれ別々のカバンに入れて持っていく。スキャンしたファイルはＥメールで自分のもとに送っておく。こうしておけば、万一旅行中に紙のコピーをなくしてしまっても、アクセスすることができる。

あなたが起業家なら、携帯は一番安いプランに格下げし、留守番電話で次のような挨拶が流れるように設定しよう。「私はただ今出張で海外に出かけております。出張中はボイスメールをチェックすることができませんので、どうかメッセージを残さないようにお願い致します。重要な件であれば、____@____.com 宛にＥメールをお送りください。ご理解頂きありがとうございます。」そして、Ｅメールの自動返信機能を設定して、海外出張のため返信には7日間（期間についてはあなたが好きなように決めたらいい）はかかると伝える。

あなたが従業員なら、クワッドバンド〔4つの周波数帯に対応した携帯電話〕のＧＳＭコンパチブル〔第2世代のＧＳＭと第3世代の3Ｇを併用できる携帯電話〕を持つことを考えよう。上司があなたにコンタクトできるようにするためだ。ブラックベリーは、上司があなたが働いているかどうかＥメールでチェックしてくる場合だけ持つようにしよう。くれぐれも送信するＥメールに「ブラックベリーより送信」なんていう動かぬ証拠となるような署名を残さないように！　ほかの選択肢として、SkypeIn〔インターネット電話〕のアカウントを使ってあなたの海外の携帯に転送するというのもあるだろう（私のお気に入りのやり方だ）。あるいは Vonage IP box〔インターネット電話〕なら世界中どこにいても、あなたの国のエリアコードで始まる電話番号を経て、固定電話を取ることができる。

ミニリタイアメントの最終目的地のためにアパートを見つけよう。もしくは、出発地点に3～4日間滞在するためにユースホステルやホテルを予約しよう。到着前にアパートを予約するのはリスクが高い。それに、後に挙げたユースホステルやホテルで3～4日泊まってアパートを見つけるよりも高くついてしまうだろう。できることなら出発地点ではユースホステルをおすすめする。安価だからというよりも、移動に関する知識が豊富なスタッフや旅仲間が手助けしてくれるという利点からだ。

安心のために必要なら、海外の医療救助保険に入っておこう。ただし、あなたが先進国にいてその国の保険に入っているなら（私はそうしている）保障は十分手厚いものだろうから、これは余計かもしれない。それに、文明国から飛行機で10時間も離れてしまう場合は意味をなさない。私がパナマで救助保険に入ったのは、マイアミから2時間のフライトだったからだ。でも、ほかの場所では面倒でしかなかった。こんなことにムダに入れ込むことはない。アメリカのど真ん中にいたとしても、実は同じことということのが真実かもしれないが。

● 1週間前

Eメールやオンライン銀行取引など、日課としてバッチ処理をする仕事のスケジュールを決定しよう。見せかけだけの無意味な仕事をする言い訳をやめるためだ。私は、月曜日の午前中にEメールとオンライン口座をチェックすることをすすめる。第1・第3月曜日に、クレジットカードのチェックや、アフィリエイトなどのオンラインの支払いをする。こういう約束事を自分自身で守っていくのがもっとも難しい。だからこそ今、真剣に決意して、やめたら重症の禁断症状が出ることを期待しよう。

重要書類（身分証明書、健康保険証、クレジット／デビットカードをスキャンしたものを含む）を、手のひらサイズの小さなメモリースティック（フラッシュメモリ）に保存しておこう。USBポートからコンピュータにつなげられる。

持ち物は全部、自宅やアパートから倉庫に移して、冒険のために小さなバックパックひとつと機内持ち込みの手荷物を荷づくりする。そして、一時的に家族や友達のところに転居しよう。

● 2日前

残っている自動車を倉庫か友達のガレージに入れてしまう。ガスタンクに燃料安定剤を入れて、液もれを防ぐためマイナスのリードはバッテリから外しておく。車はジャッキスタンドに入れてタイヤと衝撃によるダメージから守ろう。盗難保険以外の自動車保険はすべて解約する。

● 到着（あなたが事前にアパートを予約していないと仮定）

チェックイン後、初日の午前と午後

バスを乗り降りして観光スポットをめぐるシティーツアーに参加。この後、滞在する可能性のあるアパートの近所を自転車ツアーでフォローしよう。

1日目の夕方と夜

SIMカードのついたロックされていない携帯[注80]を購入する。これならかんたんなプリペイドカードで通話クレジットをチャージできる。アパートのオーナーかCraigslist.comの仲買業者にEメールを

する。これからの2日間、地元の新聞のオンライン版を見るためにEメールで連絡をしておこう。

2日目と3日目

1か月間滞在するアパートを見つけて予約する。ただし、そこに1泊してみるまでは1か月以上の契約はしないこと。私は以前、2か月分を前払いしてしまったことがある。おかげで、泊まってみて初めて、ダウンタウンでもっとも交通量の多いバスの停留所が寝室の壁の反対側にあったことに気づいた。

引越し当日

落ち着いたらその国の健康保険に入ろう。ホステルのオーナーや地元の人にどんな保険に入っているか聞いてみること。出発2週間前まではおみやげやその他家に持ち帰るような品物は買わないように決めよう。

1週間後

購入したものの、頻繁には使わないような余計なガラクタはすべて処分しよう。自分より必要としている人にあげるか、自分の国に送り返してしまうか、捨ててしまおう。

お役立ちツールと使うコツ

◆ミニリタイアメントのための滞在地選び

・Virtual Tourist　www.virtualtourist.com

ユーザー作成型の偏りのない旅行情報コンテンツといえば、単独では世界最大手のこのサイトになる。2万5000以上の地域に関するコメントや注意事項は、77万5000人を超える会員から寄せられる。地域ごとに、見どころや現地の風習、ショッピング、観光客の陥りやすいトラブルなど13の項目がある。ミニリタイアメントするならこのサイトひとつあれば問題ないだろう。

・Escape Artist　www.escapeartist.com

2つ目のパスポートを取得するとか、自分の国を建国するとか、スイスに口座を開くとか、そのほか、私が本書であえて触れていないことに興味がある人向け。なかなかおもしろいサイトだ。私の国の大統領が第3次世界大戦を起こそうというときに必要な逃亡計画もある。ケイマン諸島〔カリブ海にあるイギリスの海外領土の島。タックスヘイブン（租税回避地）として有名〕でも刑務所でも、どこでも真っ先に行ける。www.fourhourblog.com の「How to Be Jason Bourne」も見てほしい〔Jason Bourne（ジェイソン・ボーン）は、ロバート・ラドラムの小説『ボーン・アイデンティティー』などに登場する人物〕

・Outside Magazine オンライン無料アーカイブ　http://outside.away.com

オンライン版の雑誌『Outside Magazine』では、バックナンバーをすべて無料で閲覧できる。コンテンツはメディテーション・キャンプ情報からアドレナリン全開のナイトクラブ情報までと幅広く、夢のような求人広告もあれば、冬のパタゴニアの特集記事もあり充実している。あざやかな写真とともに何百もの記事が掲載されているので、思わず歩き出したくなるだろう。

・**Gridskipper: The Urban Travel Guide　www.gridskipper.com**

映画『ブレードランナー』にあこがれて、世界中の都市をくまなく探険したいと思っている人におすすめのサイトだ。雑誌『フォーブス』が推薦する旅行サイトトップ13に入っていているものの、『大げさで低俗』（旅行ガイドブック『Frommer's』より引用）と評される。要するに、コンテンツの大半は一般向けではない。例のあの下品な言葉とか、「世界一けばけばしい都市」アンケートなどと聞いて、不快に思うようであれば、このサイトには行かないほうがいい。（ついでに、リオデジャネイロにも）。気にならないのであれば、世界中から寄せられるぶっ飛んだ書き込みや旅日記をぜひ読んでほしい。

・**Lonely Planet: The Thorn Tree　http://thorntree.lonelyplanet.com**

地球上にいる旅行者のための掲示板（地域別のスレッド付き）

・**Family Travel Forum　www.familytravelforum.com**

このサイトは家族旅行向けの総合掲示板である。わが子を大金で旧ソ連諸国に売っ払いたい？　ほんの数ドルが惜しくて自分の祖母をタイで火葬したい？　そんなことを望んでいるなら、このサイトは向いていない。もし、あなたに子どもがいてまっとうな長期旅行を計画しているなら、このサイトの出番だ。

・**米国務省による各国の概要　www.state.gov/r/pa/ei/bgn**

・**World Travel Watch　www.worldtravelwatch.com**

ラリー・ハベッガーとジェームズ・オライリー〔両者とも旅行作家、ジャーナリスト〕の2人による週刊オンラインレポートは、世界の動向や渡航先の安全にかかわるニュースをトピックや地域に分類して取り上げている。簡潔にまとまっているので、旅行プランを確定させる前に必ず見るように。

・**米国務省による世界各国の渡航危険地域情報　http://travel.state.gov**

◆ミニリタイアメント計画とその準備――基本編

・**Round-the World FAQ（旅行保険含む）　www.perpetualtravel.com/rtw**

このFAQ〔よくある質問とその答え〕を見たらきっと命拾いするだろう。元々はマーク・ブロシウスが書いたものだが、それをニュースグループの参加者が何年ものあいだ更新している。基本的なことはすべて（資金の計画から帰国後のカルチャーショックへの対処、そしてその間に起こり得ること何でも）網羅している。たとえば、一体いくらあれば生活していける？　とか、旅行保険は必要なのか？　仕事は休職すべきか、それとも退職するか？などの質問に答えている。いわば、毎年刊行される世界一周の旅の手引書のようなサイトだ。

・**無駄なものを取り除く**

1-800-GOT-JUNK　www.1800gotjunk.com／Freecycle www.freecycle.org／Craigslist www.craigslist.org

私はCraigslistの「フリー」カテゴリを使用し、日曜日の夜、3時間弱で4年間に溜まりに溜まった所有物を処分した。売り物になるものもあったので通常価格の30～40％に値下げして売り切った。そして残りのアイテムの処分には 1-800-GOT-JUNK を利用した。Freecycle は Craigslist と同様に、時間を短縮したいときに無料であげたりもらったりするのにいい。これを習慣づけるといい。私は6～9か月ごとに処分し、Goodwill（www.goodwill.org）に寄付している。無料回収サービスもある。

・One-bag: The Art and Science of Packing Light　www.onebag.com

ＰＣ雑誌の「これがないと生きていけないトップ１００サイト」に選ばれた。荷物を軽くして、軽くなった感覚を覚えよう。

・米国疾病予防管理センター　www.cdc.gov/travel

渡航先に合わせたワクチン接種の推奨と衛生指導を行っている。国によっては、税関を通過するのに接種証明が必要だ。手続きに何週間もかかることがあるので、十分に余裕をもって注射をしたほうが良い。

・税務計画　www.irs.gov/publications/P54/index.html

ここで大切な情報を。アメリカでパスポートを取得している人は、たとえほかの国に永住したとしても、米国に税金を納め続けなければならない。心配する必要はない。一応これには法的な回避策がある。連続する３６５日のうち、３３０日間をアメリカ国外の土地で過ごすと、最大8万ドル（約６６４万円）の所得控除が受けられる、海外役務所得控除という制度がある。私の２００４年の旅が15か月にもおよんだのは、多少このことも関係している。腕のいい会計士を雇って、専門的なことは任せておけば、やっかいなことには巻き込まれないだろう。

・米国政府が支援する海外の学校　www.state.gov/m/a/os

子どもを1~2年間、学校から連れ出すことに罪悪感があるなら、米国務省が支援する世界132国にある185校の小・中・高等学校に入れてみてはどうだろうか。子どももきっと宿題はやりたいはずだ。

・Homeschooling 101 and Quickstart Guide　http://bit.ly/homeschooling101

http://homeschooling.about.com/ のサブセクションは、ホームスクールについて段階を追って検討できるようになっているので、旅行を延長する場合の教育に適している。子どもたちはクラスメートより先にトラディショナル・パブリックスクールあるいはプライベートスクールに戻ることができる。

・Home Education Magazine　www.homeedmag.com

ホームスクール、家族旅行、そして不登校児に関する情報が豊富。カリキュラム、バーチャルサポートグループ、法的文書、アーカイブのリンクがある。法律に関して言えば、アメリカのいくつかの州では、年間1600ドル〔約13万3000円〕の援助を行い、ホームスクールの支出を保証している。州はパブリックスクールに自分たちのお金を使いたくないのだ。

・世界の貨幣換算　www.xe.com

舞い上がって、イギリスの5ポンド〔約650円〕とアメリカの5ドル〔約415円〕が同額ではないことも分からなくなってしまう前に、このサイトを活用して現地価格を知っている単位に変換したほうがいい。「このコインって1枚4ドル〔約330円〕くらいだよね?」なんていうことはないようにしたい。

・ユニバーサル・プラグ・アダプタ　www.franzus.com

ケーブルとかコネクタは意外とかさばって持ち運ぶのが面倒だと思っているあなた。Travel Smart 社のオールインワン・アダプタ（過電圧保護機能つき）を試してほしい。大きさは、トランプの箱を半分に折りたたんだサイズ。私もかなりいろいろな場所で使ったが、問題が起きなかったのはこのアダプタだけだ。ただ、注意してほしいのは、これはアダプタであって（複数のコンセントを差し込むのに役立つ）、変圧器ではない。もし海外の壁のコンセントに米国の倍の電圧が流れていたら、手持ちのガジェットは爆発する。事前に何から何まで準備するよりも、これで必要なものは現地で調達しようという気になっただろう。

・世界電力ガイド　www.kropla.com

世界各国のコンセントのボルト数、携帯電話の周波数、国際電話の局番、そのほか、電力の差違について調べるのに最適なサイト。

◆世界中の格安航空運賃

・Orbiz　www.orbitz.com／Kayak　www.kayak.com／Sidestep　www.sidestep.com

４００を超える世界中の航空会社情報があり、運賃比較を行うなら Orbiz から始めるといい。その後、Kayak と Sidestep を調べる。Sidestep は、アメリカ以外の発着フライトを探すのにもっとも便利だということが証明されている。

・TravelZoo Top20　www://top20.travelzoo.com/

モスクワ行きの片道チケットが１２９ドル（約１０７００円）で手に入るかも？　週ごとの「直前旅行スペシャル」はあなたが最後の決断を下す後押しをしてくれるだろう。

・**Priceline　www.priceline.com**
Orbitzで探した一番安い運賃の50%で入札し、50ドル単位で上げていく方法がベスト。

・**CFares　www.cfares.com**
無料会員登録を行うか、少額の会員費を払うと、コンソリデータ運賃〔航空会社横断型の乗り換え航空券を用いた運賃〕で安く航空券が購入できる。私はこのサイトでカリフォルニアから東京までの往復チケットを５００ドルで買った。

・**1-800-FLY-EUROPE　www.1800flyeurope.com**
このサイトを活用して、搭乗が2時間後に迫っていたＪＦＫ空港からロンドンまでの往復航空券を手に入れた。

・**ヨーロッパ国内限定のフライト割引航空券　www.ryanair/en　www.easyjet.com**

◆世界の無料の宿――短期滞在用

・**www.globalfreeloaders.com**
このオンライン・コミュニティは、人と人をつなぐことで、世界中どこでも無料の宿を提供可能にしている。宿泊費が節約できるうえに、新しい友達もできて、現地の生活も垣間見られるのが魅力。

・**www.couchsurfing.com**
上記のサイトに近いが、どちらかというとパーティ好きの若い連中に人気だ。

・www.hospitalityclub.org

世界中にいる現地メンバー（世界200か国以上にいる20万人を超える会員）の強固な組織を通して、無料で観光案内や宿の提供を行ってくれる人を探すことができるサイト。

◆世界の無料の宿――長期滞在用

・Home Exchange International　www.homeexchange.com

住居交換の希望登録リストとその検索サービス。85か国以上に1万2000件を超える登録情報がある。家の候補を見つけたら、直接本人にEメールし、自分の家またはマンションの情報をサイトにアップする。あとは、わずかな会員費で1年間好きなだけリストにアクセスできる。

◆有料の宿――現地到着から長期滞在まで

・Otalo　www.otalo.com

Otalo は長期休暇のレンタル用のサーチエンジン。インターネットにあるさまざまな長期休暇のレンタルサイト、そして20万軒以上の家を網羅している。Otalo は Kayak.com のような長期休暇のレンタルだ。このサイトではさまざまなレンタル検索サイトを調査し、その結果を使いやすい検索ツールとしてまとめている。

・Hostels.com　www.hostels.com

ここで扱っているのはユースホステルだけではない。私も東京の都心に1泊20ドルで泊まれるきれいなホテルを見つけたし、ほかの8か国でもこのサイトを利用して同じような条件のところに泊まった。アメニティの充実よりも場所やレビューを参考にして決めたほうがいい（詳細は次の「Hotelchatter」を参照）。4つ星ホテルというのは、羽目をはずしにきている旅行客の泊まるところだ。このサイトは、現地ならではの良さを、長期間滞在先のマンションや住居が見つかる前から、体験できるようにとり計らっている。

・Hotelchatter　www.hotelchatter.com

世界中の宿の正直でくわしい感想が載った、毎日更新のウェブ・ジャーナル。特ダネを見つけるのもよい。客のがっかりした話から穴場の情報まで、1日に数回更新される。オンライン予約もできる。

・Craiglist　www.craigslist.org

Craigslist は、地元週刊誌に掲載される住宅情報——たとえばベルリンの Bild や Zitty（本当にこれはすごい）——にはかなわないが、突出している。特に海外で長期滞在用の家具つきマンションを探しているなら、まずはこのサイトを見てほしい。この本を執筆している現時点で、50か国以上の情報がそろっている。とはいえ、地元誌を見てみると賃料が30%から70%も低い価格で載っているのも現実だ。予算的に厳しい場合は、ホステルの従業員か現地の人に頼んで何本か電話をして話をまとめてもらってはどうだろう。現地の協力者には、価格交渉が済むまで、あなたが外国人だということは明かさないようにお願いしてみるのもよい。

・Interhome International　www.interhome.com

本拠地はチューリッヒ。ヨーロッパ国内に2万件の賃貸情報を提供している。

・Rentillas.com　www.rentvillas.com

フランス、イタリア、ギリシャ、スペイン、ポルトガルなどヨーロッパの各地でユニークな体験ができる賃貸物件（コテージから農家やお城まで）を取りそろえている。

◆コンピュータ用のリモートアクセス・ツール

・Go To My PC　www.gotomypc.com

　このソフトウェアがあれば、遠方からでもコンピュータのファイルやプログラム、Eメール、ネットワークにすばやくかんたんにアクセスできる。あらゆるウェブブラウザやウィンドウズ搭載のワイヤレス機器から使用できるうえ、リアルタイムに動作する。私も世界中の国や島からアメリカのメインコンピュータにアクセスするときには必ずGoToMyPCを使っている。かれこれ5年以上使い続けている便利なサイトだ。私はこれのおかげで、すべてのコンピュータを家に置いていくことができる。

・WebExPCNow　http://pcnow.webex.com

　WebEx社は、企業向けリモートアクセス・サービスに特化し、業界をリードする存在だが、新たにGoToMyPCとほぼ同等の機能を備えたソフトウェア（リモート・コンピュータ間のコピー・アンド・ペーストやプリントアウト、ファイル転送など）のサービスも開始した。

・DropBox　www.getdropboc.com／SugarSync　www.sugarsync.com／JungleDisk　www.jungledisk.com／Mozy　www.mozy.com

　DropBoxとSugarSyncはバックアップとファイルの同期に使え、複数のコンピューター間（家と旅行用のコンピューターなど）で使用する。

　JungleDiskとMozy（私はMozyを使っている）は、機能を減らしてオンライン上で保存したデータの自動バックアップに特化している。

◆無料あるいは低価格のインターネット（ＩＰ）電話

・スカイプ　www.skype.com

フリーソフトウェアのスカイプが登場して以来、これ以外で国際電話はかけたことがない。平均して1分間に2～3セント〔約1・6円～2・4円〕で、地球の反対側の固定電話や携帯電話にもつながるし、スカイプユーザー同士なら世界中無料で通話ができる。年間、約40ユーロ〔約４３００円〕を払えば、さらにアメリカにある自宅の市外局番つき電話番号も取得できるうえ、かかってきた電話を海外にいるあなたの携帯に転送もできる。だから、旅行していても誰にも気づかれないようになる。リオのビーチでのんびりしながら、カリフォルニアのオフィスにかかってきた電話に出る。なんてすばらしいんだ。スカイプチャットはこのサービスに付随しているもので、大切なログインＩＤやパスワードを他人とシェアするのに良い。もちろん暗号化される。

・Vonage　www.vonage.com／Ooma　www.ooma.com

Vonage社は、ブロードバンドのモデムと一般電話とをつなぐ小型アダプタを提供している。旅先の住居に設定すれば、そこでアメリカの番号にかかってきた電話も容易に受けられる。Oomaは月額費用が不要で、有線も必要ない。世界のあらゆるところでローカルのＵＳナンバーを使用したブロードバンドにコネクトしている同様のハードウェア向きである。

・VoIPBuster　www.voipbuster.com／RebTel　www.rebtel.com

両方とも「エイリアス」の番号を提供してくれる。サイトに海外の友達の番号を入力すると、あなたのエリアコード内のローカルナンバーを与えてくれる。そしてそれを友達に転送する。VoIPBuster はスカイプより安く、20か国で無料通話ができる。

◆国際マルチバンドとGSMコンパチブル電話

・My World Phone　www.myworldphone.com

ちなみに私は、ノキアの携帯電話を気に入って使っている。どんな携帯を購入しても構わないが、「ＳＩＭロックフリー」であることを確かめたほうがいい。ＳＩＭロックフリーであれば、ＳＩＭカード〔携帯電話会社が発行する、契約者情報を記録したＩＣカード〕を取り出して、その国の携帯電話会社のものを差し込めば、携帯電話機はそのまま使える。

・World Electronics USA　www.worldelectronicsusa.com

ある国のＧＳＭ周波数は？「周波数帯域」はどのくらい？などといった携帯電話の性能をわかりやすく解説している。このサイトを見れば、旅行用に購入する携帯を決められるだろう（もちろん旅行用でなくても問題ない）。

◆人があまり行かないところへ行くためのツール

・Satellite Phones　www.satphonestore.com

ネパールの山奥や離れ小島にいても落ち着いていられるように（頭痛の種にもなるが）電話を手元に置いておきたいなら、電波塔ではなく衛星経由でつながる電話が最適だ。Iridium 社製のサテライト・フォンは、北極から南極まで電波受信エリアが広範囲にわたることから推奨されているが、GlobalStar 社製も３大陸だけでみれば Iridium 社製の次に人気がある。本サイトでレンタルまたは購入可能。

・ポケットサイズのソーラーパネル　www.solio.com

サテライト・フォンやそのほかの小型電子機器はバッテリが死んでしまうと、ほとんど役に立たない。Solioは、トランプ2組分くらいのサイズで、小さなソーラーパネルが扇形に広がるようにできている。驚いたのは、私の携帯電話を15分もかけずに充電してしまったことだ。壁にあるコンセントで充電するよりも倍以上のスピードだ。今では、どんな機種でもほぼ対応できるアダプタがある。

◆現地に到着してから行うこと――海外での仕事

・Verge Magazine（「おわりに」の「厳選された図書」を参照）

・Meetup　www.meetup.com

都市または活動から検索をして、このサイトで世界中から趣味の合う仲間を探してはどうだろう。

・旅行記ライターをめざす　www.writtenroad.com

世界を旅しながら、自分の感じたことを書きとめるだけでお金がもらえる？　誰もが夢見る仕事だろう。旅行記出版の内幕を探るなら、『Sand in My Bra and Other Misadventures: Funny Women Write from the Road（砂の入ったブラと失敗の数々――おかしな女の書いた旅行記）』の著者であり、業界に精通するジェン・レオに聞いてみるといい。このサイトに掲載されている彼女のブログは、「Frommer's〔海外で定評のある旅行ガイドブックを発行しているFrommer's社のウェブサイト〕」が推薦する最高の低予算旅行」に選ばれたこともあり、ガジェットを持たないローテク旅行など、実体験を綴った特集記事も好評だ。

・英語を教える　www.eslcafe.com

ESL Cafe は、昔からあるサイトでとにかく使い勝手がいい。英語教師や教師をめざしている人、英語を習いたい人におすすめだ。テーマ別の掲示板や世界各国から寄せられる「教師募集」の求人広告が充実している。

・脳を粘土細工のように柔軟にする　www.jiwire.com

世界を旅するのは、地元の友達にインスタントメッセージ（IM）で近況報告するため、情報を流さないではいても立ってもいられない――そんなあなたのために、このサイトは、15万件以上のインターネット接続が可能な場所を掲載している。ただし、これが日課と化すようであれば、反省したほうがいい。退屈しているのは自分の責任だ、ということを忘れないでほしい。私もまったく同じ経験をしたことがあるから、これは説教ではない。時として誰にでも起こり得ることだが、もっとクリエイティブになろう。

・アルバイトまたは常勤で新しい職業にチャレンジする　www.workingoverseas.com

活躍の場を海外に求める人のために余すところなく情報を取りそろえている百科事典のようなサイトだ。雑誌 Transitions Abroad の国際キャリア担当編集者のジーン・マーク・ハシェイが編集し、情報の更新も行っている。年会費は15ドル。

・世界各国の有機農園で働く　www.wwoof.com

トルコ、ニュージーランド、ノルウェー、フランス領ポリネシアを含む数10か国のどこかで持続的有機農法を学び、その後、教えるという手もある。

◆知らない言語でチャットやEメールをする

・Google Chat Bots　http://bit.ly/imbot

これを使えばリアルタイムでのチャットをほぼどの言語でも行える。Gメールアカウントから直接世界中の人にインスタントメッセージ（IM）を使うことができる。

・Nice Translator　www.nicetranlator.com／Free translation　www.freetranslation.com

このサイトで、文章を英語からなるべくたくさんの言語に翻訳し、そのまた逆も試してほしい。想像以上に正確で驚くだろうが、翻訳の過程で失われる10％～20％のニュアンスによっては、面倒なことに巻き込まれるかも。Nice Tranlator はとても速く、iPhone でも使用可能だ。

◆記録的な早さでペラペラになる

・言語依存症かつ一気に学習したい人向き

言語に関連することなら www.fourhourworkweek.com へ。詳細なハウツー記事（一度忘れてしまった言語の記憶を呼び起こす方法や1週間に1000語暗記する技、発音を習得するコツなど）から記憶法、実用的なウェブ文献まで何でもそろっている。私が言語を学ぶのはもはや依存症としか言いようがないが、その自分の学習方法を分析して、さらに早く上達できるように改修を行った。どんな言語でも3か月から6か月あればペラペラになることは夢ではない。

・言語交換（ランゲージ・エクスチェンジ）の相手や教材を見つける

・LiveMocha www.livemocha.com
EduFire www.edufire.com
Smart.fm http://smart.fm/
私は特に BrainSpeed の学習ゲームが好きだ。

・About.com www.about.com
ポピュラーな言語のチュートリアルが優れている。

http://italian.about.com
http://spanish.about.com
http://german.about.com
http://french.about.com

（注釈）

68　この章に出てくるドルの数字はすべて、２００４年にブッシュ前大統領が再選を果たした時期のものである。ブッシュ再選に関連して過去20年でもっとも低い為替レートになっていた。

69　もちろん、びっくりするような自転車体験〔オランダでは専用道路や電車への乗り入れが可能なほど自転車が盛んに利用される〕と有名な洋菓子〔ワッフル生地の間にシロップを挟んだ「ストロープワッフル」のこと〕について述べている。

70　もちろん、どんどんといろんな場所を巡ってもいいし、郵便局の懸賞旅行に行って数週間やりたい放題やってもかまわない。私はそういうこともやっている。スペインのイビサ島〔ヨーロッパのクラブ文化の中心地として知られる〕ではグロースティック〔サイリウム。ケミカルライト〕を使って狂乱し、アブサンと大量の水をかっくらっていたこともある。そのあと、静かに座って自己反省の意味も込めてミニリタイアメントのプランを立てるのだ。

71 『ロサンゼルス・タイムス』紙のジョエル・スタインが名づけた。

72 ミューズは少ないメンテナンスで十分であるが、ある限定的な分野では高額になる場合が多い。それは製造業と広告業だ。この2つの業界の両方にミューズを提供するショップをつくると、支払いはクレジットカードになるし、必要なら「値下げの交渉をするのなら、クレジットカード払いが認められるかどうかだけお聞きしたい。できないのであれば、競合のＸ社を選ぶことにします」と言って、率直に交渉する羽目になる。これは「ファームオファー」のもうひとつの例であり、タフな交渉の場に引き摺り出されることになる。私が「便乗（piggybacking）」や「リサイクル（recycling）」という考え方で旅行のポイントを増やした詳細な例を知りたければ、www.fourhourblog.com でこの2つの単語を検索してみよう。

73 私が10ポンド未満で世界を旅するためにどう荷づくりするかに関する動画を見るには、www.fourhourblog.com の「travel」をクリックすること。

74 www.nileproject.com 創立者

75 http://www.usc.edu/hsc/dental/opfs/SC/indexSC.html.

76 ブラジルの売春街。映画『シティ・オブ・ゴッド（Cidade de Deus）』を観ると、いかに楽しいところか雰囲気が分かる。

77 これは重要なステップなので、信頼できない人にはやらせるべきではない。この場合、会計士は税務書類や小切手にあなたの名前をサインしてくれるので、何時間も何日も時間を使ってファックスやスキャナーや値段の高い国際 FedEx 便で書類を送らなくてもいい。

78 www.earthclassmail.com のようなサービスもある。ここはジャンクメール以外のものをすべて受け取り、スキャンしてＰＤＦにしてメールを送る。

79 あなたが旅行している間、自宅または、ほかの誰かの家にコンピュータを置いていくときに使える。コンピュータを持参するなら、このステップを飛ばすことができるが、それはリハビリ中なのにアヘンが入ったバッグを持ってくるヘロイン中毒者のようなものだ。再発見の代わりに、暇つぶしの誘惑に乗ってはならない。

80 「ロックされていない」とは、Ｏ2やボーダフォンといったシングルキャリアの携帯電話で採用されている月払いのプランの代わりに、プリペイドカードを使ってリチャージすることを指す。また、同じ携帯電話でもほかの国のキャリアで使える状態（たとえば周波数が同じものなど）を指す。これは単にアメリカではだいたい10～30ドルで購入できるＳＩＭメモリーカードを切り替えれば良い。アメリカのコンパチブルワッドバンドの電話はＳＩＭカードが使える。

15章

喪失感を埋める
仕事を減らしたあと、人生に加えるもの

自分の外側にあるものに夢中になるということは、理性的な心を失わないための解毒剤になります。とくに、頭とお尻がさかさまになったような心になっていたら、必要だわね。

——アン・ラモット〔『Brid by Brid』より〕

私たちがやりたがっている無意味なこと全部をする時間は、あまりないんだ。

——ビル・ワッターソン〔新聞掲載漫画『カルビンとホッブス』のクリエーター〕

ロンドン、キングスクロスにて

私は石畳の通りを横切ってデリカッセンに入り、プロシュート〔イタリアの生ハム〕サンドイッチを注文した。午前10時33分。時間をチェックしたのはこれで5回目だ。そしてもうすでに20回自分に問いかけた。「ああちくしょう、今日は何をすりゃいいんだよ?」

私が思いついた一番いい答えは、サンドイッチを買うことだった。

30分前、私は目覚まし時計を使わずに起きることができた。実にこの4年間で初めてのことだ。ＪＦＫ空港から到着したのはつい昨晩のことだった。私はずーっとこれを待ち望んでいたんだ。家の外にいる小

鳥のさえずりで目を覚ます。笑みを浮かべてベッドから起き上がる。煎れたてのコーヒーの香りがただよう。スペイン風の邸宅の一角で一匹の猫のように伸びをする。なんて優雅なんだ。ところが実際は正反対だった。警笛でも鳴らされたように直立して、腕時計をはめ、ブツブツ文句を言いながらメールチェックをするために、下着のままベッドを飛び出す。それを禁止事項と決めたはずだと思い出してまたブツブツつぶやく。この部屋の主（昔の級友だ）を探したが、彼は世間一般の人間と同じように働きに出て行ったことに気づく。こうしてパニック発作は続いた。

私はその日をぼんやりとすごした。何となく後ろめたいからインターネットカフェは避けて、美術館から植物園へ、また美術館へと何度も何度もうろついた。何かをしているという感覚が欲しかったから To-do リスト〔やることリスト〕を持っていたので、「夕食を食べる」などとどうでもいいことを書き込んだ。

思っていたよりも相当大変みたいだ。

◆産後抑うつ症――それは正常

ひとつの労働から癒しを得るには、ほかの労働を始める必要がある。
人間はそういう風につくられている。

――アナトール・フランス〔『シルヴェストル・ボナールの罪』の著者〕

夢見ていたより、お金も時間もたくさんできた……なのに、なんで気分が晴れないのだろう？

それはいい質問だ。ちゃんと答えがある。「それにしても、人生の終わりにではなく、今、そのことが分かって良かったじゃないか！」リタイアした人も超大金持ちもあなたと同じ理由で満たされない気持ちになり、神経を病むことが多い。それはなぜか？　つまり、ひまな時間がありすぎるんだ。

しかし、ちょっと待ってほしい……「週4時間」を実践して私たちが得るものは、有り余る時間じゃないのか？　そもそもこの本はそれについて書かれていたんじゃないのか？　いや、そうではないんだ。自由な時間がありすぎても、心のなかで堂々巡りするだけで、自己不信が募るばかりになる。悪いものを取り去ることがすなわち良いものを生み出すことにはならない。結局虚しさだけが残る。収入を得るための労働を減らすのが最終目的ではない。より良い生き方をして、より良い心を持つことが目的なんだ。

最初は上っ面の空想ばかりかもしれない。それはそれで悪くない。私もこの時期に重要なことをことさら強調するつもりはない。やりたい放題やって夢に生きていればいいんだ。それが浅はかで自己中心的なんてことはない。自分を抑圧することをやめ、何でも先送りにする習慣から脱出することは重要だ。

試しに、こんな夢にどっぷりと浸かってみたとしよう。島めぐりするためにカリブ海諸島へ移住する、あるいはセレンゲティ〔タンザニア北部のサバンナ地帯。世界遺産にも登録されている〕のサファリを冒険する。生涯忘れられないすばらしい思い出になるだろう。もちろんやるべきだ。しかしその3週間後、あるいは3年後には、もうそれ以上クルーズ船でピニャコラーダのカクテルが飲みたくなくなる。あるいは、真っ赤な尻のマントヒヒの撮影もしたくなくなる。必ずそんな時が来るのだ。そしてこの瞬間から、自己批判と自分の存在意義を問うパニック発作が始まる。

でもこれは私がいつも求めていたことだ！　飽きることなんてあるのか!?

そうカッカしないで。これは、「できる」人が長い間一生懸命働いたあと、もっと楽な生活に切り替えたときにふつうに見られることなんだ。スマートに仕事をこなしてはっきりとした目標を持っている人ほど、仕事から解放されたときの心のうずきは激しさを増す。時間が足りない世界から時間があり余る世界へと切り替えるのは、3倍の濃さのエスプレッソを、カフェイン抜きのコーヒーに替えたくらい味気ないように思うだろう。

いや、ほかにも理由はある！　リタイアした人が落ち込む第2の理由、それはあなたもなるに違いない。社会的に孤立するのだ。

オフィスはいろんな意味で快適だ。まずいけどタダでコーヒーが飲めて文句もいい放題、うわさ話に花を咲かせて人の不幸を憐れむ、Eメールで送られてきたふざけたコメント付きのくだらない動画を見る、時間だけムダにして何も成果のなく、無駄話で笑うだけの会議に参加する……。仕事そのものは死んだも同然だろう。しかし、そこにある人間関係のネットワーク（社会的環境）に私たちは囚われている。いったんそこに解放が起これば、この自動的につくられてきた「部族社会」は崩壊する。あなたの頭のなかにはその破滅の音だけが鳴り響くだろう。

自分の存在意義や社会的立場を問われることを恐れてはいけない。自由とは新しいスポーツのようなものだ。最初のうちは、新鮮さが刺激的でいつも面白がることができるが、いったんその根本を知ると、まともな状態を維持するには、いくらか真剣なトレーニングを積む必要性がはっきりと出てくる。

そんなにあせることはない。いずれあなたにも最高の恩恵がもたらされる。あなたはそのゴールラインから10フィート〔約3メートル〕のところまで来ている。

◆フラストレーションと疑いと――でも、あなたはひとりじゃない

人はよく、我々は人生の意味を探している言う。私は、それが私の本当に探しているものとは思わない。私が探しているのは、「生きる」ということを経験することである。

――ジョセフ・キャンベル（『The Power of Myth』より）

9時―5時生活をやめたからといって、すべてがバラ色というわけではない。仕事の納期や同僚に悩まされることがなくなったら、今度は（「それに一体何の意味があるんだ？」といった）自分のなかにある大きな疑問から逃れるのが困難になってくる。さらに無限のオプションの海では、意思決定も難しくなる。この人生で私は一体何をしたらいいのだろうか？――まるで大学の上級学年をもう一度やり直しているようだ。

みんなは9時―5時のつまらない仕事を続けているだろう。そしてあなたはそういう単調な仕事から降りたという意思決定に疑問を抱き始めるだろう。こうした疑問や自責の念には次のようなものがある。

1　私は本当に自由にやっているだろうか？　よりよい生活を送っているだろうか？　それとも、ただ怠けているだけだろうか？

2　私がラットレースをやめたのは、それがよくないことだったからだろうか？　それとも、ただ耐えられなかったからだろうか？　私はするべきことをしなかったのだろうか？

3　果たして良くなったのだろうか？　おそらく私は、指示に従っていたときの方が、そして可能性を

意識していなかったときの方が良かったかもしれない。少なくとも楽だった。

4 私は本当に成功しているのだろうか？ それとも、ただ自分を甘やかしているだけだろうか？

5 私は勝者になるために自分の生活水準を下げたのだろうか？ 私の友人は3年前より2倍も稼いでいるが、彼の方が本当は正しい道を歩んでいるのだろうか？

6 なぜ私は幸せじゃないのか？ 私は何だってできる。それでも幸せじゃない。私にはふさわしくないのだろうか？

この項目のほとんどは、その正体が何かが分かればすぐに克服することができる。つまり、そもそも我々をトラブルに引きずり込んだものなのだ。つまり「多ければ多い方がいい」とか「金は成功の証」という考え方を使った旧式の比較方法によるものだ。だが、それにしても、もっとしっかりした観察がなされなければならない。

こうした疑問は、心が満たされていないときに入り込んでくる。あなたが100％活き活きしている（完全に集中している）時を考えてみよう。あなたが外部の何かに集中している瞬間である。スポーツやセックスがいい例だ。外部に興味の対象がない場合、心は内側に向かい、問題が生じる。たとえ、その問題が漠然としていて重要でなくても、である。もしあなたが興味の対象を見つけたら、つまり、不可能とも思えるようなあなたの成長を促す意欲的な目標を見つけたならば、[注81] こうした疑問は消え去るだろう。

新しい興味の対象を探す過程において、「大」問題が忍び込むのはほぼ避けられない。至るところでエセ哲学者から、その永遠の質問に答えよというプレッシャーがかかる。よく知られた2つの質問は、「人生の意味とは何だ？」と「その核心は一体何だ？」である。

そうした質問には、内省的なものから存在論的なものまで、さまざまなものが多くある。しかしそれらに対して私の答えはただひとつ——私は何にも答えない——だ。

私はニヒリストではない。実際、私は、心の問題や意味という概念について考察するのに10年以上も費やしてきた。有名大学の神経科学研究所から世界規模の宗教施設まで訪ね歩いた探求の末にたどり着いた、まったく驚くべきものだった。

私たちが直面しなければならないと感じている大問題のほとんどは、何世紀にもわたってあれこれ考えられ、間違った解釈がされてきた。その問題に答えようと試してみても、使われている言葉が定義されていないので、はっきり言って時間の無駄である。これは、私が１００％確信していることだ。だからといってがっかりすることはない。いい方法がある。

問題に質問してみることを考えてみよう。人生の意味は何だ？　というものにだ。

回答を迫られたら、ひとつだけ答えがある。それは、「ある生命体に特徴的な状態ないし状況のことである」。——「それは単なる定義じゃないか」と質問者は反論するだろう。「それは私が聞いていることではない」では、あなたが聞いていることは何だ？　つまり質問が明確になるまで——使われている言葉の意味がはっきりするまで——は、それに答えることは無意味である。「人生」の「意味」についての質問は、質問の内容をくわしく説明しないかぎり回答不能なのだ。

答えるのにストレスを感じる問題で時間を使うより良い方法がある。次の２つの質問に対して「イエス」になるかどうか確かめてみればいい。

1　その質問のなかで使っている言葉の意味は明確だろうか？

2　その質問への答えにもとづいて行動すればものごとは改善されるだろうか？

「人生の意味とは何だ？」という質問は、この2つともに「ノー」だ。「明日の電車が遅れたらどうしよう？」といった、自分の力ではどうにもできない事柄に関する質問も「ノー」なので無視すべきである。こうした質問に価値はない。**質問のなかの言葉の意味が明確でなければ、あるいは、質問の答えにもとづいて行動できないならば、それは忘れよう。**この本からこのポイントをきちんと汲み取れば、あなたは世の中でトップ1％以内の功績を残せるだろうし、あなたの人生で哲学的な悩みはなくなるだろう。論理や実践の道具を磨くこと。それは何も「無神論者になれ」とか「スピリチュアルな面を無視しろ」と言っているのではない。間抜けな人間になることでも、うわべだけの人間になることでもない。それはつまり、賢い人間になること、あなたの努力を自分自身にも、そして他人にも最大限生かすような人間になることだ。

◆結局のところ、重要なのは——ドラムロール、どうぞ

人間が実際に求めているのは、緊張感のない状態であって、価値のある目的のために突き進み、闘うことではない。選択肢は自由なのだ。

——ヴィクトール・E・フランクル（ホロコーストの生存者）

私は信じている。人生は楽しむためにある。そして、もっとも大切なことは自分自身に満足することで

ある。
人は、それぞれこの2つの目的に対する手段を手にするだろう。またその手段は時とともに変わっていくだろう。ある人にとって、その答えは孤児の世話をする仕事であるだろうし、またある人にとっては、作曲であるだろう。個人的に言うと、私にとっての答えは――愛すること、愛されること、そして決して学ぶのをやめないことになる。ただし、それが普遍的なものではないと思っている。

自己愛や楽しみに関心を向けることは自己中心的、あるいは快楽主義的として批判する人々もいるが、それはどちらも当たらない。「人生を楽しむ」と「人を助ける」――あるいは、「自分自身に満足する」と「大志を抱く」。それは不可知論者〔死後の世界や神の存在などを認識することはできないという考え方の人間〕であることと道徳的生活を送ることと同じように、両立可能だ。一方が他方を遮ることはない。だが、このことに賛成したとしても、なお疑問が残る。「人生を楽しむため、そして自分自身に満足するためには、どんなことができるだろうか？」

すべての人に当てはまるようなただひとつの答えを示すことはできない。でも、私が取材した何十人かのNRの話をもとにすると、2つの基本的な要素が存在する。それは、絶え間ない学習と奉仕である。

◆学ぶことに終わりはない――「刀」を磨くこと

初めて海外旅行するアメリカ人は、たいていある発見をして驚く。ここ30年であらゆるものが進化したのにもかかわらず、外国の人が未だに外国語を話していることだ。

――デービッド・バリー

生きることは学ぶことである。私はほかの道を知らない。私がサラリーマン生活の最初の6か月かそこらで仕事を辞めざるを得ない、あるいは、クビにならざるを得ないと思ったのもこれが理由である。そのとき、私のなかの学びへの情熱はすっかりおさまり、私は退屈していた。

家にいて頭を鍛えることもできるが、もっと速く鍛えてくれる環境が欲しかったら、旅に出ることやよそに移り住むことが一番である。違う環境に自分を置くことは、あなたの偏見を映し出す鏡の役割を果たす。そして欠点を矯正しやすくする。私は、旅行するときは必ず何か特別なスキルを身につけようと決めている。いくつか例を挙げてみよう。

・アイルランドのコネマラ／アイリッシュ・ゲール語、アイリッシュ・フルート世界で一番速く走り回るスポーツであるハーリング（斧の柄を持って競技するラクロスとラグビーを併せたようなもの）
・ブラジルのリオデジャネイロ／ブラジルのポルトガル語と柔術
・ドイツのベルリン／ドイツ語とロッキング（まっすぐ立って踊るブレイクダンス）

私は言語の習得とある種の運動感覚能力に興味を持つ傾向がある。時には、海外に到着してから後者を発見することがある。成功を収めている終わりなき放浪者は、精神的なものと身体的なものをうまく調和させていることが多い。私が、国内で練習している技術（格闘技）をほかの国に持って行くことが多いのに注目してほしい。その国の人々もその技術を練習しているのだ。それですぐに友達になれるというわけだ。それは対戦型スポーツである必要はない。ハイキングでもチェスでも、「書を捨てて町へ出よう」と言ってくれるものなら何でもいいだろう。スポーツは、ターザンのように大声を出していれば、慣れない外国語を話すのを避けられて、長く続く友情を培うのに役立つようになっている。

言語の習得は特筆すべきものだ。これは、文句なしに思考を研ぎ澄ますためには最高の行動である。その言語を理解せずしてその文化を理解することは不可能であることもあるし、新しい言語を習得することは、自国語を、つまり自分の考え方をより深く意識するようにしてくれる。外国語に精通することのメリットは、その難しさが過大評価されているのと同じくらい、過小評価されている。言語学者たちは同意しないだろうが、個人的に多くの言語を試した結果から次のことを知っている。(1)毎日の9時―5時勤務をやめれば子どもよりも大人の方が言語を早く学ぶことができる。[注83] (2)どんな言語でも6か月もあればスムーズに会話できるようになる。1日に4時間を使えば、6か月を3か月以内に減らすことも可能である。応用言語学や言語学習における80／20の法則について説明するのは、この本の範囲を超えている。そのやり方や参考資料はこの本のボーナス・トラックや www.fourhourworkweek.com で見つけることができる。私は高校でスペイン語を落第したあとで6つの外国語を学んだ。正しいやり方をすればあなたも同じことができるだろう。

外国語をひとつ習得しよう。そうすれば、世界について質問し、理解するために使える2番目のレンズが手に入るだろう。自国に戻ってから、人の知らない外国語で悪口を言うのも面白いものだ。

あなたの人生経験を2倍にするチャンスを逃さないようにしよう。

◆奉仕のための正当な理由
――クジラを救う、もしくはクジラを殺して飢えている子どもを救う？

モラルとは、単に、個人的に嫌う人々と適応しようとする姿勢のことである。

――オスカー・ワイルド〔アイルランド人小説家／舞台作家〕

ここでは奉仕について話すつもりだが、これまでと同じように、内容は少しひねってある。私にとっての「奉仕」とは何かと問われたら、答えは実にかんたんだ。自分以外の生命がより良く生きていけるようにすること、である。これは慈善活動とイコールではない。慈善活動は、人間（人類）の幸福に利他的な関心を向ける。人類の生活は、長い間、人類以外の生物の食物連鎖と、環境については関心の外に置いてきた。それゆえ私たちは絶滅に向かってひた走っている。この世界は、人類にとってだけ良いことや自分たちの繁栄のためだけに存在しているのではない。

森の木々とヤドクカエルの保護を始める前に、私からアドバイスしたい。それは、「自分の信念をひけらかす人間」になってはいけないということだ。

ロサンゼルスに飢えている子どもがいるのに、どうしてアフリカの飢えている子どもを救えるだろうか？　ホームレスたちが凍えて死にそうなときに、どうしてクジラが救えるだろうか？　サンゴ礁の破壊についてボランティアで研究することが、今助けを求めている人々を助けられるだろうか？

よく聞いてほしい。みんな助けを必要としている。だから、「私の動機の方があなたの動機に勝る」という水掛け論に乗ってはいけない。正解はないんだ。そこでは、質的にも量的にも意味のある比較はできない。実際はどうだろう。あなたが救う何千かの生命が、何百万かの生命を殺す飢餓の解決に貢献するようになるかもしれない。あるいは、あなたが守るボリビアの潅木が、ガンの治療に役立つかもしれない。その結末がどうなるかは分からない。それでも、最善を望み、最善を尽くそう。世界を良くしようとしているのならば、自分はよくやっていると考えるのだ。

奉仕とは生命を救うことや、環境を守ることに限定されない。それはまた、より良い生活にも役立つものである。あなたがミュージシャンでたくさんの人に喜びを与えることができるなら、それは奉仕である。あなたがメンターとなってひとりの子どもの人生を良い方向に変えていくならば、世界は確実に良くなったといえる。生活の質を高めることは、決して生命を守り、増やすことに劣るものではない。

奉仕とは、人生の心構えなんだ。

あなたがもっとも興味が持てる目的や手段を見つけよう。あとで謝るのはなしだ。

Q&A

クエスチョン&アクション

大人は、いつも子どもに「大人になったら何になりたい?」と尋ねる。なぜなら、大人はアイデアを欲しがっているからだ。

——ポーラ・パウンドストーン

奇跡とは、水の上を歩くことではない。奇跡とは、緑の大地の上を歩き、今という瞬間に根を張り、真に活き活きと感じることなのだ。

——ティク・ナット・ハン

しかし、私は残りの人生でただ漫然と旅をしたり、外国語を勉強したり、何かと闘うなんてできない！　もちろんあなたもそうだろう。私が提案したいのはそんなことではない。ここにあるのは、まさに「人生の真髄」ともいえるものだ。言うなれば、それは見落としてしまいそうな機会や経験へと導いてくれるスタート地点なのだ。

「人生、何をすべきか？」

この問いに対する正しい答えなんかない。まずは、「べき」という考えから自分を解放しよう。そして、自分にとって、楽しくてやりがいのある何かをすればいい。きっと人生で大事なのは、これだけかもしれない。

あせってフルタイム・長期間の世界に飛び込んではいけない。いきなり受け入れ可能な別の仕事を見つけるのではなく、あなたが惹かれる何かを見つけることに時間をかけよう。その惹かれるものが、その先にあなたを導くものだ。

ここで、多くのＮＲが実践している、何かを始めるためのステップをいくつか紹介しよう。

1　ゼロ地点に戻る――何もしない

心のなかに潜むゴブリン〔ヨーロッパに伝わる架空の生物。いたずら好きの醜い精霊〕たちから逃げる前に、私たちは彼らに向き合う必要がある。ゴブリンの特徴はスピード中毒だ。自分に過剰な刺激ばかり与え続けるのをいったんやめない限り、あなたの体内時計を再調整することは難しいだろう。旅行など、より多くのものを見たいという欲求ばかり持っていたら、悪化してしまうかもしれない。

スローダウンは、達成する量を減らすこととは違う。それは、気が散って非生産的になったり、急かされていると思い込んだりするのを捨てることだ。3〜7日間、いっさいのメディアや会話を断ち、つかの間の静寂で自分を癒そう。心のなかの摩擦をなくそう。そうすればこれからもっとたくさんのことをする前に、もっと自分に感謝できるようになる。

・The Art of Living Foundation（コース2）―インターナショナル―（www.artofliving.org）
・Spirit Rock Meditation Center in California（http://www.spiritrock.org）
・Kripalu Center FOR Yoga and Health in Massachusetts（http://www.kripalu.org）
・Sky Lake Lodge in New York（http://www.sky-lake.org）

2　寄付をする

人のために自分が役に立てると、喜びを感じることができる。純粋な気持ちからの行為であれば、喜びはずっと大きくなる。ここにあるサイトからスタートしてみよう。

・Charity Navigator（www.charitynavigator.org）
この独立系のサービスを使えば5000以上のチャリティーをあなたの選択基準で並べることができる。お気に入りのパーソナルページをつくって隅々まで比較してみるといい。もちろん無料だ。

・Firstgiving（www.firstgiving.com）
Firstgiving.com ではオンラインでの募金活動ページをつくることができる。寄付はあなたの個人URLを通じて行える。私は Firstgiving を利用して、Room to Read という非営利団体と協力し、ネパールやベトナムでの学校建設に役立てた。ほかの国での建設は未定。ＵＲＬは www.firstgiving.com/timferriss と、www.firstgiving.com/timferriss2。たとえば、あなたが特に動物保護に援助したいなら関連リンクをクリックし、何百もの動物チャリティのウェブサイトにアクセスできる。そして寄付したい団体を決めると良い。英国バージョンのウェブサイトは http://www.justgiving.com、日本のサイトは http://justgiving.jp/。

・Network for Good（www.networkforgood.org）

このウェブサイトの訪問者は、寄付を必要としているチャリティのリンクとともに、ボランティア活動を募集しているリンクも見つけられる。また、このサイトには、オンライン寄付をクレジットカードで自動的に行うシステムもある。

3　地元でボランティアをしながら休暇をとってみる

半年、もしくは、可能であればそれ以上の期間の休暇をとって、ボランティア活動に参加し、学ぶということ、そして、奉仕するということにフォーカスしよう。長期間であれば、言語習得も可能だろう。そしてボランティアを通じて有意義な交流と貢献ができるようになる。

この期間中、自分について反省すべき点を見つけたり、ネガティブな独り言を書いてみたりしてみよう。いらいらしたり不安になったりしたら、「なぜ」と3回問う。そしてその答えを紙に書く。こうした疑問を紙に書くことで、倍増するネガティブな気持ちを和らげることができる。漠然とした自信喪失は、ほとんどのものを傷つけてしまう。紙に書いて明確にし、探ってみよう。たとえば半ば強引に仲間へＥメールを送ってみるのもいい。そして考えを明瞭にするのだ。その後、不安要素の大半は根拠のないものだと分かるはずだ。もうひとつ、不安要素を記録することは、いくらか頭の中から取り除くこともできる効果がある。

しかし、どこに向かい、何をすべきか？　という疑問が残る。いずれもはっきりとした答えはない。自分に次のような質問をしてみて、思いついたことを書き出してみよう。

世界の現状についてあなたが一番腹を立てていることは何か？

あなたに子どもがいてもいなくても、次の世代のためにもっとも恐ろしいと感じることは何か？

自分の人生で一番幸福なことは何か。どうすればほかの人達も同じような幸福を得られるように手助けできるのか？

ひとつの場所に自分をとどめておく必要はない。ロビンを思い出してほしい。彼女は夫と7歳の子どもを連れて南米を数年間かけて旅行したじゃないか。3人は、1、2か月間各地でボランティア活動に汗を流した。車イスをエクアドルのバニョス〔エクアドルの代表的な温泉町〕で普及させ、ボリビアの熱帯雨林で絶滅寸前の動物のリハビリを手伝い、スリナムでウミガメを海に返す世話をした。

ヨルダンで考古学の発掘調査をするには？　あるいはタイの島の津波被害の復旧を行うには？　こういった海外を移転してボランティア活動を行ったケーススタディは、Verge Magazine（www.vergemagazine.com）の記事で数多く紹介されている。

fourhourworkweek.com の読者によって吟味されたボランティアのサイトは以下の通りだ。

Hands on Disaster Response www.hodr.org
Project Hope www.projecthope.org
Relief International www.ri.org
Internationl Relief Teams www.irteams.org
Airline Ambassadors International www.airlineamb.org
Ambassadors for Children www.ambassadorsforchildren.org
Relief Riders International www.reliefridersinternational.com
Habitat for Humanity Global Village Program www.habitat.org
Planeta: Global Listings for Practical Ecotourism www.planeta.com

4 ドリームラインをもう一度見返してリセットする

本書の「『定義』（Difinition）の『D』」のなかでやってみたドリームラインをもう一度見返して、必要に応じてセットし直そう。以下の質問を自分にすれば、手助けになるはずだ。

得意なことは何か？
一番得意なことは何か？
何に幸せを感じるか？
何に一番わくわくするか？
何をしたとき一番達成感を味わえるか？

これまでに達成したことで一番誇りに思っていることは何か？
他人と一緒に経験したり、共有したりするのが楽しいことは何か？

5　1から4のステップの結果を踏まえ、新しいパートタイムあるいはフルタイムの天職を考えてみる

あなたがやりたいと思っているなら、フルタイムの仕事も悪くない。ここでは「仕事」と「天職」を切り離して考えよう。

もしあなたがミューズをつくったか、労働時間をほとんどゼロに近い状態まで減らしたのなら、パートタイムかフルタイムの天職を試すことを考えよう。つまり、本当の天命なのかどうか、夢の仕事をやってみよう。この本で伝えたかったことは、まさにこの点なんだ。私は今、2時間かけて「ドラッグの売人」について説明する代わりに、自分の職業を「作家」だと言い切ることができる。あなたが子どもだった頃に思い描いていた夢は何だろう？　スペース・キャンプ〔アメリカのU.S.ロケット&スペース財団が主催する青少年向けの体験学習〕に登録するか、海洋学者のアシスタントとしてインターン生になる時は、きっと今だ。

子どものころのドキドキワクワク感を取り戻すことは不可能なことではない。むしろ、求められているものなのだ。あなたを躊躇させるしがらみも言い訳も、これ以上はいらない。

（注釈）

81　アブラハム・マスローという、「マズローの欲求5段階説」で有名なアメリカ人心理学者なら、こうした目標を「至高体験」と呼ぶだろう。

82　公案〔禅宗において悟りを開くために与えられる課題〕と修辞的な瞑想の質問のための場所があるが、これらのツールはオプションであり、本書の範囲外だ。回答のない質問では、まさに陳腐な表現になってしまう。

83　Ellen Bialystok and Kenji Hakuta, In Other Words: The Science and Psychology of Second-Language Acquisition

(Basic Books, 1995).

16章

ニューリッチがやってしまう13の間違い

もしあなたが間違いを犯さなかったら、あなたはその問題に一生懸命取り組んでいないということだ。それこそが大きな間違いなのだ。

——フランク・ウィルゼック〔2004年にノーベル賞を受賞した物理学者〕

俺は不可能なことは何ひとつないと教わってきたんだ。楽なことはひとつもないということもね……。

——Articolo 31〔ラップグループ（イタリア）、『Un Urlo』より〕

失敗はライフスタイルデザインにおけるゲームのようなものだ。リタイアメントした末に待ちかまえている、先送り型の古い世界から次々と流される電流と戦う必要がある。あなたが犯すと思われる間違いを以下に述べる。イライラしないでほしい。すべてはプロセスの一部なのだから。

1　夢を見失い、働くために働く世界（W4W＝work for work）に陥っている

その罠にはまりそうになったら、序文とその次の章を読み返してほしい。誰もが陥ることだが、その多くが立ち往生してしまい、抜け出せなくなる。

2　細かな管理とEメールに時間を費やしている

責任の範囲、予想される問題、ルール、それに各自の意思決定の限度を定めよう。そして、関係者全員が正常な判断を下せるように、あなたが細かな管理をするのはやめること。

3　外部委託業者や一緒に働く人間が対処できる問題を自分で処理してしまっている

4　外部委託業者や一緒に働く人間を、同じ問題に関して一度以上手伝っている。あるいはさほど重要でない問題について手伝っている

もっとも重要な問題を除き、「もしも…ならば〜」のルールを提示し、これをすべてに使えるようにする。あなたの指示なしに行動する自由を与えること。その限度を書面で示し、これらのルールでカバーしている問題については、自分は手伝わないと書面で強調する。私の場合で言えば、すべての外部委託業者に、費用が400ドル〔約3万3200円〕以下で済む問題を彼ら自身で片付ける権限を与えている。各外部委託業者の意思決定がどのように利益に影響を与えたか、月の終わりか3か月ごとに再検討し、その結果でルールを調整していく。彼らの好判断や創造的な解決策があった場合、新たなルールを追加することも多い。

5　経費以外の楽しみに使える収入が十分得られているときに、とりわけ資格や能力のない顧客や、海外の有望顧客を追いかけている

6　売上に結びつかない、あるいは、ＦＡＱや自動応答システムで回答できるＥメールに回答している

質問者を適切な情報や外部委託業者に導いてくれる自動応答システムの良いサンプルがある。E-mail info@brainquicken.com

7　生活し、眠り、休息すべき場所で働いている

環境を分けよう。働くためだけのスペースをひとつだけに決めよう。さもないと、そこから逃げられなくなるだろう[注84]。

8　ビジネスとプライベートな生活について、2週間から4週間おきに80／20の分析を徹底的に行っていない

9　個人的な生活でもビジネスでもそうだが、「よくできている」「まぁいいかな」程度でなく、果てのない完璧さを求めて奮闘している

これはもうひとつのＷ４Ｗの言い訳だと自覚しよう。努力というのは、たいていの場合、外国語の会話を習うことと似ている。95％の正確さを求めるためには6か月の集中した努力が必要になるが、98％の正確さを追求するためには20～30年必要になる。いくつかの対象は「よくできている」にして、残りは「まぁいいかな」ぐらいでいこう。完璧さは、理想や方向性として持っておくのにはいい。だが、それを実際の目標にすることは不可能だ。そのことだけは自覚しておこう。

10　働いているという口実で、ささいなことや小さな問題に許容量を超えて取り組み、金をムダにしている

11　働くことを正当化するため、急ぐ必要のない仕事を緊急でやっている

一体何度言わなくてはならないのだろう？　最初は銀行口座の穴が気になるだろうが、それ以外の生活に焦点を合わせよう。人生に意味を見つけられないとしたら、人類の一員として、意味をつくるのがあなたの責務だ。「夢を実現すること」でも、「目標と自尊心を持てる仕事を見つけること」でもいい。理想的なのは両者を組み合わせたものだろう。

12　ひとつの製品、仕事、プロジェクトを全目標とみなしている。自分の全存在であるようにみなしている

人生はムダにするには短すぎるし、悲観主義者や虚無主義者であるには長すぎる。あなたが今やっていることは何でも、次のプロジェクトや冒険への飛び石である。どんな慣習だってそこから抜け出すことができる。疑いを持つことは「行動せよ」というサインでしかない。自分を疑ったり途方にくれてしまうときは、少し休んでみよう。その後、ビジネスでも、プライベートな活動・人間関係でも、80／20の原理を使って考えてみるのだ。

13　人生の中で交流によって得られる恩恵を無視している

仕事とはまったく関係のない、前向きでニコニコしている人々の輪のなかにいよう。ミューズは、やむを得ずひとりでつくることもできる。だが、人生はひとりで生きるべきではない。友情と愛によって共有され、形作られた幸せは、さらに幸せを倍増してくれるものだ。

（注釈）

84　オフィスとしてリビングルームや喫茶店を使うことを避けるには、時に社会的な「共同労働」スペースが必要であると考えるべきである。http://coworking.pbwiki.com

最終章

読んでほしいEメール

忙しくしている人間といえども、日々の生活を過ごすこと以上に忙しいことはない。学ぶことが困難なものは何もない。

——セネカ

過去33年間にわたって、私は毎朝鏡に向かって自分に問いかけていました。「もし今日が人生最後の日だとしたら、私が今日やろうとしていたことは、自分が本当にやりたいことなのだろうか?」。「ノー」と答える日が何日も続くと、何かを変えなくてはいけないと気づくのです……ありとあらゆるものを——たとえば、外から向けられるすべての期待、すべてのプライド、失敗をして恥をかくかもという、すべての恐れ。死に直面するとき、これらのことは散ってなくなります。

そこに残るのは、真に大切なことだけなのです。あなたはいずれ死ぬということを思い出すことは、何かを失うのではないかと考えてしまう罠から逃げる一番の方法です。

——スティーブ・ジョブズ〔大学中退者／アップル社のCEO、2005年、スタンフォード大学の学位授与式にて〕[注85]

（注釈）
85　http://news-service.stanford.edu/news/2005/june15/jobs-061505.html.

あなたが人生に戸惑っていても、あなたはひとりではない。我々の仲間は70億人もいるのだ。人生は解かなければならない問題でも、勝たなければならないゲームでもないということを理解すれば、それは問題ではなくなる。

存在しないパズルのピースを合わせようと一生懸命になりすぎれば、本当の面白さを見逃してしまう。すべてのルールと制限は、自分自身がつくるものなのだと自覚しよう。そうすれば、成功を追う重圧も、奇跡のような軽やかな気持ちへと変わってしまうだろう。

だから、大胆になろう。人が何を考えているかを心配するのはやめよう。人はどっちみちそんなに多くは考えていない。

2年前、親しい友人から、ある詩が転送されてきた。もともとは、児童心理学者のディビッド・L・ウェザーフォードによって書かれたものである。友人は、この詩を読んだあと、先送り型の人生を送るのをやめたという。あなたもそうしてくれるように願う。それがこの詩だ。

スローダンス

メリーゴーラウンドに乗っている
子どもを見ていたことはある？

地面をたたいている
雨音に耳を傾けたことは？

ひらひらと飛ぶ蝶々を追いかけたことは？
夜が更けるとき、そこに沈む太陽を見つめたことは？

ゆっくりでいいんだよ
そんなに早く踊らないで

時は短いんだ
音楽がもたないよ

大急ぎで
毎日を走り続けるの？

調子はどう？　とたずねるとき
返事は聞こえる？

1日を終えて
ベッドに横たわって

やらなくちゃいけない山のような雑用が
頭の中で駆けめぐっているの？

ゆっくりでいいんだよ
そんなに早く踊らないで

時は短いんだ
音楽がもたないよ

あなたの子どもに言ったことはある？
それは明日にしようよ、って

急ぐあまり
子どもの悲しみに目を向けられなかった?
電話して「やあ」って言うだけの
時間がなくて
縁がなくなり
いい友情を失くしてしまったことは?
ゆっくりでいいんだよ
そんなに早く踊らないで
時は短い
音楽がもたないよ
どこかを目指してそんなに速く走ったら
たどりつくまでの楽しみを半分逃してしまう

不安になり一日をひた走るのは
贈り物を開けないまま捨ててしまうことと同じなんだ
人生はレースじゃないんだよ
ゆっくりやってごらん
音楽に耳を澄ませて
歌が終わってしまう前に

おわりに

言い忘れていた、大切なこと

ベスト・オブ・ブログ

◆都合の悪いことは起きても放っておこう

〔3週間ブログの更新を停止していた後で〕

お久しぶり！　私は今予定をオーバーしてミニリタイアメントからカリフォルニアに帰ってきたところだ。ミニリタイアメントの間にロンドン、スコットランド、イタリアのサルディーニャ島、スロバキア、オーストリア、アムステルダム、日本などに行っていたんだ。そして帰国してEメールの受信箱をチェックすると、思いがけない出来事が続々と待ち構えていた。なぜか？　私はそういうことが起きてもそのまま放っておいたからだ。

私は、いつもそうしている。

今回、私を待ち受けていた不幸はざっとこんなところだった。

・依頼していたフルフィルメント〔通販代行〕会社のひとつが閉鎖されていた。その会社のＣＥＯが亡くなったのだ。その結果、月間の注文数で20％を超える損失を出し、ウェブデザインや注文処理など、すべてを緊急に差し替える必要があった。
・ラジオや雑誌の取材申し込みを放置してしまい、インタビューアーを怒らせてしまった。
・ベンチャー企業と提携する機会を数多く逃していた。

これはわざと人を怒らせるためにやったわけではない。決してそうじゃない。でも、私は重大な事実を知っている――大きなことをやるためには、ちょっとした災難は放っておかなくてはいけない。これは私たちが磨きたいスキルだろう。

まるで目隠しをして頬をかすめるパンチを受けるような行為と引き換えに、私は何を得たのだろうか？

・フランスで行われたラグビーワールドカップを連日観戦。オールブラックス〔ラグビーニュージーランド代表〕を生で見ることができた。5年間待ちに待った夢だった。
・アーノルド・シュワルツネッガーの映画『コマンドー』にあこがれて以来夢に描いていた、ありとあらゆる銃をぶっ放すことができた。スロバキア共和国と民兵組織に感謝する。
・日本でテレビシリーズのパイロット版を撮影することができた。一生の夢だったし、ここ数か月でもっとも楽しい経験だった。
・日本の出版社の青志社と会い、東京でメディアのインタビューを受けた。日本では『週4時間』がいま大手書店で売れ行きNO・1である。
・10日間、完全にメディア絶ちした。パソコンから2年間の休暇をもらったような気分だった。
・東京国際フィルムフェスティバルに出席して、私のヒーロー、テレビシリーズ『プラネットアース』

〔イギリスBBCの自然ドキュメンタリーシリーズ。日本のNHK、米国ディスカバリーチャンネルとの共同制作〕のプロデューサーと会った。

耳ざわりな雑音を消しても、この世が終わりにならないということが分かっていれば、これまでごく少数の人々しか知らなかった開放感にある程度は浸ることができる。

思い出してみよう。時間があっても集中しなければ意味がないのだ。私にEメールやボイスメールをチェックする時間はあっただろうか？　もちろんあった。10分もあれば十分だった。では、その10分で緊急の用件を拾い出すことに集中したか？　まったくしなかった。

「たった1分間でEメールがチェックできる」とそそのかされても、私はしなかった。経験上分かっているのだ。メールの受信箱で見つけた問題はパソコンをシャットダウンしたあと何時間も何日も頭のなかに残り、「自由時間」を台なしにしてしまう。それは最悪の状態だ。リラックスもできないし、何の生産性もない。仕事に集中するか、そうでなければほかの何かに集中する。中途半端はダメだ。

集中しない時間は意味がない。だから大事なのは時間よりも集中力だ。

以下にいくつかの設問がある。これを読めば生産性を向上させるすばらしい技術を身につけられるし、広い視野からものごとを見ることができるようになる。世界中を旅しているときに小さなトラブルが起きたとしてもそのままにしておく習慣を身につけよう。そうしないと、重要な任務や本当の至高体験〔心理学者アブラハム・マズローが定義した、人間にとって究極の恍惚感（陶酔感）と歓喜の感情を感じる体験〕など、人生を変えるような大きな出来事に対処する時間は取れない。無理やり時間をつくっても漫然と過ごしてしまったら、その時間を堪能できるほどの集中力を持つことができない。

・それを成し遂げたらすべてを変えることができるという目標は何だろうか？
・あなたが「やらなければならない」とか「やるべきだ」と感じているもっとも差し迫ったことは何だろうか？
・その差し迫ったことを、あなたの人生を変える可能性がある次のステップに進むために（たとえ1日でも）あえて「履行しない」でいられるだろうか？
・あなたのTo-doリストのなかにもっとも長く置いてあるものは何か？　朝一番にそれに手をつけて、終わるまで割り込みを許さないでランチもとらないこと。

「悪い」ことは起こるだろうか？　そう、小さな問題は予期せず起こるものだ。ブツブツ文句を言いながら、さっさと処理していく人もいるだろう。**しかし、**もっと大きなことをやり遂げれば、ささいなことや修復可能なちょっとした問題はそのままにしておけばいいと気づくだろう。
小さな問題が起きてもそのままに、大きなことを実現させる。そういう習慣をつけよう。

２００７年10月25日

◆２００８年、私が気に入ったものと学んだこと

２００８年は私の人生のなかでもっとも刺激的な年だった。それまでの5年間の合計以上に多くの取引をしたし、たくさんの人に出会った。そのおかげで、ビジネスや人間の本質について予期しなかった見識

を得ることができた。特に私が発見できていなかった間違った思い込みが明らかになった。

次に２００８年に学んだことをいくつか書いてみよう。

２００８年に読んだ本／ニコス・カザンザキスの『その男ゾルバ』（恒文社）とセネカの『道徳書簡集』。 この2冊は、今まで運良く出会ったなかでもっとも面白い実践的哲学書だった。1冊を選ぶとすると『その男ゾルバ』を取る。しかし、セネカはあなたの思考をさらに前進させるものだ。両方とも速読すれば2～3日で読める。

見知らぬ人から高価なものを受けとらないこと。 この因果応報のつけは、いずれあなたに跳ね返ってきてつきまとうことになる。断り切れないならば、すぐに贈り物をして中立を取り戻そう。それが契約成立前ならば送り返そう。あなたを導いてくれて、あなたのために労力を惜しまないメンター（精神的指導者）など例外はある。

自分が損したときと同じ手段で損失を取り戻してはならない。 私はサンノゼ〔カリフォルニア州サンフランシスコ・ベイエリアの都市。シリコンバレーの中心地〕に家を持っているが、約1年前に引っ越した。それ以来空き家にしてあるが、毎月多額の住宅ローンを支払っている。けっこうな額じゃないかって？　それは構わない。そうとも限らないからだ。「貸家にしたらどうだ、そうしないとお金を垂れ流しにしているだけだぞ」と何か月も人から言われても私はピンとこなかった。そのとき私は理解したのだ。自分が損したのと同じやり方でお金を取り戻してはならないと。ブラックジャックで１０００ドル損したら、もう一度トライして取り戻すべきだろうか？　もちろん違う。私は借家人とも不動産管理会社とも契約したくない。解決法――家はそのままにしておいて時々使う。そして、コンサルティングや本の出版などで住宅ローンの分をカバーする別の収入源をつくる。

自信喪失やうつ症状に陥る普遍的原因／自分が嫌いな人に良く思われようと努力すること。人に良い印象を与えるのはけっこうなことだが、それをするに値する人、つまり自分が見習いたいと思う人に対してでないと意味がない。

スローフードは人生そのものである。ハーバード大学のダニエル・ギルバート〔心理学部学長。著書に『幸せはいつもちょっと先にある―期待と妄想の心理学』（早川書房）など〕からプリンストン大学のマーティン・セリグマン〔元アメリカ心理学会会長。著書に『オプティミストはなぜ成功するか』（講談社）、『世界でひとつだけの幸せ―ポジティブ心理学が教えてくれる満ち足りた人生』（アスペクト）など〕まで、「幸福論」（自己申告の幸福）の研究者はある一点で共通している。それは、友人や愛する人との食事の時間が幸福の直接の指標となる、ということだ。少なくとも週に1回、2～3時間は夕食やあるいはお酒をたしなむ時間を取ろう。そう、2～3時間だ。自然と笑顔がほころぶような、なごやかな気持ちにさせてくれる人たちと一緒に過ごそう。その食事の余韻がもっとも強く持続するのは、おおよそ5人くらいの人数のときだと思う。こういう効果を得るために、週2回のゆったりとした食事の時間を持つように心がけよう。木曜日の夕食か夕食後の一杯、日曜日のブランチ〔昼食兼用の遅い朝食〕がいいだろう。

逆境が性格をつくるのではない。性格を明らかにするのだ。

関連事項／お金が人を変えるのではない。お金はもう人に優しくする必要がないときに、その人の人と

なりを明らかにするものだ。

どれだけの人が理解しているかは問題ではない。どれだけの人が実行しているかが問題なのだ。しっかりとした知見を持っているなら、その考えを自分だけの秘密にしておかないこと。人々を助け、世界をより良い場所にしよう。あなたが人知れず何かを一生懸命やっていたとしても、あなたを個人攻撃できるような材料をいつも探している人間がわずかながらでもいると思っていなければならない。そんな奴らはクソくらえだ。評論家に世の中を変えることはできない。

関連事項／奴らが言うほどあなたは悪くない。私の出版エージェントは、私に『週4時間』という用語でヒットしたブログやメディア記事をすべて送ってきた。出版から8週間後、私は大手メディアの好意的な記事か、あるいは私自身が応対する必要がある事実関係の間違いだけを転送するように依頼した。重要な相関関係――決して、奴らが言うほどあなたは良いわけでもない。うぬぼれも落胆も役に立たない。前者は油断を招き、後者は無気力を招く。私は穢れなき楽天主義を貫きながらハングリーであり続けたい。ハングリーと言えば……。

朝起きて30分以内に高タンパクの朝食を取り、そのあと10~20分ほど散歩し、理想としてはハンドボールかテニスボールで運動する。朝、プロザック〔米イーライリリー社の抗うつ剤〕を服用するよりもこの習慣の方がいい。（www.fourhourblog.com あるいはボーナス・トラックの『The 3-Minute Slow-Carb Breakfast〔3分間で「スロー・カーボ〔炭水化物〕」の朝食をとる〕』『How to "Peel"Hardboiled Eggs without Peeling〔ゆで

卵をむかずに「むく」方法』を読んでほしい）

金を失うことは金を稼ぐことより50倍もきらいだ。 なぜ50倍なのか？ 実験的に時間を記録してみた結果、仮に１００ドル単位の損失を防ぐためには、少なくとも１００ドルを稼ぐときの50倍の時間を費やさなければいけないと分かったからだ。おかしなことに、これが先入観だと気づいたあとでも、50倍以上の時間を費やして１００ドルを稼ごうとするのである。そこで私は、間違いを起こしやすい「自己鍛錬」に頼るのではなくて、反応不良〔医学用語で治療や投薬による効果が薄いこと。ここでは思ったような結果が得られないことを指す〕の環境的要因をコントロールすることにした。

私は結果に影響を及ぼさない株式公開には投資しない。 誰もリスク許容度〔資産運用に伴うリスクをどの程度まで受け入れられるかの範囲〕を予測できないし損失にも対応できないと分かったので、２００８年7月に、全資産を確定金利商品と有価証券に移した。ただし、税引き前収入の10％はエンジェル投資〔創業間もない企業に出資すること〕にとっておいてある。だから私はユーザーインターフェースのデザインや広告や企業連携の援助などの事業に資金提供することができる（ボーナス・トラックの『投資を再考する』を参照のこと）。

打ちのめされたときに、自分を見つめ直すいい問いかけがある／自分は今ブレイクダウン〔破綻〕しているのか、それともブレイクスルー〔現状打破〕しているのか？

普段から貧乏になることに備えてリハーサルをしよう。1～2週間のあいだ、支出をほどほどに抑えよう。ほとんど着ていない衣類の20％以上を寄付しよう。 そうすれば、大きなことを考えられるし、恐れずに「リスク」を取ることができる。（セネカの教えにもとづく）

（嫉妬や非道徳的な行動の原因となる）物足りないという考え方を持つと、容易に手に入れられるものを見下すことになる。（これもセネカの教えにもとづく）

ケニアのＡＡ〔輸出規格の最上位ランク〕ブラックコーヒーを1杯、シナモン付きで。ミルクと甘味料はなし。

普通は、新しい決意をつくり出すよりも、古い決意を守り抜く方が望ましい。

すばらしい２００９年を迎えるにあたり、10年来お世話になっているメンターからもらったＥメールを引用しよう。

多くの人が不安にかられている様子を見ていると、私は１９７０年代のことを思い出す。その頃はオイルショックに見舞われてガソリンスタンドには行列ができ、配給制がしかれ、ハイウェーの最高速度は時速55マイル〔約90キロ〕に制限された。景気後退が深刻で、ベンチャーキャピタル〔未公開企業を支援するために資金提供や経営支援を行う投資ファンド〕の規模も縮小した（ベンチャーキャピトル全体で年間５０００万ドルほどしか収益がなかった）。ジミー・カーター大統領（ホワイトハウス内の暖房温度を下げていたのでテレビで演説するときにセーターを着ていた）はこれを「マレーズ」〔malaise／フランス語で「やり場のないいらだちや倦怠感」〕と呼んでいた。まさにこの時代に、大学教育もまともに受けなかった2人の若者、ビル・ゲイツとスティーブ・ジョブズがベンチャー企業をスタートさせて成功させたのだ。いい時代にも悪い時代にも、チャンスは山ほどある。つまり、従来の発想が役に立たなくなったときこそ、チャンスは大きく広がるのだ。

さて、私たちはすばらしい1年の締めくくりを迎えている。２００９年への展望についてはいろいろな記事を目にするが、ともあれ刺激的なチャレンジとチャンスに満ちた新年を期待したい。

みなさん、あけましておめでとう。

◆手荷物10ポンド（4・5kg）以下で世界旅行する方法

サムソナイト〔アメリカのスーツケース・バッグブランド〕の5個セットを引きずって旅行するのはこの世の地獄だ。ある友人が3週間のヨーロッパ旅行に行ったとき、大きな荷物を抱えて地下鉄やホテルの階段を昇り降りするのを見たことがある。とくに、彼が荷物を階段の下に引きずり下ろしたり、挙句の果てには放り投げたりしていたときには大笑いしてしまった。さて、あなたが荷物の持ち運びでぐったりしないように手助けをしよう。どうでもいいもの（いらいらさせるもの、ともいう）を持っていけばいくほど、旅の楽しみは減っていく。

30か国以上を旅行した経験から、私は芸術的なまでに荷物を最小に抑えることができるようになった。私はコスタリカから帰り、それからマウイ島に着いた。ここで1週間滞在する予定である。**私は何をバッグに詰めただろうか？　その理由は？**（www.fourhourblog.com[注86]の動画を見てほしい。http://www.youtube.com/watch?v=GsHXco4KVyY&feature=player_embedded#!）

私はＢＩＴと命名した方法を実践している。**ＢＩＴとは、現地で調達する〈Buy It There〉方法だ。**

あらゆる不測の事態に備えて荷づくりをすれば（ハイキングするときにはハイキングの案内書があった

方がいい、雨のときには傘があった方がいい、高級レストランに行くときには上等の靴やスラックスがあった方がいい、など）プロの運搬業者が取り扱うほどの荷物の量になるのは避けられない。私は、その代わりに1回の旅行ごとに50～200ドル〔約4150～1万6600円〕の「決済資金」を計上するようになった。これを使って必要なものは100％必要になったときに買う。壊れやすい傘や破裂しやすい日焼け止めオイルといった持ち運びが面倒なものは現地調達にする。そして、借りられるものは絶対に買わない。コスタリカでバードウォッチング旅行をするときには、双眼鏡を持っていく必要はない――誰かほかの人が持っている。

マウイ島旅行のときの荷物リストを紹介しよう。

- マーモット〔米アウトドアブランド〕の超軽量イオンジャケット（3オンス〔約85グラム〕！）1着
- 通気性のあるColibar〔日焼けやUV防止ウェアのブランド〕の長袖シャツ1枚。パナマではこれがあって助かった。
- ポリエステル製のズボン1着。ポリエステルは軽く、しわになりにくく、速乾性がある。ディスコダンサーやフラッシュパッカー〔低予算で旅行するバックパッカーに対して、お金をかけて楽しむ旅行者〕が好む。
- ケンジントン社〔コンピュータ周辺機器の会社〕のパソコン用ワイヤーロック1個。バッグを固定されたものに括りつけるのにも使える。
- 「アンダーアーマー」〔米スポーツウエアブランド〕のソックスの片方。サングラスを入れておくのに使う。
- ナイロンのタンクトップ2枚
- MSR〔米登山用品ブランド〕の速乾性マイクロファイバータオル（大）。タオル自体の重量の7倍の重さまで水を吸収する。

・ジップロックのバッグ1袋。旅行用の歯磨き、歯ブラシ、使い捨てかみそりを入れる。

・Fly Clear〔専用カードで空港の優先レーンを利用できるサービス〕[注87]の生体認証トラベルカード1枚（www.flyclear.com）。空港での待ち時間を95％カットする。

・エクスオフィシオ〔米アウトドア・トラベルウェアブランド〕の軽量下着2枚。この下着のキャッチフレーズは「17か国で6週間、下着はこれ1枚で」というもの。クリネックスティッシュ一握りくらいの重さ〔スポーツブリーフで2オンス（約56グラム）〕しかないので私は2枚持っていく〔キャッチフレーズの続きは「Okay, maybe two.」〕。この軽さのおかげで思わぬ効果が生まれている。ふつうの綿の下着より着心地がよいのだ。

・パンツ兼用の水着2枚

・本2冊。旅行書『ロンリー・プラネット　ハワイ』とCarl J. Schrammの『The Entrepreneurial Imperative』、後者はとくに推薦する。要チェック。

・睡眠用のアイマスクと耳栓

・リーフ・サンダル1足。

・キヤノンのデジカメ、2GBのSDカード付きPowerShot SD300 1台。これは言葉に表せないほどすばらしい。デザインも最高。私はこれで写真やビデオを撮るだけでなく、スキャナーの代わりにも使っている。今、これの新機種で価格も安いSD1000を試してみようと思っている。

・コーヒー豆収穫用の帽子ひとつ。私の青白い肌が焼けないように。

・Kiva〔マウンテン・ハードウェア社のアウトドア用品ブランド〕の伸縮自在キーチェーン付きダッフルバッグ1個

・リップクリーム1個。マグライト・ソリテール（フラッシュライト）1個。運動選手用のテープ1巻。最後のは救命用である。壊れたものの修理にも便利だが、傷にも十分優しくて、私は自分で使うのが好きだ。

・ルイス&クラークのフレキシブルロック1個（旅行かばん、ロッカー、ファスナーのほか、鍵をかけたいものに何でもかけられる）。ふつうの南京錠ではかさばって鍵穴に通らない。

・Radio Shack のキッチンタイマー1個。私は目覚まし用に5年間使っている。携帯電話のアラームには、極めて単純な欠陥がある。携帯に電源を入れておくと、たとえマナーモードに設定していても、起きたい時間の前に呼び出しがあると起きてしまうのだ。キッチンタイマーを使うともうひとつ便利な点がある。どれくらい寝たのか（寝なかったのか）が正確に分かる。また睡眠時間に影響を及ぼすカフェインのような物質の効力を実験することができる……でもこれは別の機会に譲ろう。

——2007年7月11日

◆最低限の選択を行うライフスタイル
——成果が大きく、落胆が少ない6つの公式

私はいらいらしていた……犬のマンガに。

土曜日の夜9時47分、バーンズ&ノーブルでの出来事だった。私は22ドル〔約1800円〕もした『The New Yorker Dog Cartoons』〔『The New Yorker』紙に掲載された犬を主人公にした一コマ漫画を集めた本〕を返品し、それに変わる本を探していた。ベストセラーがいいか？　書店員のおすすめがいいか？　新刊にするか古典にするか？　もうそこに30分もいた。5分で済むと思っていたどうでもいい用事にうんざりしていたとき、偶然、心理学コーナーにたどりついた。そして1冊の研究書が私の目に飛びこんできた。私にぴったりすぎる本を見つけたのだ『なぜ選

ぶたびに後悔するのか――「選択の自由」の落とし穴』（武田ランダムハウスジャパン）。バリー・シュワルツが書いた2004年刊行の本だ。その本を見たのはそのときが初めてではなかったが、その本に書いてある原則を振り返るいい機会になった。たとえば以下のような内容が書かれていた。

・自分で考えて得た選択肢が多ければ多いほど、購入者の後悔は大きくなる。
・思いもよらず得た選択肢が多ければ多いほど、最終的な成果は小さくなる。

ここで難問が発生する。最高の結果が得られても満足度は低いのがいいのか、ほどほどの結果でそここ満足するのがいいのか？

たとえば、何か月も悩み抜いて20の不動産物件からベストと思える投資をひとつ行い、5年後に売りに出すまで後悔し続けるのがいいのか、それとも、その物件のなかから投資収益力が80％ほどの家を買って（それでも利益を乗せて売ることができるが）、絶対にあとからグチグチ言わないのがいいのか？

難しい選択だ。

また、シュワルツは返品しない買い物をすすめている。私はマヌケな犬のマンガはそのまま持っていることにした。なぜかって？　それは、満足しているかどうかの問題ではなくて、シュワルツの言っていることを実行できるかどうかの問題だったからだ。

収入は回復できる。しかしそのほかの財産、たとえば集中力といったものは回復不可能だ。集中力によって時間の価値がどのように決定づけられるかはすでに述べた通りだ。

こんな例を考えてみよう。土曜日の朝、メール受信箱をのぞいてトラブルが発生していることに気づいたが、月曜日の朝まで対応できないというときに、あなたの週末は本当に自由でいられるだろうか？　たとえメール受信箱のチェックは30秒で済むとしても、それ以降48時間ずっと頭がいっぱいになり、せっかくの週末が台なしになってしまうだろう。あなたには、時間はあっても集中ができない。だから、時間には実質的な価値がないのだ。

2つの真理について考えてみよう。最低限の選択を行うライフスタイルが魅力的なツールとなるはずだ。

1　選択肢を考えると集中力が犠牲になる。そんなことでは、行動や意識活動に集中力を傾けることなどできない。

2　集中力は、生産力にも判断力にもつながる。

よって、こうなる。

選択肢が多すぎる＝生産力の低下、あるいは喪失
選択肢が多すぎる＝判断力の低下、あるいは喪失
選択肢が多すぎる＝打ちのめされるような感覚

では、どうすればいいのか？　ここで「使える」6つのルールまたは公式がある。

1　できるだけ多くの意思決定を自動化できるように自分にルールを設ける（後述の「ティム・フェリスのメール処理ルール」で紹介する、私がEメールをカナダにアウトソーシングするために使っているルールを参照のこと）。

2　行動を起こす前に考え込んではいけない

シンプルな例――月曜日まで対処できない仕事上のトラブルに巻き込まれる可能性があるのなら、金曜の夜や週末にメールの受信箱をチェックしないようにする。

3　不快な会話を避けたいがために、決定を遅らせてはならない。

知人から翌週ディナーに招待されたが行けないと分かっているときには、「まだ予定がどうなるか分からないので来週連絡します」とは言ってはいけない。丁寧に、でもきっぱりとこう言おう。「来週ですか？　木曜日に別の約束があるんです。ご招待いただいたのはうれしいですが、あいまいなことは言えません。行けないと言っておきます。でも、もし予定が変更になったらお知らせします」。結論を下す。そして先に進むんだ。

4　重大とは言えない決定事項、あるいは後戻りできる決定事項にはできるだけ速やかに結論を下す。

時間制限を設けよう（20分以上かかる選択肢は除く）。そして選択肢に制限を設けよう（選択肢は３つまで）。さらに予算に制限を設けよう（一例／コストが１００ドル（約８３００円）未満の場合、または予想される損失が１００ドル未満の場合、私はバーチャル・アシスタントに判断させる）

私はこの文章の大部分をアトランタのＡＴＬ空港に着陸したあとで書いた。空港に到着後、目的地まで15分で到達し運賃も安く済む交通機関もあるにはあったが、私はタクシーをつかまえた。説明しやすいように数値化しよう。集中力の単位が全部で１００あり、今、残りが50になっているとすると、その50のうちの10を犠牲にしたくなかった。そうすると、その10の単位がこの記事を書くのに使えなくなってしまうからである。時差の関係でベッドに入るまでおよそ8時間もあった。しかし、一晩中遊んで大陸横断飛行をしてきたあとだったから集中力に欠けていた。早く決断すれば大事なことに使うための集中力が失われなくて済むのだ。

5　必要のないときに変化を求める（そして選択肢を広げて考える）のはやめよう。ルーティンワークこそもっとも価値のあるイノベーションを生み出す。

運動選手の例で考えると、低体脂肪率を維持するために彼らは同じ食物を繰り返し摂取する。ほとんど変化はない。私はこの約2年間、朝と昼はずっと同じ「スロー・カーボ」の食事を続けている。[注88] バリエーションがあるのは楽しみながらとる食事――夕食と土曜日の3食――だけだ。変化を求めることとルーティンワークは常に対立するが、それはエクササイズと休息の関係でも同様だ。私は余分な脂肪を減らして筋肉を増強する目的で（４週間で34ポンド〔約15ｋｇ〕も減量できた）、最小時間でできるエクササイズを１９９６年から習慣にし続けている。しかし息抜きのときは効率を考えずに娯楽だけに集中する。私は、週末には何か新しいことにトライする機会が多い。サンフランシスコの「Mission Cliffs」〔インドアクライミングができるクライミングジム〕でクライミングをしたり、ナパバレー〔カリフォルニア州ベイエリアにある、カリフォルニアワイン生産の中心地〕でマウンテンバイクの試乗をしたりする。

（エクササイズなど）結果を重視する行為にはルーティンワークが伴い、一方（娯楽など）変化を求めることで自分に利益をもたらすものもある。それらを混同してはならない。

6　後悔は過去形の意思決定である。不満を排除して後悔を最小限にしよう。

　不満を口にする自分に自覚的になるよう、普段から心がけよう。そしてウィル・ボウエン（『もう、不満は言わない』（サンマーク出版）の著者）がつくった有名な「21日間不平を言わない実験」のようなシンプルなプログラムを使って、不平不満を言わないようにしよう。このプログラムは、ブレスレットを片方の腕につけて、不満を言うたびにそのブレスレットを別の腕に移すというものである。目標は21日間不平不満を言わずにいること。失敗したらリセットされる。この不平不満を言わない努力を続けていくと、過去のことをくよくよ考えたり、ネガティブな気持ちになったりすることから逃れられる。こうした態度は何も改善しないし、ただ集中力を消耗させるだけである。

　意思決定は避けられないものだ。意思決定が問題なのではない。優れたＣＥＯや活躍している企業のトップを見てみればいい。山ほどの意思決定に埋もれているではないか。

熟慮（意思決定が必要なたびに躊躇してあれこれ考える時間）は集中力を消耗させる。意思決定の数ではなく、熟慮する時間すべてが集中力の残高（あるいは負債）を決定する。

　上記のルールを守ることによって10％の時間を支出するが、「意思決定サイクル」の時間を平均で40％削減できる（たとえば、10分が6分に減る）と仮定しよう。人は収入をもたらす活動のためだけに時間と集中力を使っているのではない。それらはより大きな喜びを得るためにも使えるのだ。10％の追加コストを投資として、そして「理想的なライフスタイルのための税金」の一部として考えよう。決して損失ではないのだ。

最低限の選択を行うライフスタイルを採用しよう。それはとらえどころがなく、発展途上で理性的な判断が求められる方法だが、劇的に高い成果と満足度をもたらし、負担を軽減させる。ルールをいくつか試してみて、まずは迅速かつ変更可能な決断をしてみよう。

――２００８年２月６日

◆Not-To-Do リスト――やめるべき9つの習慣

成果を向上させる上で、「Not-To-Do」リストはTo-Doリストよりも有効な場合が多い。

理由はシンプルだ――やらないことを決めれば、できることが決まる。

起業家やオフィスワーカーがやめなければならない９つの習慣をあげてみる。これは両者に共通する習慣だが、なかなか排除できないものだ。見出しのあとにくわしい説明が続く。優先度が高いTo-doにとりかかるのと同じように、まずはひとつかふたつのNot-to-doにフォーカスしてみよう。

1　知らない番号からかかってきた電話には応答しない

電話をかけて他人をドキッとさせるのは遠慮せずにやればいいが、電話がかかってきて自分がドキッとする必要はない。電話がかかってくると不要な割り込みが発生するし、交渉する上でも不利な立場で話すことになりかねない。ボイスメールに任せよう。GrandCentral（ボイスメールに残されたメッセージを聞くことが可能）やPhonetag.com（ボイスメールをEメールで受け取れる）のようなサービスの利用を考えよう。

2　朝一番や夜最後の仕事でEメールは見ない

朝一番にやってしまうとその日のやることの優先順位や予定が狂ってしまう。夜最後にやってしまうと不眠症になるだけだ。Eメールチェックは午前10時まで待つ。重要なTo-Doリストのうち最低ひとつを済ませたあとにしよう。

3　明確な議題や終了時間が決まっていない会議や電話には出ない

望ましい結果が明確になっていて、目的と議題が定まっていれば、会議でも電話でも30分かからない。会議の進行役に前もって「十分準備をして時間を有効に使う」ように注文しよう。

4　長々とおしゃべりしない

電話がかかってきたら、「調子はどう?」とは言わない。「何かあったの?」とか「今仕事の最中なんだけど、どうしたのか?」というフレーズを徹底させよう。GTD〔Getting Things Done／仕事をやり遂げる。デビッド・アレンが『仕事を成し遂げる技術—ストレスなく生産性を発揮する方法』（はまの出版）で提唱したライフハックのひとつ〕の重要な部分は、GTP〔Getting To the Point／核心をつく〕である。

5　四六時中Eメールをチェックするのはやめる。「まとめて」決まった時間にだけチェックする

これは繰り返し言ってきたことだ。でっち上げられた緊急事態には対応せず、コカインの売人の誘惑には乗らず（Eメールチェックは依存症のようなものだ）、To-Doリストの優先事項の実行に集中しよう。

自動返信システムをセットしてEメールチェックは1日2、3回にしよう。

6　低収益で手間ばかりかかる顧客には深入りしない

確実に成功する道はないが、確実に失敗する道はある。そしてその道にあらゆる人を招き入れようとする人がいる。あなたの顧客層を2つの方法で80／20分析してみよう。20％の顧客が利益の80％以上を生み出しているか？　と、20％の顧客が時間の80％以上を消費しているか？　である。そして、もっともうるさくて非生産的な顧客は、会社方針の変更を理由にして自動化装置に乗せてしまおう。彼らには新しいルールをEメールで知らせよう。要点は、通話回数の上限、Eメールの回答時間、最小注文数などだ。この新ルールがいやだという場合は、別の業者に乗り換えるように通告しよう。

7　落胆を癒すためにさらに働くことはない――優先順位をつけよう

優先順位をつけなければ、すべての案件が至急で重要になる。1日に最重要案件を1件決めておけば、至急かつ重要案件はないに等しい。そうなると多くの場合、重要案件を処理するためにちょっとしたトラブル（コールバックが遅くなって謝罪する、遅延料金を払う、理不尽な客を失う、など）は起きても放っておくということになる。失敗への対処方法は小さな案件を数多くこなすことではない。あなたの仕事や人生を根本的に変える可能性があることを、数は少なくても明確に決めておくことである。

8　携帯電話を持たない、四六時中クラックベリー状態にならない

四六時中ブラックベリーを片時も手放せないくらいに携帯電話に依存している状態を「クラックベリ

ー」〔Crackberry。「Crack」とは気がふれた状態になること〕と呼ぶ。だからせめて週に1日はデジタルの束縛から解放される日をつくろう。デジタル機器の電源を落とす、さらに良いのはガレージか車に置きっぱなしにしておく。私は少なくとも土曜日だけはこれを実行している。また夕食に出かけるときには家に置きっぱなしにしておくことをおすすめする。コールバックが1時間遅れたからって、あるいは翌日の朝になったからって、何か問題があるというのか？『週4時間』のある読者が、いつも不機嫌な、24時間・7日間働き詰めで相手にも同じことを要求する性格の同僚にこうからかって言ったという。「僕はアメリカ大統領じゃないんだから、夜の8時に僕を必要とする人なんて誰もいないんだよ。たしかに、僕は捕まらなかった。でもそのせいで何か良くないことが起こったのか？」返事はあったかって？　何もなかった。

9　仕事で心のすき間を埋めようとしてはいけない。それは仕事抜きの人間関係や活動が補うものだ。

仕事は生活のすべてではない。仕事仲間が唯一の友達というわけでもないだろう。重要な仕事の打ち合わせで行うように、日常生活でもスケジュールを決めてそれを守ろう。「今度の週末にやればいい」と自分で納得してはいけない。5章のパーキンソンの法則を見直して、時間あたりの生産性が極端に落ちないように、時間をタイトにしてやることを凝縮させよう。集中して、大事なことは少なくして早く片付ける。週末をＥメールチェックで潰してしまうのは、この世で与えられているわずかな時間を費やしてやることではない。

ＧＴＤに重点的に取り組むのは今っぽくてかっこいいものだ。しかし、周囲からの干渉や割り込みを取り除いたときだけ可能なものだ。何をすべきかで決めかねているのであれば、何もしないことに集中するだけだ。手段は異なっても、結果は同じになる。

――２００７年８月16日

◆利益増大のマニフェスト
――3か月で採算がとれる（あるいは利益が2倍になる）ための11か条

利益を上げるために必要なのは時間ではない。正しいルールとスピードである。

会社を立ち上げるときの財政目標はシンプルだ。最小の時間と最小の労力で利益を上げること。新規顧客の獲得でもなく、収入増加でもなく、店舗数や従業員数の増加でもない。利益の増大だ。

ここで、10数か国以上の高成長企業（従業員ひとりあたりの利益の評価基準による）のＣＥＯにインタビューした内容をもとに作成した、「利益増大のマニフェスト」11か条を紹介しよう。基本原則に立ち返れば、並外れたことをやって並外れた業績を達成することができるようになる。３か月以内で着実な利益、あるいは2倍の利益を生むことができる。

私は、計画が行き詰まったときや利益の伸びが下落、そして停滞しつつあるときには必ず以下の原則を見直している。有効活用してほしい。

1　ニッチは新しいビッグビジネスだ――豪華なドワーフエンターテインメントのルール

数年前、ある投資銀行家が公正取引法違反で懲役刑を受けた。逮捕理由のひとつとして、豪華なヨットパーティを開催したことが挙げられた。このパーティではドワーフ〔小人〕を雇って呼び物にしていた。ドワーフのレンタル会社の社長、ダニー・ブラックは『ウォール・ストリート・ジャーナル』紙でこう発言したと伝えられる。「ドワーフのエンターテインメントにお金を惜しまない人たちだっているんだ」。ニッチは新しいビッグビジネスにつながる。そしてここに秘密がある。ビッグビジネスはニッチ市場と大量販売で可能になる、ということだ。iPod のコマーシャルは踊り好きな50代をメインターゲットにしていない。20～30代にかっこいいと思われるようにフィットさせているのだ。しかし、誰でも、それこそおじいちゃんやおばあちゃんでも若々しくてかっこいいと思われたい。だからみんな iPod nano を手にとって自分のことをアップル改宗者と呼ぶのだ。あなたがマーケティングのなかで描く人物像は、必ずしも、あなたの商品を購買ターゲット層だけに限定されない。そのターゲット層と同じように思われたいし、属したい人が大半なのだ。ターゲットすなわちマーケットではない。差し障りのない平均的な人になりたいなんていう人はひとりもいない。だから内容を薄めて万人受けするようなメッセージは発信しないようにしよう。結局は誰にもアピールできないことになる。

2　ドラッカーを再検討する―測定できるものは管理できる

徹底的に測定してみよう。ピーター・ドラッカーが述べていたように、「測定できるものは管理できる」のだ。便利な測定指標として、通常の稼働状況のほかにＣＰＯ（Cost-Per-Order〔注文1件あたりの宣伝販売コスト〕、広告宣伝、フルフィルメント、期待収益、不渡り、不良債権などが含まれる）、出広可能量（広告料の上限と損益分岐点）、ＭＥＲ（media efficiency ratio メディアの効率比）、予測される生涯価値（lifetime value／ＬＶ、返品率と再注文率で得られる）などがある。

3　製品の前に価格を――何よりもまず流通プランを優先させる

あなたは価格決定を柔軟にやっているだろうか？　多くの企業は早い段階に必要に迫られて消費者へ直接販売をするようになる。それは、再販業者や流通業者が介在すると、彼らへのマージンが自分たちの利益に見合うものでなくなると分かるからだ。もし今、あなたが40％の利ざやを取るとして、流通業者が70％値引きして卸売業者に売る必要があるとすれば、永遠に直販が制限されることになる……価格を上げて利ざやを増やさない限りはそうなる。直販は可能ならば前もってやっておくのがベストだ。そうでなければ、新製品か「プレミアム」製品を立ち上げる必要が出てくるだろう。だから価格を決める前に流通プランを立てることが必要である。仮説を検証し、隠れたコストを洗い出す。失敗経験のある人にインタビューしてみるといい。企業広告に費用を払う必要はあるか？　一括購入に割り戻しをする必要はあるか？　棚スペースの確保や適正陳列にお金を払う必要はあるか？　といったことだ。私の知り合いであるナショナルブランドの元ＣＥＯは、大手小売業者によって店頭の棚に商品が並ぶ前に、世界最大の清涼飲料水メーカーに自分の会社を売却しなければならなくなった。あなたが立てた仮定をテストしてみて、価格を決定する前に流通プランなどの「宿題」を片付けよう。

4　レス・イズ・モア〔Less is more.／より少ないものはより多くのものをもたらしてくれる〕――流通経路を限定して利益を増やす

流通経路は無条件で増やしたほうがいいのだろうか？　ノーだ。コントロールできない流通は頭痛の種であり、赤字のもとである。また多くの場合、悪徳安売り業者と関連がある。再販業者Aがオンラインの安売り業者Bと競争して値を下げると、その商品で利益が出なくなるまでAとBの間で値下げ競争が続き、結局両者とも追加注文をストップする。その結果、あなたは新製品を立ち上げる必要が出てくる。価格破壊されるとほとんどの場合価格は元に戻らないからである。こういうシナリオは避けなければならない。その代わりにキーとなる流通業者１、２社とパートナーを組むことを考える。そして独占契約を利用して有利な条件を盛り込む。たとえばディスカウントはしない、前払い条件、優先棚割り、販売サポートといったことだ。iPod からロレックス、エスティローダーまで、高利益を維持し続けるブランドは流通をコントロールするところから始めた。ここで再度思い返してほしい。目的は新規顧客の獲得ではない。利益の増大だ。

5　ネット0――需要をつくる　vs　条件の提示

エンドユーザーの需要をつくり出そう。そうすれば契約条件をこちらから提示できる。枠が売れ残って安く買える広告を1回掲載すればこうしたレバレッジが可能になる。科学や法律以外の「ルール」なんてものは、たいていただの習慣にすぎない。だから同じ業界の人間がみんなそうしているからといって、あなたも同じ支払い条件にしなければならないという理由はない。また、ベンチャー企業に共通する最大の失敗要因は、支払い条件である。「ネット0」とは、「ネット30」が請求書の日付から30日以内の支払いなのに対し、即払いすることをいう。そこで、新興企業ならではの資金繰りや、いつも便利に使える「社の規定」を引き合いに出して、前払いや「申し訳ないのですが……」という謝罪の理由にしよう。例外をつくってはいけない。30日後の支払いは60日後の支払いになり、やがて１２０日後の支払いになる。時間はベンチャー企業が持っている最大の資産である。滞納している取引先を追いかけているばかりでは、売上を伸ばすことはできない。消費者があなたの商品を欲しているのなら、再販業者や流通業者はその商品を仕入れなければならない。かんたんなことだ。自分にとって有利に働くように、資金と時間を戦略的マーケティングとＰＲに投入しよう。

6　通常、繰り返しは不要である――良い広告は1回で効く

広告はイメージ広告ではなく、その効果が追跡できる（完全に説明可能な）ダイレクトレスポンス広告（電話やウェブサイトに直接応答がある）を利用しよう。例外は費用を相殺できる前払い方式のものだけ（たとえば「２８８セット分の前払いの方には、店舗名／ＵＲＬ／電話番号を全面広告１ページに独占的に掲載します」など）。「消費者が広告を見て行動を起こすまでには3回、７回、いや27回の露出が必要になります」などと言う広告営業マンの言葉には耳を貸さない。良く練られていて、しっかりターゲットを絞った広告は１回で効果を表すものだ。もし部分的にでも効果的であるならば（たとえば、反応は大きいが売上への換算率が低い、反応は鈍いが売上にはつながっている、など）、少し変更を加えてコントロール可能な変数を微調整して、ミニテストをもう一度やれば、高いＲＯＩ（投資収益率）が可能になるだろう。追跡可能なＲＯＩを使っても結果が証明されないものであれば、それはキャンセルしよう。

7　マイナス面を抑えて利点を確保する――安全のために利益を犠牲にする

製品や販売体制の検証が済んで大量生産に対応する準備ができていないかぎり、利益を増やす目的で大量生産に入ってはいけない。限定された試作品の製作コストが1個あたり10ドル〔約８３０円〕で、販売価格が11ドル〔約９１３円〕であれば、最初のテスト段階としては上出来である。こうした試みはマイ

ナス面を最小限に抑えるために重要なことである。必要であれば、テスト段階では一時的に利幅を犠牲にしてもいい。過度に関わって先行投資すると致命的になりかねないのでそれは避けること。

8　交渉は後出しで——交渉相手には、「社内で検討する」ようにさせよう

購入する際には、絶対にこちらから価格提示をしてはいけない。相手から価格提示があったらまずたじろぐこと（「３０００ドル（約25万円）ですか！」のあとに沈黙が続く。それを不安に思った相手はいったん値を下げてくる）。そして社内で検討させればよい（「それが本当にベストオファーですか？」と言えば、少なくとももう1段階値が下がる）。相手が２０００ドル（約16万６０００円）まで落としたとき、あなたが１５００ドル（約12万５０００円）にしたいと思うならば１２５０ドル（約10万円）を提示する。相手は１７５０ドル（約15万円）で対抗してくる。そこですかさず「間をとるというのでどうですか？　今日中に小切手を送ります。これで終わりにしましょう」と答えよう。最終的にどうなるかって？　あなたは望み通り１５００ドルを手にすることになる。くわしくはボーナストラックの「ジェダイ・マインド・トリックス——1万ドルの広告で70万ドル稼ぐ方法」を参照のこと。

9　多動性 vs 生産性——80／20とパレートの法則

忙しいからといって生産的であるとは言えない。ベンチャー企業はオーバーワークになるくらいでなければ、という固定観念は（勲章のように思われているが）忘れよう。もっと分析力を身につけよう。パレートの法則としても知られている80／20の原理では「成果の80％は労力と時間の20％からもたらされる」と言っている。1週間に1回はクールダウンした午後の時間をつくって、自分の労力が利益率の高い分野

に投入されているかどうか確かめるために試算をしてみよう。顧客・製品・地域のどの20％が利益の80％を生み出しているのか？　それを説明できる要因は何なのか？　弱点分野をすべて立ち直らせるために投資するのではなく、数は少ないが強みのある分野をいくつも「複製」できるようにお金をかけよう。

10　顧客が常に正しいとはかぎらない――手がかかりすぎる客は「クビ」だ

すべての顧客が等しくつくれるわけではない。80／20の原理を時間の使い方に当てはめてみよう。顧客のなかのどの20％があなたの時間の80％を消費しているだろうか？　わがままなのに利益が薄い顧客は自動化のプロセスに入れ、もう追いかけたり、定期的にケアするのはやめよう。そして、わがままだけど利益も出ている顧客はメモを送って「クビ」にしよう。メモではこう説明しよう。ビジネスモデルを変更したので新たなやり方が必要になった。注文頻度、連絡方法、標準価格、注文手順などに変更があった。こうした新しいやり方に相容れない顧客には、よろこんでほかの業者を紹介すると伝えよう。「でも、私の最大顧客が私の時間のすべてを消費していたらどうしよう？」だって？　では、次のことを覚えておくといい。①時間がなければ、その顧客分の売上を超えて会社を（そして人生そのものも）大きくすることはできない。②たとえその顧客がいい人であっても、無意識のうちにあなたの時間を限界ぎりぎりまで乱用するだろう。結論の出ない意味のない議論を最小にするために、すべての関係者に正しいルールを設定しよう。

11　細かい説明よりも納期を――能力よりも信頼度をテストしよう

能力は過大評価されるものだ。完璧な製品をつくったがために納期を過ぎて届けるのと、そこそこの製品を納期どおりに届けるのを比較すると、早く会社を潰すのは前者である。人を雇うとき、彼が製作したすばらしい作品にもとづいて雇用を決定する前に、指定された厳しい納期で納品できるかどうかをテストしてみよう。商品は手元資金があれば修理することができる。ある程度の不具合は許されるだろう。しかし、納期を逸することは致命的になりかねない。カルビン・クーリッジ〔米国第30代大統領〕はかつて「才能がありながら成功できない人間は山ほどいる」と述べた。私は、成功できない人間として、自分のIQや経歴で納期の遅れを正当化できると考える人間を付け加えたい。

――２００８年6月24日

◆聖杯――受信箱をアウトソーシングしてEメールをチェックしない方法

もう二度とEメールをチェックする必要がないとすればどうなるだろうか?
あなたの代わりに際限なく時間を費やして受信箱をチェックしてくれる人間を雇うことができたら?
これはまったくの夢というわけではない。この12か月間、ある人間を私の代理になるように訓練して、私自身はメール受信箱から完全に離れてみる実験をやってみた。私をまねる必要はないが、考え方は参考になるだろう。

要点だけ言おう。私にはいろいろな取引先から1日に1000件以上のメールを受け取る。しかし私は、メールチェックに1日6~8時間も使わずに（以前はそうしていたのだが）、何日分かあるいは何週間分かまとめてメールを読み飛ばすことができる。全部で4~10分もあれば十分だ。

その基本を説明しよう。メール受信をアウトソーシングするためのヒントとテンプレートもつけておこう。

1　私はEメールの種類に応じて複数のメールアドレスを持っている（ブログの読者、メディア関係、家族や友人など）。tim@……というメールアドレスは、新しく知り合いになった人に教えるデフォルトのアドレスで、アシスタントのパソコンに行くようになっている。

2　メールの99％は質問や回答の内容にしたがって事前に決められたカテゴリーに振り分けられる（振り分けの「ルール」はこの章の最後に載せてある。パクってもいいし、改作してもいいし、どう使ってもかまわない）。私のアシスタントは午前11時と午後3時（太平洋標準時刻）にメール受信箱をチェックして空にする。

3　対応するのに私の意見が必要と思われる1％のメールについては、1日に1度、午後4時に10分程度、アシスタントに電話する。

4　私が忙しいとき、あるいは海外旅行中のときには、アシスタントがボイスメールに必要案件を番号順に入れておいてくれる。私はそれに対して要点を箇条書きにしたメールで回答する。最近では、実際私はこのボイスメール方式が好きになってきた。また、これによってアシスタントにも心構えができてきて、手際よく仕事をするようになった。

毎夜（または翌朝早く）、私はスカイプ経由でアシスタントが入れたボイスメールを聞き、同時に次の指示をスカイプチャットやEメールを使って出していく（1　ボブ／彼にはこう言っておいてほしい……、2　ペルーのホセ／彼には……を依頼すること……、3　ノースカロライナでの講演／確認してほしい……、など）。この新しいやり方で時間はどのくらいかかるだろうか？　メールの選別や同じ回答の繰り返しでこれまで6〜8時間かかっていたのが、今では4〜10分で済むようになった。

もしメールアカウントをひとつだけ持つならば、Gメールのようなウェブメールではなく、アウトルックのようなデスクトッププログラムを使うことをすすめたい。理由はシンプルだ。受信箱に新着メールのサインが見えたら誰でもチェックするだろう。AA〔アルコホーリクス・アノニマス。4章参照〕で言われるような言い方をしてみよう。滑って転びたくなければ、滑りやすいところに行かないことだ。私がアシスタントにEメールしたり、友人と会話したりするために使う非公開のメールアカウントを持っているのは、こういう理由からだ。このアカウントのメールボックスはほとんどいつも空っぽである。

人はEメールを絶対に手放そうとしない。フォーチュン500企業のCEOでもベストセラー作家でもセレブでも、何でも人に任せているのにメールだけは任せようとしない有名人を私はたくさん知っている。彼らは自分でできる唯一のことだとばかりに、メールに頑丈な鍵をかけている。疑う余地のない前提として「誰も私のメールをチェックすることはできない」、疑う余地のない自慢すべき権利として「受信したメールには全部返信する」ようになる。しかしそれはぶっ続けで8時間も12時間もパソコンの前に居続ける権利でもあるのだ。そんなのはちっとも楽しくないだろう。それに、もっとインパクトのある、もっとやりがいのある活動ができなくなる。

自分自身を見つめ直そう。私もそうする必要があった。Eメールのチェックなんていうものは、あなたしか持っていない驚くべきスキルでも何でもないのだ。

実際、メールチェックは、ほかのあらゆるものと何ら変わらない。単なるプロセスなんだ。メールの重要度を判断して処理（削除、保存、転送、返信）するプロセスは、意識しようがしまいが、自問自答式の内容になる。私はこれを「ティム・フェリスのメール処理ルール」と呼んでいる。私が「ルールに追加」という題名のメールを送ると、アシスタントはそれをルールに追加する仕組みになっている。1週間か2週間ほどバーチャル・アシスタント（ＶＡ）とこの作業をすれば、自分がメール処理するやり方を反映したルール集ができ上がるだろう。それを見ると、普段はいかに場当たり的にやっていたかということが分かるはずだ。読者の役に立つように、私の「ルール集」を最後に添付する。

ヒントをいくつか紹介しよう。

1 打ち合わせや会議の設定は時間がかかる。アシスタントにはグーグルカレンダーでセットアップさせよう。私は Palm Z22 や iCal を使って自分の予定を入力し、それから Spanning Sync か Missing Sync を使って同期させる。次に超軽量のソニーＶＡＩＯ（今でも旅行中に使っている）上で CompanionLink を使ってグーグルカレンダーに反映させる。会議や面会は1日か2日に15分間隔でまとめて設定することをおすすめする。これを1週間のあちこちに散りばめて設定すると、ほかの予定の入る余地がなくなる［２００９年にアップデート／Palm Z22 はもう使っていない。今は13インチ MacBook と BusySync を使って iCal と Google カレンダーを同期させている］。

2 アシスタントのメールボックスに入って何かのメールに返信するときは、アシスタントあてにＢＣＣ

する。そうすると、アシスタントはあなたが操作したことを認識できる。

3　小さな問題は当然起こると思うべきだ。人生は妥協で満ち溢れている。そしてとてつもなく大きいことをやり遂げようと思ったら、小さな問題はなすがままにしておくことが必要だ。逃げ道はない。すべての問題を避けていたら何もできない。だから許容範囲内の小さな問題は受け入れて、大きなことに集中しよう。Eメール処理をアウトソースする前に、「ベスト・オブ・ブログ」冒頭の「都合の悪いことは起きても放っておこう」をもう一度読み返してほしい。

飛び出す用意はできただろうか？　そして「聖杯」〔困難達成な究極の目標を象徴する〕をテストする準備は？　そのステップを紹介しよう。

1　どのメールアカウントを使うのか、そのアカウントでメールに返信するのか（分類するのか、削除するのか）どうかを決定する。

2　バーチャル・アシスタントを見つける。

3　技術力の前に信頼できるかどうかをテストする。雇ってあなたの受信箱を任せる前に、トップ3人の候補者にタイトなデッドライン（24時間以内）を設定して何かをさせる。

4　2〜4週間の試用期間を設けて問題がないか調べ、問題があれば解決する。問題はまた起きるだろう。スムーズに走り出すまでにゆうに3〜8週間はかかるだろう。

5　自分が理想とするライフスタイルを設計しよう。メールボックスなんかで頭を悩ませていないで、ほかにいいことを見つけよう。心の穴埋めをするのだ。

ティム・フェリスのメール処理ルール[注90]

［Q&Aフォーマットに関する注意：質問には、VAに対する私の標準的な指示もあるし、アシスタントが加えたものもあるので「私」と「ティム」が混在している。このドキュメントは一緒に作成したものだ］

パスワード

カレンダー： http://calendar.google.com ログイン：XXXX パスワード：XXXX
グーグル **Gメールアカウント：** http://mail.google.com ユーザーネーム：XXX パスワード：XXX
NoCostConference ユーザーネーム：XXXX パスワード：XXXX
SpamArrest ユーザーネーム：XXXX パスワード：XXXX
アマゾン ユーザーネーム：XXXX パスワード：XXXX
ペイパル ユーザーネーム：XXXX パスワード：XXXX
読み取り専用リソース： http://fourhourworkweek.com/wms/members/members.php >> 読者用のパスワード

作業チームの必要条件

［私は幹部クラスのＶＡに反復作業を担当する４〜５人の「サブＶＡ」を管理させることが多い。時給は幹部クラスのＶＡの半分である。幹部クラスのＶＡはマネージャーの役割を果たしており、場合によればＣＯＯ〔最高執行責任者〕レベルの仕事もしている］

▼www.alexa.com のツールバーをダウンロードすること。

▼統計学、景気見通し、ジョイントベンチャーの募集について勉強すること。

▼納期は何よりも重要である。時間は必ず守る！

▼ティムが「コールバックしてくれ」と言うときには必ず電話すること。Ｅメールを送らない。これは大事な点である。というのは、誰かが電話でなくＥメールで返信したためティムは何千ドルも損をしたことがあるのだ。それにティムは旅行中のことが多いので、いつもメールが使えるとは限らない。

▼たとえ夜遅くであってもティムは起きている。電話が鳴っても出たくないときには出ないだろう。だがティムに頼まれたときにはどうかコールバックしてほしい。彼はＥメールよりも電話の方を好む。

▼正しい文法と句読法に関する『The Element of Style』を買って読むこと。私たちはティムに代わって上級の顧客とやり取りをしているので、正しい文章を書くことは大切である。

▼ティムの本やウェブサイトにはできる限り目を通しておくこと。その内容に合わせて質問に答えられるようにするため。

連絡先情報

ティム・フェリス

［メールアドレス］

ティム携帯（自分専用）:［プライベート携帯番号］

他人に提供する番号 :［Grand Central 番号］

スカイプ　XXXXX

Billing アドレス（プライベート）

[billing アドレス］

購入

［ヘッド ＶＡ］にティムの Amex カードナンバーを確認。

彼女は購入に関してアドバイスを与える権限が与えられている

Q&A（プリファレンス（環境設定））

1　ジョイントベンチャー（共同事業）はどう思いますか？

前向きに考えている。しかしこの会社のブランドや社会的認知度はナンバー1だ。あやしげな相手やプロとは言えない相手とは手を組まない。ウェブ上に出ている「信じられないほど有利な競売物件取引で寝ているあいだに大儲け」という誘いに乗って失敗する人もいる。うそつきやいんちき営業マンのような人物と付き合うことはできない。よく考えてみよう。一流企業のＣＥＯがそういう付き合いを知ったとしたら、私への興味をなくすだろう。そうなれば、うまくいくはずがない。

相手がこの基準をパスした場合は、その人物が今までにやったことは何かを聞いてみる。ほかの分野で優れた業績をあげていて評判もいいという場合を除けば、私は一般的に初心者には期待しない。

2　仕事をするうえで人の助けは借りないのですか？

いや、そんなことはない。ハーバード大学とか政府関係とか利用できる肩書きは利用するし、メディアも利用する。もちろん、何かの分野で世界的なスキルを持っている人物とのネットワークづくりもやっている。

3　スパム対策はどうしていますか？

SpamArrest とＧメールを使っている。今の時点ではスパムの問題はない。

4　最適な回答スピードはどれくらいと思いますか？（たとえば、すべてのEメールに対し受信してから48～72時間以内に返信をする、など）

同じ日のうち。あなたたちには早く回答をしてもらうために来てもらっているのだ。

5　どんなメールにも返信するのですか？

そう、たくさんある。しかし最初にフィルタリングしてほしくない。できるかぎり全部に返信するように。私が目を通すべきものにはＧメール上で「ＴＩＭ」のマークを入れる〔この記事の初めにある、ボイスメールでメッセージを残すようにＶＡに指示している文章を参照のこと〕。

6　カレンダーには全部の予定を入れていますか？

そうだ。でも、あなたたちにやってもらうようにしたいと思っている。

7　私たちはあなたの用件を「管理」するのでしょうか？　それともあなたの代理をするのでしょうか？どちらでも結構ですが、どちらかというと管理する方を希望します。

あなたたちに注意すべき点のリストを渡してやってみようと思う。私としては、あなたたちが仕事を受けたという確認（「了解―〇〇時に完了予定」で十分だ）が必要だ。また大きなプロジェクトでは節目ごとに進捗状況をアップデートしてほしい。

8　チームのメンバーは誰ですか？

私、出版業務チーム、あと現時点では広報が何人か。いずれあなたも別の仕事をやってもらうように考えている。だが今のところはそれくらいだ。

9　日常業務で私たちは誰と協力する必要があるでしょうか？

90％以上は私とだ。それからおそらく広報担当者、テクニカルサポートとウェブスタッフ、そして私の本のエージェント。もっと増えることは確かだが、今はこんなところだ。

10　あなたの代わりに指示できるのは誰でしょうか？

１００ドル未満なら何でもあなたが決定できる。あなたが判断してその結果を報告してほしい。

11　あなたに（仕事の約束がないような）「オフ」の日はあるのですか？

金曜日には予定を入れないように頑張っている。まあやってみよう。**【**アップデート／私は今月曜日と金曜日にアポを入れている**】**

12　今まであなたのスケジュール管理は誰がやっていたのですか？

私自身だ。４年近くのあいだ、打ち合わせというものをしたことがなかった。この本とともにやり方が変わったのだ。

13　あなたにとって「最適」なワークスタイルを説明してください。（電話と電話の間はどのくらい空けるのがいいか、打ち合わせは週に何回がいいか、出張のときの好みは、など）

・私は寝るのが遅いので、できれば午前10時前のコールは避けるようにしてほしい。

・電話や打ち合せは同じ時間帯で片づけることができるように「まとめる」こと。ひとつは午前10時、もうひとつは午後1時、さらに午後4時というようにバラバラなのはやめてほしい。可能ならば、時間は15分から20分くらいずつ続けざまにする。電話は午後1時までに済ませたい（つまり午前10時～午後1時ということ）。電話は常に終了時間を明確にして15分から30分で終わらせるべきだ。「電話口に飛んでこい」と言う人間がいたら、「みんなの時間を有効に使うためには、電話口に飛びつく前に、その電話の目的とよく整理されたアジェンダが必要です。電話で話したいことや決定したいことを箇条書きにしたメモを送ってくれませんか?」と言ってやろう。そんなところだ。

14　予定表に仕事と一緒にあなたのプライベートな用件を入れてもいいですか？（たとえば、母の日にあなたの母親への花を注文するなど）

もちろんＯＫ。

15　私たちが回答すべきEメールアドレスの「全部」を知りたいのですが。

この記事の冒頭部分を見てほしい。

16　私たちが「あなた」になって応答するのがいいですか？　それとも「ティモシー・フェリスの顧客サポート係」として応答するのがいいですか？

後者だ。たぶんあなたたちの名前の下に「ティム・フェリスの上級アシスタント」のような肩書きがつくだろう。何かほかの提案があればいつでも知らせてほしい。

17　あなた（ティム）は私たちに1日に何回くらいメールチェックをさせたいと思いますか？

初めは2回でいいだろう。午前11時と午後3時。最小をめざそう。

18　労働時間はいつですか。

午前10時から午後6時。そしてかなりの割合で午後11時から午前2時にも（『週4時間』はどうなったんだ？」と嘆く前に、ここで言う「労働時間」は、「活動が盛んで電話を使ってでもできる時間」に置き換えて考えてみよう。私は多くのプロジェクトを手がけているし、怠惰になれと説教しているわけでもない。とっても活動的なんだ。www.forhourblog.com の6番目のコメントを見てほしい。非常に緻密なスケジュールだと分かってもらえるだろう。この本の15章、「心の隙間を埋める」を読み返してほしい）。

19　インスタントメッセージ（IM）は好んで使いますか？

いや、使わない。スケジュールの打ち合わせだけに使用する。あなたたちはIMにログインしていてほしい。私は必要なときにログインする（最近はスカイプのチャットを使うことが多い。個別にIMを立ち上げなくてもいいからだ）。

20　急ぎの質問に回答するときには電話がいいですか？　それともEメールですか？

もちろん電話だ。何か緊急時にはEメールはやめてほしい。私は自分で立てた方針は守る。それにメールチェックはそれほど頻繁にやらない。

21　好きな色は？

7月のヒマラヤスギ〔常緑樹〕の葉のようなグリーン。

22　ティムあてのEメールに本人からの返信が必要なものがあったら、その日の最後に電話すること。

23　Eブックについての問い合わせ／www.powells.com からダウンロードできると教えること。

24　ティムのためにすべてのEメールに「エキスパートがクリック」と印をつけること。返信も転送も必要ない。

25　LinkedIn〔ビジネスマン向けSNS〕のEメールはすべて、ティムが LinkedIn のアカウントにログインするとすぐに通知されるので、保存ないし削除してもよい。

26 健康福祉関連企業の立ち上げ（あるいはBrainQUICKENのスタートアップページの質問）に関する質問については、次のタイトルのGメールにあるテンプレートを見てほしい。「Congratulations and General Business Questions — Brain Quicken Templates」

27 専門用語の質問については、Gメールのテンプレートを見るように。タイトルは「Reader Question on Language Resources—専門用語のテンプレート」

28 ティムが返信メールのなかで「dictate」と書いたときは、ティムの言葉をそのまま受信者に伝えていいことを示している。ティムが旅行中でメールに自分で返信できないときには、私がティムへの電話のなかであなたのメッセージを伝える。すると彼は私に「dictate」するように指示する。このやり方は、ある人物の返事をそのまま伝える場合に便利である。

（これは、アシスタントが直接話法を間接話法に変換しないで済むということである。「カットアンドペースト」が使えるかんたんな方法はアシスタントの時間を節約する）

29 多くの人々を攻撃しているメールがあって、そのなかに私が含まれている場合、通常、無視するか削除しても大丈夫である。もちろん、注意して読むことは必要だ。しかしたとえば「私が知っている影響力のある人物が」などというようなことが書かれていたら、私のことかどうか考える時間がなければ忘れてもらって構わない。もちろん、ティムがコピーを取っていれば話は別だ。

30 ティムのアドレスが×××のときは、そのメールは転送したりしてはならない。Eメール上でそのアドレスを使いたいときはBCCを使うこと。そうすれば人に知られないで済む。

31 プリンストン大学から私あてのメールには（ティムラベル）をつけること。「今まで私（ティム）がこの修正をしなければならなかった」

32 私が誰かに対して何かの案件を断ったあと、なお相手がこだわっている場合には、もう一度回答をする。「ティムはあなたのお考えを理解しております。しかし実際は……できないのです」など。そして今後の要望を保存しておく。もちろんあなたの判断で対応してよい。しかしこれは一般的な原則だ。なかには、いつ、こだわりがただの腹立ちに変わるか分からない人もいるのだ。

33 私が予定表に入れておいてくれと頼んだ案件については、「スケジュール通り」に回答するルールをつくってほしい。予定表に入れた案件を忘れると重大な問題が起きる可能性がある。だからこれは良く確認すべきことである。

34 ティムが教えたこととは違ったものであれば、電話がかかってきたあと誰かをフォローアップする必要はない。あるいは彼らが私たちから何かをリクエストした時も同様。

35 講演会の要望は××××に送ること。そして彼が確実に受信したことを確認すること（37と38も見ておくこと）。

36 外国語でのリクエストは〔出版社の適当な人物あてに〕送ること。

37 ランダムハウス社のＸＸＸＸの代理は、ＸＸＸＸ。

38 特定の日に講演会の予定を入れる前にティムに尋ねること。もしかすると旅行中かもしれないので。

39 予定表に約束を入れるときは、必ずどんな話題がいいか尋ね、その内容を予定表に書き入れること。ティムが準備する参考になる。また、ティムに連絡が取れない場合に備えて、予備の電話番号を確認しておくこと（私は、海外にいるとき以外は、ほとんどいつも私に電話させることにしている。約束を逃さないためのもうひとつの対策である）。

40 予定表の案件名の欄にイニシャルを入れること。ＶＡの誰が書いたかが分かるようにするため。

41 ティムの意見を求めるときには前もって案件を整理して用意すること。イベントの日程、過去に開催したイベントとの関連、予算、ほかの講演予定者など。そしてこの情報をティムのレビュー用に送ること。

42　ＰＸメソッドの質問に対しては次のように回答すること。

こんにちは、〇〇〇

ＰＸメソッド〔10章「お役立ちツールと使うコツ」参照〕のご質問、ありがとうございます。ですが、ＰＸメソッドは製品アイデアを試すため、参考モデルとして使うことができるテンプレートとしてつくられています。

ティムがＰＸメソッドを販売するかどうか、またいつ販売するのかは分かりません。今のところそういう予定はありません。お問合せに感謝いたします。ありがとうございました。

（ＰＸメソッドのモデルページの免責事項を読まないで、未出荷の製品を注文しようとする読者からかなりの数のメールをもらっている）

43　ティムのＦＡＸを見るために eFAX ビューアーをダウンロードすること。ティムのＦＡＸ番号は××××。

44　イベントや講演会の依頼には次のように回答する。

ティムへのご依頼に御礼申し上げます。イベントは20××年4月××日、オレゴン州ポートランドにてと了解しております。ティムに伝える前に、いくつか質問にお答えいただけますでしょうか？　こちらでも前向きに検討させていただきます。

・イベントの全部にティムが出席した方がいいでしょうか？
・基調講演の長さはどれくらいでしょうか？　あるいはQ／Aパネルでしょうか？
・講演料に旅費、宿泊費は含まれているでしょうか？
・基調講演の予算はどれくらいですか？
・決まっているほかの講演者はいますか？

ご回答があり次第、出席が可能かどうかティムに確認いたします。ありがとうございました。

〈以下、署名のテンプレート〉

Warmly,

[Name]

this email is: [ ] blogable [x] ask first [ ] private

[name]
Executive Assistant to Timothy Ferriss

Author: The 4-Hour Workweek (http://www.fourhourworkweek.com)
(Random House/Crown Publishing)
Bio and Fun:
http://www.fourhourworkweek.com/blog

——2008年1月21日

契約に基づいたリモートワークの提案書

これはリモートワークを実践した提案書だ。『週4時間』読者のオータム・ブルックマイヤーが、仕事を維持しながらアルゼンチンに移住し、週の労働時間を5～10時間削減したケースである。

２００８年７月

オータム・ブルックマイヤー

背景

私はこの会社で2年以上働き、ここで働いている人への忠誠心も強くなり、この組織から与えられた使命も背負うようになりました。マーケティング・コーディネーターとして、この会社での私のポジションは非常に大きな価値を持つようになったと自負しています。私なりにクリエイティブな問題処理を行い、私にかかるコストを効果的に償却することによって、休日をしっかり取れる仕事のやり方に切り替えるようになりました。そして、マーケティングや広報で写真を有効的に使い、コンテストを実施しました。私は現在の会社で以下のような業務を継続させたいと思っていましたが、契約上、遠隔操作する形となりました。私は２００８年９月からアルゼンチンに6～12か月間住む予定を立てました。目的は、流暢にスペイン語が話せるようになり、他国の文化を深く理解し、外国の環境に完全に適応することでした。そうすれば新しい思考に応じてスキルアップできます。

私はこの計画を実現するためさまざまな方法を話し合う幸運に恵まれ、現在の会社が前向きに検討するのであればいくつか提案しようと考えておりました。私と会社との間で、試験的にこの計画を２、３か月実行してみようということになりました。その時からもっとも有益な方法をとってみました。

任務その1　広告のグラフィックデザインと印刷コーディネーター

責務

・印刷物の進行表を作成し、個別のプログラムチームをコーディネートすること。

見込み

・印刷物は期限通りに校了すること。

責務

・プログラムディレクターとともにデザイン部門をコーディネートすること。外部グラフィック・アーティストならびにデザイナーも同様。

見込み

・印刷物のデザインは見る人に適したもので、正確で、アピール力があるものに。

・印刷物はプロのクオリティを保ち、定められた進行表に従って生産すること。

責務

・印刷所との連携を維持し、印刷工程での時間と品質にかかるコストを抑える。

見込み

・印刷物は定められた予算内で印刷にかけ、万が一予算が超過した場合はマーケティング・ディレクターの承認を得ること。

契約履行にあたって

・EメールとConceptShareなどウェブベースのプログラムを利用し、私は以上のデザインプロジェクトを遠隔地からでもコーディネートし続けるように致します。印刷所とデザイナーとは物理的に隔離した状態でも連携を維持し、継続するように致します。プログラム・ディレクターやマーケティングチームとの打ち合わせは、スカイプと呼ばれる無料のビデオ・電話の関連サービスを利用します。私は通常1、2回彼らのマーケティング素材と残りの過程に関する意見交換を行い、その際にもEメールとConceptShareを使用します。

任務その2　特別マーケティングプロジェクト・マネージャー

責務

・最新かつ適切なマーケティングイメージを維持する

見込み

・マーケティング素材に必要なイメージとウェブサイトを想定し、獲得する。

契約履行にあたって

・私はこの任務を遠隔で履行するにあたって、iStockhoto.com などのイメージ検索のウェブデータベースで行います。もし、Seminar Photo Contest を試験的に利用して機能した場合、Aptify、Ｅメール、スカイプ経由でのプロセスを活用したいと思います。

責務

・マーケティング素材を活用する際に新しい有利な条件を常に確認し、導入します。

・予算と期間の範囲内で選別したプロジェクトを計画、実行します。

契約履行にあたって

・Ｅメールとスカイプを有効利用し、マーケティング素材を生かすべく新しいアイデアや好条件に関するやりとりを行いたいと思います。私は先日、１ページカレンダーをプログラムの期限に合わせて製作し、秋にセミナーＯＢへ向けて発送する提案を行いました。この方法であればＯＢたちがプログラムのデッドラインを思い出しやすくなりますし、申し込み数を増やせる可能性もあります。

任務その3　ウェブベースのマーケティングコーディネート

責務

・オンライン広告の成果と解析に貢献する

見込み

・オンライン広告の成果はコスト効果を高める

・マーケティング・ディレクターはリクエストに応じてウェブベースのマーケティングの成果を通知する

契約履行にあたって

・私はオンライン広告の成果を十分に分析し、遠隔でこのプロセスの支援を継続できるようにします。Facebook Ads、Google Ads、ブログ広告へアクセスできるようにし、ケリーの協力を得てデータの収集と入力を行います。私は Facebook Ads や Google Ads に関する業務を行った経験がありますし、ブログ広告のイメージをつくったことも過去にあります。新しい広告をローンチ〔立ち上げ発表〕することで、海外でも容易に取り扱えるようにします。

責務

・ウェブで使用する写真は常に最新かつ適切なものを収集しておく

契約履行にあたって

・上記のプロジェクトスタートするにあたって、ストック写真の目録を使い、私はこの業務を遠隔で完了できるようにします。その際には iStockphoto.com のようなウェブのデータベースのイメージ検索を活用します。The Seminar Photo Contest も、私が海外にいる間にイメージ収集するときに役立つツールとして活用できます。

印刷物の制作コストを効率よく確認するために、私は現在の会社がこの仕事を契約ベースで変更した意義を見出したと思います。私は今の会社での仕事に本当に満足しています。そして離れた土地であってもこの会社での仕事を続けたいと思います。

以上の提案をご検討いただければ幸いです。

〈ソフトウェアとプログラムに関する説明〉

ConceptShare www.conceptshare.com

ConceptShare はセキュリティが万全なオンライン職場を提供しています。デザインデータや文書、動画を共有でき、招待制でレビュー、コメントを付けることも可能で、打ち合わせなしでいつでもどこでも文章でのフィードバックが可能です。現在の会社ではこのサイトの利便性を数か月試験的に使ってみました。そしてアルゼンチンにある複数のコンピューターで試してみました（妹のおかげで、彼女がアルゼンチンにいるときに私がいないところでもテストができました）。

スカイプ www.skype.com

スカイプはフリーソフトで、インターネットを通じて無料で会話ができます。スカイプを定期的な電話連絡の手段として使用し、国際通話でもおよそ1分間で０・04ドル〔約３円〕ほどの低いレートで通話ができます。スカイプはビデオチャットや電話会議の機能もあります。セットアップするには、フリーのスカイプソフトウェアをダウンロードし、それぞれのコンピュータに接続するマイクロフォンのヘッドセット〔10ドル〔約８３０円〕〕、ウェブカムを購入します。私はこのソフトを妹と一緒に試しましたが、アルゼンチンに住む妹と、ここでの会話は非常にスムーズでした。

iStockphoto www.istockphoto.com

iStockphoto は、インターネットのロイヤリティフリーの画像とデザインをストックした写真素材ギャラリーのウェブサイトです。私は現在の会社で使っていた数多くある写真素材ギャラリーのなかのひとつです。すでに何枚かこのサイトからマーケティング素材として使用したことがあります。

Seminar Photo Contest

このコンテストは私が立案し、ケリーが専門家として運営し、マーケティングや広報に使えるより関連性の高い写真素材を集めていきます。そこで少し進展させて自分たちで撮影をするのが良いと分かりましたので、私たちが求める写真素材を確保するために新しい方法をとりたいと思いました。２００８年の夏のセミナーの参加全員がセミナー期間中に撮影した写真を提出し、私たちが選んだ素材1点ごとにAmazon Gift Certificate の5ドル〔約４１５円〕を報酬として得る期間を得ることができました。

（注釈）

86 この動画では、リストで紹介した旅行アイテムの荷造り法とそのアイテムを選んだ理由を説明している。すべてのアイテムに関するリンクも含まれている。

87 同社は、２００９年６月に連邦破産法第11条に基づく破産申請を行った。

88 朝食に関する詳細は、www.fourhourblog.com のなかで「slow-carb」単独で検索するか、グーグルで「slow-carb」と「Ferriss」のふたつの単語で検索してほしい。

89 この記事のおかげで、メールの件数が週に２０００〜３０００くらいまで減った。

90 もちろん、このルールの内容は誰でも利用可能だ。自由にルールをコピー&ペーストして構わない。

週4時間に生きる
ケーススタディ、ヒント、仕事術

禅とロックスターのような芸術的生活

やあ、ティム。

こんな話があるんだ。俺はドイツのミュンヘンでミュージシャンをしている。自分のレーベルを経営しているけど、軌道に乗るまでは相当大変だった。それにかかりっきりになっていたから、創作意欲もだんだんなくなっていったし、どん底まで落ちていったんだ（何度かそんなことがあった）。

音楽業界で生き残るのは大変かな、と感じ始めていたとき、俺が今すべきは、そんなにハードに仕事をしないことだと気がついたんだ。そしてできることといったらそれくらいだったし、俺がまさにやりたいことだった。父親としてふるまう、音楽を制作する、作曲する、自分のことは自分でやる、旅行する、外国語を勉強する（イタリア語ばっかりだったけど）、バイクに乗る……すべて、次のような方法でやってみた。

1　2008年の9月から10月の2か月間かけて徐々に『週4時間』を読んだ。そしてあなたのブログをチェックした。そして自分の人生をタブラ・ラーサ〔ラテン語で「何も書かれていない磨いた板」を意味し、ここでは「先入観なしにやり直す機会を得ること」〕の状態にすることができたんだ（いっぱい「ブレインヴォミッティング」〔頭の中にある雑念、疑念、マイナス思考をすべて吐き出すこと〕して紙に書き出したよ）。

2　俺のアクティビティを阻害する要素をほとんどアウトソーシングし始めた（だから俺のTo-doリストは長々と書き出されている）

・リサーチ業務。このほとんどは音楽業界関連だ（アウトソーシングした結果、1日におよそ2～3時間節約できた）

・ウェブサイトのメンテナンス業務（フェイスブック、マイスペースのようなSNSサイトなど）。俺は2009年に、マーケティングのほとんどをこうしたSNSで行っている。俺はアーティストとして25以上のサイトに登場している。

俺のバーチャル・アシスタント（VA）は、getfriday.comだ。あなたの本ですすめていたサイトだ。ここですべてのアップデートとサイトチェックを1週間に1度行っている。Eメールやコメントの収集をしているんだ。迷惑メールやスパムコメント対策でフィルタリングをかけ、週に1回レポートを送ってもらう。そのレポートには俺に対するレスポンスが詳細に書かれている（これで1日に1～2時間節約）。

・俺のアーティスト写真のレタッチ（補正）。これはelance（www.elance.com/プログラマーやデザイナー、ライター、イラストレーターなどの業務のアウトソーシングを手がけるサイト）でやってもらった。（これで労働時間を5時間、500ドルを節約）。

・俺のライブに関するメーリングリスト、アルバムのアップデートなどのマネージメント（1回のメール

送信にかかる1時間を節約）

・俺の「ミューズ」を試している（外国語を勉強して俺の音楽を外国のオンラインで販売するため）。これはまだテスト中！

・オンラインで編集できるように映像制作会社に対して映像の音楽著作権をオープンにすることに決めた。1回クリックするだけですむようにし、これまでのように交渉で1か月かけるようなことはやめた。２００９年には始めようと思う（現在テスト中）

みんな、俺がこんな企業経営者のようなことをしているようには見えないって（定年退職したパンクロッカーみたいだって。ハハ！）。自分の人生をアウトソーシングして、億万長者のような生活を送っている俺に驚いているよ。

俺は、アウトソーシングしたVAから最初の段階でポジティブなフィードバックがされたあとに、どんなことができるか分かっていた。プロジェクトの成果をelanceに投稿し、1日後その結果を受け取った。よし、これで俺のものになった！

最大のチャンスが、今まさに自分の人生を支配している。俺は1歳8か月の娘を半日間世話している（もう半日は妻が面倒を見ている）。仕事をこなし、いつもやりたいことに時間を割いている。こうした賢明な方法で得た収入は以前とほとんど同じくらいだが、空き時間が多くできたし、ごちゃごちゃしていた頭の中がすっきりできた（そういう意味ではリッチになったんだ！）

俺は自分が望んだときに（上司がいないから）1週間に24～30時間働いていた（オフィスワークや音楽スタジオの時間も含めて）。今、俺がしていることは、本当に好きなことだけだ。俺は着実に削減したオフィスワークの時間を十分最適化しようとしている（今は1週間に10時間だ）。俺の夢は自分のオフィスをすっかりなくしてしまい、完全にペーパーレスにして、基本は自分のラップトップ1台でオフィスにしてしまうことだ。

俺はすべての仕事から自分を消してしまった。そうした仕事は自分を落ち込ませ、疲れさせるようなものばかりだった（1週間に10時間くらいあった残業もなくした）。俺はこのプロジェクトを実行しない限り作詞・作曲といった仕事に取りかかれない。自分のなかにある不満や嫌悪を全部なくしたんだ（おかげで胃が救われたよ）。

そしてjuergenreiter.comでブログを始めた。「禅とロックスターのような芸術的な生活」というタイトルだ。これは俺が自分の生活を変化させた経験をシェアしたいと思って始めたことだ（ほとんどのミュージシャンにとってトンネルの出口に光を見い出すようなものだろう）。

その次には自分のアルバムをレコーディングした。生まれて初めて全曲作詞したんだ！　春に自分のレーベルORKAaN Music+Art Prodution（http://www.orkaan.com/）で販売する予定だ。

俺は今年、6週間ミニリタイアメントを実行するつもりだ。5月にはシチリア島に行ってイタリア語を勉強する。9月には2、3週間かけてバイクでシチリア島を旅行する。そして、冬にはメキシコ、中米、オーストラリアに行くつもりだ。

また俺は30分かけて剃刀を使ってヒゲを剃るようになった。これは俺が何年も前からやりたかったことなんだ。髭剃りは自分にとって本当にエキサイティングで楽しい日常の「儀式」なんだ！　そして4月にコーヒーマスターになるための資格をとって（俺はコーヒージャンキーだしね！）、「コーヒーのマエストロ（巨匠）」を目指すんだ。妻には教師の仕事をやめてもらい、彼女の夢を実現する手助けをしてあげたかった。ミュンヘンでカフェを営む、それが彼女の夢なんだ。そのカフェは「Frau Viola」という名前で2008年10月にオープンした。とても順調だよ！（www.frauviola.wordpress.com）

そうしたことが全部評価されているかって？　いや、評価される前に自分から主張したい！

「週4時間」の法則によって、俺は安らぎを手に入れた。娘と遊ぶ時間もできたし、自分の「自由時間」を楽しむこともできるようになった。何かやり残したんじゃないかという不安を抱えたり、人生を無駄に過ごしたりすることがなくなったんだ。全体として（これまでに話した変化をすべてひっくるめて）俺の生産性は70％向上したし、自分自身が抱えていた不安は80％削減できた。

これから始めようという人に、アドバイスを。

1　小さく始めて、大きく考える（Start small, think big）
2　熱中できることと飽きることを見分ける
3　いろんなものを捨てて自分が熱中できるものに集中する
4　誰が何と言おうと、自分が熱中できるものにこだわる。あなたの人生なんだから、あなたのやり方で生きたほうが正しい
5　もちろん、『週4時間』を読むこと！

——**J・レイター**

芸術が好きな人求む

私たち一家がメキシコから移住してきて以来、私は父が20年間清掃人として身を粉にして働いている姿

を見てきました。そして２００７年の4月、ホテルの一室で一人きりになったとき、私は自分の人生を見つめ直しました。家族とも離れ、1週間休みなく従業員のために働き続けていたときのことでした。もちろん私は家族も従業員も愛していいますが、33歳になっていたそのとき、父と同じ道を歩んでいると気づいたのです。へとへとになるまで働き、子どもの頃からの夢だった音楽と映画への情熱を断念していました。

これまで大きな出来事もない半生でした。ところがある夜、古くからの友人からのメールで彼が『週4時間』をすすめてきたのです。私はむさぼるように数時間でこの本を読み、すぐにこの本に書かれていた基本原則を自分の人生に適用させようとしました。私がこの本について人に話し、実践してみるつもりだと決意を語ったとき、みんな「クレージー」だと言いましたけどね。私は「ドリームライン」「捨てる」「解放」に自分の労力を集中させました。従業員として、まずはリモートワークのシステムをつくり「解放」を実現したいと思いました。失敗もありましたが意志を貫き（交渉することで大きな教訓を得ることができました）、リモートワークの機会を得ることができたのです。これですべてが変わりました。1日9時間以上かかっていた旅行関連の週払いの仕事を週4時間まで減らし、1か月に1週間の旅行で済ませ、1万ドル以上収入をアップさせ、以前の非生産的な仕事のやり方から2倍以上生産性を向上させることができたのです。

その結果、今私の故郷であるシアトルに住んでいて遠距離恋愛だった彼女と一緒に生活しています。音楽や映画に情熱を傾ける時間も新たに見つけることができました。私は聖歌隊で歌ったり、オリジナルのフォークロックを作曲したりしていますし、今週末には60分間の即興劇に初めて出演します。フィットネスにも時間をかけられるようになりました。今、2度目のマラソンに向けてトレーニング中です。

友達のほとんどは懐疑的でした。私が週に4時間だけ働いてフルタイム分の収入を得ながら、芸術へ愛情を注ぐ時間を確保することなんてできないと思っていたのです。「週4時間」を実践してみて一番良かったことは、私が精神的な自由の意味を見出したことです。実際、現実には交渉の余地があります。そして現在の私の現実はというと、私の父が会社から与えられた際限のない時間を今過ごすことができているのです。私の父は定年退職まで20年間待ち続けて、ようやく自由を得ることができました。私は、『週4時間』を読んで24か月以内で自由を見出すことができたのです。

移民として、私はメッセージを伝えたい。21世紀のアメリカでは、私たちは一生懸命働いてはいけません。その代わり、「週4時間」の原則に従ってよりスマートに働くべきです。そうすれば本当の意味で新しいアメリカン・ドリームである「自由」を勝ち取ることができます。自由こそ私たちの人生でもっとも貴重な財産である「時間」を楽しむためのものなんです。

――I・バロン

写真判定

こんにちは、ティム。

僕はあなたに伝えたいことがあるんだ。それはあなたが書いた『週4時間』のおかげで、今年は本当のインスピレーションと人生を変えるきっかけをつかんだ年になったんだ！

僕は11月にあなたの本を買った。それ以前は、「ワークフローの自動化」がどんなものか分かっていなかった。僕はパートタイムの従業員を雇っていたが、実際には、余計に自分の仕事が増えるだけだった。夜中の3時まで仕事し、起きるのは朝の7時なんてこともあった。僕は旅行がしたいんだと言っても、現実には不可能に思えた。時間もお金もないからだ。

ある日、僕は『週4時間』をオーディオブックで聴いた。各章ごとに、何回も何回も聞き直した。そのとき僕はジョギングしていたが、その場で止まってしまった。インターネット上で音楽ファイルを販売した人のケーススタディを聞いたからだ。

僕は写真家だ。仕事のほとんどが結婚式の撮影なんだ。インターネット上でどうやって僕のデジタル写真の作品を販売していいのか、よく分からなかった。そこでいいことを思いついた。写真家たちのファミリーカンパニーをつくればいいんだ。その場で立ち止まった僕は、iPhoneでウェブサイトを予約した。

2か月後にウェブサイトを立ち上げ、各国の写真家数千人にアクセスして写真の販売を開始した。さらに良かったのは、僕が写真のファミリービジネスをしていても、僕自身が写真を撮る必要がないことだ。さらに良かったことをもうひとつ。僕たちは最初の写真ファミリービジネスをしているが、プリント写真は販売しないことだ。デジタルファイルのみ。これがうまくいった！　今では僕が撮影した結婚写真もこの形にしている。ほかの写真家たちは反発するだろうけど、もっとお金になる方法をつくってコストもほとんどなくなったし、自分の時間が自由になったんだ！

こうした話が漠然としたものだということは分かっている。でもポイントはそこじゃない。肝心なのは、今僕の仕事がよりよく、より早くなり、2人以上の従業員を雇う必要がなくなったということだ。そしてパソコンやiPhoneのEメール通知をオフにした。Eメールでできることはいろいろあるけれど、あえて着信音を鳴らさないようにした。Eメールを使わなくなったんだ。とりそこねた電話の着信内容をチェックするだけになった。

今では、婚約者も喜んでくれている。僕が夕食の時間通りに家に帰ってくるし、仕事場にノートパソコンを置いてきて、家に仕事を持ち込まないから。今までは思いもつかなかったような生活ができるようになったんだ。そうしている間でもシステムは機能しているし、今年は収入面でも昨年よりもっと良くなるだろう。

そして、初めてのミニリタイアメントを実行する時が来た。目標は、スイスのアルプスで5日間スキーをして過ごす。しかも支出はトータルで1000ドル〔約8万3000円〕以下にすることだ。そのために周遊券を500ドル〔約4万1500円〕で手に入れた。エンゲルベルクのスキー場の1日券は80ドル〔約6600円〕だった。ティムが www.couchsurfing.com を提案してくれたおかげでロッジは無料になったし、栗、ブラット〔BRAT。バナナ、米、リンゴ、トーストなど消化のよい食事〕、フィッシュ&チップスが食べられて、ビールも1週間ずっと飲んでいられた。1000ドルでできたんだ!

僕はミニリタイアメントに一生感謝するし、これからももっとやってみたい。ミニリタイアメントを実行すると、僕の人生のなかでも最高の時を過ごせるんだ。

追伸　5月11日から1か月間ワーク・バケーションでイタリアに行く。シエナで2組の結婚式の撮影係として雇われたんだ。働く時間よりも、もっと多くバケーションをとるつもりだ。

——マーク・カフィエロ、写真家

バーチャル・ロー(仮想法律)

私は以前シリコンバレーの大手法律事務所で働いていましたが、ある日目覚めたとき、1年間旅をして外国語を勉強しようと決めたのです。6週間後私はコロンビアのカリ〔サンティアゴ・デ・カリ。コロンビアで3番目に人口の多い都市〕にいました。

カリにはそれまで一度も行ったことがなく、スペイン語もほとんど話せませんでした。でもそこでは刺激的なことばかり経験しました。およそ2年後には、95％以上カリで生活し、仕事する時間で占められるようになりました。最近、カリで豪華なアパートメントを購入しましたが、カリフォルニアでは同じ規模のものはとてもじゃないですが手に入れられないでしょう。しかも賃料はアメリカの相場よりも週に40ドル〔約3300円〕以上安いのです！

私はバーチャル・ロー（仮想法律）の法律業務を始め、以前の会社の上司と協力するようになりました。世界中のどこにいても（もともと私はニュージーランド出身なので、そこに帰省することも多いのです）通じるアメリカの電話番号を持ち、アメリカでの郵便物はすべてサンフランシスコのマーケット通りに配達してもらい、そこでスキャンしてオンライン上で見られるようにしました。必要な郵便物があった場合、もうひとつのサービスを利用します。それは手紙をプリントしアメリカ国内の範囲で配達してもらうのです。そうすれば国際配送で配達が遅れてしまうということがなくなります。

郵便物の受け取りやスキャンには、もっぱら www.earthclassmail.com を利用しています。さまざまなサービスがあって、月に20〜30ドル〔約1660〜2500円〕くらいです。私書箱や実際の住所との併用もできます。マーケット通りにある私の住所は、実際には earthclassmail のアドレスなのです。

小さな手紙をプリントしてアメリカ国内に配達してもらう場合には、www.postalmethods.com を利用しています。このサービスは最初ちょっと格好悪いかなと思ったのですが、使っていくうちによくなると思います。送ったときだけ払えばいいのでとても安いのです（4枚綴りの手紙であれば、送料込みで1ドルちょっとで済みます）。

たまには私を訪ねてきてください。コロンビアは聞いていたこととはまったく違います。夜遅く歩いていても安全ですし、サンフランシスコより治安がいいと思います。でもこのことは誰にも言わないでほしいのです。ここに住んでいる私達だけの秘密にしたいからです！

——**ゲーリー・M**

「Ornithreads」とともに飛び立つ

このあいだの7月に私のメンターからもらったこの本が、私の人生にとてつもないインパクトを与えました。この本がなかったら、絶好のタイミングを逃していたでしょう。この本を読んだまさにそのとき、私は初めてのオリンピックのトライアスロン競技を数週間後に控えていたのです。それまで5か月間トレーニングを続け、見た目も気持ち的にも鍛えられたように見えましたが、もっと重要なのは肉体的なピークに達するまで鍛錬を重ねられていなかったことです。私自身も数年間気づいていませんでした。そこで私はさまざまな大会で競い合う時間に自分の身を投じ、充実した状態でハーフのアイアンマン・トライアスロン大会〔水泳2キロ、自転車90キロ、マラソン21キロ〕に参加しました。

心身ともに充実した状態で、あなたの法則に従った結果、私の頭の中にさまざまな製品、ビジネスのアイデアが思い浮かび、最初のアイデアにとりかかろうとしました。OrniThreadsと呼ばれるシリーズで、モダンで科学的なデザインの鳥をあしらった商品を提供するというものです。これはジェネレーションXの世代〔1960〜1974年に生まれた世代〕やジェネレーションY〔1975〜1989年に生まれた世代〕のバードウォッチャーに向けたものです。購買層をこの年代に絞った理由は2つあります。

1　私の本職でもある現在の会社では、その会社の商品のファンや会員から多くのことを学んできました。アメリカ内務省の魚類野生生物局による膨大な量の統計によると、７０００万人のアメリカ人が鳥を飼っているというのです。鳥愛好家はものすごく熱心ですし、飼育をすることにのみ関心があるようなのです。そしてその情熱は衰えることがありません！　彼らの多くは中流あるいは上流家庭で、教養もある人たちです。

2

私はこの夏、コロンビア大学で鳥類学の講義を受けました。生物学の講演プログラムに登録していました。そしてその教科書に書かれていた鳥のイラストにすっかり心を奪われ、こうした鳥のイメージに囲まれてみたいと思ったのです。

私は、その翌週には www.ornithreads.com を立ち上げ、最初に描いた3つのデザインをプリントにしました。

私は勤めている会社にも強い思い入れがあります。しかし、お客さんに最初のコレクションを自分自身の手で提供したかったのです。あなたの『週4時間』はとても役に立ちました。成功するため、そして自分のアイデアを実現させ、収入を自動化するために必要なステップを分かりやすく説明していたからです。

もしあなたが近いうちに本のプロモーションかそれ以外の用事でニューヨークに来るなら、喜んでお迎えしますよ。

敬具

——ブレンダ・ティム

勤務外のトレーニング

僕は「週4時間」のコンセプトを利用して２００８年の8月から翌年の1月までリモートワークすることができた。ポルトガルやスペイン、スウェーデン、ノルウェーに行ってサーフィン、スノーボードなど、何でもやった。何が一番良かったかって？　家に帰ってみたら通常の9時―5時仕事を続けていたときよりも銀行に3倍のお金が貯まっていたことかな。僕はある世界的に有名なデザイン会社でソフト開発の仕事をしているけど、「週4時間」のコンセプトを使って自分の人生を本当に変えることができたんだ。今は、iPhone と Fring を組み合わせて使っている。Fring は iPhone や iPod touch の Wi-Fi 機能を利用して、ほかの fring ユーザーやサポートするほかのサービスのユーザーと VoIP 通話（音声通話）ができるアプリケーションで、ひとつのデバイスで何でもできるし、海外のローカルナンバーも持つことができる。

僕は4か月間、仕切りで覆われたデスクに僕がいないことを絶対に気付かれないようにしながら、仕事場から離れることを優先させた。でもすぐに戻れるようにもしていた。僕はあえてインスタントメッセージをいつも利用することにした。誰かが僕のデスクまで来て探しに来たとき、僕はほかの場所にいる。そのときインスタントメッセージで「どこにいるの？」と尋ねてきたら、僕はいつも同じような返信をする。ちょっとカフェに来ています、ちょっとコーヒーショップに行っています、同僚のXのデスクにいます……。　2か月後には、驚くようなことが起きた。ほかの人たちが僕の動向をインスタントメッセージを通じてしか見なくなり、僕のデスクまで来なくなったんだ。このおかげで、誰にも気付かれずに６０００マイル〔約９６００キロ〕離れたところまで行くことができるようになったんだ。

ほかのことも考えてみよう。タイムゾーンはリモートワークを整える環境に大きな役割を果たす。僕は時差が9時間あるノルウェーにいるときが一番完璧な時間帯だと思っている。ある意味、未来の時間にいるようなものだ。私の上司が起床した時間には、僕の一日はほぼ終わっているからだ。

これで僕はノルウェーのフィヨルド〔氷河の浸食作用で形成された湾や入江〕探険や登山、そしてまだ知られていない極寒のサーフィンスポットなどを見つけることができた。しかも誰かに邪魔されたり、海外からの電話に悩まされたりもしない。完璧なシステムだった。やろうと思えば1日中探険したあとに家に帰って夕食をとり、上司と2～30分チャットをしてメールをチェックするようなことだってできる。上司が緊急を要する用件を言ってくることはほとんどないし、彼は自分が寝ている間に片付けられる仕事を僕に与えることができる。そして彼が起きたときには仕事はすべて終わっているんだ。

――B・ウィリアムソン

医者のオーダー

こんにちは、ティム。

僕の話をしよう。

僕の夢は4年前から始まった。そのときは心理学の検定試験を受けていて、友達と話をして自分へのごほうびに南米へ旅行しようと決めたんだ。僕たちは9時－5時（ときには6時、7時、8時になることもあった）の病院やクリニックでの仕事でへとへとになっていた。

僕はそれまで、アメリカ国内やヨーロッパを長期間にわたって旅行したことはあったけど、南米の文化は経験したことがなかったんだ。

南米旅行はとてもすばらしいもので、他国の生活や文化に目を向けることができた。旅行中には、多くの海外居住者たちと話す機会があった。どうやって彼らが退職金や年金を使って、この土地で王様のような暮らしをできるようになったかを教わることができたんだ。その方法のうち、ひとつははっきりしていた。海外居住者のほとんどは「起業」しようとして全財産をつぎ込み、大失敗している。僕はそこで仮説を立ててみた。北米から移住してきた人向けのビジネスを維持するための資金（この場合はペソ）が市場に不足しているのではないか。

旅行を終えたあと、僕は友達に相談した。ほかの場所で生活しながらアメリカ合衆国の住民から収入を受け取る方法を開発することに全精力を注ぎたいと。VoIP は最近になってビジネスで広く利用されてきているし、南米やほかの第三世界の地域でのインターネットサービスも改善してきている。ビジネスは自由に移動できることが前提だ。僕はビジネス全体を徹底的に煮詰めて2つの基本的な機能に集約させた。信頼できるVoIP と高速インターネットだ。

そのとき、僕はちょっとした診察業務に関する調査を行った。医学部生が電話かEメール経由で論文や統計分析を仕上げる手伝いをしたんだ。僕は小さなウェブサイトを持っていたけど、そこは通信速度が遅かったので、ほかのサイトやマーケティングサービスを利用するようにした。やがて検索エンジンを最適化（SEO）させ、ウェブマーケティングについて学ぶようになり、結局は僕のウェブサイトでのオンラインマーケティングやプロモーションを全部やるようになった。http://wwwReseachConsultation.com を使えば、自分のビジネスを大幅に向上させることができる。

それから3年間は、膨大な量の「移動実験」を実施した。コスタリカやドミニカ、ベネズエラ、コロンビアに旅行に行き、海外から商取引する僕のシステムにうまく合わせられるようにした。

そしてついに昨年の11月、仕事をやめた。感謝祭の前に、平凡な9時－5時の仕事には二度と戻らないことを誓った。最近になって、「指紋の生体認証」による識別システムを始めた。そこでは病院への通勤やほかの病院へ転勤する際の「勤怠記録」を指紋で行い、8時間働いたことを保証するものだ。これは、退出するときのもうひとつのサインになる。

僕は今ニューヨークとコロンビアに住んで年中ほかの地域に旅行に出かけている。しかもアメリカとコロンビアにいる顧客と話をし、業者と仕事のやり取りをしながらだ。そうすることによって海外で何分の一かの費用で暮らしている間に、USドルを獲得できる。

そして、ほかのウェブサイトやビジネス（地域の公開討論会だ）も始めた。これは理想的なほど自動化され、日に日にインタラクションやモニタリングの必要がなくなってきている。

そう、これが今までの僕のストーリーだ。今日は南米、明日は高速回線（スペイン語で「banda ancha」だ）でつながっていられるどこかほかの場所にいるだろうね！

前の仕事をやめて以来、僕のストレスは格段に解消されている。そして僕の人生のクオリティは驚くほど改善している。

ニューヨークに住んでいる家族や友達は、いまだに僕の頭がおかしくなっているんじゃないかと思っている。そして、僕は「うん、そうだよ」と言い続けているんだ……。

——ジェフ・B

「週4時間」家族とグローバル教育

ティムへ

私たちは2006年に、完全にデジタル遊牧民になって家族で世界中を旅するようになりました。そしてあなたの本を見つけ、いろいろなアイデアが湧き上がってきました。私たちの生活は完全に変化しました。より充実したものになり、そしてよりシンプルになっていきました。野菜中心の生活になり、ぜい肉はそぎ落とされ、より健康に、より幸せになって、結びつきも深まっていきました。

ほかの人からすれば、私たちはバカな奴らでしょう。こうした生活をしようと決めたのは2004年からその翌年にかけてですが、今でも多くの人が私たちのことを生意気でサイキックだと思っていますよ。

大変なのは、子どもを通わせるのにふさわしい良い学校を見つけることです（それでも思い通りの成果を得ることは数多くありましたが）。これはもっとも具体的で重大な問題でしょう（ジョン・テイラー・ガット〔アメリカの公立校教師。1990年ニューヨーク市最優秀教師、翌1991年にはニューヨーク州最優秀教師となる〕は、教育をしない学校が一番いいと言っています）。そこで私たちはもっと家族で時間を共有できるようにするのと同時に、予想される住まいや経済の破綻に備えておくようになりました。

私はこれからもっと多くの家族がミニリタイアメントをとり、スローライフを満喫し、デジタル遊牧民として世界中を旅するようになるだろうと思います。もし家族で数か月間外出するとしたら、世界中にあるすばらしい教育システムについて情報を集めておく必要があります。実際に、ほとんど知られていませんがホームステイよりももっと充実したシステムがあるんですよ！

クラスルーム2・0〔ソーシャルメディアを教育に活用するためのネットワーク〕のような革新的なオンライン教育のシステムは数多くあります。私の娘も8歳になったばかりですが、ジョン・ホプキンス大学のオンラインコース（Center for Talented Youth）で楽しんでいましたし、彼女の友達も活用しています。今では、ひとつの文化をかなり深く掘り下げたものもありますし、自国の文化を大切にするようにもつくられています。これはサード・カルチャー・キッド〔TCK。親の仕事などの都合で母国を離れ、自分の生まれた文化圏以外で教育を受けた子どもたち〕に対して時代遅れのネガティブなイメージを持っている50年代生まれの家族にこそ知ってもらいたい、重要な情報なのです。

マヤ・フロスト[注91]〔『The New Grobal Student』著者〕は年長の子どもに関してすばらしい情報をもたらしてくれました。そして大学に進学することに関して新しい実例を紹介してくれています。教育もまた、インターネットのおかげで地殻変動を起こしているジャンルではないかと思うのです。そして親はこうした情報を元に、重大な決断を下せるようになるのです。

私たちはスペインのローカルスクールに通って、とてもすばらしい体験ができました。私の子どもはそこで第2外国語であるスペイン語、そしてスペインの文化や文学をしっかりと掘り下げて学ぶことができたのです。マヤ・フロストの本にはローカルスクールに関する情報や、数か月間家族一緒にそのすばらしい体験を得られる方法が書かれています。

Eライブラリー〔電子図書館〕はとても重要です（特に読書が大好きな子どもに向いています）。http://www.learninfreedom.org/languagebooks.html は語学教育にうってつけの優良サイトです。あなたがモノリンガル〔母国語しか話せない人〕だったとしても、バイリンガルの子どもを育てるための優れた本がいっぱいありますよ！

――ソウルトラベラーS3
海外生活を満喫している家族より

フィナンシャル・ミュージング

私はスタンフォード大学を卒業後、2006年7月に投資銀行で働き始めました。が、楽しめたのは最初だけで、すぐに具合が悪くなりました。そう、ライフスタイルは悲惨なんてもんじゃありませんでした。でもいろんなことを学び、すぐに出世しました。タイプAの人間〔活動的で競争心が強く、攻撃的な人間。ストレスをためてイライラしがちになる〕だったので、ある程度までは認められたのでしょう。

でも、何年か経過するうちに、私はそんな生活が続けられるわけがないと悟りました。外の世界に飛び出してみたい……でも、ほかの多くの人と同じように、すぐに行動に移せなかったのです。

2007年の5月、私は午前3時に車で帰宅していました。それまで4、5晩くらい徹夜していました。そして側道の並木に衝突してしまったのです。居眠りして衝突事故を起こしたことがなければ、こんなことを想像してみれば分かります。バンジージャンプのひもがパチンと切れた状態で、地面から5フィート（約1・5メートル）上のところで目が覚めたようなものです。

「ER（救急医療室）にいます」

私が翌日、オフィスに送ったEメールのタイトルです。幸いなことに、職場の誰もがこの週末の数日間の仕事ぶりが異常だったことを理解してくれました。そして幸いなことに、致命傷はなく生きながらえたのですが、まさにその瞬間、何かを変える時だと心のなかで誓ったのです。

1、2週間後には何人かの友達とディナーで会うことができました。そしていきさつを話しました。友達のひとり（彼女は仕事を辞めて、オンラインで情報商材を販売するかたわら、自分の夢であるプロの俳優を目指していました）が、「最近読んだ本なの」といって1冊の本を渡してくれました。それが『週4時間』だったのです。

私は当然、詐欺じゃないかと思ったのですが、自分の人生に嫌気が差していましたし、ちょっとだけ読んでみようかと思いました。しかし、一気に読んでしまいました。そしてもう一度読み返し、幻覚を見ているのではないと確信したのです。投資の世界に飛び込む前は、オンラインのグラフィックやウェブデザインの仕事をちょっと手がけていました。技術もひと通り身につけていたので、この本に書かれている内容がさっぱり分からないということはありませんでした。でもかんたんに手がけられるということは知りませんでした。私は半年間日本の大学に留学してとても気に入っていたので、私の目標を長期間の世界旅行にしようと定めたのです。

しばらくはあなたの本のアイデアに乗っかって2007年の10月に短期間日本へ旅行し、戻ったときにプランを実行しようと決めました。

・私のミューズ／投資銀行の面接ガイドを販売すること。これはニッチで需要の高いもので、ほかに出ているものよりははるかに良いものだと分かっていました。

・問題／会社勤めをしているので匿名でやらなければいけなかったこと。そしてペイ・パー・クリック方式だと関連キーワードに対するCPC〔クリック1回あたりの料金〕が高価になってしまったこと。

2007年の11月には、「Mergers & Inquisitions」(http://www.mergersandinquisitions.com)というブログを始めました。これは投資銀行業界に関することやそこで仕事を始める方法について書いたものです。ターゲットは大学生、MBA資格取得者、専門職の人です。固定客を確保するうちに、私のミューズである面接ガイドを完成させる時間がなくなってしまいました。しかし読者から大量に送られてくる質問や相談を処理しているうちに、面接ガイドの編集を再開させ、擬似面接まで行うようになりました。もちろん、「ミューズらしきもの」でしかないのですが、高率の課金システムにしたおかげで、あっという間に私の以前の給料よりも収入が上になりました。このシステムもやむを得ずすべて匿名で行いました。もうひとつの収入源を失いたくなかったからです。驚くことに、このサービスは私が何者か誰にも分からないまま軌道に乗ってしまったのです。

と同時に、私は投資の仕事をやめる決意を固め、２００８年の7月に退職しました。そしてすぐにあらゆるサービスを動かし始めました。友達や同級生、家族までもが疑いの目で私を見て、「絶対うまくいかないよ」と言いました。私は「みんなが間違っている、なんとかやってみせる」と心に誓っていました。最悪のケースを想定し、常に支出を削りながら、タイに英語を教えに行ったりもしました。

収入をアップさせるために、自分のサイトを改良して新しいサービスを開始しました。２００８年の7月から8月にかけてパートタイムのコンサルティング業を行い、ちょっとした小銭稼ぎからフルタイム働いたくらいの収入を得るようになったのです。こうしてハワイやアルバ〔ベネズエラ沖にあるオランダ領の島で、美しい観光地として知られる〕にシュノーケリングやサーフィン、シャークケージダイビング〔海中で檻のなかに入ってサメを間近に観察するダイビング〕を楽しみ、アメリカのほかの地域に住んでいる友達のところに遊びに行けるようになりました。パートタイムの仕事なのに、投資銀行で働く人と同じくらいの収入を得られたのです。

不況で経済状況が悪化するにつれて、私は自分の仕事を選別するようにしました。これは経済学で言うところの「反循環的措置」で、就職の手助けになるビジネスに絞りました。就労関係の仕事が不況下では大きな需要があるからです。たくさんのレイオフされた銀行員や投資家がほかの場所で働けるようにあっせんしました。しかし、一方で新しい仕事も以前より数多くスタートさせました。私は効果的に自分の経験した時間を提供して対価を得るようにしたからです。秋が過ぎたところで私はオリジナル商品の仕事を始めました。そう、面接ガイドです。そして２００８年の終盤には大成功を収めました。

自由な時間を長く確保できるようになり、利益は2倍になりました。そして私の収入の大部分は自動化が実現しました。この時点から仕事が前進しなかったとしても、以前の月収より2、3倍は稼いでいました。おもな仕事は私のサイトを1週間に2回更新（4、5時間）、アルバイトとして時間制限のコンサルティング（10時間）でした。これだったら収入は3倍になっても私の時間が6倍から9倍は削られているじゃないか、と思われるでしょう。

たしかに、これまでよりは「仕事」の時間は増えています。でも、これらはすべて私がやりたかった教育関連のプロジェクトなのです。決してやらなくてはいけない仕事ではないのです。そして、1週間働いてばかりのように感じていても、実際には5〜15時間の範囲内で削減され、語学の勉強やスポーツ、海外旅行に時間を割くことができています。

このシステムのおかげで、私は12月から1月にかけて中国やシンガポール、タイ、韓国をめぐり、とんでもない冒険にもチャレンジしました。2、3か月経ったらアジアに移住し、そのあとはコーヒーショップを経営しながら世界中を旅するつもりです。

ちなみに、私はアジアを旅行中に多くの顧客を獲得できました。これはこれまでの仕事のなかで一番の成果です！

あなたの本は私の人生を変え、ライフスタイルをよりよいものへと向上させてくれました。ただただ、感謝するばかりです。

——B・デチェザーレ

子どもが重荷になっているなんて、誰が言ったんだ？

僕が最初にとった行動は、「1から10の段階で起こる最悪の出来事は何か」を考えることだった。給料の高い、安泰な政府の仕事をやめたらどうなる？　こうやって考える意味はとてつもなく大きかったんだ。

仕事をやめ、家を売り払い、2歳と6か月になるふたりの子ども、そして妊娠中の妻を連れて3か月間キャンプに出かけた（ミニリタイアメントを実施したんだ）。僕たちはオーストリアのサウスイースト海岸をシドニーからアデレードまで（とってもゆっくりと）ドライブした。

はっきりと心に決めていたことは、不安をいっさい抱えず、家族と一緒に行動しようということだった。そして僕が半年にわたって練りに練り上げたプランを実行したんだ。ワイヤレスのインターネットのドングルを購入して電気技師向けの情報機器をつくり、付随するソフトウェアをいくつか開発した。

こんなことをしながら、a　低情報ダイエットを行い、b　午後9時から深夜まで何にも邪魔されることなくキャンプ場で仕事を行い、c　僕には難しいと判断し、時間がかかると思ったもの（手の込んだプログラミングや私の本の挿絵など）はすべてアウトソーシングする　の3つを実行した。

1か月後、僕は自動化されたインフォマーシャルのウェブサイトを立ち上げた。そこで僕がフルタイム働いたときのおよそ半分の収入を得ることができたんだ。必要な収入よりも、週4時間労働を保つことを優先させたかったんだ。

もともとの計画は、アデレードに到着したら仕事しようというものだった。でも嫌々やった仕事で収入を得るよりも、新しい仕事を育てていこうと決めていた。今では以前の収入のほぼ100％カバーできるようになったよ。めちゃくちゃうれしかったな。

今は、子どもが小学校に入れるようになったらゆったりと世界旅行をしようかと考えている。

子どもが重荷になっているなんて、誰が言ったんだ？

——**フィン**

リモートワーク

1年前のこと。私は妹のボーイフレンドのすすめで『週4時間』を読んでみたの。それまでは、私は何か月間も自分の人生を劇的に変えることや、アルゼンチンへ移住してカスティーリャ語（スペイン語）を勉強することなんかを熱く話していた。本を読んだあとにはいっさい自分の夢を語るのはやめて、すぐに短期目標と長期目標を設定したわ。そしてノートを1冊買って月ごとの目標と課題を書きとめていった。リモートワークが可能なシチュエーションを丹念にリサーチして、仲の良い友達や家族に新しいプランを打ち明けるようにしたわ。それはただの思いつきで、実際にはできるわけがないよとみんなが言った。みんな「いつかこれをやってみたいな」というアイデアだと思っていて、私が毎日の目標を立てて実行できるなんて思ってもいなかったみたい。私が今の仕事をとても気に入っていて、先行き不安な人生のために仕事をやめる理由がないと分かっていたのね。

でも私はそんな風には考えていなかった。恐れるものはなかったし、申し分ない新生活、新たな門出にわくわくしていた。好きだった仕事をやめたとしても、私の人生で達成したいことはほかにもあったからね。まずは当座の収入を得るために英語を教える仕事をしようと思ったわ。でもじっくりと考えて、本当にやりたいことは、今の会社の仕事を続けることだって気づいたの。ただしリモートワークでね。この本を読んで、私は実現可能だと確信したわ。周りのみんなは不可能だと思っていたけど。

そこで私はリモートワークを実現するための企画書をまとめて、[注92]上司にプレゼンしたの。知り合いからはいっさいアドバイスをもらわなかった。もし上司が提案を拒否したとしても、アルゼンチンで仕事が見つかるまで最低でも半年は暮らせるくらいのお金は貯めていたわ。私はあきらめずにもっと自由で幸せな生活を送るっていう夢を叶えようと思っていた。そのためには仕事を減らして自分自身のための時間を増やす必要があったの。多くの困難があったけど想定されるリスクを見すえながら自分を信じようと思った。企画書を提出してから、私は最悪のケースを想定した。周囲の人はみんな私の提案が拒否された後にどう励ましの言葉をかけていいかを考えていたみたい。上司との打ち合わせで、信じられないことが起きたの。彼女は私の提案を受け入れて、その中身をくわしく聞きたがっていたわ。彼女は微笑みながら「すばらしいプランね」とほめてくれた。私がこのことを話したときは、誰も信じてくれなかった。全身に衝撃が走ったあと、これを実行するときには、私の肩にとても大きな責任がのしかかってくることが分かったわ。もっとも大変なのは今、新生活のためにもっと多くの可能性を考え始めなくてはいけないということね。

　私は２００８年の9月にアルゼンチンに移住するという目標を設定した。到着したのは9月3日で、住み始めて6か月経ったわ。私の住居はフフイの州都サン・サルバドール・デ・フフイにある。フフイはアルゼンチン北西部にある小さな州。そこで州に5〜10時間くらい働いていたけど、今ではオフィスの外で一人きりで仕事するようになるまでもっと仕事を凝縮できるようになったわ。そしてスペイン語の個人教師を雇って週に5日、2時間勉強しているの。スペイン語を話しながら一緒にいられる友達も何人かできた。あと、週に3回はジム、2回はヨガに通っているわ。これはアメリカにいたころは時間がなくてできなかったこと。食事にも気を使えるようになったから、以前より健康な食事ができるようになったわ。今は、自分の夢をもっと大きなものにするためにもっと自由な時間を増やしたい。バーやカフェを持つのが今の目標で、数年以内に実現させるのが当面の課題かな。

『週4時間』の読者に私からアドバイスするとすれば、私の経験を引き継いでほしい、ということ。私の友人や家族からのアドバイスはとても重く受け止めていたけど、ときには愛する人からの忠告を無視することも必要。本当に何かを起こしたいならね。信じれば不可能も可能になる。必ずそうなるわ。

——A・K・ブルックマイヤー

〔彼女のリモートワーク提案書は、「ベスト・オブ・ブログ」の「契約に基づいたリモートワークの提案書」を参照〕

ブラックベリーを捨てなさい

私は37歳で、サブウェイ〔サンドイッチのチェーン店〕のフランチャイズ店を13店舗運営しています。かれこれ7年間続けています。『週4時間』を読む前は、私はW4W（仕事のために働く）の王様だったのです！　私はかつて従業員として働いていたとき以上に自分自身に対して「妥協」を許しませんでした。「週4時間」によって私は完全に自由になったのです。文字通り、私は自分自身を見つめ直し、W4W中毒の治療プロセスを開始しました。かつて、私はいつも「電源オン」の状態で、本当の意味で「自分がそこにいる」状態ではなかったのです。つまりどういうことかというと、忙しすぎて夕食の席でも「ブラックベリープレイヤー〔携帯電話で話ばかりしている人の意味〕」になっていて、夕食を共にしている人との貴重な時間を過ごしていなかったのです。休日はただオフィスから離れているだけで、津波のように押し寄せてくるEメールと格闘していました。「週4時間」は新しいパラダイムを与えてくれました。そして自分の仕事を「商品」として見るようになり、（当初の）目的通り、少ない時間で収入を大きくしようとしました——何のために？　自分が心から人生を楽しむため、そして自分のスケジュールや活動に縛られず完全に自立するためでした。そこで私は惑わされずに、当初の目的を追求すればいいんだと自分に言い聞かせました。それで良かったのです。

「いつでもオープン」という私の1週間の労働時間を、４日間で20時間まで削減しました。すぐに私は月曜日を休日にし、週末の休日を３日間にしたのです（次は金曜日に照準を当てます！）。火曜日から金曜日までは午前11時～午後４時（週20時間です）にしました。週に働く時間を圧縮して得られた時間をパレートの80／20の原理を使ってふるいにかけたら、80％のうち50％が無駄な時間だと分かりました。そして50％がアウトソーシングできるものだったのです。すばらしい！

　私が今やっていることはすべて売上の拡大、あるいはコスト削減につながっています。そうでなければ「ほかの人の仕事」にしてしまいます。「中途半端」はいけません、だから私が「オン」のときは本当にオンでなくていけないし、「オフ」のときは本当にオフにしなければいけないのです――オフのときは頑張って私とコンタクトし続けてみてください。私は今でもノートパソコンでEメールをチェックしていますが、「データの自動同期」はやめました（これは現代人にとって致命傷になりかねない障害物です）。今では火曜日から金曜日の午前11時～午後４時のスケジュールだけアップしています。

　Eメールの自動返信機能で、２週間以内に送られてくるEメールのうち50％を削ることができました。うんざりするような意味のないメールを送った人が自動返信を見て送信するのをやめるのです。To-do リストは短くコンパクトにしていますし、期限を定めたものはすべてカレンダーに記しています。

　こうすれば受信箱を開く前にいろいろ確認できます。重要なものだけ先に片付けて、残りは保留にすると決めているからです。

　こうして仕事を続けてみると、結局のところ、自営業は悲惨な目にあうこともあると思うのです。上司はいないし、仕事と家庭生活に明確な境界がないから、Ｗ４Ｗで消耗してしまうのです。そして仕事自体が「トラクタービーム」〔宇宙船を曳航するときのビーム光線。SFに登場する兵器〕になってしまい、否応なしに引きずり込まれてしまいます。

「週4時間」はその防御手段になりますよ！

――アンドリュー　イギリスで自営業を営んでいる

みんな、「スターウォーズ」はどう？

「週4時間」を追求していることがうまく機能したと思った瞬間がありました。それは、私の娘が通っている幼稚園の先生が、「お父さんはどんな仕事をしているの？」と娘に尋ねたときでした。先生があとになって改めて私に話してくれたところによると、娘の答えはグッと胸にせまるものだったようです。「お嬢さんは私を見上げて、とても真剣な表情でこう言ったんです。『私のパパは家でぶらぶらしていて、一日中〝スター・ウォーズ〟を見ているんです』」。

おかしなことに、このシンプルな質問が、そして言うまでもなく娘の答えが、私にとっての「週4時間」を自覚した瞬間だったのです。娘の答えには深い意味があります。娘がもっと意味を明確に言えたとしたら、おそらくこう言いたかったのだと思います。「私のパパは自分がやりたいことばかりしているんです」

2年ほど前に『週4時間』を読んだのは、家族と一緒にバケーションで海に来ていたときでした。よく覚えているのは、妻に本を読み聞かせ続けていたことです。彼女にしてみれば無意味な嫌がらせだったでしょう。私はジョージア州アトランタの大手金融機関のディベロッパーとエンタープライズ・アドミニストレーター〔ITのネットワーク環境やアーキテクチャ全体の管理・保守を行う〕の仕事をしています。おもな仕事の内容は、膨大な文書管理を行うシステムのサポートです。こうしたシステムが重視されているおかげで、私の仕事は24時間／7日間／365日になりかねません。安定した職業だとも言えますが、家庭生活を考えるとひどいものです。私には子どもが4人いて、日常生活でお手本になるような父親でいようと頑張っています。そこであなたの本を武器にして、新鮮な見方で「週4時間」の法則を実行し始めました。

はじめに、Eメールの習慣を改めました。受信箱をじっくり調べ、「週4時間」の技術に従って無駄なものや不要なものを消しました。そして新しい習慣として私のメールをバッチ処理〔一括処理〕し、アーカイブに長い間残さずに、「トラステッド・トリオ」方式〔受信したメールを3つのフォルダに分類して管理する方法〕を採用して受信箱を空にしました。そして「レス・イズ・モア」〔より少ないものはより多くのものをもたらしてくれる〕という哲学のもと、Eメールを作成するようにしました。可能なかぎり明瞭で簡潔を心がけ、適切な長さにしました。明らかに顧客である人とだけやり取りするようにし、それ以外はまったくメールしないようにしました。不要なメールをすべて削除したことで、私のEメールはかなりスリムになり、「実行」「To-do」などのフォルダがより明確になり、それぞれが重要なメールとなったのです。

打ち合わせや会議の割り込みは、次の攻略対象となりました。それぞれの打ち合わせ内容を丹念に調べ手当たり次第に断っていったのです。断った理由のほとんどは参加するための時間がとれない、というものでした。打ち合わせや面会よりもインスタントメッセージを使ってほしいとお願いし、何か特別な質問があって私が答える必要がある場合もそれを使いながら答えるようにしました。

会議に参加するとしても、常に電話会議で済ませました。会議室の利用を制限し、地理的に離れた場所同士で打ち合わせする場合はとにかくバーチャルな形で行いました。

時間の浪費が少ないということは、本当に重要な仕事や課題にとりかかる時間が増えるということです。自分としてはまだまだ物足りなかったのですが、もっとスムーズに仕事を片付け、より良い成果を得られました。普通にできる人間は、仕事を片付ける自分の能力に気づいて、それ以上良くしようとしません。私自身、自分のマネジメントはうまくいっていると思いますが、彼らがそう思い始めたら自分の仕事に疑問を持たなくなり、日常の業務の細かいところまで管理しようとします。そこで私は彼らに何の支障もなくできることを分かってもらいたいのです。今こそ本当に私がやりたいことを推し進める時が来ています。そしてそれはバーチャルに行き着くのです！

バーチャルに向かうのは、実はとてもかんたんなことなのです。私にはマネージャーや指令系統上に多くの人がいて、しっかりとした土台をつくってくれています。私の日常業務のほとんどはすでにリモートワークの準備が整っています。家には専用のオフィスを構え、私たちが完成させた土台のなかに組み込んでいます。そのオフィスは家の離れにあり、邪魔なものは一切ありません。私専用のシャワールームを持ち、小さな冷蔵庫と電子レンジも備えています。私があえて言いたいのは、私の自宅オフィスは、私の会社のトップ経営陣のオフィスにもひけをとらないくらい快適なのです。何よりも妻が、そして家族みんなが、成功し続けるためにつくった私のルールを理解し、尊重してくれているのです。

まず、私は週に1、2日だけ家で仕事をします。しかしそれほど長時間ではありません。以前は週5日のうち4日は家で働いていましたから。かつて東南部がガソリン不足に陥り、ガソリンの国内価格が1ガロン〔３・７８５リットル〕あたり4ドル〔約３３０円〕に達したとき、リモートワークが会社から公式に認められました。私はほかの人もできるように率先してリモートワークをしました。周囲の人達がガス不足で仕事どころではなくなりパニックになっていたときに、私はいつも通り家で楽しく仕事をしていたのです。

この時点で、私が予想した以上に事態は好転しました。「週4時間」方式を使って私はより多くの時間を得られるようになり、私が望んでいた「良きパパ」になりました。そして私の日常の舞台は小学校になりました。私は娘と一緒にカフェテリアで昼食をとるようになったのです。そしてD・E・A・Rと呼ばれるプログラムにも参加しました。これは「Drop everything and read」〔子どもたちが読書や好きなことを選択して活動するプログラム〕の略で、月に数回参加してそれぞれの授業で読書をしたりしています。自分の子どもを学校まで送り、帰宅するときにも私が家にいるようになりました。家族全員から見ても、私は日々の生活のなかにしっかりと存在しています。その価値はお金では換算できません。私は目的を達成した実感があります。それがすべてでした。そう私は思うのです……。

　もうひとつ出来事がありました。気づいていなかったのですが、学校や教会にいる人たちが、私のことを尊敬しているというのです。私には奇妙に思えました。彼らが私のことを医者か自力で出世した億万長者か何かと誤解しているのではないかと。冗談を言っているのではありません。私のことをいまだに「ドクター」と言っている人もいるくらいですから。おそらくほとんどの人が考えている「リッチ」の姿が古いステレオタイプなものにとどまっているからでしょう。いつも私は学校行事や特別な日には顔を出しますが、カジュアルな格好でいますし、時間やブラックベリーに執着したりしません。今、私はPTAの委員長に推薦されています。そして最近になって地域の水泳・テニスクラブの役員に選ばれました。素敵なことに、私は実際にそういった活動を行えますし、今でも仕事や家でも頼りにされる存在です。言うまでもありませんが、新しい扉が今、開かれているのです。これ以上のものがあるでしょうか。

　私を取り巻く状況がこのようなものであっても、私は今でも娘が先生に言ったときの言葉を振り返ることがあります。実際は、ある意味「いつもぶらぶらしていて『スター・ウォーズ』を見ている」ようになりたいと思っていたのです。そして本当にできるようになりました。しかし、私は残された時間を今本当に意味のあることに費やしたいと思っています。家族とともに毎日を過ごす、コミュニティのお手伝いをする、教会でボランティア活動をする、といったことです。そして次なるステップとして、自分自身の本を書きたいと思っています。この企画は「バーチャル従業員ハンドブック」と名付けています。私のような現代のバーチャル従業員に必要なヒント、ハウツー、そしてツールをまとめて紹介しようと思っています。そのうち内容もまとまってくるでしょう。

ひとつだけ確かなことは、『週4時間』がなかったら、今私がやっていることなど夢にも思わなかったでしょう！

――W・ヒギンス

（注釈）

91 Maya Frost, The New Global Student (Crown, 2009).

92 「ベスト・オブ・ブログ」の「契約に基づいたリモートワークの提案書」で、実際の提案を紹介している。

厳選された読書

けっこう大事なこと

本当に必要なものだけに絞ろう。
偽善者といわれても、偽らない者などいるだろうか？

——ドン・マークィス

あなたの言いたいことは分かる。確かに私は「あまり読書はするな」と言った。だからこそ、ここですすめる本は「人生を変えた1冊は？」と聞かれて、本書に登場する人や私が答えた選りすぐりのものだけに絞っている。

これらの本は、本書と同じようなことを語ってくれる必要はない。どちらかというと、ある特定のことに悩んでいて抜け出せなくなったときに、参考にしてほしい。この本のページ数を記したので、６章の『10分間で２００％速く読む方法』をトレーニングすれば、少なくとも1分間に２・５ページは読めるようになる（つまり、１００ページだと40分程度になる）。

本書の付属コンテンツ（実践哲学、ライセンシング、語学学習含む）については、www.fourhourworkweek.com へアクセスしてほしい。

◆基本四大原典——説明させてほしい

基本四大原典と名付けたのには理由がある。これから紹介する4冊は、『週4時間』を執筆する前に、私がライフスタイル・デザイナーを目指す人たちにすすめていたものだ。だから、今でも価値ある本だと思っている。読むときは、次の順番がおすすめだ。

『The Magic of Thinking Big』（192ページ）
『大きく考えることの魔術』（2004年　実務教育出版刊　桑名一央訳　236ページ）
ダビッド・J．シュワルツ著

最初にこの本を私に紹介してくれたのは、スティーブン・キー（ディズニー、ネスレ、コカコーラなどの企業に商品をライセンシングし、何百万ドルも稼ぎ出したもっとも成功している発明家）だった。世界的な著名人（フットボール界伝説の監督から名高いCEOに至るまで）の愛読書としても知られ、アマゾンでは100を超える5つ星評価を獲得している。本書の教訓は、他人を過大評価し、自分を過小評価しないこと。私はいまでも疑心暗鬼になると、冒頭の2章を読み返している。

『How to Make Millions with Your Ideas: An Entrepreneur's Guide』（272ページ）
『億万長者のビジネスプラン——ちょっとした思いつきとシンプルな商品があればいい』（2009年　ダイヤモンド社刊新訂版　牧野真監訳　286ページ）
ダン・S．ケネディ著

この本には、アイデアを大金に換える方法が満載だ。高校生のときに初めて手にし、それから5回は読んでいる。これは、起業家の大脳皮質に効くステロイドといってもいい。ドミノ・ピザからカジノ、通信販売まで幅広く扱ったケーススタディは必見だ。

『The E-Myth Revisited: Why Most Small Business Don't Work and What to Do About It』（２８８ページ）

『はじめの一歩を踏み出そう：　成功する人たちの起業術』

（２００３年　世界文化社［改訂版］原田喜浩訳　２４７ページ）

マイケル・E．ガーバー著

ガーバーの語り口には貫録がある。彼は自動化について、伸縮可能なビジネス展開に必要なフランチャイズ発想（優秀な人材に頼らない、ルールに基づいた考え方）の導入方法を論じている。徹底管理型の堅実な管理職にではなく、経営へと導いてくれる、ストーリー仕立てになったすばらしい指南書だ。起業したために身動きが取れなくなっているのなら、これさえ読めば一瞬でそこから抜け出せるだろう。

『Vagabonding: An Uncommon Guide to the Art of Long-Term World Travel』（２２４ページ）

『旅に出ろ！——ヴァガボンディング・ガイド』

（２００７年　ヴィレッジブックス刊　ロバート・ハリス監訳　２３０ページ）

ロルフ・ポッツ著

ロルフはすべてお見通しだ。この本に出会って、私は旅に出る言い訳ばかり考えるのをやめて、休暇を延長し、荷づくりをした。あらゆることについて少しずつ触れているが、とりわけ目的地の決め方や路上生活への順応方法、帰ってきたときの日常生活への再適応方法についての言及が役立つ。偉大な旅人や哲学者、冒険家が残した名言の引用に加えて一般の旅行者から寄せられた逸話も載っている。15か月にも及んだ1回目のミニリタイアメント先に、私が持って行った本でもある。その2冊のうちの1冊だ。(もう1冊は次の『ウォールデン　森の生活』だ)

気持ちもモノも荷物は少なめに

『Walden』(３８４ページ)
『ウォールデン　森の生活』(２００４年　小学館刊　今泉吉晴訳４３５ページ)
ヘンリー・D.ソロー著

多くの人にとって本書は、自立とシンプル・ライフを題材にした不朽の名作だ。ソローは、2年間マサチューセッツの農村部にある小さな湖のほとりに自ら小屋をつくり、ひとりで暮らした。自分自身のみに依存し、必要最小限の生活をしようと試みたからだ。この実験は、大きな成功を収めると同時に失敗に終わっているが、それがまた、この本の説得力を増している。

『Less Is More: The Art of Voluntary Poverty—An Anthology of Ancient and Modern Voices in Praise of Simplicity』(３３６ページ)
Goldian Vandenbroeck 編集

シンプルな生き方をテーマに、比較的理解しやすい哲学書を集めた全集。私は僧侶になることなく、いかにして人工的なものを排除し、最小限の努力で最大限の効果を得るのかを学ぶためにこの本を読んだ（この差は大きい）。ソクラテスからベンジャミン・フランクリン、そしてバガヴァッド・ギーターから現代の経済学者に至るまでをラインナップし、実践的な法則や短い教訓物語を収めている。

『The Monk and the Riddle: The Education of a Silicon Valley Entrepreneur』（１９２ページ）

『ランディ・コミサー：あるバーチャルCEOからの手紙』（２００１年　ダイヤモンド社刊　石川学訳　２４３ページ）

ランディ・コミサー著

この偉大な本は、チャウ教授から卒業記念に贈られたものであり、私は「夢を先送りにする生き方」という表現をここで知った。名門クレイナー・パーキンズ社〔正式名はクレイナー・パーキンズ・コーフィルド・アンド・バイヤーズ。米国ベンチャーキャピタル企業〕のバーチャルCEO兼パートナーのランディは、自身をこう紹介している。「プロのメンター、出家していない僧侶、大胆不敵な投資家、問題解決の名人、成功を呼ぶ男、とそのすべてを掛け合わせたような人間だ」シリコンバレーに身を置く、この真の魔法使いがどのようにして理想の人生を、剃刀のように切れる頭脳と仏教にも通ずる哲学を用いて築き上げたかを披露してもらおう。本人に会ったことがあるが――彼は本物だ。

『The 80/20 Principle: The Secret to Success by Achieving More with Less』（２８８ページ）

『人生を変える80対20の法則』（１９９８年　TBSブリタニカ刊　仁平和夫訳　２８３ページ）

リチャード・コッチ著

本書は一筋縄にはいかない「非線形」な〔数学で、重ね合わせの原理（2つの波が一点で出合う場合のように、それぞれの変化を表す量を合わせたものが、全体の変化の量を示すときに成立する原理）が成り立つものを「線形」、成立しないものを「非線形」という〕

世界を探究し、数学的かつ史学的なアプローチを取りながら80対20の法則の根拠を説明するとともに、その具体的な実践方法を紹介する。

「ミューズ」の作り方と関連スキル

『Harvard Business School Case Studies』

www.hbsp.harvard.edu（「school cases」をクリック）

ハーバード・ビジネス・スクールの教育方針が成功した背景のひとつには、ケーススタディを採り入れたことが挙げられる。つまり、社会の実状を反映させた授業を行ったことが大きい。「24-hour fitness」〔米大手スポーツフィットネスチェーン〕やサウスウエスト航空、ティンバーランド〔カジュアルウエアメーカー〕など何百もの企業のマーケティング・プランや業務計画を例にあげて学習している。あまり知られてはいないが、10万ドル以上も掛けてハーバードに通わなくとも（もちろんその価値がないと言っているわけではない）、これらのケーススタディは1件につき10ドル以下で販売している。あらゆる状況や問題、ビジネスモデルを想定したケーススタディが用意されている。

『The business has legs: How I Used Infomercial Marketing to Create the $100,000,000 Thighmaster Craze: An Entrepreneurial Adventure Story』（２０６ページ）

Peter Bieler 著

この本は、（もっともいい意味で）世間知らずの著者が、いかにしてゼロからスタートし（商品も、経験も、現金もない状態で）2年もかからずに、巨大な1億ドルマーチャンダイジング帝国を築き上げたかを語っている。今までに例のない革新的なケーススタディとなっているのは、当時の数字を用いながら、セレブリティとの交渉からマーケティング、生産、法関連、小売りに至るまでのすべてをこと細かく解説しているところにある。メディア戦略を要する商品があれば、著者による資金援助も可能だ（www.mediafunding.com）。

『Secrets of Power Negotiating: Inside Secrets from a Master Negotiator』（256ページ）
Roger Dawson著

交渉術関連の文献で、私を驚かせ、実際にすぐ使える手法を伝授してくれた本はこの1冊だけといってもいい。私はこのオーディオ・バージョンを活用した。交渉術に興味があれば、ウィリアム・ユーリー著の『ハーバード流〝no〟と言わせない交渉術：決定版』（2000年　三笠書房刊　斎藤精一郎訳　312ページ）やG．リチャード・シェル著の『無理せずに勝てる交渉術』（2000年　TBSブリタニカ刊　青島淑子訳　262ページ）もおすすめだ。この3冊さえあれば一生困らない。

『Response Magazine』 www.responsemagazine.com

Response Magazine は、数十億ドル規模のダイレクト・レスポンス〔特定のニーズをもっている人に向けて直接発信し、返信を促す広告。通信販売、保険などで活用される〕産業協賛のもと、テレビやラジオ、インターネット・マーケティングに焦点を当てている。ハウツー記事（電話1本あたりの営業成績向上や広告関連コストの削減、受注から入金管理までの作業効率化についてなど）に加え、広告キャンペーンの成功例（ジョージ・フォアマンのグリルや『ガールズ・ゴーン・ワイルド』のビデオシリーズなど）を扱ったケーススタディも掲載している。雑誌には各業界の有力スポンサーによるオファー広告が出ている。お役立ち情報が納得の価格で掲載されている。つまり無料だ。

『Jordan Whitney Greensheet』 www.jwgreensheet.com

ダイレクト・レスポンス業界の内情に迫る。ジョーダン・ホイットニーによる週刊、月刊レポートでは、もっとも効果のあった商品広告のオファー条件から価格設定、保証、広告頻度を含む分析結果（コストと収益の関係も明らかに）を掲載している。最新のインフォマーシャルやスポットＣＭのテープ・ライブラリも取りそろえており、競合他社の研究目的に購入も可能だ。全般的に高い評価を得ている。かなりおすすめだ。

『Small Giants: Companies That Choose to Be Great Instead of Big』（２５６ページ）
『Small giants（スモールジャイアンツ）：事業拡大以上の価値を見出した14の企業』
（２００８年　アメリカン・ブック＆シネマ刊　上原裕美子訳　３８１ページ）
ボー・バーリンガム著

ボー・バーリンガムは、長きにわたり雑誌『Inc.』の監修を務める。癌細胞のように巨大組織へと変貌する企業ではなく、最高峰であり続ける企業に注力して情報を集め、分析し、それらを美しいコラージュのように誌面にまとめている。さまざまな業界から、Clif Bar Inc.、Anchor Stream Microbrewery、ロックスターのアーニー・ディフランコによる Righteous Babe Records など、数十社を取り上げている。規模の大きさに価値は比例しないことをこの本は証明する。

世界旅行に向けての根回しと逃避行の準備

『Six Months Off: How to Plan, Negotiate, and Take the Break You Need Without Burning Bridges or Going Broke』（252ページ）

Hope Dlugozima, James Scott, David Sharp 著

「何てこった、これなら私にもできるじゃないか！」と思わず唸ってしまった初めての本だ。長期旅行に関するあらゆる不安を払しょくし、今のキャリアをあきらめることなく、旅行に向けて休暇を取る方法やほかに目的があるならそれを達成させる方法を、段階を追って指導してくれる。ケーススタディと便利なチェックリストを数多くそろえている。

『Verge Magazine』 http://www.vergemagazine.com

以前は『Transitions Abroad』として有名だった旅行総合情報誌。観光目的以外の旅行者をターゲットにバラエティに富んだ選りすぐりの情報を提供する。海外での過ごし方をあれこれ考えるならば、この雑誌とそのオンライン版から見始めるとよいだろう。ヨルダンで発掘作業を行ってはどうだろう？　またはカリブ海でエコ・ボランティアっていうのは？　ここには無限の可能性がある。ウェブサイトから引用しよう。

「どの話題もあなたを世界中に招いてくれるでしょう。そして何か違うことをしている人、何かをもたらしてくれる人が一緒にいます。この雑誌は、ボランティア、仕事、研究、海外への冒険を求めている人たちの役に立ちます」

ボーナス・トラック

本書は、手に持って読むだけのものではない。伝えたいことはたくさんあったが、限りあるスペースのなかでは書き切れなかった。それでも、おすすめしたいコンテンツについては、ボーナス・トラックとしてここに紹介する。何年もかけて結集した資料だ。ほかにも数多くのコンテンツがあるので、www.fourhourworkweek.com/をチェックしてほしい。

◆ジェダイ・マインド・トリックス――1万ドルの広告で70万ドル稼ぐ方法

実践用の台本つき

決して恐れながら交渉しないようにしよう。しかし決して交渉を恐れないようにしよう。

――ジョン・F・ケネディ

人生は公平ではない。交渉事にはルールなど存在しないと分かっている人には朗報だ。思った以上の成果をもたらすことが可能なのだ。

ほとんどの場合、交渉はその場その場の判断が求められる、不快感を伴う行為だ。NRであれば、予測できる一連の反発や反応を想定し、理想的な結果を生むように編成することができる。言わばチェスで

3、4手先を読むようなもので、相手をチェックメイトまで追い込むのである。

もっとも効果的な戦略と手順は、印刷広告に関する以下のような対話例で示されている。ニューリッチ（NR）が発した疑問は、会話の流れ全体で練り上げられたものであり、すべての問いかけがあらかじめ用意されている。

注意してほしいのは、定石になっている最初の一手を実際に使ったことがない場合は、お互いだまし合いのゲームのようになってしまうので、相手を認める、あるいは反撃しないことが重要である。

対話の流れを維持するために、7つの原則のナンバーをカッコ（　）つきで挿入して、そのあと原則の要約を紹介する。私は7つの原則のうち3つだけ（1、5、7）使用し、1万ドル〔約83万円〕の広告費用で152のラジオ局からラジオ広告の70万ドル〔約5800万円〕の収入があり、2000ドル〔約16万6000円〕で2万ドル〔約166万円〕の全面印刷広告を打ち、新車を販売価格の60％で購入した。こうした事例がもっとも確度が高いものになる。

交渉は予測可能なもので、学習できるものである。シンプルなフレーズと質問を何度も何度も使っていけば大きな収穫が得られる。細かく、頻繁に試し、ゲームのように考えること。やりがいのあるゲームだ。

最初の電話

NR　こんにちは。そちらの雑誌の広告担当者の方とお話ししたいのですが。

（シェリルに電話がつながれる）こんにちは、シェリルさん。私は△△社のマーケティングデイレクターの○○と申します。今、そちらの雑誌で広告掲載を考えているのですが、Ａ（競合誌）とＢ（同じく競合誌）も見ているんです。次号分は締め切って印刷に入ってますか？　Ｅメールでいいので規定料金と割引価格を教えてもらえますか。

7月20日　午後3時30分（原則1）

NR　こんにちは、シェリルさん。どの雑誌に広告を掲載するか今日決めるつもりです。○○（競合誌）かどちらかと思っているんですが、どちらかひとつにしないといけないんです。この広告は12か月フルでのキャンペーンを予定しているのですが、最初に１、２か月テストで打ってみたいのです。全面カラー広告のベスト料金はどれくらいになります？**（原則2）**

シェリル　うーん……２５００ドル（約21万円）くらいですかね。

NR　２５００ドル⁉　うわあ……**（原則3）**

（あるいは「２５００ドル⁉　いやあ……ほかの雑誌の基準だと、もっと安いと思ったんですけど……」）

30秒間、拷問のような沈黙の後

シェリル　えっと……２３００ドル（約19万円）までは下げられると思いますが、上司と相談しなければいけませんね。

NR　ほかに付け加えるものはありますか？　商品のレビューを書かせてもらうとか、１／６広告とか、求人広告とかはどうですか？　おそらく１回だけ弊社からあなたに新規加入のメーリングリストを送ったはずなのですが。この最初の機会をホームランにするための重要なものなんですよ。（原則4）

シェリル　チェックしてみます。

NR　分かりました。こちらも15分以内に役員（同僚、上司など）へ電話します。今言えるのは、２３００ドルだと非常に競っていますね。上司の方と相談されたら、10分後くらいに電話してもらえますか？（原則5）

10分後

シェリル　１８５０ドル〔約15万４０００円〕まで下げられますけど、これが限界です。３００字の商品レビューと求人広告もつけますよ。

NR　それがベストの条件になります？（原則2）

シェリル　そうだと思います。

NR　今現在１２００ドル〔約10万円〕という話ももらっているのですが（原則6）、もう一度上司に話をしないといけないんです。あなたも上司にもう一回確認してもらえないですか？

2分後

シェリル　上司は１５００ドル〔約12万５０００円〕でどうでしょう、と言っています。

ＮＲ　私の上司に相談してみます。５分以内にかけ直します。

5分後

ＮＲ　どうも。今はこういう状況です。今、別な電話が入っているんですけど、今決めてほしいと言ってきているんです。私としては御社で行きたいんですけど、ほかの2誌より料金が高いんですよ。そんなに金額が離れているわけではないですけど。間をとって１３５０ドル〔約11万２０００円〕だったら、今ＦＡＸで広告掲載注文書を送って、FedExで小切手を送って明日の朝までにはそちらに届くようにします。あと20分でFedExが閉まっちゃいますから。間をとって１３５０ドルで小切手を送っていいですか？　それでやってみて終わりにしましょうよ。

シェリル　（ちょっと間を置いてオフィスで誰かと話した後）分かりました、１３５０ドルでいきましょう。注文書を送ってもらえますか？

ニューリッチが５０００ドルの価格を１３５０ドルまで下げた一例である。なぜ５０００ドルの価値が

あるかって？　2か月分の全面広告に加えて、少なくとも1500ドル以上の価値がある1／2ページの製品レビューページと、500ドルかかる求人広告を保証してくれた。トータルパッケージの価値でいうと5000ドル近くになるから73％オフで購入できたわけだ。

　ここで7つの原則を紹介しよう。

原則1　相手の締切りを優先させる

　もし広告枠を購入するときは、広告スペースや掲載までの猶予がいっぱいになるぎりぎりのところで交渉をするとよい。その段階で厳しい条件を突きつけてくる人はいないはず。5ドル〔約415円〕を惜しんで広告収入を取り逃がすようなことはしないからだ。しかしこれはどの広告スペースでも起こりうることで、埋まらなかったとしたら価値はゼロだ。食品が棚から消えるようなものだ。同様のアプローチは車を購入するときにも使える。新型車が入ったタイミング、あるいは販売ノルマが算出された時を狙う。このやりとりが仮に広告出稿期限の7月20日で、全面広告の規定料金が3000ドル〔約25万円〕だとしたら、フォローアップの電話は7月20日ごろの、午後3時30分にするといい（FedEx が閉まる時間を優先しよう）。

原則2　相手の身内同士で交渉させる

　こちらから提案する前に、相手に値段を下げさせる機会を何回か与えよう。こちらが提示しようとしていたものよりも安い金額をオファーしてくることがよくある。

原則3　最初のディスカウント価格について他の人が言及してきたら、一度引いてみる。

厳しい反応があったら、沈黙しよう。相手がしばらく何も言わなかったとしても、こちらからは絶対に話しかけない（私はこうした沈黙のバトルを繰り広げている間、よくEメールをチェックしている）。この緊張感は居心地のいいものではないので、営業マンはたいていてい耐え切れずに会話の空白を埋めようとする。

原則4　値段を下げる間にも実質的な価値を増やす

金額交渉の際には特典も要求しよう。交渉の席では価格のみに集中しすぎてチャンスを逃してしまいがちだ。目的はもっとも良い条件の広告料金を得ることだが、値下げとともにおまけも加えてもらうのだ。こうすればのちのち譲歩してさらに値下げできなくてもほかのアイテムを獲得できるわけだ。

原則5　絶対に最終決定者になってはいけない

拒否権を持つパートナーや上司を伴うか、その存在をちらつかせて、不可能と思えるような厳しい要求を突きつけてみよう。そうすれば「いやな奴」だと思われることもないし、相手との継続した信頼関係を損ねるようなこともない。同じ理由で、弁護士を仲介役として活用し、取引交渉を完璧に行うことができる。

原則6　うまく「間をとる」ことを考えよう

たとえば料金表価格が2000ドルで、1500にしたい場合、私は1000ドルからオファーし、お互いの希望価格に500ドルのバッファ（緩衝）をもたせるようにする。相手は1750ドル（約14万5000円）の提案をしてきたら、私は1250ドル（約10万3000円）まで譲歩する。そして双方が1500ドル（約12万4500円）で落ち着く。1750ドルの段階で「ここで妥協しよう」と考えると、実際には相手があらかじめ用意していた金額なのにお互いに譲歩したような錯覚をしてしまうのだ。

原則7 「ファーム・オファー（確定オファー）」を有効活用しよう

あいまいに「◯◯ドルでどうですか」と切り出すよりも、ここでは「もしも……ならば～する」という言質をとる言い方をしよう。たとえば「◯◯ドルでOKであれば、今お支払いしますよ」という言い方をする。後者は、意味のない価格交渉ではなく支払いのオファーになる。このような電話交渉を避ける場合には、ファーム・オファー（流通用語で契約承諾の期限を指定し、その期間内の回答を条件とする確定的意思のこと）で先手を打ち、Eメールですぐに広告を優先購入する準備があることを伝える。広告サイズが全面広告・1／2広告・1／3広告なのか、あるいは規定料金の30％引きなのか40％引きなのかにかかわらず、支払いを確約するのだ。この「ファーム・オファー」で相手がまだ躊躇したとしても、3つの広告サイズに応じて3種類の30％値引きした金額を書いた小切手をFedExで送り、それを現金にしてほしいと依頼する。相手はオファーを受け入れるか、さもなければ小切手をビリビリに破くかのどちらかだ。

アイテムごとの交渉（1ページ広告か、12か月のラジオキャンペーンか）はやりづらい。価格がいったん決まってしまったら、再交渉できないからだ。ものすごくきつい交渉だが、有効な方法だ。駆け引きは重要だ。

メディア広告を買う際のヒントをいくつか紹介しよう。

1　全国紙に広告を打つ場合は、規定料金の90％までディスカウントできるような交渉ができる広告代理店を使おう。代理店を仲介者として立てれば値下げの交渉事から解放される。

2　「メールオーダーのディスカウント」「初回サービスのディスカウント」などでさらに15％割引できるか問い合わせしよう。

3　前払いとネット30〔請求書の日付から30日内に支払う条件〕ではどちらがディスカウントできるのか、さらにネット10だとネット30よりさらに2％下がるのか問い合わせよう。広告営業との金額交渉がまとまったあとで、今度は会計担当との交渉となる。

4　あなたの会社のキャッシュフローが強化され、ある雑誌の広告が一貫して採算の取れるものだと分かったら、3～12か月分の一括前払いをオファーしてさらに30～40％の値下げをオファーしてみよう。ここでは相手に打診するのではなく、ファーム・オファーでいくこと。相手に冷やかしでウィンドウ・ショッピングしているのではないということを示すためだ。

◆ライセンス――『タエ・ボー』から『テディ・ラクスピン』まで

アイデアというのは、誰かほかの人の心に移り住んだとき、よい展開を見せる。

ひとりの人間の心のなかで急展開していくよりも。

——オリバー・ウェンデル・ホームズ〔立体鏡の開発者でもあるアメリカ人作家〕

融資——ライセンサーになる方法

投資家やライセンサーになるのは、起業家を目指す上でもっともコストのかからない、時間も凝縮できる近道だ。しかし利益率も最低だ。

典型的なライセンス合意では、発明家は自身が発明した製品の卸売価格の3～10%を受け取ることになる。また、真偽の程は定かではないがロイヤリティのアドバンス〔現金前払い〕あるいはミニマムギャランティ〔最低保証のギャランティ〕を受け取る。ただしこれはかなり成功した部類で、発明家の努力も報われるというものだ。『タエ・ボー』〔「ビリーズ・ブートキャンプ」を発案したビリー・ブランクスが編み出した、テコンドーの型を応用したトレーニング〕を覚えているだろうか。この商品は何もないところからメインストリームに躍り出たように思われているが、ビリー・ブランクスは Thane Direct がライセンスする前からロサンゼルスの彼のスタジオで10年以上教えていた。そしてビデオテープ販売で5億ドル〔約415億円〕以上も売り上げている。通常のインフォマーシャル製品のロイヤリティが2～4%だとして、ビリーのロイヤリティはいくらになる? ビデオ撮影やコマーシャルにかけた費用を考えれば、とてつもない数字になるのだ。Thane 社に下働きでもいいから入社させてもらい、現金を数えたいくらいだ。

では、ここでほかの例を取り上げてライセンスの「数学」をもう少しくわしくみてみよう。ただし数字はちょっと曖昧になる。

『テディ・ラクスピン』〔アメリカのクマのぬいぐるみ〕は初めて市販されたアニマトロニクス〔限りなく人間や動物に近い動きを再現したロボットやその技術〕のテディベ

アで、ケン・フォルッセ、ラリー・ラーセン、ジョン・デイビスらによって発明された。しかしライセンスはWorlds of Wonder（ＷＯＷ）という小さい会社に与えられ、１９８５年に発売された。あくまで推計であるが現実的な数字を使い、この３人の発明者にどれだけ支払われたかを計算してみよう。

小売価格……50ドル〔約４１５０円〕
卸売価格……30ドル〔約２５００円〕（40％引き）
（※小売店が商品を販売する前にＷＯＷに支払った金額）
１体あたりのロイヤリティ……１・50ドル〔約１２５円〕（卸売価格の５％）

１９８５年に発売する前に支払われる60万体分のロイヤリティ[注93]**……90万ドル〔約７４７０万円〕**
総計７００万体販売した分[注94]**のロイヤリティ……１０５０万ドル〔約８億７０００万円〕**

ロボット・ベアーにしては悪くない。こんな大金を稼ぐことが可能なのだ。しかしもっともあり得ないシナリオでもある。抜け目ないネゴシエーターなら、１万ドル〔約83万円〕のアドバンスを受け取ることもできるし、1年ごとのミニマムギャランティの金額を上げることだってできる（次章のような合意例を参照のこと）。しかし最終的な収入はマーケティング次第であり、それはコントロールしようがない。仮にライセンシー〔許諾を受ける者〕の決定が遅れてプロモーションができないとなれば、自分の発明がゴミ箱行きになるのをただ見ているだけだ。

　私がこれまで見てきたなかで、先行型ライセンスにもっとも賢いアプローチをしたのは、私の親友で発明王でもあるスティーブン・キーだ。スティーブンは『テディ・ラクスピン』と『レーザータグ〔レーザー銃を使って撃ち合いをするサバイバルゲーム〕』の両方に関わったデザイナーで、彼自身の発明も20以上に及び、そのライセンスで莫大な利益を得ている。ライセンスを与えた企業のなかには、ディズニーやネスレなどの大企業も含まれている。彼が発明したものでは回転式ラベル〔瓶やペットボトルなどにラベルを貼り付ける技術〕があり、これまで３００万台以上売り上げている。彼はどのようにしたのかというと、発明家が行うのとまったく正反対のことをやったのだ。ほとんどの発明家が自分のアイデアを売りに掛ける前に特許権を取得するのに1万ドルかそれ以上出費するのに対し〔彼は自分のことを「製品開発者」と名乗っていた〕、スティーブンはまず自分のアイデアを売り、自らの名前で特許料を支払う会社を設立したのだ。このプロセスは実にシンプルなものだ。

1　新製品ではあるが、かんたんに製造できるものか、あるいは既存の製品を改良した製品をつくる。製造業者は新製品をつくるための設備投資をしたがらないからだ。

2　「暫定特許」出願の申請を１００ドル〔約８３００円〕くらいで行い、その製品のトップ製造業者に売り込みをかける電話と併せて、１ページの売上表を作成する。製造業者は大手小売業者に対しても容易に商品概要を紹介できる。

3　ほとんどの発明家がしているような包括的合意をめぐって争うよりも、製造業者に独占権を提示し、使用特権を与えてアドバンスやミニマムギャランティの高額保証をする。

これまでスティーブンが何度も何度も行ってきた特許権の手法に関する詳細や、彼のような「製造開発者」になるためのツールについては、www.fourhourworkweek.com を参照のこと。

製品を借り入れる

「収入の90〜97％」という言い方が「3〜10％」よりも響きがいいように思われるが、もう一方の仕事にはかなり多く選択の幅がある。ライセンシーになることもそのひとつだ。多くの製品がライセンス使用可能であればほかの分野での成功が見込め、新しい市場の開拓やいくらかはリパーパシング（二次利用）ができる。多くの製品は、試作品の段階で止まってしまう。発明家は製品を販売するためのスキルや財力がないからだ。

ライセンスといっても、その種類は千差万別である。

製品全体のライセンス、そして製造や販売のライセンスを与えることはそれほど難しくない。しかし、方法はそれだけではない。特許権のライセンスやその特許権にまつわる製造に関して、製造内容や商品開発のライセンス、あるいは商品名やイメージのライセンスなどがある。ライセンス業務は他人にコンセプトや製品を貸与し、何か新しい発明を行うための原資となる。

では、リスクを限定させて利益を得られる商品のライセンス業務について、いくつか方法を紹介しよう。

1　まだ開発されていない製品を見つけて商品化する

特許権のウェブサイトや、10章の「お役立ちツールと使うコツ」を利用しよう。

2　海外で成功した製品を見つけてアメリカに持ち込む、あるいは地方で人気の商品を全国展開する。ライセンスを得るか、模倣する

海外の例で言うと、ベルギーの「スマーフ」〔ベルギーの漫画家ペヨが生み出した肌の色が青い架空のキャラクター〕、タイの「レッドブル」〔清涼飲料水〕、日本の「ポケモン」などがある。ひとつの地域の人気商品を探して、それをほかの国でどのように売るかを考えてみよう。

3　失敗した製品、あるいはニッチ向けの製品を見つけて新しい目的のために蘇らせる

1980年代半ばにピーター・ビーラーという男がたまたまスキーのトレーニング器具として使われていたものを目にした。一般市場での展開には失敗していたが、彼はこの商品の名前を変え、デザインも一新し、「Thighmaster」として再発売した。Thighmaster はインフォマーシャルに登場して18か月で1億ドル〔約83億円〕を売り上げたのだ。

4　過去または現在成功を収めた製品の、新しいフォーマットと流通網での販売権を確保する

ある製品がひとつの場所でひとつのフォーマットで販売されているとしたら、違った場所で違うフォーマットでの販売が可能か考えてみよう。

その製品が小売でしか販売されていないのであれば、通信販売やオンライン販売、そのほか無視されていた販売方法や広告に関する独占権を確保することができる。『ニューヨーク・タイムズ』や『ウォール・ストリート・ジャーナル』の過去の本のベストセラーリストを調べ、その本のほかのフォーマットでの販売権を得ることもできるだろう。例えばオンラインでの販売、オーディオブック、ビデオ、家庭学習、セミナーなどに応用するのだ。

ジョニー・カーソン〔NBCテレビ『ザ・トゥナイト・ショー』の司会〕とレッド・スケルトン〔『素晴らしきヒコーキ野郎』などに出演した喜劇俳優〕は起業家の手によって復活を遂げた人物である。起業家たちは昔のテレビ番組の映像のライセンスを取得し、「ベスト・オブ・ジョニー・カーソン」などのＤＶＤシリーズを制作、90秒のコマーシャルを活用して数百万ドルの売上を達成した。

ほかの方法もある。これは「プロダクトクリエーション」〔研究開発〕に近いもので、私のお気に入りでもあるが、異なる市場、あるいはより特化した市場にむけて情報をリパーパシングするものである。私は製品を特化した市場向けにすることを「ニッチング・ダウン」と呼んでいる。ジョン・グレイの本『ベスト・パートナーになるために―男は火星（マース）から、女は金星（ヴィーナス）からやってきた』（三笠書房）を、アフリカ系アメリカ人向けに特化した教育用ＤＶＤをつくるための包括的ライセンスを取得することは可能だろうか？　間違いなくできる。一般向けのエクササイズ商品からベースボールに特化したトレーニングＤＶＤを開発するライセンスは？（おそらく専門家を雇って5％の利益を支払うことに合意する形になる）これも可能だ。

しかし、ここで考えてみたい。あなたが、製造・販売・リパーパシングに関する先行き不透明な権利を得る意味は何だろうか。答えはかんたんだ。リスクも損失もないからだ。

スティーブン・キーはライセンシーを目指す人たちからのリクエストに応え、ライセンスに関するコンサルティングを行なっている。前払いやミニマムギャランティの交渉を避けていち早く市場に投入することを優先させるために非独占権という形で妥協する方法などである。非独占権であればほかの業者も続けて販売できるので発明家や著者にとっては都合がいい。あなたにライセンスを与えるということが、発明家や著者がほかの人に同様のライセンスを与えることを妨げるものではない。モノポリーのライセンスを取ることはできない。成功すれば、現金が多く手に入るし、そうでなかったとしてもライセンスに関しては経済的損失はなない。ライセンスはリスクのない仕事なのだ。

（注釈）

93 http://www.mindspring.com/~mathue/faq3.html

94 http://www.sptimes.com/2005/06/30/Floridian/Talking_teddy_comes_o.shtml

95 こうしたオプションは卸値で商品を購入したりニッチ市場向けに再販売するときに応用される。

◆ミューズの数学——製品の総収入を予測する

ケーススタディ含む

私が最近実生活で実践した例を紹介しよう。これは、オンライン市場で適性な製品価格を値付けしたり利益率を決めたりする方法で、すべて製造して支払を行う前にやることである。これは製品を販売しなくてもドリームライン上の月ごとの目標年収（ＴＭＩ）を決める指標となる。

ＰＸメソッド[注96]は、３時間で内容の理解を損ねることがない状態で少なくとも２００％読書のスピードを上げることを約束している教育システムだ。私はプリンストン大学で完売した講義[注97]のビデオのバージョンアップ版を販売することから始めた。以下のような要素を盛り込んだ「学習システム」を想定したものとなっており、１５０ドル〔約1万２４５０円〕くらいで売るつもりだった。

1 オリジナルビデオから音声を収録した４枚のオーディオＣＤ
制作コストの見積もり／１００～３００ドル〔約８３００円～２万５０００円〕
制作期間の見積もり／７～10日間

2 周辺視野をトレーニングするためのソフト1枚
制作コストの見積もり／www.elance.com からフリープログラムを使用して３００ドル
制作期間の見積もり／２～３週間

3 セミナーの概略やテクニックに関する科学的な注釈を加えた１７０ページのマニュアル
制作コストの見積もり／www.elance.com からフリーのページレイアウトデザインを使用して１５０ドル
制作期間の見積もり／４～５週間

前払い制作コストの合計／５５０～７５０ドル〔約４万５６００円～６万２２５０円〕
初回生産（50セット）にかかるコスト／１セットあたり25ドル×50＝１２５０ドル〔約10万３８００円〕
全体の制作期間／４～５週間

トータルコストに対する採算分岐点が20セット以下であることは分かっていたが、私は当初のコンセプトを試してみて、最小の労力で月あたり最低1万ドルの利益が見込めるようにしたかった。この場合、私は限界までＰＰＣ（クリック課金広告）でのマーケティングを行い、外部委託業者に完全に任せた。

はじめに、私は購買者数がどれくらいになるかを測定し、現在ある速読の商品と張り合うことができるものがつくれるかどうかを見極めた。購入者数に関しては、どれだけの数の人がひと月の間に速読に関するキーワードを検索しているかで決定した。

ここで私はOverture Keyword Selector Tool（http://inventory.overture.com/d/searchinventory/suggestion/）を使用し、「速読（speed reading）」と打ち込んでみたところ、最初の月だけで６４０８の検索結果が得られた。

キーワードをシンプルにし、以下のような数字を算出してみた。

1 Overtureによると全体の検索結果のおよそ28％が主要な検索エンジンを使用したものだった。そこで私は６４０８×３・57（１００／28＝３・57）＝２２８７６、つまりオンライン検索全体で「速読（speed reading）」と検索した結果は２２８７６だと計算した。

2 「速読（speed reading）」の広義語は、「クリック・スルー・レート〔ＣＴＲ／Click Through Rate　ウェブ広告のクリック回数を、表示回数で割った割合〕」から推測した。単語を検索して私のＰＰＣ広告をクリックした人のパーセンテージは０・５～１・５％だった。もし「best speed reading products」などといった特定の用語をもっと使えば、ＣＴＲは３～５％になる。こうした広義語を平均１％使用したとすれば、２２８７６の検索結果で私のサイトの訪問者は２２８・76人となる。

3

もし私のウェブページが競争相手との差別化ができるような良いものだとしたら、顧客転換率〔インターネットにおいて、ウェブサイトの訪問者のうち、何パーセントがそのサイトで商品を購入したかを示す指標〕は１〜２％と推定できる。訪問者が商品を購入する割合はどれくらいだろうか？　この場合、平均で１・５％利用するとして、３・43人（２２８・76×・０１５）の顧客数が私の商品を購入し、結果４２８・75ドル〔約３万５６００円〕の利益となった（１５０ドル〔製品価格〕－25ドル〔製造原価／ＣＯＧＳ〕＝１２５ドル〔受注１件あたりの利益〕×３・43＝４２８・75ドル〔約３万５６００円〕）。さらに「速読（speed reading）」の単語検索に、１クリック50セント×２２８・76クリック＝広告費用のうちの１１４・38ドル〔約９５００円〕かかる。よって、私が広告出稿後に得られる利益は３１４・37ドル〔約２万６０００円〕ということになる。

一見すると、月の利益としては少ないように見える。しかし、ＲＯＩ〔投資収益率〕は非常に大きい。広告費用１１４・38ドルに対する広告出稿前の利益は４２８・75ドルであり、ＲＯＩはなんと３７５％になる。決め手は、単語をひとつだけにすること。関連用語はたくさんあり、潜在的な購買層を惹きつけるためにお金を投じることはできる。例えばブランド名（Evelyn Wood〔「速読のパイオニア」と言われ、速読法を開発した教師〕）、同義語（「accelerated reading」「rapid reading」など）、関連トピック（「mnemonics」〔ニーモニック。コンピュータが実行可能な機械語（マシン語）のプログラムを、人間が理解・記述しやすいように簡略化した英単語や記号の組み合わせに置き換えたもの〕）、「mental math」〔暗算〕）などだ。50、１００、２００と単語にお金をかけて３７５％のＲＯＩだと一体どうなる？　１０００ドル〔約８万３０００円〕の広告に３７５０ドル〔約31万２５００円〕の利益、２０００ドル〔約16万６０００円〕だと７５００ドル〔約62万２５００円〕、５００

0ドル（約41万5000円）なら1万8750ドル（約155万6250円）だ！

BrainQUICKEN の場合、私は少なくともグーグル・アドワーズにひと月あたり2500ドル（約20万7500円）費やした。ある限られた特定の単語に絞って1クリックあたり5〜15セント（約4〜12円）で利用した。平均1クリックあたり10セントで、ひと月の私のサイト訪問者が25000人なので、5％が売上に結びつくとすると125回の販売機会で平均販売価格88・90ドル（約7400円）をかけると、グーグル経由のみで1万1112・50ドル（約92万2000円）の利益となる。

PXメソッド教材に戻ると、試験販売の段階で3・75ROIの高収益となり、「speed reading」や関連語の数がどんどん積み重なる。「brainstorming（ブレインストーミング）」と「quantifying（定量化）」の関連語は前述の Overture のキーワードセレクションツールと、10章の「収入のオートパイロット化Ⅱ」で紹介したサジェスチョンツールが使える。

十分に、何回もテストをすることだ。

（注釈）

96 お試し用として使えるページを見るには、www.pxmethod.com を参照。

97 ハウツーやインフォマーシャル向けの商品を試すのであれば、ビジネスセミナーや学生セミナーに参加するのもひとつの方法だ。マイクロテスト（ユニットテスト。小さな単位で行うテスト）を最低限のコストで行うことができる。私がしたように2時間のセミナーで50ドル支払えば、その収入でオンラインでのマイクロテストのコストすべてをカバーすることができる。

◆本物のライセンス契約書（実際のドル入り）

これだけで5000ドルの価値はある

これは、世界でもトップクラスの製品開発業者と交わした本物のライセンス契約書である。文字のサイズが小さいのはわざと読みづらくするためだ。契約書はすべてこうなっている。

ライセンス契約に関するボイラープレート〔契約上定型的に使用する条項〕はないが、短くて明瞭な例としてこの契約書を紹介する（場合によっては、100ページ以上もある化物のような契約書もある）。内容は、必要事項のみだ。ロイヤリティーのレート、契約有効期間、販売区域、販売チャンネル（どこで誰が製造販売を行うのか）、ミニマムギャランティ、出来高条項など。この契約書では「ライセンサー」が「許諾権者」、「ライセンシー」が「被許諾権者」にあたる。

ライセンス合意を作成、サインする前に、知的財産権（IP）に関する優秀な弁護士を雇っておこう。「安物買いの銭失い」になってはいけない。可能であれば、契約書を一から作成するようも、ここにある契約書に手を加えるよう彼らに頼むといい。そうすれば数千ドルもの出費を抑えられるだろう。

使用許諾契約書

以下、＿＿＿＿社の＿＿＿＿（以下被許諾権者という）と＿＿＿＿社の＿＿＿＿（以下許諾権者という）との間に、所有物の独占的使用権に関する使用許諾契約の主要条件を設定する。

第1条　製品タイプ／アプリケーション：＿＿＿＿

第2条　所有権＿＿＿＿

第３条　商標＿＿＿＿＿＿＿＿

第４条　契約有効期間：２・５年（30か月）。本契約の有効期間は、契約履行から期間満了までとする。（おおよそ）契約の履行から、商品開発のため、さらに（４）週間の期限を設ける。

第５条　更新の選択権：双方の合意のもと、本契約は期間延長の更新に関して協議のもと、許諾権者が契約更新の選択権を有する。

第６条　販売区域＿＿＿＿＿＿＿＿

第７条　独占権　販売区域内ならびに契約有効期間中、製品タイプに対する独占権を設定する。すなわち、他の被許諾権者はこの販売区域と契約有効期間に含まれる、基本的に類似する意匠、性質の商品制作・販売を禁ずる。

第８条　流通経路：卸売業者ならびに小売業者

第９条　前払金　ロイヤリティ前払いとして1万ＵＳドル。２００６年9月1日に５０００ドル、さらに3か月後（２００６年11月30日）に５０００ドルを支払う。

第10条　ギャランティ　契約有効期間内に初回のアドバンスを含む最低保証２００００ＵＳドルを支払う（契約初年末までに最低保証のギャランティのうち５０００ドル、契約満了時の２００９年1月31日までに５０００ドルを支払う）

第11条　印税率　卸売業者と小売業者に対する実売価格の８％

第12条　価格　製品の販売価格は印税支払いが完了次第協議する。許諾権者から事前許可があった場合を除き、値下げならびに臨時特別価格の決定は認めない。許諾権者はおおよその試作品の工場渡し日を通知し、卸売価格は工場渡し終了後、印税支払いが完了した時点で協議する。

第13条　会計報告　四半期ごとに売上報告・支払明細書を必ず提出すること。

・２００６年12月31日

・２００７年３月31日
・２００７年６月30日
・２００７年12月31日
・２００８年３月31日
・２００８年６月30日
・２００８年９月30日
・２００８年12月31日
・２００９年３月31日
・２００９年６月30日
・２００９年９月30日　60日間の値下げ期間を含む

第14条　会計監査　許諾権者は、被許諾権者の許諾権者との取引に関する売上表ならびに財務表データのすべてにアクセスでき、通常の業務時間内を除き、事前通告なしでいつでも上記事項を許諾権者自身あるいは指定された会計監査代理が査察する権利を有する。その際の費用は許諾権者の負担とする。

第15条　値下げ　60日間の値下げ期間は、本契約の範囲内で認められる。値下げ期間後の在庫に関しては許諾権者の文書による同意と許諾の上、処分できる。

第16条　承認　本製品はまず図案での提案を行い、その後書面での承認を得るために実物の試作品を制作する。

ａ　本製品の提案／図案は開発・試作の前に書面での承認を得ること。

ｂ　試作品／実物の試作品ならびにその複製品の見本を許諾権者に送付し、許諾を得ること。

ｃ　最終承認／許諾権者は商品が製造段階に入る以前、あるいは販売・流通段階に入る以前に書面による完全かつ最終の承認を行わなければならない。

第17条　許諾権者用見本　3体ないしは6体、保存・陳列用の承認済見本を、発売30日以内に著作権者に贈呈する。

第18条　許諾権者の責任　許諾権者は被許諾権者の申し入れに応じて、製品（第1条で定めたもの）に対する図案や制作に関する助言を行う。製品タイプ（上記）は本契約履行3か月以内に新製品開発のために使用される。許諾権者は被許諾権者に対し、適切な時期に商標・包装・市場調査で必要となる図案や図面資料を提供すること。

第19条　市場調査／商標登録　すべての製品は上記の商標・意匠を明示した上で販売を行う。商標・意匠は各製品に永続的に明示する仕様とする（承認された著作権表記と商標を含む）。すべての宣伝関連媒体に対しても明示を義務付けること。

・附則　完全かつ正確なイメージ／キャラクター／モデルの商品名を関連箇所すべてに使用すること。

・これらの商標・意匠・商品名は公式に認可・承認された許諾権者の所有権（第2条による）に付随するものとし、それ以外では使用してはならない。

第20条　著作権

・すべての所有物は著作権者による本契約の下独占的に付与される。許諾権者は所有物の独創性と真正性に関する法的責任を全面的に負う。

・所有物の原型（概念・草案・意匠・図柄・図面・商品名など許諾権者が制作したもの）はすべて許諾権者が独占的著作権と所有権を有する。

第21条　著作権保護　共有著作権ならびに著作権の事前保護に関する指針は常に維持される。合理的な市場監視は許諾権者ならびに被許諾権者双方の責任をもって行う。流通経路の範囲内で、所有物に対するあらゆる著作権侵害行為に関する報告を相互で行うこと。許諾権者と被許諾権者双方が著作権侵害に対してとりうる行動に関して協議を行うこと。ただし、著作権侵害の疑いのある行為に対してとりうる行動の形がどんなものであれ、許諾権者はあらゆる著作権侵害行為に対する行動の最終決定権を有する。著作権侵害を行った者に対して行う共同行動の相互承認においては双方が等しく責任を負い、いかなる費用負担も等分する。また、結果に対しても等分の責任を負う。

被許諾権者代理 ＿＿＿＿＿＿＿＿

署名 ＿＿＿＿＿＿＿＿ 日付 ＿＿＿＿＿＿＿＿

著作権者 ＿＿＿＿＿＿＿＿

署名 ＿＿＿＿＿＿＿＿ 日付 ＿＿＿＿＿＿＿＿

◆厳選された読書2・0

偽善者は誰だ？　そうでないのは誰だ？

——ドン・マーキス

これ以上、この本で触れたもののなかで、必要と思われるものはない。とは言っても、あるところで行き詰まっているとしたらもう一度考えてみてもいいだろう。このページにあるリストは、第6章で紹介した「10分間で２００％速く読む方法」を実践したとすれば、1分あたり少なくとも２・５ページは読めるはずだ（１００ページで40分ということだ）。

現状に対する気づきを促す

『Peace Is Every Step: The Path of Mindfulness in Everyday Life』ティク・ナット・ハン
（１６０ページ）

ティク・ナット・ハンはベトナムの仏教僧で、マーティン・ルーサー・キングＪｒ牧師の推薦でノーベル平和賞にノミネートされたこともある。現在の活動拠点はフランスで、彼の哲学や著述は実用的で人気が高い。この本には、彼のベスト作品といってもいい。簡潔な記述のショートストーリーを通じて彼の教訓が伝えられている。この本は急かされた気分を和らげる解毒剤のようなものだ。

『アルケミスト―夢を旅した少年』パウロ・コエーリョ
（１９２ページ（日本語版は１９９ページ））

この短編の名作はサンテグジュペリの『星の王子さま』とよく比較される。手元に置いておいて、喪失感を覚えたときは、この本を読み返そう。根本的なメッセージは、美しくクリアな――かといって子供向きではない――文体で織り込まれており（私にはこの点が役に立つ）、読書に喜びをもたらす。年に1回、読み返してほしい。

思考を明確にし、問題を解決する

『Simple & Direct』ジャック・バーザン
（２８８ページ）

思考を改善するのは難しい。起こったことを思い返して再考するのは不可能に近い。書く訓練は（やがて思考は凝り固まってしまうが）、思考を洗練化させて幸福の度合をアップさせる一番の方法である。バーザンはこの本で公言した目標は「言葉にふたたび敏感になる」だ。彼が繰り返し言う言葉は、他人とコミュニケーションを取るのと同じくらいひとり言を多くつぶやくために用いることができる。言葉の意味とその言外の意味の両方を知っているのでなければ、その言葉を使うべきではない。すばらしいアドバイスに満ちた本だ。

『On Writing Well: The Classic Guide to Writing Nonfiction』ウィリアム・K・ジンサー
（３３６ページ）

私はこの本を何十回と読んだ。書くためにというよりも、もっぱら思考するために。読むだけでもめちゃくちゃ面白いし、この本から学んだ事例は数多くある。無駄なものを削る方法、コミュニケーションを維持する方法、そして思考法が明快に記してある。もし上手に書きたいと思っているなら、最低でも1回はこの本を読んでおくこと。三輪車から10段変速自転車並のスピードで上達するだろう。

ミューズを生み出す&ライセンス

『How to License Your Million Dollar Idea: Everything You Need to Know to Make Money from Your New Product Idea』ハーヴェイ・リース

「そのアイデアなら昔から考えていたよ」という人と、そのアイデアを思いついて億万長者になった人との違いは何か? リースの答えは、ライセンス・ベンチャー成功例を詳細に分析することで得られる。『ティーンエイジ・ミュータント・ニンジャ・タートルズ』『パウンド・パピー』『モノポリー』などがその例だ。これは「自力で事業を始めない」ガイドで、あなたのために製作やマーケティングをすべてやってくれる人に任せる方法を紹介している。リースは自身で多くの製品のライセンスを獲得し、同じようにできる方法を紹介している。

語学習得

ここで紹介するものには、ノンブックもある。

『Michael Thomas Deluxe Set Language CDs』 www.michaelthomas.com

彼はグレイス・ケリーにフランス語を教え、世界の要人にイタリア語を教えている。マイケル・トーマスは有名人の語学教師で、イタリア語、スペイン語、ドイツ語、フランス語のＣＤがある。こうした言語を学習したいのなら、このＣＤ８枚セットから始めるといい。ＣＤはペースが早く、極端に反復しないピンズラー・メソッドの法則を採用している。

『Living Language Ultimate Series, by Living Language』(Random House) www.randomhouse.com/livinglanguage/

Living Language Ultimate Series の本とＣＤは、初心者が中学校レベルからスタートするのにちょうどいい。私はこのシリーズのスペイン語版とポルトガル語版の文法、そしてドイツ語版の文法をやり直した。

Vis-Ed Flashcards www.vis-ed.com

Vis-Ed のフラッシュカードはあなたが学習したい言語のボキャブラリーを最速で最頻出の単語を学べる。私はアイルランド語以外のすべての言語で使用した。

Barron's Grammer Series（Barron's Educational Series, Inc）http://barronseduc.com/

このシリーズは複数の言語で利用可能で、ポケットサイズだ。あちこち動き回っている時やサンプル文章で行き詰まった箇所を調べる時にてっとり早く調べられる。私は日本語、ドイツ語、スペイン語をもう一度ブラッシュアップするために利用した。

VocabuLearn Language Learning CD Series http://www.pentonoverseas.com/vocabulearn-languages.htm

このオーディオシリーズは、最初はとっつきにくいが、以前習得していて忘れてしまった言語をブラッシュアップするときにちょうどいい。音楽が強化された（記憶を回復させるためのバロック音楽）CDは20か国以上の言語が利用可能だ。

◆3か月であらゆる言語を習得する方法

語学の学習、言い換えると、外国語を流暢に話せるようになるためには、そんなに面倒なことをする必要はない。認知神経科学の原則と時間管理の術を両方使えばバラバラなステップをひとつにまとめることができる。そうすれば1～3か月で流暢に話せるようになる。

私が使ったアプローチをここでくわしく紹介しよう。これは主にプリンストン大学の東アジア言語学研究所に4年間在籍している間に編み出したものだ。話し方・読み方・書き方を、日本語は6か月で、北京語（標準中国語）は3か月で、イタリア語は1か月間でマスターすることができた。

習得した期間を減らすことができたのは、習得テクニックに改良を重ねていった結果だ。それによって、たとえば、中国語は日本語の2倍の速さで身につけることができた。

そのシステムというのは、3つのルールから成っていて、それぞれ同じくらい大切だ。

三位一体のルール：
有効性（優先順位を決める）
執着性（興味があるかどうか）
効率性（過程を決める）

有効性、執着性、そして効率性とは何のことか？　大事なのは、習得したい言語での「what」「why」「how」に当たる単語に着目することだ。最初に何を学ぶのかを決めるときに、こういう基本的な単語はもっとも使用頻度が高く、かつ少ない時間で理解することができる（これが優先順位の決め方だ）。次に、自分が継続して、粘り強く、「執着」して勉強できそうな教材を厳選する（それに興味があるかどうか、だ）。最後に、その教材を使って、もっとも時間的に効率がよく勉強する方法を決める（過程を決めるということだ）。

有効性

間違った教材を選択してしまうと、「どう勉強するか」どころか、勉強する必要があるかどうか、ということさえも関係なくなってしまう。つまり、実用的に、流暢に話せるようになるには、適切な教材なしにはあり得ない。だから、学ぶことを始める前に、内容を優先させるのが、分析の第一歩というわけだ。「頭のいい人たち」ほど、重要じゃない教材を使うことに集中しすぎて、年月をムダにしている。あなたが優先順位を付け、重要度を振り分ける前に、あなたはその言語を学ぶことによって何を得たいのか、厳密に特定しなくてはいけない。自分自身に聞いてみよう。「選んだ教材は、最短で私の目的地へ辿りつかせてくれるだろうか？」次の質問はもっと分かりやすい。「この言語を使って何をしたいのか？」

執着性

もしあなたに、抑えきれないほどの興味とその教材を勉強する理由がないなら、そこまでして学ぶ必要がない。復習ばかりして、同じ教材をただいろいろな角度から分析するのは、いつも単調さを引き立たせるだけだ。それは、教材に興味を持つということとは真逆になってしまう。あなたが、もっとも効率がよく有効的な方法を使ったとしても、根気よく続けられないのなら、こういう最初のステップには何の価値もない。似たようなことで言えば、「そのこだわりに実用性があるかどうか」という目で見ていくと、スポーツをするときやほかのジャンルでのスキルアップにも役立つということだ。ボウリングのボールを両手に持って上り坂を走ることが体脂肪を減らすのに一番効果的だとしても、そんなプログラムを持続させることができる人がどれだけいるだろうか。政治に興味がない人が政治をテーマに絞った語学コースを受け続けられるだろうか。自分に聞いてみよう。「流暢に話せるようになるまで、この教材で毎日根気よく勉強し続けられるだろうか？」何かしら疑問を持ったのであれば、選択肢を変えてみよう。内容で選ぶときの一番いい方法は、母国語で関心を持っているテーマと同じものを選ぶことだ。たとえば、あなたの母国語が英語なら、英語では読んだことがないジャンルのものを読まないようにする。関心のあるテーマ・スキル・文化をより深く学ぶ手段として、新しい言語を使うようにしよう。言語を学ぶことだけが目的になって、役に立ちもしない教材は使わない。きっとうまくいかないだろうから。

効率性

最高の教材を手に入れ、根気よく続けるだけでは意味がない。最短時間で正確に記憶し、認識するということを確実にさせてくれるような勉強法を使わなければだめだ。自分に聞いてみよう。「この勉強法で、何度も繰り返さなくても、正確に認識し、記憶できるだろうか？　しかも最短時間で？」答えがノーだとしたら、あなたの勉強法を改良していかなければいけない。

この最初の項目では、有効性について、そして言語習得の第一歩である「what」について説明する。『パレートの80／20の法則』に従い、努力の結果得られた80％の成果は、20％の勉強、教材、労力のどれかに集約されている。この原則で優先順位を決めていくのだ。優先順位は、歴史的な実績や使用頻度によって決める。言語を85%理解し、流暢に会話できるようになるには、それに応じた勉強を、6か月間はする必要がある。95%まで理解するには、10~15年かかるだろう。ここに、収穫が減ってしまうポイントと、理解度を上げるポイントがある。

もっとも共通して使われる１００英単語（書き言葉）

1.the 2.of 3.and 4.a 5.to 6.in 7.is 8.you 9.that 10.it 11.he 12.was 13.for 14.on 15.are 16.as 17.with 18.his 19.they 20.I 21.at 22.be 23.this 24.have 25.from 26.or 27.one 28.had 29.by 30.word 31.but 32.not 33.what 34.all 35.were 36.we 37.when 38.your 39.can 40.said 41.there 42.use 43.an 44.each 45.which 46.she 47.do 48.how 49.their 50.if 51.will 52.up 53.other 54.about 55.out 56.many 57.then 58.them 59.these 60.so 61.some 62.her 63.would 64.make 65.like 66.him 67.into 68.time 69.has 70.look 71.two 72.more 73.write 74.go 75.see 76.number 77.no 78.way 79.could 80.people 81.my 82.than 83.first 84.water 85.been 86.call 87.who 88.oil 89.its 90.now 91.find 92.long 93.down 94.day 95.did 96.get 97.come 98.made 99.may 100.part

上位25番目までが、英語で印刷されるすべての文体のうち、約１／３を占めている。これらの１００の単語は、実にすべての文体の半分を占めている。世の中にある、すべての英語で書かれた文体のうち、約65%は、上位３００単語で構成されている。ちなみに、言語によっては、冠詞と動詞の時制活用が省かれることも多い。それらの単語は、認識（理解）するために学ばれているだけで、記憶（生産）するためではないからだ。

英語では、「もっとも頻繁に使われる単語」は「もっとも共通して使われる単語」として用いられているが、これは誤りだ。つまり、書き言葉と話し言葉のボキャブラリーの違いが、ちゃんと区別されていない。話し言葉のなかでは、もっとも共通して使われる100の単語は、かなり変わってくる。どの言語を選ぼうが、その区別は必要だ。

1.a,an 2.after 3.again 4.all 5.almost 6.also 7.always 8.and 9.because 10.before 11.big 12.but 13.（I）can 14.（I）come 15.either / or 16.（I）find 17.first 18.for 19.friend 20.from 21.（I）go 22.good 23.goodbye 24.happy 25.（I）have 26.he 27.hello 28.here 29.how 30.I 31.（I）am 32.if 33.in 34.（I）know 35.last 36.（I）like 37.little 38.（I）love 39.（I）make 40.many 41.one 42.more 43.most 44.much 45.my 46.new 47.no 48.not 49.now 50.of 51.often 52 on 53.one 54.only 55.or 56.other 57.our 58.out 59.over 60.people 61.place 62.please 63.same 64.（I）see 65.she 66.so 67.some 68.sometimes 69.still 70.such 71.（I）tell 72.thank you 73.that 74.the 75.their 76.them 77.then 78.there is 79.they 80.thing 81.（I）think 82.this 83.time 84.to 85.under 86.up 87.us 88.（I）use 89.very 90.we 91.what 92.when 93.where 94.which 95.who 96.why 97.with 98.yes 99.you 100.your

個人が使う単語というのは、言語によっても違いが出てくる（特に代名詞、冠詞、所有格などは言語によってルールが違うため）。その違いは、ひとつひとつのリスト内の順位から知ることができる。だから、（私がすでに述べた）2種類のリストを見比べて、片方に見当たらない単語を削り、置き換えたとしても、何の関係もない。

もっとも共通して使われる３００～５００の単語のなかからコンテンツとボキャブラリーを選ぶときは、興味のある話題に沿ってやるといい。「この言語を学ぶのに、どれだけの時間を費やすことになるだろうか?」と考えてみるといい。もっと近い言葉に言い換えれば、「今、何をして時間をつぶしているのだろうか?」ということだ。先ほど述べたように、たとえば、あなたの母国語が英語だとして、自分が普段、英語では読まないようなものを、語学勉強で読もうとしないことだ。語学勉強を、何かテーマや、スキル、文化面での興味などをもっと学ぶための「乗り物」と考えるのだ。貧相な教材は絶対にいい言葉をつくり出さない。あなたのなかの語学能力に、あなたの好きな食べ物を食べさせてあげるということだ。さもなければ、どれだけ上手くなったかを計れる地点までたどり着く前に、この「ダイエット」から脱落して、いずれ勉強をやめることになるだろう。

私の例を紹介しよう。私は、学生として日本にいたとき、柔道の大会で有効的な戦い方をするため、格闘技の指導マニュアルを使うことにした。一番の目的は、テクニックを学び、トーナメントに備えることだった。だから、語学勉強の優先順位は下だった。だが、結果的に、マニュアル本を1冊づつ、そのなかのテクニックの手順を示した図表と説明を読むという動機を得た。人によっては、「こういったテーマを語学勉強の教材として考えるには、実際に役立つ部分は最低限しかないのでは」と思うだろう。ところが、実際には、文法と、ほとんどすべての書き言葉と会話で使われる言葉は、そっくりだったのだ。ボキャブラリーは専門性が高かったが、スポーツに特化した指導マニュアルを2か月間で勉強し、順応した。実に、4・5年日本語を勉強した人と同じくらいのレベルと言えると思う。ボキャブラリーを特化したことでコミュニケーションに支障をきたすことはなかった。そして、もうひとつ重要なことがあった。私は自由時間の80%をトレーニングに当てていたのだが、その相手というのが、スポーツトレーニングや体力養成に関する、高度かつ専門的なボキャブラリーを使って話す人物だったのだ。

◆朝のラッシュ撃退法――3分間で「スロー・カーボ」の朝食をとる

朝食は面倒臭いものだ。

ひとつだけやってほしいことがある。栄養たっぷりの食べ物と、適切な割合の主要栄養素をできるだけとる。それこそ実用的な食事だと言える。

YouTube の動画（http://www.youtube.com/watch?v=fd-7a_wdVZk&feature=player_embedded#!）では、高タンパクで「スロー・カーボ〔GI値（炭水化物が消化されて糖に変化する速さ）を急上昇させない、炭水化物を急激に糖へと変化させない食事法〕」の朝食を3分間でとる方法を紹介している。これで脂肪を減らし、認知機能〔五感を通じて理解、判断、記憶、学習、思考、判断などをする脳の機能〕を高められることが分かった。

材料はすべて Safeway（http://www.safeway.com/IFL/Grocery/Home）で、5分以内で購入できる。卵白が白いのは嫌だ、という人にはターメリック〔ウコン〕を少し混ぜるだけで黄色に近い色になる。油を亜麻仁油〔亜麻の種子の油。α-リノレン酸、リグナンを多く含む〕に切り替えれば、ナッツ風味を加えられる。亜麻仁油がなければ、自然海塩で味付けした有機栽培のアーモンド（Safeway で購入可能だ）を少し食べるといい。カロリーを撃退するデザートとしておすすめだ。

追伸　私は食べ物を保存するときはプラスチック容器ではなく、パイレックス〔米コーニング社の耐熱ガラス〕か、ほかの耐熱ガラス容器を使うようになった。プラスチック容器を電子レンジに入れて加熱解凍すると、有毒物質が発生することが指摘されている。健康になろうと努力している人に限って危険なことをしてしまうなんて誰にも分からないだろう？

◆ゆで卵をむかずに「むく」方法

重曹を使ってもかまわないが、そうしないのであれば、ゆでた卵をすぐに冷水（氷も使おう）につけるとよい。卵の両端の殻を取って、尖っている方から底の広い部分に向けてひと吹きする。くわしいやり方はYouTubeの動画（http://www.youtube.com/watch?v=PN2gYHJNT3Y&feature=player_embedded）を見てほしい。

私のお気に入りは、Gold Circle FarmのＤＨＡ〔ドコサヘキサエン酸。魚に多く含まれ、健康増進効果を高めると言われている〕やオメガ3〔多価不飽和脂肪酸の一種で、冠状動脈心臓病や脳卒中のリスクを下げると言われている〕を多く含んだ卵（http://www.goldcirclefarms.com/products/o3_eggs_6.html）だ。とくにＤＨＡは卵1個に１５０mgも含まれている。引き締まった無駄のない筋肉をつくりたければ、ＤＨＡやアラキドン酸〔免疫力や記憶力を向上させると言われている必須脂肪酸〕を多く含んだ卵の黄身を食べるのもひとつの手だ。

あなたは世の中で知っておくべき料理のノウハウを何か持っているだろうか？　www.fourhourworkweek.comブログのカテゴリ「Physical Performance」（http://www.fourhourworkweek.com/blog/category/physical-performance/）を見てみよう。

◆投資を再考する（パート1）――常識が通じない時代のための常識的なルール

私はこの1年半で、投資の世界を徹底的に調べ上げ、ときには実験も試みた。この記事で初めてその調査結果を公表する。

本を読むだけでは教訓を得られない。しかし、試行錯誤を繰り返し、さまざまな業界の魅力的な人物の知恵を借りれば得られるものだ。

・ウォーレン・バフェット　世界でもっとも資産を持っている男、投資持株会社バークシャー・ハサウェイの筆頭株主、CEO
・大手投資銀行のチーフ・エコノミスト
・大規模なレバレッジ〔先物取引やオプション取引などの金融派生商品（デリバティブ）を活用して、自己資金を何倍にも膨らませて大きな利益を得ること〕で株価を4万ドル〔約330万円〕から200万ドル〔約1億6600万円〕まで上昇させたドットコマー〔インターネット関連株で大儲けした人〕
・すべて手持ち債券で持っている（自力で億万長者になった）保守的な起業家
・超リッチ&超有名な投資マネジャー
・独占的にオプション取引ができるだけでなく、掛け金無制限のテキサス・ホールデム〔アメリカのカジノでもっともポピュラーなカードゲーム〕に賭けるポーカープレイヤーのように毎晩50万ドルまで投資するアイビー・リーグの教授

私が提案する法則はブログの読者のフィードバックを除き（どうやって分かるんだ？）、すべてのケースでそれぞれが行なった投資で巨万の富を築いた人々から得たものだ。決して口先だけの傍観者（アドバイザーともいう）から得たものではない。彼らは本当にリスクを背負って投資している人からマネージメント料を取ることしか考えていない。

私は少ない損失で、大金を稼いだ。過去3年間で年率28％上昇したリスクキャピタル（ベンチャーキャ

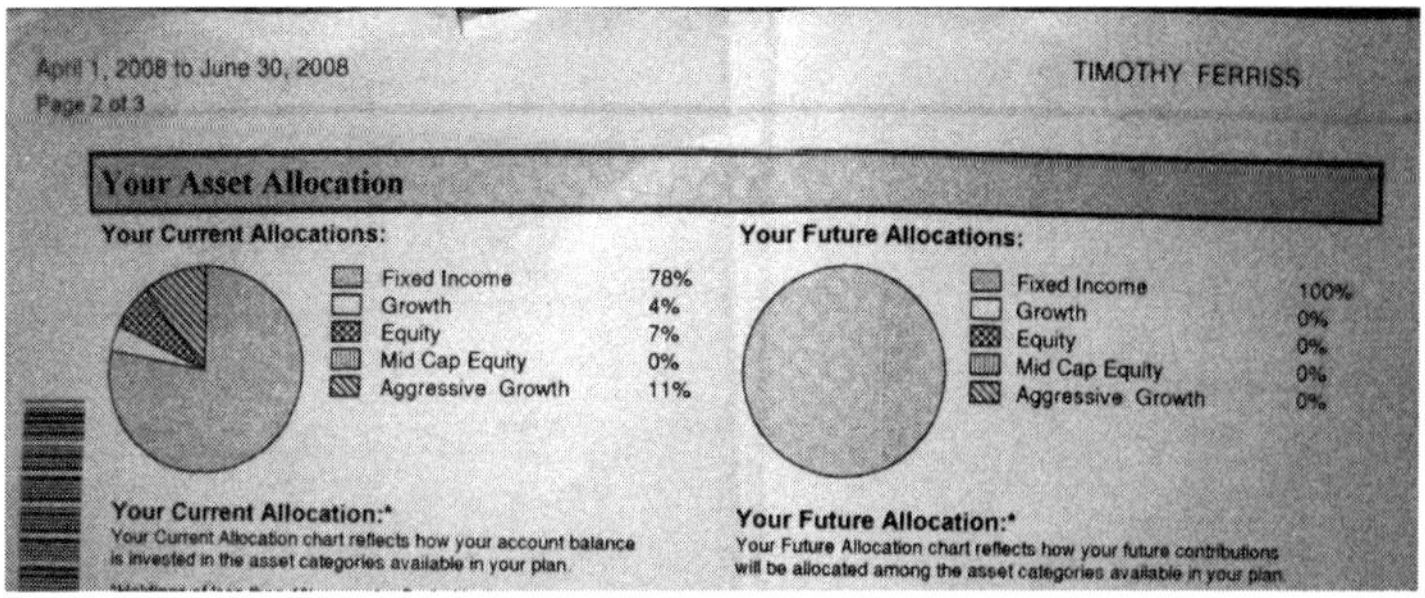

ピタル）に投資したのだ。そして私の資金はすべて貯蓄に回した。ある出来事で非常に恐ろしい思いをして、訳の分からない意思決定をしてしまった。一時しのぎのくだらないことをプランに組み入れてしまったのである。

手始めに、私の退職金口座にある現在のアセット・アロケーション〔資産を債券・株式・投資信託・生命保険・デリバティブといった金融商品や不動産に配分して運用すること。資産配分〕のスナップショットを見てほしい。私はこの状態に戻ることになる。日付に注意してもらいたい〔この記事をブログにアップしたのは2008年10月21日〕。

2008年4月1日～6月1日まで
あなたのアセット・アロケーション

［円グラフ左］
現在の配分／現在の資産チャートは、あなたのプランのなかで勘定残高がどの資産カテゴリに投資されたかを示しています。

定収入　78％
成長株　4％
株式　7％

中型株　　0％

〔円グラフ右〕

将来の配分

定収入　　100％

成長株　　0％

株式　　0％

中型株　　0％

初めに、このブログの読者から寄せられた優れた分析を紹介しよう。彼らは私のブログ記事「Warren Buffett's answer to my question」にコメントをつけた人たちだ。ちなみに、この記事はバークシャー・ハサウェイの新しい年次報告書にも盛り込まれたものだ！

もしあなたが30歳で、自立はしているがフルタイムの仕事があるためにフルタイムで投資活動ができないとしたら、手元にある莫大な資金を使ってどのように投資しますか？　ほかの貯蓄で18か月分の支出はカバーできるという前提でお願いします。資産の種類と配分をできるだけ詳細に教えてください。よろしくお願い申し上げます。

私がブログでのディスカッションのなかから選んだ読者の分析は以下の通りだ。いくつかは私も試したことがある。なかには複雑に思えるようなものもあるが、この一連のコメントは誰もが活用できるようにすべてシンプルな結論へと収斂させている。

リーより

あなたの私生活のなかからリスク探しをしている人もいますが、私が驚かされたのは、あなたの投資のリスク許容度が10％だということです。あなたのブログを読んで以来、あなたの人生経験からすると50％のリスク許容度のなかで生活していると思えたのですが。

「ティムより／これはありがちな誤解だ。実際には、私はとても保守的だし、リスクを極度に嫌がる人間なんだ。これは私生活と投資の両面で言えることだ。仲の良い友達も認めている。そのうち分かることだが、「リスク許容度」という言葉は非常に問題があると思う。しかし舞台裏を明かすと、私がＲＯＩ（投資収益率）の高くなるベストの機会に投資する選択肢を放棄したらどんな地獄が待ち受けているのかというちょっとした実験をやってみたのだ。ただし、読者のみなさんには理解しがたいことだろう。みなさんは、私がいつもサイコロを振って最善を求めている人間だと思い込んでいるだろうから。実際はそうじゃないんだ」

パトリック・クラーク「ティムより／この記事からほかに何も得るものがなければ、太字にした部分を何度か読み返して頭のなかに刻みつけてほしい。とくに最後の一文だ」

いくつか仮説を立ててみました。

1　あなたは適格機関投資家〔米証券取引委員会（SEC）が認定した富裕投資家〕である
2　あなたのビジネスは自動的に回っていてキャッシュフロー収入を生み出す仕組みになっている。
3　この100万ドルが本当のリスクキャピタルになっている。

それはそうとして、私は投資アドバイザーです。私の仕事は顧客のためのポートフォリオづくりをしており、従来の資産区分（株式、担保、現金、そして不動産）と新しい資産区分（原材料、エネルギー、金属、為替など）の両方を取り扱っているのです。こうしたお互いに相関関係のない投資をミックスしているのです。

特殊な投資システムに入り込まなければ、アセット・アロケーションはこのようになります。

米国株式	24・5％
外国株	19・5％
不動産	3％
原材料	12％
エネルギー	12・5％
金属	12％
為替	10・5％

目的は絶対収益〔市場の動向にかかわらず収益を追求する運用〕を生み出すことにあります。顧客のことを考えると、私は次のような会話に関心を持つことはできません。「市場は今年40％下落したんですよ、ジョーンズさん。でも私たちはたった18％の損失で済みました。よくやったと思いますよ！」違います。損失は損失なのです。相対収益〔株式や債券などの指標と比較して収益を追求する運用〕ではなく、絶対収益をもたらすポートフォリオを組むことで、毎年運用できる資産を増やしていく機会が大きくなっていくのです。

覚えておいてください。50％の損失を取り戻すためには、１００％の利益が必要なのです。損失はあってはならないのです。

ルカ

現金こそが下げ相場では資産となるのです。

Dより

あなたの性格にフィットした投資スタイルを見つけてください。そこで、バックテスト〔投資戦略を実行した場合の投資収益のシュミレーションを行うこと〕を活用します［ティムより／数学好きな人のために、「モンテカルロ・シミュレーション」〔シミュレーションや数値計算を乱数を用いて行なう手法〕という言葉を検索することをおすすめする］バックテストは長期間行えますし、さまざまな開始／終了方法をさぐる戦略づくりにも役立ちます。これであなたが最大幅の下落（「ドローダウン」と言います）に耐えられるかどうかが分かるのです。そして離れられなくなるのです……永久に。誰も市場の予測などすることはできませんし、大幅な下落が起こる前に売りに出せるかどうかなんて絶対に分からないのです。

長期的に見て、成長株がほかの資産のほとんどよりもパフォーマンスが優れているのは確かです。

しかし、２００３年3月1日にＳ＆Ｐ５００〔アメリカの格付け会社スタンダード&プアーズが算出しているアメリカの代表的な株価指数〕に資金をつぎ込んでマイナス50%（２００２年10月と比較して）の損失を出してしまった人は、８年後の今も損失を出し続けているんです！　ほとんどの人は追加投資をすべきときに、最悪の状態となってタオルを投入してしまいます。損失の痛みは勝ったときの喜びよりもはるかに強いのです。

あるスター投資家が電話経由で

あなたの利益の92%はアセット・アロケーションによって決まる。６%は私の証券幹事会社あるいは株式のセレクションによって、そして残りの２%はタイミングだ。

ラス・ソーントン

選ばれた資産のなかから目標とする投資配分を決定したら、それぞれの資産区分がその目標数値から20%以上外れたときに、私はリバランス〔ポートフォリオにもとづいた運用をしているなかで、相場の変動で投資配分が変化したときにその配分比率を調整すること〕を行うようにしています。あなたも追加削減によってリバランスをすると、より効果的な節税対策にもなりますし、キャピタルゲイン〔株式や不動産などの売却で生じる購入時価格との差額、すなわち売却利益のこと〕の実現による課税対象の削減にもつながります。リバランスすると、古典的な「安く売る」の教えにのっとり〔投資は「安く売って高く売る」（buy low, sell high）が基本とされている〕、比較的価値の低い資産を多く買わないといけなくなります。［ティムより／高価格の資産を売るのと対になる］

こういったところです。あなたがお金を持っているときだけ買うようにして、お金が必要なときだけ売りに出せばいいのです。必要でなければ売りに出すことはありませんよ。

リー

私は、タレブ〔『ブラック・スワン――不確実性とリスクの本質』の著者ナシーム・ニコラス・タレブ〕の「国債の90%と10%の仕手株」という考えがいいと思います。

もっと従来通りの方法をとると、スウェンセン〔イェール大学の最高財務責任者（CFO）〕が著書〔『イェール大学CFOに学ぶ投資哲学』〕で提唱した高次元の多角化戦略に従い、リスク許容度に応じて定められた債券の割合を調整するようにしています。

在庫資金：
大型ブレンド株インデックス（S&P500）
小型割安株インデックス
国際株インデックス
不動産投資インデックス
商品先物（PIMCO〔アメリカの債券運用会社〕実質収益）

債券：
インフレ連動債（TIPs）
短期国債

ベックス

あなたが10株だけ所有していたとしても、分散投資〔複数の金融商品に分けて投資したり、株式銘柄を複数購入すること〕が可能ですよ。

ヘンリック

基本的に、安定した収益をもたらすために資産を一括して投資し、それらが同時に上げ下げすることはありません。だから米ドルのエクスポージャー〔市場のリスクにさらされている金融資産の割合〕と同様に各国通貨のものが必要になります。そして株式と同様に債務（債券やマネーマーケット〔短期金融市場〕）も必要となります。［ティムより／これを「資産区分の負の相関関係」といい、ペアトレーディング〔さや取り、裁定取引。金利差や価格差を利用して売買し利ざやを稼ぐ取引〕でよく見られる。バフェットは70〜80年代にペアトレードを多用した］

オリバー

あなたのアロケーションは、おおよそ以下のようにすべきだと思います。

90%　インフレ連動債
10%　S&P500のコールオプション〔ある商品を一定の価格で買う権利〕

こうしておけば、市場が暴落してもほとんど損失はないでしょう。S&P500が上昇局面になったときの利益も依然大きくなるはずです。

ここで、第1の教訓／「自分は分かっている」と思っていること自体が、分かっていない証拠だ。

「自分のリスク許容度は予測できると考えよう」だって？　できるわけがない。

では、別の質問でそのことを痛感してもらおう。

自分で自分のことを「人種主義者だ」と呼べるだろうか。呼べるはずがない。でもきっとそうに違いない。

好きなだけ何度でもハーバードのＩＡＴ〔潜在的連合テスト。さまざまな事象に対する潜在意識を測定するテスト〕をやってみてほしい（http://www.understandingprejudice.org/iat/index2.htm）。私は決め付ける人間ではないが、人種に関係なくあなたが人種主義者だと答えてしまうのだ。

意外だって？　そうだろう。

ほとんどの投資アドバイザー（そして投資家）が尋ねる質問は、たいてい間違っているか不完全なものだと私は気づくようになった。私が投資用に１００ドルだけ持っていたとしても、投資のために調査が必要だということになってしまう。

投資上のアドバイスや決断はひとつの疑問に集約される――あなたのリスク許容度は何ですか？

私はある裕福な投資マネジャーからこういう質問を受けたことがある。私は正直に答えた。「分かりません」彼は困ったような顔をした。逆に私は聞き返した。「あなたのクライアントはどういう返事をしてくるものなんですか?」彼はこう答えた。「パニック状態でなければ、たいていみなさんは『1四半期で20%まで下落したら』と答えます」

私は続けて尋ねた。「もっともパニック状態になるときはいつですか? また、安く売りに出されたときは?」彼の答えはこうだった。

「1四半期で5%下落したときです」

1四半期に20%の損失をしない限り、あなたの資産のレスポンスを予測するのは難しい（ひゃあ、あり得ない）。ボクシングの一般的な原則「顔面にパンチを受けて初めてプランを立てる」と何ら違いがない。

将来の意思決定に誤った仮定が入り込むと失敗するのはほぼ確実だ。そこで①想定される「リスク許容度」の範囲内まで戻す、②全財産を賭ける前に損失は小幅だが高リスクの投資をシミュレーションしてみる、のどちらかをやってみることになる。私はこうした目的でテクノロジー業界へのエンジェル投資を行った。

10万ドルも必要ない。競馬場に行ってガチガチの本命馬にかけるようにすればいいのだ（高確率で低配当だ）。200ドルの損失が出るまでレースごとに25ドル賭けるようにすればいい。どう思うだろうか? ここが出発点なのだ。利益と損失に対する感情的なレスポンスを正確に測定すること。

あなたの決断、そして将来への投資は、キャリブレーション〔想定される投資モデルが、実際の金融商品の価格で再現できるように調整すること〕に左右されるのだ。

◆投資を再考する（パート2）――追加事項・選択の意図

市場が落ち着きのない状態、つまり市場関係者がパニックに陥ってやけになっているときでも、彼（ソロモン・ブラザーズ〔アメリカの投資銀行〕の債券トレーダー）はヒツジのように彼らをコーナーに追い詰めて、不確実性下の状況でも投資を続けさせるのだ。

――マイケル・ルイス『Liar's Poker』より

2003年 コネティカットにて

ひとりにつき4～6スクリーンが用意され、30フィート〔約9メートル〕のデスクにはイスが階級別の序列順に1列に並べられていた。司令官が隊列に指令を下し、取引は成立した。

「お前、誰だ？」シニアメンバーのひとりが聞いてきたが、私が答える前に彼は再び煌々と輝くスクリーンに顔を向きなおしてしまった。

私が初めて世界最大の投資銀行に足を踏み入れたときの話だ。私は、何かを学んで希望に満ち溢れていた友人がやっていることをただ見つめているだけだった。いつの間にかランチの時間となり、詩的な響きの4文字言葉をたくさん散りばめながら、20分間の休憩が告げられた。

「会社名を言えよ」聞き覚えのない声だった。だが、たしかに私に向かって言っていた。

「えっと……すいません、なんて言いました？」私は特定はできなかったが、部屋のなかにいる人に向かって聞き直した。

「会社名を言えよ」

「えっ、あっ、……」

「どんな会社でもいいんだよ。何だっていいから」

「はい、じゃあ……ジェネンテック〔アメリカのバイオベンチャー企業〕」その一言が、訳のわからないまま彼らが暗闇に一発ぶっ放すきっかけとなった。

「ぶっ飛ばすぞジェネンテック!!!」合唱のように室内に響き渡った。

「よし、ジェネンテック株を10万株売りだ、てめえら。先週は奴らにめちゃくちゃ損失を食らったからな」

ジェネンテック10万株は売りに出された。まったく何の関係もないゲスト（私だ）が何の根拠もなく口にした名前というだけで。

これが、株式市場を実際に不正操作する場面を私が最初に目にした瞬間だった。

情報優位

あるトレーダーがルーウィー（ソロモン・ブラザーズの住宅ローン部門トップ）の言っていたことを思い出していた。市場が上昇局面であれば1億ドル分の株を買え、そうすれば市場は下降局面になる。そしてルーウィーはさらに2億ドル分の株を買った。そしてもちろん、市場は上昇した。彼が操作して市場が上昇したあとで、ルーウィーは私の方を見て言った。「どうだ、俺の言ったとおり上がっただろう」

――『Liar's Poker』より

私は現在、純資産における株式の割合を10％以下に抑えている。なぜかって？　私には「情報優位」がないからだ。ほかの言い方をすれば、太平洋の海でサメを見たが、私にはかかわりのないことだ。彼らは『バロンズ』〔米国の投資家向け週刊誌〕で読んだ程度の知識の私を食い物にしようとするからだ。むしろ自分の資本をエンジェル投資や私が理解できる数少ない業界にお金を使ったほうがいい。その2つであれば内部事情をよく把握しているし、ほかの人にはないコネクションもある。

億万長者のマーク・キューバン〔2929 Entertainment 社共同オーナー、HDNet 会長、NBAダラス・マーベリックスオーナー〕（彼のブログはすばらしい http://blogmaverick.com/）が雑誌『Young Money（YM）』での短いインタビューから引用する。

YM　普通預金を持っていますか？　そして若い人たちに投資に関するアドバイスはありますか？

キューバン　銀行に預けなさい。株式市場にお金を投資しろという馬鹿なことを言う人がいますよね。結局は市場の株価を上げたいからそうやって言う必要があるんですよ。彼らは何かの銘柄を売りたいんでしょう。株式市場はおそらく投資の手段としては最悪の場所ですね。銀行にお金を預けないのなら、情報優位に立てないことには絶対にお金をつぎ込んではいけません。株式ブローカーがそう言っているからといって、まんまとお金を投資してしまうのはどうかと思いますよ。ブローカーだけが分かっているようなところで、ブローカーそのものになれないようであれば、どこかに取り残されてしまうのがオチです。

よく聞いてほしい。株式市場で勝ち続けるには、①ほかのほとんどの人たちよりも有利な情報を持っていなくてはいけない　②その情報に対する優れた分析力を持っていなければならない　③レプラコーン〔アイルランドの神話の妖精。地中にある財宝のありかを知っていて、捕まえられれば教えてくれるが、ほとんど取り逃がしてしまう〕よりももっと幸運でなくてはならない。

計略に引っかかって幸運を取り逃がすくらいなら、**個人的には**優れた分析力などは捨ててしまったほうがいい。私は自分の人生を年次報告書を熟読したり遺伝的アルゴリズム診断〔GA。プログラミングや銘柄予測などに、生物の遺伝子や自然淘汰のシミュレーションにのっとって最適な解を導く手法〕するような真似はしたくない。結論はシンプルだ。その業界の大部分の人たちよりも徹底的に内部事情に通じていなければ、投資してはいけない。

デビッド・スウェンセンは、イェール大学の投資マネジャーとして２００７年末に収益率を28％上昇させた人物である。

「あえて無知でいること」に対して多角的でいなければいけません……私はこのように肥大化したマクロ経済に対処できる人間はひとりもいないと思うのです。ドルがこの先どうなるかとか中国のＧＤＰ伸び率がどうなるかなんて分かりますか？　ある論点の側に立つ人もいれば、ほかの論点に立つ人もいるものです。

プリンストン大学、そしてバートン・マルキール〔プリンストン大学経済学部長〕から卒業して、平均以上の高配当を継続的に得るには「情報優位」があらかじめ必要になってくる限り、私は効率的市場仮説〔すべての株価はあらゆる情報を反映しているので常に適正価格であるという考え方〕を支持するようになった。

ほかの人が知らないことを同じように分かっていなければ、ギャンブルをすべきではない。

以上。

あいまいな言葉――「投資」

パート１で、私は投資の本で一番お気に入りの本を紹介すると約束した。自力で億万長者になった人から推薦されたものを数十冊読んだが（私は投機家からのアドバイスは受け付けない）、私がもっとも役に立ったと思うものを幾つかあげてみよう。

ローレンス・A・カニンガム『バフェットからの手紙—「経営者」「起業家」「就職希望者」のバイブル』（パンローリング）——バフェット関連

Daniel R. Solin『The Smartest Investment Book You'll Ever Read』

マイケル・ルイス『ライアーズ・ポーカー』（パンローリング）

Peter Bevelin『Seeking Wisdom: From Darwin to Munger』——2～4章を読むといい。

Goldian Vandenbroeck『Less Is More: The Art of Voluntary Poverty: An Anthology of Ancient and Modern Voices Raised in Praise of Simplicity』

何⁉　哲学書みたいな本が間違ってリストに入っていないかって？　ここが難しいところだ。調査をし尽くし、退屈で面白くない複雑な計算を行った上で、さまざまな投資戦略の前例を乗り越え、私はある哲学的な結論に至った。

パート1の記事に対してコメントをつけた人のなかには、こんな意見もあった。

「私は数週間や数か月そこらで投資を理解しようなんて思わない」

では、興味深い質問を紹介しようじゃないか。「投資」って一体何なんだ？

あなたが毎年与えられた株式で30％の利益を稼げる可能性があるとしても、毎晩手のひらに汗をかき続けなければいけなくなるとしたら、それがいい「投資」になるというのか？

過去10年で年率25％の伸びが予想される株が良い「投資」になるのだろうか？　２５９％上昇するような予期せぬ年を除いて、毎年価値が下がるようなことがあっても？

私はほかの友人がやっていた仕事に参加したことがある。彼はデイ・トレーダーだった。そして彼の上司はほとんどの取引で1日に5万ドル〔約４１５万円〕以上稼いでいた。しかし、その上司は「万が一つまんない女に引っかかったときのために」ブラックベリーのブリーフケースにいつも離婚届を用意していたという。それがあなたの望んでいた人生なのか？　彼は成功した「投資家」なのか？　この言葉には要注意だ。

パート1の記事には１００以上のコメントがついたが（コメントのなかには9けたの資金〔数億ドル〕を運用している人もいたが）、「投資」という定義は、「アセット・アロケーション」から「ギャンブル」まで幅広い。言い換えれば、「投資」という用語は、使い古されてしまったために無意味なものになってしまったのだ。

投資は広い意味で定義し、そこから論点を取り上げて考えてみたいと思う。

投資＝「生活の質（ＱＯＬ）を向上させる供給源」

これには金融市場への投資のほか、時間管理などのほかのあらゆるリソースも当てはまる。あなたの日頃の行いやそれによって生じる変化がそのまま「時間管理」や「時間の投資」といった言葉にどれくらい置きかえることができるだろうか？

この投資の定義でいくと、純粋なＲＯＩ〔収益投資率〕という揺れ動く標的を追いかけるようなことはできなくなる〔結局は、高収益を保つためにはいつも投機的にならなくてはいけなくなるのだ〕、しかし、そんな選択肢をとってしまったら、不眠症を伴う最大のＲＯＩを求めなくてはならなくなる。手のひらに汗をかきながら現金をつぎ込み続けるなんて、哀れな「投資」としか定義できないじゃないか。

概念から戦略に到るまで、「投資」という言葉を3つの行動のカテゴリに分けてみよう。私はこのカテゴリは有効だと気づいた。

投資＝

- **資産／富の創造**
- **資産／富の配分**
- **資産／富の保護**

◆投資を再考する（パート3）——ジョン・スチュワートVSジム・クレイマーの間違いを見つける

テレビ番組『デイリー・ショー』〔コメディ専門チャンネル「コメディ・セントラル」のトーク番組〕で、株式評論家のジム・クレイマー〔ヘッジファンドマネジャー。投資情報サイトTheStreet.com代表。投資情報番組『Mad Money』司会者〕とジョン・スチュワート〔コメディアン。『The Daily Show』司会者〕の対決の行方は、満場一致の結果に終わった。ジム・クレイマーがこてんぱんにされたのだ。

それはさておき、この議論に誤りはなかったのだろうか？　私はマーク・ハンナに判断を委ねた。彼はテネシー州ノックスビルのCrayton Bank and Trustに勤める信頼のおける幹部社員だ。私が彼に最初に出会ったのは２００８年のバークシャー・ハサウェイ社の株主総会だった。彼はマネジャーバッヂをつけていたので、投資に関する複雑な問題を話し合う機会をもらった。

クレイトン・ホームズ社〔米最大手の組立式住宅会社〕は２００３年にバークシャー・ハサウェイ社に買収され、創立者のジム・クレイトンは自分の銀行であるCrayton Bank and Trustの信託部門を立ち上げる際にマークを雇った。営業利益のマネージメントをさせるためだ。マークは自分個人の業績を公開することを望んでいなかったが、私を信頼してくれた。彼の業績は驚くべきものだ……。

マークが『デイリー・ショー』での討論を解説してくれた。太字部分は私が強調したい部分である。

株式市場はおもに2つの理由で世間の関心を集める傾向にあります。「根拠なき熱狂」〔連邦準備制度理事会（ＦＲＢ）議長アラン・グリーンスパンによる１９９６年12月の発言〕と「見当違いの信念からくる失望」です。

現在、株式市場の動向は多くの人の脳裏から離れられなくなっている状態です。というのも、市場はひとりでに上昇するという考えに、何度も疑問が投げかけられるからです。この関心に乗じて、ジョン・スチュワートはジム・クレイマーを『デイリー・ショー』の生放送で公開裁判にかけたのです。クレイマーはこうした批判にさらされてしかるべき人物だったのかもしれません。ただし、スチュワートも現在の世論の流れを代弁していましたが、株に投資することが「ルーレットで赤にすべて賭ける」のと同じくらい安全なものだという間違った解釈をしてしまったようです。

クレイマーが失敗した原因は、ある特定の業界株の売り買いに関して、あるいは株式市場全般について誤ったアドバイスをしたからではありません。彼の罪は、これはメディア全般にも言えることなのですが、長期投資しようという株主の感情をかき乱して、短期投機に仕向けたことなのです。ＣＥＯたちはウソをつきますし、人々もさらに自分の利益を求めて常にウソにウソを重ねることになるのです。これが人間の本性なんです。私たちは道を見失い、投資の損失によって引き起される間違った考えを信じ込むようになってしまいます。私たちは今、「株は本来ギャンブルなのだ」という迷信を信じた罪でパニックに陥っているのです。

スチュワートは、自分は401kで資産運用をしている立場から、ヘッジファンドによる「アドベンチャーへの投資」をしている、短期投機家は長期買いや株を保有し続ける投資家を痛めつけているのだと断言していました。**この考えは正しくありません。バフェットの考えに基づいて、間違いの理由を説明しましょう――仮にあなたが長期投資家だとすれば、売りの時期に価格を下げたいと思うでしょうし、そうすればもっと良い価格で買いに入ることができるのです。**

それでも、マネジャーが株主を犠牲にして短期的実績で高額の報酬を得ているというスチュワートの考えは正しいものです。コーポレート・ガバナンス〔企業統治〕や株主の権利という観点から、重大な問題をはらんでいます。これまで幾度となく投資マネジャーや「レインメーカー」〔お金の雨を降らせるような投資話を持ちかける投資顧問会社のこと〕達は、説明責任を果たさないまま非常に大きいリスクを負うことを奨励してきました。長い時間をかけて自分たちの企業風土を育んできたのに、投機家を雇って「毎日カジノ場に通いつめる」ようになってしまった会社もあります。さらに、多くの銀行が過剰なレバレッジを掛けてしまったためにエンロン〔全米最大のエネルギー関連企業だったが、デリバティブによる損失隠しのための不正会計が発覚して2001年12月に破綻〕の会計のように不明瞭になってしまうのです。エンロンを膨張させていったオフバランスシート〔貸借対照表に計上されない会社の資産、負債〕操作は、犯罪的だといってもいいでしょう。しかし、シティグループ〔米最大手の金融グループ。エンロンに対する不明瞭な大規模融資を行った〕にも「誤り」があるのです。

たしかに、金融部門の経済活動にも一理あります。企業や個人の信用貸しをサポートするローンは、常に欧米の金融システムでは利益をもたらすものです。すでに、投資銀行にはびこっていたほとんどのギャンブラーたちは市場から退場していきました。需要に応じて独自に活動を行っている人間もいますが、わずかに利益を減らしても劇的にリスクを減らすことになったのです。現在の金融市場はいくぶん投機的な要素も残っていますが、過剰反応することもないと言えます。市場は生まれ変わりつつあるのです。

株に投資するのはすなわち投機ではありません。所有している会社の株がすべて好業績でキャッシュフローも好調、純資産も豊富であったとしたら、この所有株は非常に価値あるものだと言えます。これと同じビジネスで部分的に持ち合い株式を持っていても有益でしょう。どんな資産を購入する場合でも、その価値より低い価格で買うことは投機ではありません。敏感な投資家は「市場」に投資してない、と認識しているのです。彼らは実際には株を所有している会社に投資をしているのです。

結論を言いましょう。ギャンブルは決して投資ではありません。そして投資は決してギャンブルではありません。経験豊富な投資家が持っているコツとは、この違いを認識することなのです。

――マイク・ハンナ
Clayton Bank and Trust 信託部門担当

◆ウォーレン・バフェットに備える
――「エレベーター・ピッチ」の技術（動画つき）

午前1時33分、ネブラスカ州オハマ。私は眠りにつけなかった。

サンタがやってこないかなとワクワクしながら待っている7歳の子どものようだった。翌日、いよいよウォーレン・バフェットと初めて面会できる機会がやってくると思うと興奮を抑えきれなかった。私のお粗末な頭のスイッチをオフにすることができなかったのだ。バカバカしいって？　そうかもしれない。しかし、彼（サンタではない、バフェットだ）はおそらくアメリカが生んだもっとも偉大な投資家なのだ。

では、もし運良くバフェットがトイレで隣り合わせになったとしたら、あなたなら世界でもっともリッチな男を相手に何を話すだろうか？　あなたがハンナ・モンタナ〔テレビドラマ『シークレット・アイドル ハンナ・モンタナ』の主人公の女の子〕のファンだとしても、前もって知っておくとよい。

これは「エレベーター・ピッチ」〔エレベータ内で顧客に偶然会ったとき、エレベータの扉が開くまでの短時間で自分の会社（の商品）や自分自身を説明すること〕に由来する。60秒以内で自分のメッセージを伝える方法だ。「エレベーター・ピッチ」は、優れた人物やオマハのオラクル〔古代ギリシャアポロン神殿の預言者。ここではバフェットを指す〕とやり取りしようとする上で、身につけておきたいもっとも重要なスキルとなる。

なぜか？　例をひとつ挙げよう。バフェットが株主総会の会場に入るときに面会したい、それだけのために前の晩から1万人以上が雨のなか徹夜で並んでいる。**いいかい、1万人だぞ。**

実際、バークシャー・ハサウェイ社の年次株主総会に一番乗りしようと、1万人以上の人が徹夜で会場の外の歩道に並んで待ち構えていた。私は、最前列に座ることよりも、株主が発言できるマイクに向かう選択肢をとった。

ウォーレン・バフェットと握手して5秒間撮影できる権利をとるか、それとも彼に質問する方を取るか。私は後者をとった。そして10秒で最上階の一角へと全力疾走していった。結局、バフェットと昼食を一緒にとる権利のオークションは62万１００ドル〔約５１５５万円〕まで跳ね上がったのだから、私の作戦は大成功だった。

会場には全部で13本のマイクが立てられ、それぞれおおよそ6つの質問ができる時間があった。まるでロックコンサートのようにクエスト・コンベンションセンターに詰めかけた3万1000人のなかから、78人が質問できるのだ。私は会場入りして10分後には、6番のマイクブースで5番目に並ぶことができたのだ。

ここで、私が実践した「エレベーター・ピッチ」の例を2つ紹介しよう。いずれも『週4時間』の本に関連したものである。

ひとつは、「あなたのお名前は？　どんな仕事をしているのですか？」と聞かれたときに即興で答える。そしてもうひとつは、アマゾンの『週4時間』ドイツ語版ページにアップした紹介動画だ（ＵＲＬをこの記事の最後に掲載しておく）。

人でごった返している状況でＶＩＰたちと面会するためには、60秒以内の自己紹介で3つの目標を盛り込むようにしよう。

第1の目標　信頼性を確立すること。メディアなどのソーシャルプルーフ〔社会的証明〕の例を、あるいは信用のある企業や組織との関わりをひとつか2つ引き合いに出す。エレベーター・ピッチを行っている間は早口になってはいけない。ゆっくりと、穏やかに。

第2の目標　お金のためではない（そうだとしても）ことを明確にする。十分にリサーチした上でその人と話し合いたい興味あるテーマがあることを告げる。そして、相手がそれほどバタバタしていない状況になった段階で、どのようにしてこちらがフォローアップできるかを尋ねる。彼らに、次の「第3の目標」の内容を盛り込んだ手書きのカードを手渡す。

第3の目標　残り時間で、別れたあとでも相手が自分の存在を鮮明に覚えてしまうようなことを言う。彼らに会いたかった理由とまったく関係のないことでも構わない。私の場合、タンゴがデフォルトになる。このようにして会話を締めくくるのだ。「これだけは覚えておいていただきたいのです。あなたはこれまで１００万人くらいの人たちにお会いしてきたと思いますが、私はタンゴの世界選手権で優勝したんですよ。もしご関心があるなら喜んであなたとアストリッドさん〔バフェット夫人〕のお2人にタンゴのレッスンを致しますよ」フォローアップするときには、こうした一風変わった申し出をすることが重要なのだ。

イベント会場やほかの人達に取り囲まれているときに彼らと出くわした場合には、3日間はフォローアップしないこと。ほかの人たちも同じことをするからだ。私は最低1週間後にフォローアップする。間が空いた理由として、罫線を引いた上記の一文を太字にしておく。

以上を踏まえて、2つの動画を見てほしい。それぞれ、話をするタイミングをチェックしてみよう。

"Prepping for Warren Buffet: The Art of the Elevator Pitch (Videos)"
http://www.fourhourworkweek.com/blog/2008/05/03/prepping-for-warren-buffett-the-art-of-the-elevator-pitch-videos/

"Tim Ferriss Video for German Amazon"

http://www.youtube.com/watch?v=4q4wGEH1l_k&feature=player_embedded

――

ここに紹介した読者限定のコンテンツやそれ以外にも興味があるなら、私たちの関連サイトやハウツー・メッセージを掲載している無料のブログ www.fourhourworkweek.com にぜひアクセスしてほしい。世界をぐるっと一周、無料で旅できたらどうする？　私たちのサイトに来れば、それがどんなにかんたんなことか分かるだろう。

謝辞

はじめに、この本が生まれるきっかけとなった学生――あなたたちの意見や質問のおかげだ――に感謝する。彼らと話す機会を与えてくれた、最良の師であり、起業家のスーパーヒーロー、エド・チャウに感謝を。夢を先送りにする生き方が主流の世の中でも、わが道を貫く者にとって、エド、あなたは燦然と輝く光だ。あなたの物事をなし得る力に（彼の右腕で、凄腕の女性カレン・シンドリッチにも）敬意を表したい。私が力になれることがあればいつでも呼んでほしい――これから、あなたを１００キロ級のボディビルダーにだってしてみせる。

いつも先導してくれるジャック・キャンフィールドに。成功を収めてもなお、思いやりのある人格者でいられるという手本を見せてくれた。アイデア段階でしかなかったこの本に息を吹き込んでくれたことに御礼が言いたい。あなたの知恵とサポート、それにすばらしい友情には感謝しても感謝しきれない。

鶏群の一鶴〔鶏の群山のなかに美しい鶴が一匹いるように、凡人の集まりのなかで際出している人物のこと〕であり世界一の代理人、ステファン・ハンセルマンに。本書を一目見て「ゲット」し、私をライターから作家へと導いてくれたことに感謝する。あなたほど最高のパートナーは居ないし、あなたほどジャズを愛している人も居ない。これからもたくさんの冒険を共にできることを願っている。交渉テクニックからノンストップのジャズ談義まで驚かされてばかりだ。LevelFiveMedia のみんなに――スイス時計にも劣らぬ正確さで、駆け出しの作家をベストセラー作家へと育ててくれた新しいタイプのエージェント活動に――感謝している。

ヘザー・ジャクソン、丁寧な編集と心のこもった応援のおかげで楽しみながらこの本を書きあげられた。私を信じてくれてありがとう！　あなたのライターになれて光栄に思う。そしてクラウン〔クラウン・パブリッシング・グループ。世界最大手の出版社ランダムハウスの子会社〕のチーム・メンバー——特に週4時間以上は邪魔をした（もちろん愛してるからだけど）ドナ・パサナンテとタラ・ギルブライド——あなたたちは出版界の最高峰だ。脳みそがそんなに大きいと、痛くなったりしないのだろうか？

自身の体験を語ってくれたNRの人たちの協力なしには、この本は書きあげられなかった。ダグラス〝デモン・ドック〟プライス、スティーブ・シムズ、ジョン〝DJワーニャ〟ダイル、スティーブン・キー、ハンズ・キーリング、ミッチェル・レビー、エド・マーレイ、ジーンマーク・ハッキー、ティーナ・フォーサイス、ジョシュ・スタイニッツ、ジュリー・セックリー、マイク・カーリン、ジェン・エリコ、ロビン・マリンスカイ・ルメル、T. T. ヴェンカテッシュ、ロン・ルイス、ドリーン・オリオン、トレイシー・ヒンツ、および会社に迷惑がかからないよう匿名を希望した数十人に心からの謝意を表する。MEC Labs〔マーケティングリサーチに関する研究を行っている米国の団体〕エリートチームのすばらしき仲間、ドクター・フリント・グラーグリン、アーロン・ローゼンソール、エリック・ストックトン、ジェレミア・ブルッキンズ、ジャラリ・ハートマン、ボブ・ケンパーほか、協力してくれた人に感謝する。

本書を構成段階から活字になるまで、幾度となく原稿を推敲するのは苦痛だったはずだ——校正者のみなさんありがとう！　ジェイソン・ブロー、クリス・アシェンデン、マイク・ノーマン、アルバート・ポープ、ジリアン・マヌス、ジェス・ポートナー、マイク・メイプルズ、ファン・マヌエル〝ミーチョ〟カンプフォール、私の兄弟で頭脳人間のトム・フェリス、ほかにも、最後にみがきをかけてくれた大勢のみなさんに深く御礼を申しあげるとともに心からの感謝を。キャロル・クライン、あなたの鋭い感性と分析能力はこの本を一変させた。シャーウッド・フォーリー、大親友でいつも容赦ない駄目出しをしてくれた。ありったけの感謝を込めて。

優秀なインターンの、イレナ・ゲオルグ、リンゼー・メカ、ケイト・パーキンズ・ヤングマン、ローラ・ハールバットに。締め切りを厳守し、私が窮地に追い込まれないようサポートしてくれた。あなたたちのことは、ライバル会社に先を越されるまえに雇うよう、すべての出版社に強く推薦する。

ここにたどり着くまでの私を指導し、励ましつづけてくれた作家のジョン・マクフィー、マイケル・ガーバー、ロルフ・ポッツ、フィル・タウン、ポー・ブロンソン、A・J・ジェイコブス、ランディ・コミサー、ジョイ・バウアー、私は生涯あなたたちのファンだ。この恩は忘れない。

世界中の学校建設の援助をしてくれ、1万５０００以上のアメリカのパブリックスクールの生徒たちのために募金プロジェクトに携わってくれた人たち、私は感謝を、それこそ数えきれない人たちにしたい。以下の読者と友人に。マット・ムレンウェッグ、ジーナ・トラッパーニ、ジョー・ポリッシュ、デヴィッド・ベリス、ジョン・モーガン、トーマス・ジョンソン、ディーン・ジャクソン、ピーター・ウェック、SimlyHired.com、ヤニック・シルバー、Metroblogging、マイケル・ポート、ジェイ・ピータース、アーロン・ダニエル・ベネット、アンドリュー・ロスカ、Birth&Beyond,Inc.、Daula Services、ノーリーン・ローマン、ホセ・カストロ、ティナ・M・プルーイット・キャンベル、ダーン・ロウ、そしてカルマ的資本主義は可能だと信じている人々すべてに。

恐怖に立ち向かう術、そして信念を貫くには死にもの狂いで戦わなければならないことを教えてくれたシフ・スティーブ・ゴエリクとジョン・バクストン監督、本書しかり、私の人生しかり、あなたたちの指導を受けてここまで来ることができた。２人とも、感謝しています。世界が抱えているさまざまな問題も、今の若者が2人のようなメンターに出会えれば、大部分は解決するだろう。

最後に、いつも私を導き、励まし、愛してくれた両親――ドナルドとフランシス・フェリス――にこの本を捧げる。言葉では言い表せないほど愛しています。

索　引

Index

【ア行】
アーキテクチャ→「ミューズのアーキテクチャ」 architecture.See muse architecture
アインシュタイン、アルベルト Einstein, Albert 41,135
アウトソーシング→「ミューズのアーキテクチャ」「バーチャルアシスタント（VA）」 outsourcing.See also muse architecture; virtual assistants (VA)
　銀行取引 banking 134
　経済学 economics of 309-310
　Eメール e-mail 453-458
　間違い mistakes 448-452
　実生活での例 real-life examples 184-192,335-336
アスレタ Athleta 357
アドベンチャー欠乏症 adventure deficit disorder(ADD) 88-89
アフィリエイト・ネットワーク affiliate networks 264
アフィリエイト・プログラム・ソフトウェア affiliate program software 331
アマゾンアソシエイト Amazon Associates 264
アリババ Alibaba 264
イーストウッド、クリント Eastwood,Clint 320
いいストレス eustress 66-67
意思決定 dicision making 174,220,472-478
忙しそうな状態（busyness） busyness 61-62,108-109,118,487-488
1日あたりの目標収入（TDI） Target Daily Income(TDI) 99-102
「いつかやろう」病 "someday"disease 62
委任状（銀行） power of attorney 405
医療の「地球取引」 medical geoarbitrage 177
インターネット（IP）電話 Internet telephones 421-422
インフォマーシャル・プロデューサー infomercial producers 333-334
ヴィアンニ、聖ジャン・マリー Vianney, St.Jean-Baptiste-Marie 340
ウィリアム・オッカム William of Occam 108
ウィリアムソン、B Williamson,B. 528-529
ウィルゼック、フランク Wilczek,Frank 448
ウィルソン、ウッドロウ Wilson,Woodrow 248
ウィルソン、コリン Wilson,Colin 364
ウィンフリー、オプラ Winfrey,Oprah 126
ウェザーフォード、ディビッド・L Weatherford,David L. 454
ウェブアナリスティクス Web analystics 295-296
ウェブサイト websites
　デザイナーとプログラマー designers and programmers 297-298
　ドメイン登録 domain registration 292
　ホスティングサービス hostin service 292-293
　ミューズをテストする for muse testing 278-281
　お役立ちツールと使うコツ tools and tricks 288-298
『ウォールデン　森の生活』（ソロー） Walden(Thoreau) 551
ウッド、ジェッド Wood,Jed 220
英語を教える teaching English 424
エルスバーグ、マイケル Ellsberg, Michael 105
エマーソン、ラルフ・ワルドー Emerson, Ralphs Waldo 136,229
エリコ、ジェン Errico,Jen 388-389
『大きく考えることの魔術』（シュワルツ） Magic of Thinking Big,The(Schwartz) 549
お金 money 46-47,65-66
『億万長者のビジネスプラン』（ケネディ） How to Make Millions with Your Ideas (Kennedy) 549-550
億万長者のようなライフスタイル millionair lifestyle 26-28,46-47
オズの魔法使い Wizard of Oz,The 306
オルタナティブ・スクール alternative

schools　53
音声自動応答装置　Interactive Voice Response(IVR) remote receptionists 325,328
オンライン・マーケティング および調査会社 online marketing and research films 333
オンラインのアフィリエイトとパートナー online affiliates and partners　118

【カ行】

カーター、RB　Carter,R.B.　300
ガーバー、マイケル・E　Gerber,Michael E　550
海外での仕事　working overseas　423-424
会員制CLUBの保証　THE CLUB guarantee　322
海外向け販売　international disutribution　334
会 議　meetinigs　156-157,159,162-163,172-174,479,544
解決策を提案する　proposing solutions 133
会社登記　company formation　290
解 放（L）→「ミニリタイアメント」「リモートワーク」 Liberation(L).See also mini-retirements;remote working
　疑いを持つ　doubts about　428-435
　喪失感を埋める　filling the void 435-446
　DEALの項目　as part of DEAL　29-30
　仕事をやめる　quitting jobs and 364-374
加来道雄　Kaku,Michio　273
家庭を持っている人の「週4時間」　families and 4HWW lifestyle　53,176-177,357-359,388-390,533,537-538
学校　schools　53,415
家庭用品　housewares　265
カフィエロ、マーク　Cafiero,Mark　524
貨幣換算　currency conversion　415
カルビン『カルビンとホッブス』　Calvin (Calvin and Hobbes)　172
ガンジー、マハトマ　Gandhi,Mohandas 380
ガンプラッド、イングヴァール　Kampard, Ingver　371
途中でもやめる　nonfinishing　144-145
キー、スティーブン　Key,Stephen　267
キーワードツール　keyword tools　277
ギブソン、ウイリアム　Gibson,William 192
疑問　doubts　20-21,432-440
キャプラン、ナザン　Kaplan,Nathan　94
キャマリロ、デーブ　Camarillo,Dave 340-342
キャロル、ルイス　Carroll,Lewis　83
キャンベル、ジョセフ　Campbell,Joseph 432
競合サイトのトラフィック　competitive site traffic　297
凝視トレーニング　eye gazing　105
恐怖　fear
　不安をはっきりさせる　defining　74-75
　楽観主義をよそおう恐怖　disguised as optimism　76-77
　失敗に対する恐怖　of failture　90-95
　BMWに乗ったメタボ中年　fat man in the BMW　89-90
　ミニリタイアメント　and mini-retirements 401
　クエスチョン＆アクション　questions to answer　79-82
　仕事をやめる　and quitting your job 364-374
　実生活での例　real life examples 69-71,77-79
「許可をもらう」ではなく「許しを請う」 forgiveness vs.permission　62-63
拒絶のワザ　refusal,art of/art of refusal 156-163,175-176
銀行　banking　134,312-313,400-410
グーグルアドワーズ　Google Adwords 274,281-282,291
グーグル・アドワーズ・キーワードツール Google Adwords Keyword Tool　291
グーグル・アナリスティックス　Google Analystics　295
グーグル・ウェブサイト・オプティマイザー Google Website Optimizer　296
グーグル・チェックアウト　Google Checkout　294
クーリッジ、カルビン　Coolidge,Calvin 489

クラウト、チャールズ　Kuralt,Charles　381
クレジットカード決済代行会社　credit card processors　314 -315,331
クロール、TY　Kroll,Ty　298
クロス、デヴィッド　Cross,David　205 -207
クロスセリング　cross-selling　247,271（注釈 29）
携帯電話　cell phones　407-408,409-410,480 -481
ゲイツ、ビル　Gates,Bill　167,196
ゲイブル、ダン　Gable,Dan　150
決断させない術　undecision,art of　316-318
ケネディ、ジョン・F　Kennedy,Jhon F　50,557
ケネディ、ダン・S　Kennedy,Dan S　549-550
ケラー、ハーブ　Kelleher,Herb　303
決定権の不足　empowerment failures　150,167 -172
健康保険　health insurane　366,374,407,409-410
言語学習　language learning　425-426,436-438
言語翻訳　language translation　425
子犬の売り方　puppy dog close　161 -163
後悔　regret　477
効果性と効率性　effectiveness vs. efficiency　111 -112
航空運賃　airfare　384,416 -417
広告　advertisting
　広告ディスカウントの代理店　discount media buying agencies　331-333
　ミューズをテストする広告　muse testing advertisment　278 -282
　パレードの法則（80/20 の原理）and Pareto's law (80/20 Princeple)　117,487 -488
　クレジットカードでの支払い　paying with credit card　427（注釈 72）
　繰り返し　repetition　486
広告ディスカウントの代理店　media buying agencies　331 -333
交渉　negotiation　487
小売販売　retail distribution　334
コールセンター（受注用）　call centers　314 -315,329 -330
顧客　customers
　良い顧客と悪い顧客　good and bad　112 -117,318 -320,480,488
　ルーズ・ウィン保証　lose-win guarantees　320 -323
　ニッチ市場　niche markets　240 -243
　オプションと優柔不断　options and indecision　316 -318
コクトー、ジャン　Cocteau,Jean　77
コスビー、ビル　Cosby,Bill　49
コッチ、リチャード　Koch,Richard　552-553
ゴッテスフェルド、アダム　Gottesfeld,Adam　91 -95
子ども→「家族」　children.See families
細かな管理　micromanagement　170-171,449
「ノー」と言えるようになる　learning to say no　175 -176
コミサー、ランディ　Komisar,Randy　91 -95,552
コンピュータ用のリモートアクセス・ツール　computer remote access and backup tools　420 -421
コンフォート・チャレンジ　comfort challenges
　電話番号をゲットしよう　ask forphone number of strangers　145 -146
　「批判のサンドイッチ」話法　criticism sandwich　226 -227
　凝視トレーニング　eye gazing　104 -106
　ヨーダ（メンター）を探せ　Find Yoda (call three potential superstar mentors)　260 -261
　提案力をつけるトレーニング　learning to purpose solutions　133
　「ノー」と言えるようになる　learning to say no　175
　コンフォート・チャレンジの目的　purpose of　104 -105
　最初の申し出を断ってその場を立ち去る　rejecting first offers and walking away　287-288
　公共の場でリラックスする　relax in public　326-327

【サ行】
サーチエンジン　search engines　268, 276-277
最初の申し出を断ってその場を立ち去る　rejecting first offers and walking away　287-288
再販　reselling　247-248,264-265,484
サイモン、ハーバート　Simon,Herbert　135
散打国内選手権大会　Chinese Kickboxing National Championships　55-56
サンテグジュペリ、アントワーヌ・ド　Saint-Exupery,Antoine de　108
シアリス〔勃起不全治療薬〕の保証　CIALIS guarantee　321
幸せ　happiness　87-88
ジェイコブス、AJ　Jacobs,AJ　184-192
ジェンキンス、エイドリアン　Jenkins, Adrienne　177
歯科治療の「地球取引」　dentistry geoarbitrage　177
時間管理　time management　108-109
時間を食う作業　time consumers　163-167
時間を無駄にする作業　time wasters
　デスクの一角の戦略　cubicle strategies　160-161
　Eメール　e-mail　150-153,157-158
　会議　meetings　156-157,159-160,161-163
　電話対応　phone calls　153-156,157-158,478-479
　子犬の売り方　puppydog close and　161-163
仕事→「ミューズ」　businesses.See muses
市場規模を決める　market sizing　263, 285-286,291
私書箱　PO boxes　176,325
慈善活動　philanthropy　439-440
失敗に対する恐怖　failture,fear of　91-95
自動返信機能（メール）　autoresponders　151-154,197,293,541-542
自動化（A）→「ミューズのアーキテクチャ」「ミューズ」「ミューズをテストする」「アウトソーシング」　Automation(A).See also muse architecture;muses;muse testing outsourcing
　ミニリタイアメント　for mini-retirements　404-405
　DEALの項目　as part of DEAL　30
支払い処理　payment processing　294-295
支払い関係の徹底したサービス　end-to-end site solutions　293-294
ララナーガ、ジム　Larranaga,Jim　228
社会的に孤立する　social isolation　430-431,481-482
写真と動画　photos and film　293
シャレル、ラルフ　Charell,Ralph　147
シュイナード、イヴォン　Chouinard,Yovn　76
従業員（管理されている）→「バーチャルアシスタント」　employees,management of.See also virtual assistants(VA)
　「批判のサンドイッチ」話法　criticism sandwich　226-227
　意思決定　and dicision making　167-168
　決定権の不足　empowerment failures　167-172,175
従業員（週4時間だけ働く）→「リモートワーク」　employees,4HWW for.See also remote working
　DELA　DELA for　110
　自立　independence　174
　仕事をやめる　quitting your job　364-367
　バーチャルアシスタント　and virtual assistants(VA)　192-196
　時間のムダ遣い　and wasteful use of time　118-122
終着点→「目的」
集中力　attention　460-463,472-478
自由のかけ算　freedom multiplier　46-47
受信トレイのブラックホールに陥らないために　Internet disabling　181-182
出荷のオプション　shipping opinions　317-318
シュミット、エリック　Schmidt,Eric　92
シュミット、マット　Schmidt,Matt　301
シュワルツ、ダビッド　Schwartz,David　549
シュワルツ、バリー　Schwartz,Barry　472-473

生涯価値　lifetime value　483
商標権　trademark filings　290
商品→「ミューズ」　products.See muses
商品の製造　manufacturing products　246,264-265,427（注釈 72）
商品の値づけ　pricing products　244-246
情報プロダクト　information products　251-252,265-266
消耗品　consumables　265
ショー、ジョージ・バーナード　Shaw,George Bernard　83,352
ジョーダン・ホイットニーによる週刊、月刊レポート　Jordan Whitney　Greensheet　555
ショッピングカート　shopping carts　289-290,293-294
ジョブズ、スティーブ　Jobs,Steve　453
ジョンソン、ヴィクター　Jhonson,Victor　134
知らない言語でチャットやＥメールをする　instant messaging in foreign countries　425
診察業務に関する調査　Research Consulation　529-531
人生先送り派（D）　Deferrer(D)　42-48
人生の意味　meaning of life/life, meaning of　432-436,453-458
『人生を変える80対20の法則』（コッチ）　80/20 Principle,The (Koch)　552-553
信頼指標　credibility indicators　256-259
診療ツアー　medical tourism　177
スウォープ,ハーバート・ベイヤード　Swope, Herbert Bayard　55
スカイプ　Skype　298,421,514
スカダー、ウィーダ・D　Scudder,Vida D.　250
スケジューリングのツール　scheduling tools　180-182,225
スタイニッツ、ジョシュ　Steinitz,Josh　398-440
捨てる→「割り込み」「低情報ダイエット」「生産性」　Elimination(E).See also interruptions;low-information diet; productivity　30
ストレス　stress　67
砂時計アプローチ　hourglass approach　351-352
スローダウン　slowing down　441-442, 453-458
スローダンス（ウェザーフォード）　Slow Dance(Weatherford)　454-458
聖アウグスティヌス　Augustine (saint)　382
請求書払い　bill paying　404-406
生産性　productivity　108-124
　忙しそうな状態（busyness）　busyness vs.　108-109,118
　有効性と効率性　effectiveness vs. efficiency　111-112
　従業員　for employees　108-109
　起業家　for enterpreneurs　109
　マルチタスク　multitasking and　131
　パレートの法則　Pareto's Law　112-118,126-129,487-488
　パーキンソンの法則　Parkinson's Law　118-122,131-133
　ポジティブな人々と有害な人々　positive and poisonous people and　128-129
　重要なことを先送りにする　postponing important activities　127-128,130-131
　優先順位　priorities　129-130
　クエスチョン&アクション　questions and actions　126-133
　実生活での例　real-life examples　123-125
　時間管理　time management and　108-109
　To-doリストとNot-to-doリスト　to-do and not-to-do lists　126-129
精神の自由　emotional freedom　382-383
税務計画　tax planning　414
世界各国の有機農園で働く　Opportunitie on Organic Farms　424
世界電力ガイド　World Erectric Guide　416
世界の無料の宿（短期滞在用）　housing, worldwide　417-418
世界の無料の宿（長期滞在用）　Home Exchange International　418
絶対収入　absolute income　65-66
セネカ　Seneca　42,74,123,453
セロー、ポール　Theroux,Paul　400
専門家への電話インタビューを録音　recording seminars or phone interviews

266-267
専門誌　magazines,oqqupation-and interest-specific　242
専門家になるには　expertise　253-259, 268-269
ソイヤー、ロバート・J　Sawyer,Robert J.　142
相対収入　relative income　65-66
相対収入と絶対収入　income,relative vs.absolute　65-66
ソウルトラベラーＳ３　Soultravelers3　533
速読法　reading faster　140-141
ソーラーパネル　solar panels　423
ソロー、ヘンリー・D　Thoreau,Henry David　42,184,551
「存在に関わる嘆願辞表（穴埋め式）」（マーレイ）　"Existential Pleas and Resignations Mad Libs"(Murray)　361-363

【タ行】

ターナー、ローラ　Turner,Laura　176
大学で開発されたライセンス可能なテクノロジーが確認できる　licensable technologies developed at universities　268
退屈　boredom　87,90
退職金口座　retirement accounts　374
タイミング　timings　62
ダウンロード可能な商品を販売するサービス　downloadable products,services for　290-291
『旅に出ろ！－ヴァガボンディング・ガイド』（ポッツ）　Vagabonding(Potts)　550
タンゴ世界選手権準決勝　Tango World Championship semifinals　22-24
チーズケーキファクター　Cheesecake Factor　368-371
チェン、ジョアン　Chen,Joan　240
地球上にいる旅行者のための掲示板　Lonely Planet　412
地球取引（地理的条件を生かした裁定取引）　geoarbitrage/geographic arbitage　30,177,184,228（注釈 14）
チャウ、エド教授　Zschau,Ed　27,92,120-121
長期休暇のレンタル用サーチエンジン　Otalo　418
長所と弱点　strenghts and weaknesses　63
著作権切れの情報　public domain information　265-266
都合の悪いことは起きても放っておこう　letting bad things happen　460-463,493
ツツ大司教　Tutu,Desmond　198
定義（D）「恐怖」「目的」も参照　Definition(D).See also fear;goals　29
　ニューリッチ（NR）　New Rich　43-46
ルール　rules　55-58
低情報ダイエット　low-information diet　135-146
　緊急かつ重要な情報に注目する　focusing on immediate and important information　144
　１週間のメディア断ち　one-week media fast　142-144
　途中でもやめる練習　practicing nonfinishing　144-145
　速読法　reading faster　140-141
　あえて「無知でいる」状態をつくり出す　selective ignorance　136-139
ディズレィリ、ベンジャミン　Disraeli, Benjamin　72,95
定年退職→「ミニリタイアメント」　retirement.See also mini-retirements　59-60,516-520
ティム、ブレンダ　Timm,Brenda　526-527
ディラード、アニー　Dillard,Annie　163
テストする→ミューズをテストする　testing.See muse testing
デチェザーレ、B　Dechesare,B　533-537
電話　telephones
　国際マルチバンドとGSMコンパチブル電話　international multi-band and GSM-compatible　422
　インターネット　Internet　421
　時間を無駄にする電話　phone calls as time wasters　153-156,157-158, 173-174,479-480
　電話番号　phone numbers　179-180, 297
　電話インタビューを録音　recording phone interviews　266-267

サテライト・フォン　satellite　422-423
不要な電話をとらないために
screening and avoiding unwanted calls
178-179
スカイプ　Skype　298,421,514
トウェイン、マーク　Twain,Mark　22,79
投票する候補者を決める　voting decisions
138
動機　causes　438-440,442-445
ドミノ・ピザの保証　Domino's Pizza
guarantee　321
ドメイン登録　domain registration　292
ドラッカー、ピーター　Drucker,Peter
112,483
ドリームライン　dreamlining　95-104
夢にかかる費用を計算する
calculating costs of dreams　98-102
夢のためのステップ　determine steps to
accomplish each dream　103-104
ドリームラインの基本原則　fundamental
aspects of　90-91
「ほしいもの」「なりたいもの」「やりたいこと」のリスト　list of dreams of
having,being,and doing　96-99
ドリームライン サンプル　sample
dreamlines　100-101
天職　vocations　446

【ナ行】
『なぜ選ぶ度に後悔するのか』（シュワルツ）　Paradox of Choice,The:Why More
Is Less(Schwartz)　473
ナット・ハン、ティク　Nhat Hanh,Thich
582
何もしない　doing nothing　441-442
怠けること　laziness　61-62,118
ニッチ市場　niche markets　240-243,
263,336,482-483
荷づくりのしかた　packing　396-397,
414,469-472
ニューリッチ（NR）　New Rich(NR)　24-
25
ニューリッチ（NR）の基本的ルール
basic rules of　58-67
DEAL　DEAL　29-32
自由のかけ算　and the freedom
multiplier　46-47
目的　goals of　43-46
間違い　mistakes of　489-507
自由な移動性　and mobility　343
実生活での例　real-life examples
48-52
ニューリッチとはどんな人なのか？　who
they are　47-48
ニューリッチがやってしまう13の間違い
mistake in lifestyle design　448-452
納期　deadlines　488-489
「ノー」と言えるようになる　no,learning
to say　156-157,175-176
ノーファル（クジラの一種）　narwhals
398-400

【ハ行】
パーキンソンの法則　Parkinson's Law
118-122,131-133
パーソナルアシスタント→「バーチャルアシスタント」　personal assistants.
See virtual assistants(VA)
バーチャルアシスタント（VA）　virtual
assistants(VA)　193
VAの関連会社　advantages of VA
firms　210-211
利益　advantages of VA firms
192-196
コミュニケーションの問題　benefits of
communication problems　216-218
費用　cost of　279-285
人に決定権を与える前に「捨てる」
elimination berore delegation　196-
198
Eメール　e-mail　489-507
言葉の壁　language barriers　209
場所　location of　207-210,221-223
実生活での例　real-life examples
184-192,204-207,516-520
スケジュールとカレンダー　scheduling
and calendars　225
セキュリティとプライバシー保護の問題
security and privacy issues　212-213
業務のタイプ　types of tasks　198-
204,223-224
バード、エド「ミスター・クリエイティブ」
Byrd,Ed"Mr.Creatine"　237-240
ハードウェア　hardware　265
バーリンガム、ボー　Burlingham,Bo
555

バーレッツ、ドナルド　Bartlett,Donald 199
ハイネ、ハインリヒ　Heine,Heinrich　33
パウンドストーン、ポーラ　Poundstone, Paula　440
ハクスリー、トーマス・H　Huxley,Thomas H.　339
『はじめの一歩を踏み出そう』（ガーバー） E-Myth Revisited,The(Gerber)　550
ハッキー、ジーンマーク　Hachey,Jean-Marc 78
バックエンド商品　back-end products 247,271(注釈 28)
バッチ処理方式　batching　163-167, 174-176
発明　inventions　249-250
発明家のグループや団体　inventor groups and associations　268
バリー、デービッド Barry,Dave　147,436
バリエーション vs. ルーティンワーク variation vs.routines/routines vs.variation 476-477
パレート、ヴィルフレド　Patero,Vilfredo 112-113
パレートの法則　Patero's Law (80/20 Principle)　112-118,126-129,134,404, 480,487-488
バロン、I　Barron,I.　520-522
ビーチャー、ヘンリー・ワード　Beecher, Henry Ward　304
ビーラー、ピーター　Bieler,Peter　570
ヒギンス、W　Higgins,W.　543-547
ひと月あたりの目標月収（TMI）　Target Monthly Income (TMI)　99-102
「批判のサンドイッチ」話法　criticism sandwich　226-227
ヒューズ、ハワード　Hughes,Howard 199-200
病状経過の年表　Chronology of a Pathology　33-40
不安→「恐怖」
フェイスブック　Facebook　335-336
フェイマン、リチャード・P　Feynman, Richard P.　46
フォーサイス、ティナ　Forsyth,Tina 223-224
フォード、ヘンリー　Ford,Henry　316
フォームの作成　forms creation　289-290
フォスベリー、ディック（フォスベリー・フロップ）　Fosbury,Dick (Fosbury flop) 56
不景気　economic recession/recession (2008)　16-18
不在経営→「ミューズのアーキテクチャ」 management by absence.See muse architecture
フッセル、ポール　Fussell,Paul　375
プライス、ダグラス　Price,Douglas　89, 229-235,285-286
プライベートブランド　private labeling 250
ブラック、ダニー　Black,Danny　241
ブラックベリー　BlackBerrys　407,480-481,541-547
フランキー、シンディ　Franky,Cindy 270
フランクル、ヴィクトール・E　Frankl, Viktor　95,435
フランス、アナトール　France,Anatole 429
フリーダイヤル　toll-free numbers 297
フリーのデザイナー　designers,freelance 297
フリーのプログラマー　programmers, freelance　297
プリンストン大学　Princeton University 27,33,35-38,83-85,91-95,147
ブルックマイヤー、オータム　Brookmire, Autumn　508-515,539-541
フルフィルメント〔通販代行〕業者 end-to-end　fulfillmen houses　310,313-315,324
フルフィルメント〔通販代行〕サービス fulfillment services　290-291,293,328
フロスト、マヤ　Forst,Maya　533
フロスト、ロバート　Forst,Robert　340
米国疾病予防管理センター　U.S.Centers for Disease Control and Prevention 414
米国政府が支援する海外の学校　U.S.-sponsored overseas schools　415
米国特許高標庁　United States Patent and Trademark Office　268
米国務省による各国の概要　U.S.

Department of State Country Profiles 412-413
米国務省による世界各国の渡航危険地域情報　U.S.Department of State Worldwide Travel Warning　413
ペーパートレーディング　paper trading 302（注釈 49）
ベケット、サミュエル　Beckett,Samuel 94
ベッグ・スミス、デール　Begg-Smith,Dale 49-50
ベニス、ウォーレン・G　Bennis,Warren G.　303
ヘンリー、ジュールズ　Henry,Jules　393
ヘンリー、ロバート　Henri,Robert　393
ホイゼンガ、ウェイン　Huizenga,Wayne 306
ホイットニー・ジョーダン　Whitney,Jordan 555
奉仕　service to others　438-440,443-445
ボウエン、ウィル　Bowen,Will　477
保証　guarantees　276-285,320-323
ホスティングサービス　hosting services 292
ポッツ、ロルフ　Potts,Rolf　375,550
ポペイル・ロン　Popeil,Ron　229
ボランティア　volunteering　438-440, 443-445

【マ行】

マークィス、ドン　Marquis,Don　548
マーレイ、エド　Murray,Ed　361
マキャベリ　Machiavelli,Niccolo　361
マクドネル、ステファン　McDonnell, Stephen　305-306
学びと人生　learning and life　436-438
マリナン、ライアン　Marrian,Ryan　92-95
マリミー、J　Marymee,J.　300
マリンスカイ・ルメル、ロビン　Malinsky-Rummell,Robin　389
マルコムX　Malcom X　194
マルチタスク　multitasking　131
ミニリタイアメント　mini-retirements 375-427
　飛行機のチケットの賢い買いかた airfare strategies　390-393,408-409
　職業体験　career expariments and 424
　滞在地を選ぶ　choosing locations for 402-403,411-413
　費用（コスト）　costs of　383-386
　がらくたを処分する　cutting the clutter 393-397,403-404,413-414
　最悪のシナリオを見極める　dealing with fear of　401
　定義　definition of　381-382
　精神の自由　emotional freedom 382-383
　金銭面の実情　financial planning 400-401,404-405
　ニューリッチ（NR）　New Rich and 60-61
　荷づくりのしかた　packing　396-397,414,469-470
　実生活での例　real-life examples 48-49,388-391
　定年退職　retirement vs　368-372
　旅の準備　step-by-step preparations for　395-400, 405-409
　税務計画　tax planning　414
　旅の心配ごと　travel concerns　379-382
　到着　upon arrival　409-410
　休暇　vacations vs.　372-376
ミューズ→「ミューズをテストする」
muses.See also muse testing　229-270
　広告　advertising　483-484
　測定できるものは管理できる comuplusive measuring　483
　マーケットサイズを確認する confirming sufficient market size 285-286
　需要をつくるvs.条件の提示　creating demand vs.offering terms　485-486
　納期vs.細かい説明　creating demand vs.offering terms　488-489
　定義　definition　235
　専門性　expertise　252-259,268-269
　ニッチ市場を見つける　finding niche markets 240-243
　模倣品　imitations/knockoffs　251
　情報プロダクト　information products 251-259,265-267,533-537,538-539
　ライセンス商品　licensing a product 248-249,267-268

ニッチ市場　niche markets　482-483, 526-527
FAQでの商品説明　product FAQs　247
商品の製造　product manufacturing　234,246,250-251,264-265
商品を選ぶ基準　product selection criteria　243-247
利益をあげるために　profitability　482-489
実生活での例　real-life examples　229-234,285-286,522-524,526-528, 529-531,533-537,538-539,
再販商品　reselling products　247-248,264-265
ビジネスを経営することvs.自分のものにすること　running vs. owning businesses　233-234
販売と流通　sales and distribution decisions　235-239,334,483-484
ミューズのアーキテクチャ　muse architecture　306-310
広告　advertisting　331-332
コールセンター（受注用）　call centers　315,329-330
企業規模の差別　company size discrimination　323-326,328-329
クレジットカード決済代行会社　credit card processors　314-315,330-331
フルフィルメント〔通販代行〕サービス　fulfillment services　313-315
決断させない術　indecision,avoidance of　316-317
組織　organization　306-310
アウトソース企業の経済学　outsourcer economics　309-310
実生活での例　real-life examples　304-306,525-526
自分を消すには　removing yourself, phases of　310-315
ミューズをテストする　muse testing　273-302
広告とウェブサイト　advertisement and website for　278-281
商品をテストし、競争相手に勝つ　assessing and besting the competition　275,276-281
重要性　importance of　273-274
結果　results　282-285
安全のために利益を犠牲にする　sacrificing margin for safety　486-487
お役立ちツールと使うコツ　tools　288-301,296
無駄なものを減らす（removing clutter） clutter reduction　383-386,393-397,413
メイプルズ、マイク　Maples,Mike　316
メカニカルターク　Mechanical Turk　300
メディアの効率化　MER（media efficiency ratio)　483
目的→「ドリームライン」「人生の意味」「奉仕」　goals.See also dreamlining; meaning of life;servise
わくわくすること　excitement as　87-88
BMWに乗ったメタボ中年　fat man in the BMW and　89-90
人生の意味　meaning of life　432-436
定年退職　retirement as　59-60
奉仕　service　438-440,442-443
分別を持たない、非現実的になる　unreasonable and unrealistic　83-86
模倣品　imitations/knock-offs　251

【ヤ行】

やり過ぎを避ける　excess,avoidance of　63-64
有害な人々　poisonous people　128
有機農園で働く　organic farming jobs　424
「有効性」vs.「効率性」　effectiveness vs.efficiency　111-112
友人　friends　128,464-466
優先順位　priorities　130-132,480
郵便物を転送する　mail forwarding　356-357,525
ユニバーサル・プラグ・アダプタ　universal plug adapters　416
ヨーダ（スターウォーズ）　Yoda（Star Wars)　69
よくある質問とその答え　FAQs　20-21, 247
抑うつ症　depression　429-431

上手に失敗する方法（ゴッテスフェルド）
Fail Better(Gottesfeld)　91 -95

【ラ行】
ライセンス商品　licensing products　248 -249,267
ライト、スティーブン　Wright,Steven　119
ライフスタイルデザイン（LD）　lifestyle design(LD)　14 -15,16,20 -21,25,29 -31, 448 - 452
ライフスタイルデザイン（LD）の実行例　lifestyle design in Action　53 - 54,134,176 -177,227 -228,262,269 -270,298 - 302, 335 - 337,356 - 360
ラスキン、ジョン　Ruskin,John　243
ラモット、アン　Lamott,Anne　428
ララナーガ、ジム　Larranaga,Jim　228
ランディ・コミサー：あるバーチャル CEO からの手紙　Monk and the Riddle,The (Komisar)　552
リー、ブルース　Lee,Bruce　107
利益をあげるために　profitability　482 - 489
利幅　markup　243 -247
リモート個人秘書→「バーチャルアシスタント」　remote personal assistants. See virtual assistants(VA)
リモートワーク　remote working　340 - 360
　ビジネスでのメリット　benefits to business of　346
　リモートワーク時間の拡大　expanding remote time　348 - 351
　砂時計アプローチ　hourglass approach　351 - 352
　会社が投資を増やす重要性　importance of increasing company investment　345
　生産性が増えること　increased productivity and　348 - 349
　提案企画書　proposals for　352 - 356,508 - 515,539 - 541
　クエスチョン＆アクション　questions and actions to get started　352 - 356
　実生活での例　real-life examples　269 - 270,340 - 342,508 - 515,520 - 522, 528 - 529,539 - 541,544
　セキュリティの問題　security issues　359
リモートコントロールの CEO
Remote-Control CEO,　304-306
流通　distribution　235 - 239,334,484 - 485
旅行→「ミニリタイアメント」　travel.See also mini-retirements
　クレジットカードのポイント　credit card points　384（注釈 72）
　恐怖　fears　386 - 390
　荷づくりのしかた　packing　396 - 397,413 - 414,469 - 472
　実生活での例　real-life examples　356 - 359
旅行記ライター　travel writing　423
ルーズ・ウィン保証　lose-win guarantees　320-323
ルール　rules
　ニューリッチのルール　of the New Rich (NR)　58-67
　オフィシャルルール vs 自らに課したルール　official vs.self-imposed　55 - 57
レイター、J　Reiter,J.　520
レオ、ジェン　Leo,Jen　423
「レス・イズ・モア」『Less Is More』(ed, Vandenbroeck)　139,484,544
レブソン、チャールズ　Revson ,Charles　304
浪費すること　consumerism　63 - 64,393 -397
ロイヤリティフリーの写真と素材　royalty -free photos and materials　293

【ワ行】
ワイルド、オスカー　Wilde,Oscar　22,55, 439
ワクチン接種　vaccinations　414
わくわくすること　excitement　87-88
ワッターソン、ビル　Watterson,Bill　428
ワトソン、トーマス・J　Watson,Thomas J.　352,368
割り込み　interruptions　147 - 182
　決定権の不足　empowerment failures and　167 - 172
　実生活での例　real-life example　541

本書は、２００７年に小社で刊行された『なぜ、週４時間働くだけでお金持ちになれるのか？』を完訳し、さらに大幅に加筆・訂正を加え、拡大アップデート完全版にしたものです。

第９刷刊行に際し、より的確な翻訳を目指し、本書に加筆・修正を行いました。

著者紹介

ティモシー・フェリス

ビジネス情報総合誌『Fast Company』の「2007年のもっとも革新的なビジネスパーソン」にノミネートされる。また、エンジェル投資家〔創業間もない企業に対し資金を供給する資産家〕でもあり、『なぜ、週4時間働くだけでお金持ちになれるのか?』（小社刊）で『ニューヨーク・タイムズ』『ウォールストリート・ジャーナル』『ビジネス・ウィーク』のベストセラー1位を記録。35か国で翻訳出版される。

これまで『ニューヨーク・タイムズ』『エコノミスト』『タイム』『フォーブス』『フォーチューン』、CNN、CBSなど100以上のメディアに登場。6か国語を話し、世界中で利用できる無線機器の多国籍企業を経営。2003年以来プリンストン大学の客員講師として、「理想的なライフスタイル・デザインと世界の変革をもたらす手段としての起業家論」の講義を行う。

著者の最新動向とケーススタディは、www.fourhourblog.com を参照。

翻訳者紹介

田中じゅん

団塊世代のプログラマー、ウラン濃縮研究者、そしてときどき翻訳者。ビジネス書、ITもののほか、社会心理学書を手がける。訳書に『アメリカのビジネスマンの闘い方』（ぶんか社）、『インターネットにおける行動と心理』（北大路書房、共訳）、『自己観察の技法』（誠信書房、共訳）がある。

翻訳協力　オフィス宮崎　平野都子　吉田恵理子

「週4時間」だけ働く。

発行日――2011年2月15日　第1刷発行
　　　　　2024年4月23日　第14刷発行

著　者――ティモシー・フェリス
翻　訳――田中じゅん

装　丁
本文デザイン――加藤茂樹
翻訳構成――阿蘇品友里

編集人
発行人――阿蘇品 蔵

発行所――株式会社青志社
〒107-0052 東京都港区赤坂5-5-9 赤坂スバルビル6F
（編集・営業）Tel：03-5574-8511
Fax：03-5574-8512
http://www.seishisha.co.jp/

印刷
製本――モリモト印刷株式会社

 ISBN 978-4-905042-09-9 C0033